ABITUR-TRAINING GESCHICHTE

Johannes Werner

Geschichte 1

STARK

Bildnachweis
Umschlagbild: Innenansicht des Münchner Hauptbahnhofs, 19. Jahrhundert. © ullstein bild – NMSI / Science Museum

ISBN 978-3-86668-554-3

Inhalt

Autor: Dr. Johannes Werner

Vorwort

Liebe Schülerinnen und Schüler,

der vorliegende Band enthält eine Zusammenfassung aller lehrplanrelevanten Inhalte des **Geschichtsunterrichts der 11. Klasse**. Mit diesem Buch können Sie sich gezielt und effektiv auf den Unterricht sowie auf bevorstehende Klausuren und das Abitur vorbereiten.

- Das Buch präsentiert das in der Abiturprüfung vorausgesetzte **Basiswissen** an Fakten und Zusammenhängen in gut verständlicher Form.
- Die einzelnen Kapitel sind klar strukturiert und übersichtlich gegliedert. Die Inhalte entsprechen dem **neuesten Stand der fachwissenschaftlichen Forschung**.
- Die **abwechslungsreiche Materialzusammenstellung** bestehend aus zusammenfassenden Schaubildern, Tabellen und Karten erleichtert das Lernen.
- Farbig hinterlegte **Grundwissens- und Infokästen** bereiten unverzichtbare Fakten und Zusammenhänge strukturiert auf.
- Mit den vielfältigen **Übungsaufgaben** am Ende jedes Kapitels und mit **materialgestützten Aufgaben im Stil des Abiturs** können Sie das Gelernte selbstständig anwenden.
- Der umfassende **Lösungsteil** am Ende des Bandes gibt Ihnen schließlich die Möglichkeit, Ihren Wissensstand schnell und einfach zu überprüfen.
- Ein **Stichwortverzeichnis** ermöglicht Ihnen einen schnellen Überblick und den sicheren Zugriff auf relevante Informationen.

Ich wünsche Ihnen viel Erfolg bei der Arbeit mit diesem Buch!

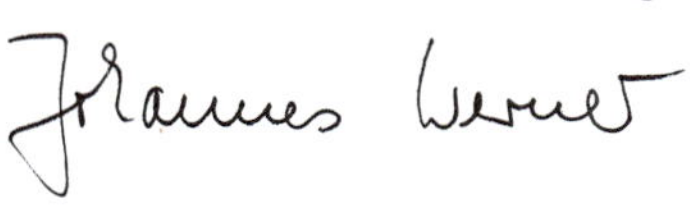

Dr. Johannes Werner

Leben in der Ständegesellschaft des 15. bis 18. Jahrhunderts

Die drei Jahrhunderte zwischen 1500 und 1800 bezeichnet die Geschichtswissenschaft als **Frühe Neuzeit**. Diese umfasst die Zeit zwischen dem ausgehenden Spätmittelalter (Ende 15. Jahrhundert) und der Französischen Revolution (1789–1799). Im Allgemeinen gelten **Renaissance und Humanismus** mit der Wiederentdeckung der Antike, ihrer Kunst, ihrer Philosophie und ihrer wissenschaftlichen Kenntnisse im 14. und 15. Jahrhundert als Beginn der Zeitenwende zwischen Mittelalter und Neuzeit. Entscheidende Ereignisse waren die Erfindung des modernen Buchdrucks durch Johannes Gutenberg (um 1450), die osmanische Eroberung Konstantinopels (1453) mit dem Ende des Oströmischen Reichs, die Entdeckung Amerikas durch Christoph Kolumbus (1492), die vollständige Wiedereroberung Spaniens durch christliche Könige im selben Jahr sowie in Deutschland der Beginn der Reformation (1517).

Heiliges Römisches Reich Deutscher Nation

Dieser Begriff bezeichnet das mittelalterliche und frühneuzeitliche Reich, in dem der deutschsprachige Kulturraum über fast 1000 Jahre hinweg politisch organisiert war. Der Name des Reichs leitet sich vom Anspruch der mittelalterlichen deutschen Könige und zugleich römischen Kaiser ab, das antike Römische Reich weiterzuführen. Zur Unterscheidung vom 1871 gegründeten Deutschen Reich wird es auch als das **„Alte Reich“** bezeichnet.

Dieses Reich formierten im 10. Jahrhundert die ersten sächsisch-deutschen Könige (Heinrich I.) und Kaiser (Otto I.) aus dem vorher karolingischen Ostfrankenreich. Die Grenzen des Reichs veränderten sich im Laufe der Jahrhunderte erheblich. In seiner größten (mittelalterlichen) Ausdehnung umfasste das Reich fast das gesamte Gebiet des heutigen Mittel- und Teile Südeuropas. Seit dem späten 15. Jahrhundert wurde der Zusatz **„Deutscher Nation“** gebraucht, auch um die Konzentration des Reichsgebiets auf den deutschsprachigen Raum zu kennzeichnen. Das Reich entwickelte sich nie zu einem Nationalstaat oder Staat moderner Prägung, sondern war im Prinzip ein durch den Kaiser geführter **Bund** aus zuletzt **weitgehend unabhängigen Territorien** mit wenigen gemeinsamen Institutionen (u. a. Reichstag). Es endete 1806 durch die **Niederlegung der Kaiserkrone** durch den österreichisch-deutschen **Kaiser Franz II.**

Die Frühe Neuzeit endete mit der **Französischen Revolution** (1789–1799). Sie war die Folge der geistigen Revolution der **Aufklärung**, deren Ideen schon den Unabhängigkeitskrieg der nordamerikanischen Kolonien gegen Großbritannien (1775–1783) mitgetragen hatten. Für Deutschland ist die **Auflösung des Heiligen Römischen Reichs Deutscher Nation** durch Napoleon (1806) ein politisch markantes Datum der Zeitenwende.

1 Grundlegende Lebensbedingungen in der Frühen Neuzeit

1.1 Grundlinien der Bevölkerungsentwicklung (1500–1800)

Die Bevölkerungsentwicklung in Europa und Deutschland in der Frühen Neuzeit war trotz einiger Krisen (Seuchen, Hungersnöte, Kriege) insgesamt eher stagnierend. Eine außergewöhnliche Bevölkerungszunahme und damit die Problematik des **„Malthussche Extrems"** gab es bis zur Mitte des 18. Jahrhunderts nicht. Erst danach kam es zu einem deutlichen Bevölkerungsanstieg.

Nach der Theorie des bedeutenden englischen Bevölkerungswissenschaftlers **Robert Malthus** (1766–1834) tendiere die Menschheit dazu, sich unbegrenzt zu vermehren, unbegrenzt seien aber nicht die Möglichkeiten, das Mehr an Menschen zu ernähren. Malthus postulierte, dass die **Produktion von Lebensmitteln nicht mit der Zunahme der Bevölkerung mithalten** könne. Es würde, so Malthus, ein Zeitpunkt eintreten, an dem die Vorräte nicht mehr für die Erdbevölkerung ausreichten, wenn nicht Krankheiten, Elend und Tod das Gleichgewicht wiederherstellten. Malthus schuf seine Theorie v. a. unter dem Eindruck des großen Bevölkerungswachstums in Europa seit der Mitte des 18. Jahrhunderts, das sich im 19. Jahrhundert enorm beschleunigte (vgl. S. 60 f.).

Schätzungen der **Bevölkerungsentwicklung** zeigen für Europa und Deutschland das in der Tabelle zusammengefasste Bild: Zwischen 1000 und 1750 vervierfachte sich die Bevölkerung ungefähr, allerdings in einem **wellenförmigen Verlauf**. Dieser ist gekennzeichnet durch einen markanten **Bevölkerungsrückgang** im 14. Jahrhundert, bedingt durch die **Große Pest** (1347–1352), und eine Verlangsamung des Wachstums zwischen 1600 und 1750. Letzteres ist insbesondere den **Bevölkerungsverlusten des Dreißigjährigen Krieges** (1618–1648) geschuldet. Eine bemerkenswerte Zunahme der Bevölkerung ist ab 1750 zu beobachten. Das führte zur Verarmung der stark expandierenden Unterschichten und zu einer Krise der Ständegesellschaft.

Bevölkerungswachstum in Europa und Deutschland, 1000–1800 (in Mio.)

Jahr	1000	1340	1347–52*	1500	1600	1700	1750	1800
Europa	38,5	73,5	50	82	105	115	140	187
Deutschland	4	11,5	7,5	12	15	16	16–18	23–24

* 1347–1352: Große Pest („Schwarzer Tod")

1.2 Faktoren der Bevölkerungsentwicklung

Alltägliche Bedrohungen der Menschen

Bis zur Mitte des 18. Jahrhunderts waren es die von Malthus genannten Krisen, die in Europa den Bevölkerungsanstieg bremsten. Die größten Einbrüche gab es

- 1347–1352 durch die **Beulen- und Lungenpest als Pandemie („Schwarzer Tod")**, der rund ein Drittel der Bevölkerung zum Opfer fiel, aber auch durch andere **Infektionskrankheiten** (z. B. Pocken, Ruhr), die aufgrund der schlechten hygienischen Verhältnisse und der geringen medizinischen Kenntnisse immer wieder in tödlichen Wellen über Europa hinweggingen;
- 1618–1648 durch den **Dreißigjährigen Krieg** sowie durch die folgenden Hungersnöte und Seuchen, die in einigen Regionen des Alten Reichs zu Bevölkerungsverlusten von 30 bis 50 Prozent führten; erst rund hundert Jahre später erreichte die Bevölkerungszahl wieder den Stand von 1618;
- 1756–1763 durch den **Siebenjährigen Krieg**, der das Bevölkerungswachstum im Norden und Osten Deutschlands bremste, vor allem in den besonders involvierten Gebieten Pommern und Sachsen.

Reglementierung der Eheschließungen

Ein weiterer Grund für das gebremste Bevölkerungswachstum waren traditionelle, in ganz Europa wirksame **Heiratsregeln** („European Marriage Pattern"). Denn seit der Karolingerzeit (8. Jahrhundert) gab es Bestimmungen, die Eheschließungen an die Gründung eines eigenen Haushalts sowie an die Erlaubnis der Eltern und der weltlichen Obrigkeit banden; ohne diese Zustimmung galten Ehen als illegitim. Durch diese Vorschriften sollte ein Anwachsen der mittellosen Unterschichten, die von den Kirchen oder Gemeinden versorgt werden mussten, verhindert werden. Diese Regel führte zu einem für damalige Zeiten relativ **hohen Heiratsalter der Frauen** mit Mitte 20, sodass sich die Zahl der ehelichen Geburten verringerte.

Geringe Lebenserwartung

Der **häufige Tod von Frauen im Wochenbett**, d. h. aufgrund von Komplikationen während oder nach der Geburt eines Kindes, beschränkte die Bevölkerungszunahme zusätzlich. Zusammen mit der sehr hohen **Säuglings- und Kindersterblichkeit** ergab sich trotz der hohen Geburtenzahl vieler Frauen in der Frühen Neuzeit insgesamt eine vergleichsweise geringe Kinderzahl. Zudem führte die hohe Säuglings- und Kindersterblichkeit zu einer relativ **geringen durchschnittlichen Lebenserwartung** von 35 bis 40 Jahren. Hatten die Menschen aber das Erwachsenenalter erreicht, konnten sie 60 Jahre und älter werden.

Klimaschwankungen und „Kleine Eiszeit"

Hemmend auf die Bevölkerungsentwicklung wirkten sich auch einschneidende **Klimaveränderungen** aus. Man unterscheidet dabei klimatische **Gunstphasen** (1525–1565, 1630–1678, 1721–1766) und **Ungunstphasen** (1566–1629, 1679–1720, 1767–1817). Die Wissenschaft bezeichnet den insgesamt „ungünstigen" Zeitraum von 1300 bis zur Mitte des 19. Jahrhunderts als „Kleine Eiszeit": Es kam zu einem Rückgang der mittleren Jahrestemperatur um ca. 2 Grad, zu kalten, langen Wintern und relativ kalten, feuchten Sommern mit einer Verkürzung der Vegetationsphase. Die Folge waren zunehmende **Wetteranomalien** wie Sturmfluten, Hochwasser oder Starkregen mit Bodenerosion.

Für die Landwirtschaft bedeutete das **weniger Ertrag und steigende Agrarpreise**, für die Menschen **Hungerkrisen** und eine stetige **Anfälligkeit für Infektionskrankheiten** aufgrund der chronischen Mangelernährung. Die Verschlechterung der landwirtschaftlichen Erträge konnte vor allem auf dem Land schnell zu **Subsistenzkrisen** führen, d. h. zum Abrutschen der Bauernfamilien in die Hungersnot, wenn nicht die Grundherren mit Verringerung der Abgabenforderungen oder direkten Hilfen gegensteuerten (zur Grundherrschaft vgl. S. 19 f.). Immer wieder aufflammende **Aufstände** gegen die Grundherren waren die Folge dieses klimabedingten Existenzdrucks.

Der zeitweise Bevölkerungsrückgang mit dem Entstehen von **Wüstungen**, d. h. nicht mehr bewirtschafteten und bewohnten Landstrichen, lässt sich neben den Kriegsfolgen auch durch die Klimakrisen erklären. Die Menschen reagierten auf diese relativ flexibel, z. B. durch die Umstellung der angebauten Lebensmittel. So wurde in der Schweiz haltbarer Hartkäse für den Export entwickelt, in Weinanbaugebieten stellte man auf die Produktion von Bier um.

Rückständige Infrastruktur im Heiligen Römischen Reich

Auf die wirtschaftliche Entwicklung des Alten Reichs und damit auf die Bevölkerungsentwicklung wirkte sich auch die **schlechte Infrastruktur der Verkehrswege** negativ aus: 1785 gab es im gesamten Reich nur 307 Kilometer befahrbare Kanäle und nur wenige befestigte Straßen. Gründe hierfür sind die hohen Bau- und Unterhaltungskosten, das mangelhafte technische Wissen sowie die zahlreichen Grenzen der oft kleinen Herrschaftsgebiete. Die **politische Zersplitterung** Deutschlands wirkte sich deshalb gerade im Bereich der Infrastruktur fatal aus. Oft konnten Hilfstransporte Strecken von wenigen Kilometern nicht überwinden, um Hungernde in Nachbarregionen zu versorgen.

Solche Fakten erklären die große Bedeutung, die der Eisenbahnbau für die beginnende Industrialisierung hatte. Er verbesserte die Verkehrsverbindungen und schuf die Grundlage für ein vernetztes, effizientes Wirtschaftssystem.

Faktoren der Bevölkerungsentwicklung

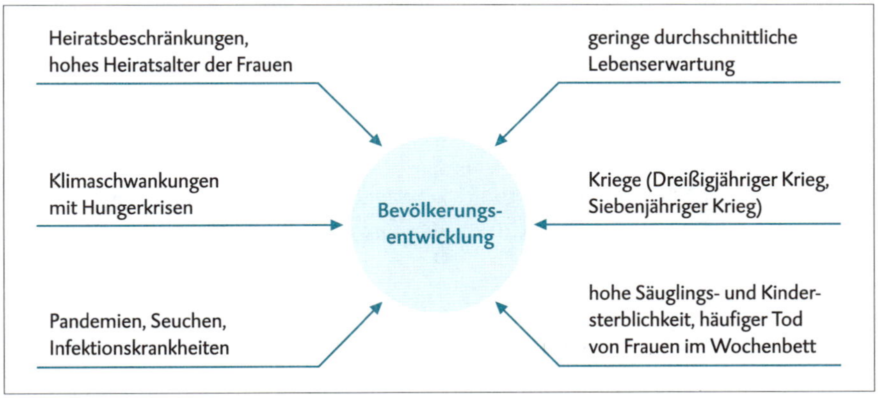

Aufgaben

1 Beschreiben Sie die Entwicklung der Bevölkerungszahl zwischen 1500 und 1800.

2 Erläutern Sie die wichtigsten Faktoren der Bevölkerungsentwicklung.

2 Die Ständegesellschaft in der Frühen Neuzeit

2.1 Zusammensetzung und Entwicklung der Ständegesellschaft

Die frühneuzeitliche Gesellschaft war nach **Geburtsständen** – Adel, Bürgertum und Bauern – gegliedert, die klar voneinander abgegrenzt waren. Lediglich der geistliche Stand **(Klerus)** war ein **Funktionsstand**; seine Vertreter wurden ernannt und stammten überwiegend aus dem Adel. Ein großer Teil der Bevölkerung gehörte den sog. **unterständischen Schichten** an und bewegte sich somit außerhalb der ständischen Rechtsordnung; für diese Menschen bedeutete die Ständeordnung lebenslange Ausgrenzung und Armut.

Die feudale Ständegesellschaft

Entsprechend der starren Ständeordnung sowie der festgefügten Traditionen und Sitten war der Aufstieg in einen höheren Stand **(soziale Mobilität)** nur in Ausnahmefällen möglich. In größerem Umfang gelang dieser Aufstieg – neben sehr wohlhabenden bürgerlichen Patrizierfamilien wie den Augsburger Fuggern – nur einflussreichen bürgerlichen Beamten am Hof der sich im 17. Jahrhundert etablierenden absolutistischen Fürsten. Ein berühmtes (und spätes) Beispiel ist der Bürgerliche Johann Wolfgang Goethe (1749–1832), der aufgrund seiner Verdienste als leitender Minister des Herzogtums Weimar nobilitiert, d. h. in den Adelsstand aufgenommen wurde.

Der Stand als soziale Gruppe

Der Begriff „**Stand**" ist auf die besondere Situation der Ständegesellschaft des Spätmittelalters und der Frühen Neuzeit bezogen, in der die Menschen in eine gesellschaftliche Gruppe hineingeboren wurden **(Geburtsstand)**. Die Zugehörigkeit zu einem Stand bestimmte den sozialen und wirtschaftlichen Status, die Rechte und Pflichten sowie das Selbstverständnis der Menschen **(Standesbewusstsein)**. Persönliche Fähigkeiten und Begabungen spielten dagegen für die Situation des Einzelnen keine ausschlaggebende Rolle, sie konnten lediglich seine Stellung innerhalb des eigenen Standes verbessern oder verschlechtern.

Der Stand als politische Gruppe

Abgegrenzt werden muss der Stand als soziale Gruppe vom Begriff des „politischen Standes" innerhalb des politischen Systems des Alten Reichs. Dort verstand man unter einem Stand die **institutionalisierte Interessenvertretung der einflussreichen gesellschaftlichen Gruppen** (Adel, Klerus, städtisches Bürgertum). Diese konnten als **Reichs- oder Landstände** politische Mitspracherechte und Befugnisse gegenüber dem jeweiligen Kaiser oder dem Landesherrn geltend machen.

Das System sozialer Ungleichheit

Für die Menschen in der Frühen Neuzeit war die **hierarchisch** aufgebaute Ständegesellschaft eine **von Gott gegebene Ordnung**, die jedem ein Auskommen und größtmögliche Sicherheit garantieren konnte. Da sich die einzelnen Stände in ihrer rechtlichen, politischen und wirtschaftlichen Stellung erheblich voneinander unterschieden, spricht man auch von einem **System sozialer Ungleichheit**, von dem vor allem die privilegierten Gruppen (Fürsten, Adel, städtisches Patriziat) profitierten.

Die Ständegesellschaft entstand im Spätmittelalter durch die Umwandlung des auf persönlichen Beziehungen beruhenden Lehensfeudalismus in eine einheitliche Herrschaft über ein fest umrissenes Gebiet: Aus dem persönlichen Verhältnis zwischen Grundherrn und abhängigem Bauern entstand das Zusammenspiel von genau abgegrenzten sozialen Großgruppen mit einer eigenen, klar unterscheidbaren Charakteristik. Als neuer **Herrschaftsstand** etablierte sich der Adel, der sich aus dem Rittertum des Mittelalters entwickelt hatte. Im Absolutismus übernahmen die hochadligen, **reichsunmittelbaren Landesherren (Fürsten)** die Führungsrolle in den deutschen Einzelstaaten und entmachteten den **landsässigen Adel** politisch. Gesellschaftlich und wirtschaftlich beließen die Fürsten diesem aber seine Machtstellung, deren Basis die Grundherrschaft war (vgl. S. 19 ff.).

In den Städten spielten das **Patriziat** und die Honoratiorenschicht die Rolle eines Herrschaftsstandes, sodass man in den deutschen Territorien von einem **„Trialismus" der Herrschaftsausübung** im Zusammenspiel von Fürsten, grundherrlichem (landsässigem) Adel und städtischer Oberschicht (Patrizier, Honoratioren) sprechen kann.

Der Einzelne in der Ständeordnung

Die einzelnen Menschen in der Frühen Neuzeit verstanden sich nicht als Individuen in einem modernen Sinn, sondern definierten sich durch ihre Zugehörigkeit zu einem Stand. Dieses **Standesbewusstsein** war umso stärker, je höher der Stand war, dem man angehörte. Der Stand bildete somit ein **Kollektiv**, eine Lebensgemeinschaft, die sich nicht aus Individuen mit gleichen Rechten zusammensetzte, sondern deren Zusammenhalt durch gleiche Tätigkeiten und Interessen bestimmt war. Die Stellung des Einzelnen innerhalb seines Standes wurde darüber hinaus durch Herkunft, Besitz und Beruf bestimmt. Familien ordneten sich über die Position des **Hausvaters** in die Ständegesellschaft ein.

Die ständische Ehre

Die Standeszugehörigkeit war in der gesellschaftlichen Wahrnehmung das entscheidende Merkmal eines Menschen. Zahlreiche Regeln, z. B. **Kleiderordnungen**, stellten die Erkennbarkeit und die Unterscheidbarkeit der Stände sicher. Diese Regeln bestimmten im Detail, welche **Verhaltensweisen** und welche **Lebensführung** von den Standesmitgliedern erwartet wurden. Der dazu passende Begriff der Zeitgenossen war der der **„Ehre"**.

Die soziale Ehre bemaß sich aber nicht nur nach den persönlichen Tugenden, die mit den Standesnormen übereinstimmen sollten, sondern auch nach der öffentlichen Geltung und Machtstellung eines Menschen sowie nach seinem Besitz. Nicht selten kam es zu sog. **Ehrenhändel**, gewaltsamen Auseinandersetzungen wegen einer tatsächlichen oder einer angenommenen Ehrverletzung.

Zu betonen ist, dass der Besitz letztlich weniger wichtig für die Ehre eines Menschen war als der Stand: Ein verarmter Adliger hatte immer eine privilegiertere Stellung als ein sehr reicher bürgerlicher Kaufmann; ein Henker in der Stadt konnte reich sein, war aber aufgrund der **Unehrlichkeit** seiner Berufsgruppe von der ständischen Ehre des Bürgertums und damit von den Bürgerrechten ausgeschlossen, anders als die meisten Handwerker, auch wenn diese ihre Familie kaum ernähren konnten (vgl. S. 30 f.).

Die bürgerliche Gesellschaft als Gegenmodell im späten 18. Jahrhundert
Die Ständeordnung löste sich in ersten Ansätzen bereits im aufgeklärten Absolutismus und rechtlich vollends in den liberalen Reformen des frühen 19. Jahrhunderts auf (vgl. S. 63 ff.). Ihr Gegenmodell war die bürgerliche Gesellschaft **gleichberechtigter Individuen und Staatsbürger**, die sich allerdings erst in den innenpolitischen Kämpfen und Revolutionen des 19. und frühen 20. Jahrhunderts völlig durchsetzen konnte. Die Erinnerung an die ständischen Traditionen blieb dabei sehr wirksam: Die soziale Ehre und die Rechtsstellung der Stände – vor allem der privilegierten – blieben das offene oder geheime Vorbild vieler neuer Erwerbsklassen, gesellschaftlicher Gruppen und Machteliten. So waren es die „Träume" der meist adligen Berater des Reichspräsidenten Hindenburg (eines adligen Gutsbesitzers) von einem neuartigen konservativen Ständestaat, die zwischen 1930 und 1933 die Aushöhlung der Weimarer Verfassung motivierten; dies mündete bekanntlich in die Bereitschaft der politischen Führung um Hindenburg, das demokratische System mithilfe der Nationalsozialisten zu zerschlagen (vgl. S. 130 ff.).

2.2 Adel und Klerus

Der Adel und der adlige Klerus gehörten zu den **politisch, sozial und wirtschaftlich privilegierten Ober- und Führungsschichten** der frühneuzeitlichen Gesellschaft. Ihr Bevölkerungsanteil betrug zu keiner Zeit mehr als ein Prozent; so gab es z. B. um 1800 in Preußen 20 000 adlige Familien bei einer Gesamtbevölkerung von sechs Millionen.

Kennzeichen der herausgehobenen Position des Adels innerhalb der Ständegesellschaft waren

- der **Besitz** fast allen landwirtschaftlich nutzbaren Bodens im Rahmen der Grund- oder Gutsherrschaft;
- seine Stellung als **Gerichtsherr** in seinem Herrschaftsbereich;
- der **Standeszusammenhalt**, der im Zusammenspiel von fürstlichen Landesherren und Adel eine **Herrschaftsklasse** entstehen ließ, die neben der Gerichtsbarkeit auch über alle anderen **staatlichen Machtmittel** wie Polizei und Militär verfügte;
- die weitgehend von allen gesellschaftlichen Gruppen akzeptierte Rolle als **gottgegebene Obrigkeit**, abgesichert durch den exklusiven Zugriff des Adels auf die hohen kirchlichen Positionen. Dieser sicherte nicht nur die Versorgung der nachgeborenen, nichterbenden Söhne und Töchter, sondern ermöglichte auch politische Einflussnahme auf die adligen Bischöfe und

Äbte, die als **Klerus** einen eigenen politischen Stand bildeten. Die **Kirche** war deswegen ein wichtiger **Pfeiler der Herrschaftssicherung** des Adels;

- die weitgehenden **Privilegien** (Vorrechte) des Adels im Vergleich zu den anderen Ständen,
- die **kulturelle Dominanz**, die auf einem ausgefeilten, auf Wirksamkeit in der Öffentlichkeit abzielenden Lebensstil beruhte **(Repräsentation)**.

Soziale und politische Schichtung des Adels

Für die Frühe Neuzeit wichtig ist die innere Differenzierung des Adels: Aus dem mittelalterlichen Geburtsadel wurde der **Hochadel** mit besonderen politischen Positionen; aus den ehemaligen Rittern (Berufskriegern) und Ministerialen (Dienstadel) entstand ein „neuer" Geburtsstand, der **niedere Adel**. Beide Gruppen schotteten sich über das Privileg der **Erblichkeit** der Lehen, der Ämter und der Standeszugehörigkeit gegen einen weiteren Zustrom von unten ab. Es entstand der exklusive Adelsstand der Frühen Neuzeit.

Der hohe und der niedere Adel waren in sich allerdings äußerst heterogen. So übertrafen z. B. einzelne Angehörige des niederen Adels manchen Reichsfürsten an Reichtum; andere wiederum lebten in ärmlichen Verhältnissen als Bauern. Diese verarmten Adligen bildeten ein besitzloses **Adelsproletariat**. Die Unterscheidung zwischen hohem und niederem Adel erhielt sich bis ins ausgehende 18. Jahrhundert.

Unterscheidungsmerkmale der adligen Schichten waren vor allem der Besitz und die politische Position. Letztere wird vor allem in der **verfassungsrechtlichen Stellung innerhalb des Alten Reichs** sichtbar:

- An der Reichsspitze stand der hochadlige **Reichsfürstenstand**, bestehend aus den sieben (später acht, dann neun) Kurfürsten sowie den geistlichen und weltlichen Fürsten. Diese beherrschten als **reichsunmittelbare Territorialherren**, die direkt und unmittelbar dem Kaiser als Reichsoberhaupt zugeordnet waren, die politische Landschaft des Reichs.
- Unterhalb dieser Gruppe waren die **Reichsgrafen** angesiedelt, auch sie unterstanden nur dem Kaiser, hatten aber verfassungsrechtlich einen geringeren Einfluss im Reichstag, der politischen Ständeversammlung des Reichs.
- Eine Sonderrolle nahm die zum niederen Adel gehörende **Reichsritterschaft** mit ihren „Zwergterritorien" ein. Die Reichsritterschaft war zwar reichsunmittelbar, aber im Gegensatz zu den Reichsfürsten und Reichsgrafen kein Reichsstand, da sie weder Sitz noch Stimme auf dem Reichstag hatte.
- Darunter gab es den sog. **landständischen, niederen Adel** mit deutlich weniger sozialem Prestige, da diese Familien nicht dem Kaiser, sondern einem

fürstlichen Landesherrn unterstanden; im Landadel verlief die politische Trennungslinie zwischen den Familien, die in der Ständeversammlung des Landes **(Landtag)** eine Stimme hatten, und den niederen Adligen, die dort nicht vertreten waren.

- Als besondere Gruppe ist der sog. **Briefadel** zu nennen. Das sind vom Kaiser oder den Landesfürsten als Dank für Verdienste oder gegen Zahlungen in den Adelsstand aufgenommene **(nobilitierte) Bürgerliche**. Ein berühmtes Beispiel sind die Augsburger Fugger, die dank ihrer engen wirtschaftlichen Verflechtung mit den deutschen Kaisern aus dem Hause Habsburg schon Ende des 15. Jahrhunderts in den Grafenstand erhoben wurden.

Privilegien des Adels

Bemerkenswert war die weitgehende gesellschaftliche Privilegierung des Adels:

- Die Mitglieder dieses Standes hatten einen **eigenen Gerichtsstand** und verschiedene Vorrechte innerhalb der Strafverfahren, z. B. Hausarrest statt Gefängnisstrafen, Geldstrafen statt körperlicher Züchtigung oder die Hinrichtung mit dem Schwert statt durch den Strang.
- Adlige mussten **keinen Militärdienst** leisten und sie besaßen das wirtschaftlich bedeutende Vorrecht der **Steuerfreiheit**.
- Wichtig für die standesgemäße Versorgung der nachgeborenen Kinder des Adels war (seit der Reformation nur noch in den katholischen Gebieten) ihr Vorrecht, die **geistlichen Fürstentümer, Bischofssitze, Abt- und Äbtissinnenstellen** zu besetzen, also dem Klerus anzugehören. Das Gleiche galt für die Plätze in den **Domkapiteln** und **Damenstiften**.
- Insgesamt stand den Adligen im öffentlichen Leben eine umfassende **Vorzugsbehandlung** zu, die sich bei allen offiziellen Anlässen zeigte; so hatte der Adel z. B. eigene, vom gewöhnlichen Publikum abgetrennte Sitze in Theater und Kirche sowie an der Universität.
- Bei der **Besetzung der Staatsämter** wurde den Adligen – unabhängig von ihrer Bildung und Fähigkeit – eine besondere Qualifikation zuerkannt, was zu deren Dominanz bei Offiziers- und hohen Beamtenstellen führte. Der **exklusive Zugang** zu diesen Ämtern war vor allem für die Mitglieder des verarmten Adels existenziell bedeutend.

Rechtliche Absicherung der adligen Exklusivität

Die Sonderstellung des Adels wurde durch strikte gesetzliche Regelungen und **Standesnormen** abgesichert. Ein Adliger verlor sein **Adelsprädikat**, wenn er Handwerk, Gewerbe oder Handel betrieb oder sich in den Dienst eines Bürgerlichen begab; Innungen oder Zünften durfte er entsprechend nicht angehören. Eine Ausnahme gab es allerdings für das Getreideexportgeschäft der Rittergüter östlich der Elbe, aber auch diese adligen Gutsbesitzer durften keiner Kaufmannsgilde angehören.

Bedeutend für die adlige Exklusivität war dessen streng normiertes **Eherecht**. Es basierte auf dem **Geblütsrecht** und diente der Abschottung des Standes. Schlüsselbegriff dafür ist das Prinzip der **Ebenbürtigkeit:**

- Ebenbürtigkeit blieb gewahrt bei **Heiraten zwischen Angehörigen der gleichen Adelsgruppe**. In diesen Fällen waren die Lehnsfolge, das Erbrecht und die Rechtsstellung der Kinder gesichert.
- Anders war das bei der „mésalliance", der **Missheirat:** Unebenbürtige Ehen, z. B. zwischen einem Hochadligen und einem Ritterfräulein oder einem Niederadligen und einer Bürgerstochter, führten zum **Verlust der privilegierten Stellung des Höherrangigen**. Die Kinder verloren jeden Anspruch auf Titel, Rang und vermögensrechtliche Vorteile. Zwar konnte vertraglich eine Besserstellung für Frau und Kinder vereinbart werden, sie blieben aber standesrechtlich von der Position des höherrangigen Elternteils ausgeschlossen.

Adlige Repräsentation und kulturelle Dominanz

Die privilegierte Stellung des Adels als herrschender Gruppe wurde öffentlich durch ein ausgefeiltes **gesellschaftliches Zeichensystem** sichtbar: Alle Adelsschichten besaßen das Anrecht auf eigene Titel, Anredeformeln und Wappenattribute. Bis zur Mitte des 18. Jahrhunderts etwa durften nur unverheiratete adlige Mädchen „Fräulein" genannt werden; Töchter anderer Stände hießen dagegen „Demoiselle", „Mademoiselle", „Mamsell" oder „Jungfer". Die gesellschaftliche Hierarchie spiegelte sich auch in der Bekleidung, die durch **rechtlich verbindliche Kleiderordnungen** festgelegt war: Dem Adel vorbehalten waren vornehme Kleidung, Degen, Perücke, Seidenstrümpfe und Federn am Hut.

Diese Normen adliger Exklusivität wurden durch weitere Elemente der **Repräsentation und Selbstdarstellung** verstärkt: Uniformierte (livrierte) Diener sowie mit Fahnen und Wappen gekennzeichnete Kutschen gehörten zum Standard adliger Existenz. Je nach Reichtum kennzeichnete das Schloss, das Stadtpalais, das Herrenhaus oder das repräsentative Wohngebäude des Gutshofs den eigenen sozialen Raum des Adels, der den anderen Ständen seinen Vorrangstellung und Exklusivität auch architektonisch demonstrierte. Hinzu kamen die **Traditionen des ritterlichen Lebensstils:** das Tragen von Waffen, das Reiten, die Teilnahme an Jagden und am höfischen Turnier. Sozial „erniedrigende" Handarbeit zu verrichten, war für Adlige undenkbar.

Diese Normen dienten aber nicht nur der Zurschaustellung der eigenen Position, sondern sie kennzeichneten darüber hinaus das grundlegende **Selbstverständnis und Selbstbewusstsein des Standes**, mit dem diese sich von den anderen Ständen abgrenzte. Das Auftreten als privilegierte Gruppe gab den einzelnen Mitgliedern des Adels die nötige **Verhaltenssicherheit**. Es schuf zudem **Distanz** und verlangte den **Respekt** der unterlegenen Stände. Diese Ungleichheit stabilisierte die Ständegesellschaft über Jahrhunderte hinweg. Diesen Zusammenhang von gesellschaftlichem Auftreten sowie politischer und wirtschaftlicher Macht bezeichnet man als **kulturelle Dominanz**.

Krisen der traditionellen Adelsposition

Die strikte Politik der Abgrenzung hatte seine Ursachen in mehreren Krisen der adligen Position, die auf wichtige gesamtgesellschaftliche Prozesse zurückzuführen sind. Zunächst einmal ist hier die **ökonomische Krise** des 16. Jahrhunderts zu nennen, die durch den Zustrom von Edelmetallen aus den neuen spanischen Kolonien in Südamerika ausgelöst wurde. Die große Menge an Gold hatte eine **Geldentwertung** (Inflation) zur Folge, die vor allem für die ländlichen Grundherren zu großen Einkommensverlusten führte; denn diese lebten überwiegend von den Geldabgaben ihrer abhängigen Bauern. Diese wirtschaftliche Krise verstärkte sich durch den Dreißigjährigen Krieg und den mit diesem einhergehenden Rückgang der Wirtschaftsleistung **(Depression)**.

Bedrohlich wurde für den Adel auch die **wirtschaftliche Konkurrenz des reichen Stadtbürgertums**, die die Außenwirkung des auf Repräsentation bedachten luxuriösen Lebensstils des Adels gefährdete. Reiche Bürgerliche kauften sich außerdem zunehmend in ländlichen Großgrundbesitz ein, insbesondere seit Mitte des 18. Jahrhunderts, als es durch das Bevölkerungswachstum zu einer Agrarkonjunktur kam und Landbesitz zum einträglichen Geschäft wurde. Eine **verstärkte Konkurrenz der Bürgerlichen** gab es seit dem aufgeklärten Absolutismus auch **in der staatlichen Verwaltung und im Militär**; davon betroffen waren vor allem die besitzlosen Adligen, für die der Weg in Staatsämter eine Frage des materiellen Überlebens war.

In diesem Zusammenhang war den Adligen auch die **Ausweitung der Nobilitierungspraxis** der Landesherren ein Dorn im Auge. Die Aufnahme vieler verdienter bürgerlicher Beamter oder finanzkräftiger Bürger, die sich einen Adelstitel kauften, in den Adelsstand schmälerte die Exklusivität und die Chancen des alten Adels auf wichtige Ämter. Allerdings stärkte der neue Briefadel den Adelsstand als Ganzes auch, da die Nobilitierten darauf bedacht waren, den Status quo der Ständegesellschaft zu erhalten.

Funktionsverlust des Adels im Absolutismus

Am stärksten beeinflusste die Herausbildung der absolutistischen Herrschaftsform im 17. und 18. Jahrhundert die Stellung des Adels. Nach dem Vorbild Frankreichs zogen die fürstlichen Landesherren zunehmend Herrschaftsrechte und Verwaltungsfunktionen des Adels an sich und richteten eine **mit bürgerlichen Experten besetzte zentrale Verwaltung** ein. Die traditionellen Rechte der in der Mehrheit von Adligen besetzten Landstände wurden meist dadurch umgangen, dass diese erst gar nicht mehr einberufen wurden.

Der Absolutismus in den Territorien

Das absolutistische Herrschaftssystem setzte sich im Heiligen Römischen Reich auf Ebene der einzelnen **fürstlichen Territorien** durch. Der Absolutismus war die Antwort auf die konfessionellen Auseinandersetzungen nach der Reformation, die eine starke Zentralgewalt nötig machten, um die Territorien zu befrieden. Die beiden wichtigsten Ziele der absolutistischen Fürsten waren die **Kontrolle der politischen Stände** (Adel, Klerus, Städte) und die Durchsetzung der **weitgehend uneingeschränkten, über den Gesetzen stehenden Macht des Fürsten**.

Die innere Struktur der absolutistischen Territorien definierte sich im Idealtypus durch folgende Elemente: die **Zentralisierung** von Herrschaft, den Aufbau einer hierarchisch geordneten **Bürokratie** mit fachlich ausgebildeten bürgerlichen Beamten, ein effizientes **Finanz- und Steuersystem**, die **Vereinheitlichung des Rechts** sowie eine aufwendige **Hofhaltung**, die der Repräsentation des Fürsten diente.

Den **militärische Funktionsverlust des Adels im Absolutismus** beschließt eine bedeutsamen Entwicklung seit dem späten Mittelalter: Das Aufkommen der Feuerwaffen und der Landsknechtstruppen im 15. Jahrhundert machte den schwerbewaffneten Ritter überflüssig. Die Entwicklung zu **stehenden Heeren** beließ den Adligen nur noch die Möglichkeit, sich für die hohen Offiziersstellen in den fürstlichen Armeen zu qualifizieren.

Der Hofadel

Die Akzeptanz der fürstlichen Vorherrschaft eröffnete dem Adel aber auch neue Betätigungsfelder: Der **Fürstenhof**, ursprünglich lediglich der erweiterte Gutshof oder Haushalt des Landesherrn, wurde wichtigster Bestandteil seiner **Herrschaftsrepräsentation**. Dazu gehörte die Entfaltung eines luxuriösen Lebensstils mit einer großen Anziehungskraft auf die adlige Gesellschaft: Es entstanden wichtige Ämter am Hof, die, wie auch die Offiziersstellen in den fürstlichen Armeen, dem Adel vorbehalten blieben. Dieser konnte sich im höfischen Umfeld durch das Privileg der **Hoffähigkeit** gegen die Konkurrenz der Bürgerlichen abschirmen. Die Wissenschaft spricht von einer **Monopolisierung der Spitzenämter in Armee, Regierung und Diplomatie** durch den Adel. Diese Entwicklung wurde auch dadurch möglich, dass die Adelssöhne nun studierten und sich die nötige akademische Bildung aneigneten.

Der Preis, den der Adel für diese neuen Privilegien bezahlte, bestand in der Hinnahme der fürstlichen Dominanz und des neuartigen **Herrscherkults**. Aus den gleichrangigen Vasallen des Fürsten wurden untergeordnete **Höflinge**, deren Bedeutung und Einfluss sich in genau abgestuften Titeln und bestimmten Rollen innerhalb des **höfischen Zeremoniells** zeigte.

2.3 Bürgertum

Der moderne Bürgerbegriff unterscheidet sich grundlegend von der sozialhistorischen Definition des Bürgers in der Frühen Neuzeit. Letzterer ist vor allem mit dem eigentlichen **Stadtbürgertum** als dem bürgerlichen Stand innerhalb der Ständegesellschaft verbunden. Dieser umfasste **im engeren Sinn** alle Bürger, die das **Bürgerrecht** besaßen: Neben der zahlenmäßig kleinen Oberschicht (Patrizier und Honoratioren) waren dies auch die städtische Mittelschicht, das in Zünften organisierte Handwerk, kleine Kaufleute sowie mittlere Beamte und Angestellte (vgl. S. 29 ff.). **Im weiteren Sinn** meint der Bürgerbegriff **alle Bewohner einer Stadt** vom einflussreichen Patrizier bis zu den mittellosen Unterschichten.

Das akademische Bildungsbürgertum

Historisch lässt sich der Begriff darüber hinaus dem im absolutistischen Staat entstehenden **Bildungsbürgertum** zuordnen. Dessen Entwicklung begann im 16. Jahrhundert, als die fürstlichen Regierungen akademisch gebildete Juristen in ihre Verwaltungszentralen holten, um die Herrschaftsstrukturen in ihren Territorien zu ordnen. Der fürstliche Staat stellte die Mitglieder dieser **bildungsbürgerlichen Funktionselite** als „Gefreite“ oder „Eximierte“ unter ein **ständisches Sonderrecht** mit einem staatsunmittelbaren Status. Vergleichsweise hohe Gehälter und Privilegien (z. B. bei der Besteuerung) standen auf der einen Seite, ein hoher Anspruch auf Arbeitsdisziplin und Loyalität dem Fürstenstaat gegenüber auf der anderen Seite.

Die **akademische Bildung** war das entscheidende Qualifikationselement der bürgerlichen Bewerber für den Staatsdienst. Mit der Zeit erweiterten andere akademische Berufsgruppen das Bildungsbürgertum, etwa die naturwissenschaftlich ausgebildeten Experten im Bergbau oder anderen technischen Gewerben, aber auch Professoren, Geistliche, Ärzte und Militärs.

Kennzeichnend für das Bildungsbürgertum ist sein Selbstbewusstsein als **„Geistesaristokratie“**, basierend auf seiner humanistischen Bildung, die es an den Gymnasien und Universitäten erwarb. Im 18. Jahrhundert wurde aus diesen Gebildeten eine politisch einflussreiche Expertenschicht. Diese war der **Träger des aufgeklärten Absolutismus** und der großen liberalen Reformen nach 1800. Die elitäre bildungsbürgerliche Mentalität hatte eine große Fernwirkung ins 19. und 20. Jahrhundert. Man geht von der Kontinuität der Gruppe bis heute aus, sichtbar in der Weiterexistenz eines modernen Bildungsbürgertums mit durchaus ähnlichem Selbstbewusstsein wie dem hier beschriebenen.

Der Begriff „Staatsbürger“

Der moderne Begriff des **„Staatsbürgers“** hat sich weitgehend von der sozialen Ursprungsgruppe innerhalb der Ständegesellschaft gelöst und sich zu einem allgemeinen politischen Ideal hin verändert. Der Begriff entstand in der Schicht der bildungsbürgerlichen Verwaltungsbeamten an den Höfen der absolutistischen Fürsten, die mit dazu beitrugen, einen modernen Staatsbegriff zu entwickeln, der sich von der Person des Fürsten abhob. Diese bürgerlichen Experten fühlten sich als **Staatsdiener** bzw. als **Staatsuntertanen**. In der Aufklärung wurde diese Selbstsicht auf die gesamte Gesellschaft übertragen. Es entstand das Ideal des Staatsbürgers, der aktiv den Staat mitträgt.

2.4 Bauern

Die frühneuzeitliche Gesellschaft war agrarisch geprägt; sie wurde durch die Arbeitskraft der Bauern getragen, von deren Abgaben Adel, Klerus und Landesherren als Grund- und Gutsherren lebten.

Der Stand der **Bauern** war eine sehr heterogene Gruppe. Die Bauern unterschieden sich durch die Größe und Qualität ihres Landes, aber auch durch die Art ihrer Besitzrechte: Denn **Bauernland** galt generell nicht wie beim Adel als Privateigentum (Allod), sondern als **Lehen des Grund- oder Gutsherrn**, dem deshalb Rechte der unterschiedlichsten Art am Bauernland zustanden.

Freie Bauern

Die Spitze des Bauernstandes bildete die kleine Gruppe der **freien Bauern**, die eigenes Land besaßen. Da kein direktes Abhängigkeitsverhältnis zu einem Grundherrn bestand, unterlagen die freien Bauern **keinen Dienst- und Abgabepflichten (Frondiensten)**; sie konnten ihre Höfe nach eigenen Vorstellungen vererben und hatten lediglich Steuern an den Landesherrn zu zahlen.

Viel häufiger, gerade auch in Altbayern, war das für die Bauern immer noch günstige Erbpacht- oder Erbzinsrecht: **Freibauern ohne Landbesitz** pachteten Land von einem Grundherrn und zahlten dafür lediglich Abgaben für die Nutzung des Bodens. Die Kinder standen nicht unter dem Gesindezwang, die Höfe konnten frei vererbt werden.

Lass-Bauern mit Erbrecht

Deutlich schlechter gestellt war die große Mehrheit der Bauern vor allem in den Gutsherrschaften östlich der Elbe, die sog. „Lassiten" oder **Lass-Bauern**. Sie verfügten nicht über Eigentumsrechte an ihrem Land, sondern lediglich über **Nutzungsrechte** (Lass-Besitz) und mussten umfangreiche Frondienste für den Gutsherrn leisten. Nur mit Zustimmung ihrer Herrschaft durften sie die Nutzungsrechte abtreten, im Erbfall musste der Gutsherr der Nachfolgeregelung formal zustimmen. Überdies waren auch die Betriebsmittel mit Gebäuden und Inventar Eigentum des Gutsherrn.

Rolle des Erbrechts

Die drei genannten Gruppen (freie Bauern, Freibauern ohne Landbesitz, Lassiten) hoben sich trotz der skizzierten großen Unterschiede von allen anderen durch das ihnen zustehende **Erbrecht** ab. Dieses band viele Bauernfamilien über Jahrhunderte an ihren Hof und führte aufgrund des Eigeninteresses der Bauern zu einer verbesserten Landwirtschaft und zu einigen Innovationen in der Hofbewirtschaftung. Wichtig ist in diesem Zusammenhang auch die Form des Erbrechts: Das **Anerbenrecht** erhielt den Hof als Ganzes, den im Normalfall der älteste Sohn übernahm. Das **Realteilungsrecht** teilte den Besitz unter allen Erben auf und führte so in Südwestdeutschland und Franken zur Verbreitung des Kleinbesitzes; das Realteilungsrecht schwächte deswegen die Überlebensfähigkeit der Hofstellen.

Unerbliche Lassiten in der Gutsherrschaft

Im Vergleich zu den bisher beschriebenen Gruppen waren die **unerblichen Lassiten**, dazu gehörte die Masse der ostdeutschen Bauern in der Gutsherrschaft, deutlich benachteiligt. Sie konnten im Erbfall nur einen Wunsch äußern, denn die Nutzung des Ackerlandes war auf ihre Lebenszeit begrenzt. Ihre spezifische Rechtsstellung war die **Erbuntertänigkeit**.

Erbuntertänigkeit, Leibeigenschaft

Erbuntertänigkeit war eine Rechtsform innerhalb der Gutsherrschaft, die für die betroffenen Bauern besondere Abhängigkeiten mit sich brachte.

- Der Bauer und seine Familie waren persönlich an die durch den Gutsherrn überlassene Bauernstelle gebunden; die Bauern durften den Hof ohne Einwilligung des Gutsherrn weder aufgeben noch von dort wegziehen. Diese Bindung nennt man auch **Schollenpflichtigkeit**.
- Die Bauern waren zu **lebenslangen Abgaben und Frondiensten** verpflichtet.
- Ihre Kinder unterlagen dem **Gesindezwangdienst:** Sie mussten regelmäßig am Gutshof des Herrn arbeiten.
- Der Status der **Erbuntertänigkeit** wurde **auf die Nachkommen vererbt**.

Seit dem 18. Jahrhundert war die Erbuntertänigkeit in Ostdeutschland durch Zwang und Rechtsbruch der Gutsherren so erweitert worden, dass man von **Leibeigenschaft** spricht. Der Begriff drückt ein sklavenartiges Rechtsverhältnis zwischen Bauern und Gutsherrn aus. Als wesentlicher Unterschied zur Sklaverei fehlt der Leibeigenschaft lediglich die Rolle der Sklaven als für den Herrn frei verfügbare Ware.

Die Aufhebung der Leibeigenschaft, also grundsätzlich der Erbuntertänigkeit, war ein zentraler Inhalt der Preußischen Reformen seit 1807. Man nennt diesen Vorgang **Bauernbefreiung** (vgl. S. 67 ff.).

Unterbäuerliche Schichten

Die unterbäuerlichen Schichten lebten, da sie keinen eigenen Hof und kein Land besaßen, permanent am Rande des **Existenzminimums** und waren in Krisensituationen von **Hunger** bedroht. Die Angehörigen dieser Gruppen kamen meist aus der kleinbäuerlichen Schicht und waren deren nachgeborene Kinder ohne Erbrecht. Im Laufe der Frühen Neuzeit vergrößerten sich die unterbäuerlichen Schichten durch das Bevölkerungswachstum und die gleichzeitige Begrenztheit der Landressourcen auf etwa zwei Drittel der ländlichen Bevölkerung im 18. Jahrhundert.

Am stärksten mit den besitzenden Bauernfamilien verbunden war das auf dem Hof arbeitende **Gesinde:** Knechte und Mägde lebten unverheiratet im Haus des jeweiligen Bauern. Sie verpflichteten sich meist für ein Jahr oder auch länger gegen einen festgelegten Lohn. Das Gesinde war weitgehend vom Bauern abhängig, strenge **Gesindeordnungen** versuchten allerdings, Konflikte zu begrenzen. Die Knechte waren in **Burschenschaften** organisiert und gestalteten das dörfliche Leben mit.

In der Regel strebten die Knechte danach, einen kleinen Landbesitz zu erwerben, um als **Kleinstellenbesitzer** (in Bayern „Seldner“ oder „Söldner“ genannt) eigenständig leben und heiraten zu können. Entsprechend ihrer beschränkten

Mittel besaßen sie wenig ertragreiche Äcker außerhalb der Dorfflur oder ein vom Grundherrn überlassenes Feldstück. Zudem waren sie **nicht spannfähig**, hatten also keine Rinder oder Pferde, um ein effizientes Transportmittel zu unterhalten. Die Kleinstellenbesitzer waren deshalb auf **Nebenerwerb** unterschiedlichster Art angewiesen. Auch wenn sie das Gemeineigentum des Dorfes an Wald und Wiese mitnutzen konnten, waren die Seldner keine vollberechtigten Mitglieder der Dorfgemeinschaft, der sog. **Dorfehrbarkeit**, die nur den besitzenden Bauern zustand. In der Dorfversammlung hatten sie entsprechend keine Mitspracherechte.

Aufgaben

3 Erläutern Sie die wichtigsten Merkmale der frühneuzeitlichen Ständegesellschaft. Gehen Sie dabei besonders auf die Rolle des Individuums ein.

4 Nennen Sie die wichtigsten Merkmale der herausgehobenen Stellung des Adels.

5 Klären Sie die unterschiedlichen Bedeutungen des Begriffs „Bürger".

6 Nennen Sie die wichtigsten bäuerlichen Schichten nach Besitz und Rechtsstellung.

3 Die politisch-soziale Ordnung auf dem Land

3.1 Guts- und Grundherrschaft als Anker der Sozialstruktur

Die Feudalordnung kannte **zwei Grundformen der Herrschaftsorganisation**, die das Leben der bäuerlichen Bevölkerung in der Frühen Neuzeit bestimmten: die Grundherrschaft westlich der Elbe und die Gutsherrschaft östlich davon.

Grundherrschaft

Bei der Grundherrschaft übte der adlige oder kirchliche Grundherr das Obereigentum über den Bodenbesitz aus, ohne ihn selbst zu bewirtschaften. Er vergab das **Nutzungsrecht an Bauern**, die ihm dafür Abgaben und Dienste leisteten. Im westlichen Deutschland wurden die meisten dieser Leistungen durch Geldzahlungen, sog. **Renten**, ersetzt. Die Bauern, die direkt der Verwaltung des Landesherrn unterstanden, nannte man **Domänenbauern**, da sie zu den Domänen, dem Staatsland, gehörten. Kirchliche Grundherren konnten durch Bistümer und Abteien bestellte Verwalter oder auch die Dorfpfarrer sein. Denn diese besaßen zur Lebenshaltung **Pfründe**, in der Regel einen größeren Bauernhof („Pfarrhof") mit Gesinde und dem Recht, von den Bauern des Dorfes Abgaben und Dienste einzufordern.

Gutsherrschaft

Die Gutsherrschaft war vor allem im preußischen Ostdeutschland **(„Ostelbien")** weit verbreitet. Der Gutsherr bewirtschaftete seinen Privatbesitz mit einem Gutshof („Rittergut") selbst. Die ihm im Rahmen der Gutsherrschaft unterstellten Bauern mussten im Ausgleich für geringere Abgaben aufgrund ihrer Dienstpflicht **(Frondienst)** den Gutshof bewirtschaften (vgl. S. 20 f.). Die Gutsherren weiteten die Dienste immer mehr aus und veränderten das Rechtsverhältnis willkürlich: Das feudalrechtliche Obereigentum wurde zum Privateigentum des Gutsherrn uminterpretiert, das bäuerliche Besitzrecht auf ein Nutzungsrecht reduziert, das widerrufen werden konnte. Dies bedeutete eine **faktische Enteignung der Bauern**. Die Bauern wurden zudem immer stärker persönlich an ihre Arbeitsstelle gebunden **(Gutsleibeigenschaft)**.

Hintergrund dieses Vorgehens war die Entstehung des **Fernhandels mit landwirtschaftlichen Produkten**, vor allem mit Getreide. Die ostelbischen Rittergutsbesitzer belieferten die boomenden Märkte der wirtschaftlich prosperierenden westeuropäischen Staaten (Schweden, Niederlande, England), was finanziell wesentlich lukrativer war als die bloßen Rentenzahlungen der Bauern. Zur Gewinnmaximierung versuchten die Gutsherren, ihren Besitz durch das Einziehen von Hofstellen **(Bauernlegen)** zu Ungunsten der Bauern auszudehnen und deren Fronarbeit auszuweiten.

Neben seiner wirtschaftlichen und sozialen Machtposition war der Gutsherr zugleich Gerichtsherr, man spricht von der **Patrimonialgerichtsbarkeit** des Hausvaters über seine Familienmitglieder, Träger der Polizeigewalt sowie Schul- und Kirchenpatron. Dieses Rechtsverhältnis bedeutete für die vom Gutsherrn Abhängigen eine aus heutiger Sicht unvorstellbare **persönliche Unterwerfung unter dessen Macht**.

Pflichten der Bauern innerhalb der Grund- und Gutsherrschaft

Der ökonomische Kern der Grundherrschaft und damit der agrarischen Gesellschaft der Frühen Neuzeit war die Leistungskraft der Bauern, die den überwiegenden Teil der landwirtschaftlichen Nutzfläche bewirtschafteten. Bauern unterlagen dabei in unterschiedlicher Weise einer ganzen Reihe von rechtlich fixierten Pflichten gegenüber dem Grundherrn. Zu diesen gehörten

- **Frondienste**, d. h. nach Stunden und Tagen „gemessene" oder nach Aufgaben „ungemessene" Arbeitsleistungen **(Hand- und Spanndienste)**. Der

Begriff „Spanndienste“ bezog sich auf die Nutzung der bäuerlichen Ochsen- oder Pferdegespanne durch die Grundherren. In Ostpreußen schwankte die Dienstleistung im schlechteren Fall zwischen 250 und 300 Tagen, im besseren zwischen 80 und 85 Tagen je Stelle und Jahr. Neben den landwirtschaftlichen Arbeiten wurden die Bauern auch zu Bau- und Wegearbeiten, Transport- und Botenpflichten, Kirchen- und Gemeindeaufgaben sowie Jagddiensten für den Adel herangezogen.

- der **Gesindedienst**. Dieser war vor allem innerhalb der Gutsherrschaften, für die Bauernfamilien besonders unangenehm. Die Kinder der Bauern mussten mehrere Jahre lang auf dem Hof des Gutsherrn arbeiten, dem überdies die Rechtsgewalt des Hausvaters zustand, einschließlich des Züchtigungsrechts. Für die Bauernfamilien selbst bedeutete dieser unentgeltliche Gesindedienst den Ausfall der Arbeitskraft der Kinder, die sie auf den eigenen Hofstellen selbst benötigt hätten.
- Abgaben in Form von **Naturallieferungen**. Hierbei handelte es sich um ein Relikt des frühen Feudalsystems. Sie umfassten im 18. Jahrhundert mindestens 20 Prozent, durchschnittlich aber 30 bis 40 Prozent der bäuerlichen Bruttoproduktion. Hinzu kamen noch **„versteckte“ Leistungen:** Kalk und Ziegel mussten vom Gutshof bezogen werden, das Mehl in der gutsherrlichen Mühle (Mühlenbann) gemahlen und natürlich dafür bezahlt werden. Das Gleiche galt für Bier- und Branntwein, die nur der Gutsherr produzieren und an die Bauern zu seinen meist überhöhten Preisen verkaufen durfte. Die abhängigen Bauern subventionierten so die „Eigenwirtschaft“ des Guts- oder Grundherrn.
- **Renten**, d. h. regelmäßige und genau festgelegte Geldzahlungen in Höhe von ca. 40 Prozent der Wirtschaftsleistung. Diese hatten im südlichen und westlichen Deutschland die meisten Dienste und Abgaben der Bauern ersetzt, sie wurden von Verwaltern eingetrieben. Dieses System war für die Betroffenen besser, weil berechenbar und rechtlich fixiert. Der Willkür des Grundherrn oder seines Verwalters waren diese Bauern deutlich weniger ausgesetzt.

Zu den Abgaben an die Guts- und Grundherren kamen noch die **Steuern an den Landesherrn**. In Preußen betrugen diese im 18. Jahrhundert 40 % des verbliebenen Einkommens (gemessen nach den Abgaben an den Grundherrn).

Bäuerlicher Widerstand

Trotz der enormen Belastung akzeptierten die Bauern die Grund- und Gutsherrschaft im Wesentlichen; dazu trugen die systemtreue und von der Grundherrschaft profitierende Kirche mit ihrem starken Einfluss auf die Denkweisen der dörflichen Bevölkerung bei sowie das große Traditionsbewusstsein und Beharrungsvermögen der Bauern. Zudem waren die Grundherren in Notlagen zur Hilfe für ihre Bauern verpflichtet, was für diese ein gewisses Maß an sozialer Sicherheit bedeutete.

Als großes Existenzrisiko empfanden die abhängigen Bauern die häufigen Rechtsbrüche der Grundherren, insbesondere die **Ausweitung von Abgaben und Diensten**. In diesen Fällen waren die Bauern dazu bereit, den Landesherrn oder gar den Kaiser gegen ihre grundherrschaftliche Obrigkeit zu mobilisieren; sie leisteten aber auch aktiven Widerstand durch **Abgabenverweigerung, Fronstreiks** (Verweigern der geschuldeten Dienste) oder zuletzt gar mit **Gewalt:** Zwischen 1300 und 1800 sind mindestens 130 bäuerliche Erhebungen wissenschaftlich nachgewiesen worden.

Die größte Bauernrevolte war der **Bauernkrieg** von 1524 bis 1525, der in weiten Teilen des süddeutschen Sprachraumes (Süddeutschland, Österreich, Schweiz) an den Grundfesten des feudalen Systems rüttelte. Die Bauern verlangten im Verlauf des Aufstands in ihren **Zwölf Artikeln von Memmingen** eine Abschaffung der Leibeigenschaft, mehr gemeindliche Autonomie und die Entlastung von zahlreichen Diensten und Abgaben.

Die Aufstände wurden von den fürstlichen Landsknechtsheeren 1525 bis 1526 mit großer Härte niedergeschlagen; über 100 000 Bauern kamen dabei ums Leben. Größere Revolten gab es danach erst wieder Ende des 18. Jahrhunderts in Schlesien.

3.2 Lebensraum Dorf

Im ausgehenden 18. Jahrhundert lebten in den deutschen Herrschaftsgebieten durchschnittlich **80 Prozent der Gesamtbevölkerung** im ländlichen Raum. Das Dorf war das soziale Zentrum der ländlichen Bevölkerung; der Einzelhof war als Lebensraum die Ausnahme. Klar abgegrenzt war die dörflich-bäuerliche Welt von der bürgerlichen Stadt und vom Herrenhof der adligen Grund- oder Gutsbesitzer.

Soziale Schichten des Dorfes

Die **ländliche Bevölkerung** war nach Besitz, Rechtsstatus und Lebenssituation in mehrere Gruppen unterteilt, die für das 18. Jahrhundert in etwa wie folgt beschrieben werden können:

- An der **Dorfspitze** standen die ca. 15 Prozent Bauern mit Höfen größer als 10 Hektar **(Vollhufner)**;

- darunter gab es ca. 15 Prozent **Halbhufner** oder **Halbmeier** mit deutlich kleineren, aber noch selbstständigen Höfen;
- den Rest (ca. 70 Prozent!) bildeten Angehörige der unterbäuerlichen Schicht: **Kleinstellenbesitzer, Mägde und Knechte**.
- Am schlechtesten waren die **landlosen Tagelöhner** gestellt, ob sie nun noch eine eigene Hütte besaßen oder bei Bauern oder dem Grundherrn Unterkunft und Arbeit fanden.
- Eine Sonderstellung hatte die kleine Gruppe der **Dorfhandwerker**, die es nur in größeren Ortschaften gab. Sie lebten von den Aufträgen der wohlhabenden Bauern und besaßen eigene Häuser mit Gärten und kleinen Ländereien. Meistens handelte es sich um zugewanderte Handwerker aus Städten, die dort kein Auskommen innerhalb der Handwerkszünfte gefunden hatten. Innerhalb des Dorfes besaßen die Handwerker ein höheres Sozialprestige als die Landlosen, was v. a. für die angesehensten Berufe des Schmieds und Müllers galt; aber auch diese hatten keinen politischen Einfluss in der Gemeinde. Wenig soziales Prestige hatten dagegen die Schuster, Gerber und Weber.
- Vor allem die **Weber** (Leinweber) wurden zum Kern der seit dem 16. Jahrhundert entstehenden Schicht der **Heimarbeiter**. Ursprünglich war Heimarbeit ein wichtiger Zuverdienst für die ärmeren bäuerlichen und unterbäuerlichen Schichten. Als sich jedoch die **Verlagsindustrie** entwickelte, bot diese vielen der dörflichen Landlosen einen Vollberuf (vgl. S. 37 ff.). Weil die Arbeitskraft über ihre Existenz entschied und nicht der ererbte Besitz, konnten die Kinder der Heimarbeiterschicht früher heiraten, was zur Vergrößerung dieser Gruppe im 18. Jahrhundert beitrug. In die Dorfgemeinschaft waren die Heimarbeiter kaum integriert, sie hatten **keine politischen Rechte in der Dorfversammlung** und wurden von den Bauern als minderwertig betrachtet.

Vagabunden und Vaganten

Die **brisante Lebenssituation der dörflichen Unterschichten** am Rande und oft unter dem Existenzminimum konnte bei Verlust des Lebensunterhalts schnell zu einer existenziellen Krise führen. Bei den minimalen sozialen Hilfen auf dem Dorf blieb in dieser Situation vielen nur die Möglichkeit, die Heimat zu verlassen und sich irgendwo – vagabundierend – eine Überlebensmöglichkeit zu suchen. Vielerorts bewegten sich mit diesem Ziel Tausende auf den Landstraßen; unter diesen auch das **fahrende Volk** der Gaukler, Akrobaten, Tierbändiger, Heilkünstler, Glücksspieler. Zudem suchten **Kleinhändler und fahrende Handwerker** wie Kesselflicker und Messerschleifer so ihr Auskommen.

Außerhalb der ortsansässigen Bevölkerung existierte so eine Schicht von **Vagabunden oder Vaganten**, die im 18. Jahrhundert in Südwestdeutschland ca. zehn Prozent der Bevölkerung ausmachte. Problematisch war diese sozial deklassierte Randgruppe v. a. auch deswegen, weil sie ein Reservoir für jede Form der Kriminalität bildete. Aus diesem Grund versuchten die **Obrigkeiten**, das **Vagantentum mit drastischen Strafen zu bekämpfen** (Prügel, Auspeitschen, Abschiebung über die Gemeindegrenzen, Brandmarkung mit glühendem Eisen, Übergabe an die Werbeoffiziere für den gefürchteten Soldatenberuf); die Strafen reichten bis zur relativ häufigen Todesstrafe.

Mitte des 18. Jahrhunderts bildeten sich trotz der harten Strafen in Süd- und Mitteldeutschland aus den Randgruppen große **Räuberbanden**, wie in Bayern und Schwaben der berühmte **Matthias Klostermayr** als **„Der Bayerische Hiasl“** eine anführte.

Politische Organisation des Dorfes

Wie die Rechtssituation des einzelnen Bauern innerhalb der Grundherrschaft war auch der Grad der **dörflichen Selbstverwaltung** (Autonomie) sehr unterschiedlich. Es gab weitgehend „freie“ Gemeinden, die ihr politisches Leben durch eine eigene Ordnung selbst bestimmten, insbesondere in Franken und Schwaben. Hinzu kamen Dorfgemeinden, die sich auf der Basis herrschaftlicher Regelungen selbst verwalteten. Schließlich gab es Dörfer, vor allem im Osten Deutschlands, in denen die Gutsherrschaft alles bestimmte, die sich aber dennoch als Gemeinde empfanden. Im Normalfall aber war die dörfliche Selbstverwaltung eine **Mischform aus herrschaftlicher und genossenschaftlicher Ordnung**.

Die einzelnen bäuerlichen Familien waren eng in ihren Nachbarschafts- und Dorfverband eingebunden, der die kollektiven Interessen der Bauern als **Dorfgenossenschaft** vertrat. Diese Zusammenarbeit war in der Frühen Neuzeit mit ihren vielfältigen Bedrohungen existenziell notwendig: Unwettern, Räuberbanden oder überzogenen Ansprüchen des Grundherrn konnte man nur gemeinsam wirksam begegnen **(Solidargemeinschaft)**.

Gemeindeversammlung und Dorfgericht

Die **Dorfgemeinschaft** selbst war trotz ihres genossenschaftlichen Charakters kein demokratischer Verband: Die **Gemeindeversammlung** bestand nur aus den Hausvätern der besitzenden Bauernfamilien, wobei dort die reicheren Bauern das Sagen hatten.

Die Gemeindeversammlung trat mindestens einmal im Jahr zusammen, sie kontrollierte das Rechnungswesen, setzte die Anbauordnung fest, verkündete das **Dorfrecht** und wählte die **Amtsleute** des Dorfs: Meist vier Personen bildeten einen **Ausschuss („Vierer")**, der alle öffentlichen Aufgaben wahrnahm. Sie sicherten die Grundstücksgrenzen, überwachten die feuerpolizeilichen Bestimmungen, die Maße und Gewichte, die in der Gemeinde ansässigen Handwerksbetriebe und nahmen polizeiliche Aufgaben wahr. In einem Teil der Gemeinden gab es zusätzlich noch einen über der Gemeindeverwaltung stehenden **Schultheiß** bzw. Dorfmeister, Amtmann oder Vogt, der stets aus dem Dorf stammte, aber vom Grundherrn eingesetzt war. Er hatte einerseits die Interessen des Grundherrn in der Gemeinde, aber auch die der Genossenschaft gegenüber dem Grundherrn zu vertreten.

Ein wichtiges Instrument zur Aufrechterhaltung der Dorfordnung war das **Dorfgericht**, an dem der Grundherr bzw. sein Vertreter und meistens Schöffen (Laienrichter) aus der Gemeinde beteiligt waren. Dort wurden Erbverträge und Besitzübertragungen geregelt, Verletzungen der Grundstücksgrenzen geahndet, aber auch Beleidigungen, Schlägereien, sittliche Delikte und kleine Eigentumsverletzungen. Die **peinliche Gerichtsbarkeit** bei Mord, Diebstahl, Brandstiftung und anderen schweren Vergehen lag aber allein bei der landesherrlichen Obrigkeit. Das Dorfgericht konnte aber im Bereich der genannten **niederen Gerichtsbarkeit** Strafen verhängen: v. a. Geldstrafen, aber auch sog. Ehrenstrafen (u. a. Pranger, Tragen von Fußfesseln) oder sogar kurze Gefängnisstrafen.

Politisch-soziale Ordnung auf dem Land

soziale Stellung	Bevölkerung auf dem Land	politische Teilhabe
Adel	• Gutsherr/Grundherr	Dorfgericht
Bauern	• „Vollhufner" • „Halbhufner"	Gemeindeversammlung
unterbäuerliche Schichten	• Kleinstellenbesitzer • Mägde, Knechte • Dorfhandwerker • Heimarbeiter • Tagelöhner	keine politische Teilhabe
Randgruppe	• Vagabunden, Vaganten	

Aufgaben

7 Erklären Sie den Unterschied zwischen Grund- und Gutsherrschaft.

8 Beschreiben Sie die soziale Struktur der Dorfgesellschaft in ihren Grundzügen.

4 Die politisch-soziale Ordnung in der Stadt

Ein Stadtbürgertum gibt es erst seit dem 11. Jahrhundert, als sich in West- und Mitteleuropa Städte entwickelten, in denen eine **kaufmännische und handwerkliche Bürgerschicht** entstand. Diese **Städte** waren innerhalb der agrarisch geprägten mittelalterlichen Grundherrschaft eine neue soziale und politische Form. Ihre Struktur kennzeichnete sich durch

- eine relative **rechtliche Autonomie** mit eigener Gerichtsbarkeit und Friedensordnung;
- den gewerblichen **Markt** als stadtbildendes wirtschaftliches Zentrum, der gespeist wurde von der handwerklichen **Warenproduktion**;
- die **Selbstverwaltung** der wirtschaftlichen und politischen Angelegenheiten der Stadt durch im Prinzip rechtlich gleichgestellte freie Bürger. Diese wählten ihre Stadtregierung **(Rat)** selbst;
- eine **burgartige Anlage mit Stadtmauern** und die Kampffähigkeit der Bürger, die ihre die Stadt verteidigen konnten.

4.1 Entwicklung der bürgerlichen Stadt

Die Gründe für die Entwicklung dieses neuen Typus der Stadt sind vielfältig; dazu gehörten

- die Zunahme des **Fernhandels** im 11. Jahrhundert,
- die ansteigende Nachfrage nach handwerklichen Waren durch die **Bevölkerungsexpansion** seit dem 11. bis ins 14. Jahrhundert,
- die Gewährung von politischen und rechtlichen Freiräumen durch weltliche oder bischöfliche Herren, die einer Ansiedlung **Immunität** (Freiheit von fremder Herrschaftsgewalt) zubilligten oder Sonderfriedensbezirke für die Stadtbürger einrichteten; in der Folge verfestigten sich **Rechtsansprüche**, die die Stadtbürger gegen Eingriffe der Herrschaftsträger in die innerstädtischen Angelegenheiten geltend machen konnten. Daraus entwickelte sich die weitgehende **Stadtautonomie**, beruhend auf den Sonderrechten der Bürger und auf deren **persönlicher Freiheit** (im Gegensatz zu den meisten Bauern in der Grundherrschaft). Der berühmte Grundsatz **„Stadtluft macht frei!“** drückt diesen Zusammenhang aus.

Nach den besonderen **ökonomischen Schwerpunkten** können folgende **Stadttypen** unterschieden werden:

- die an der Produktion handwerklicher Güter für den Export orientierte **Gewerbestadt**,

- die auf Fernhandel, Transit und Messe ausgerichtete **Handelsstadt**,
- die **(klein-)städtische Marktstadt** mit ihrer Orientierung am landwirtschaftlich geprägten Umland,
- die **Residenzstadt** als politisches Zentrum mit dem fürstlichen Hof, der einen wichtigen ökonomischen Faktor darstellte.

Um 1800 gab es im Alten Reich ungefähr 4 000 Städte unterschiedlichster Größe und Art mit insgesamt ca. 7 Millionen Einwohnern; das war ein Viertel der deutschsprachigen Reichsbevölkerung. 64 Städte hatten mehr als 10 000 Einwohner, nur Berlin (173 000) und Wien (207 000) mehr als 100 000.

Politische Stellung der Städte im Alten Reich

Nach ihrer **verfassungsrechtlichen Stellung** lassen sich bis zum Ende des Alten Reichs 1806 drei Stadttypen unterscheiden:

- An der Spitze standen die **reichsunmittelbaren Reichsstädte:** Zu diesen gehörten u. a. große Handelszentren wie Köln, Frankfurt, Nürnberg, Augsburg und Regensburg, aber auch kleine Reichsstädte im Südwesten wie Nördlingen, Rothenburg, Memmingen und viele andere. Seit dem Westfälischen Frieden (1648) waren diese Städte faktisch **autonome Kleinstaaten**, wenn auch nach außen weitgehend machtlos und auf den Kaiser angewiesen.
- Die **Landstädte** waren dem jeweiligen Landesherrn unterstellt. Die bedeutendsten dieser Städte waren die **fürstlichen Residenzstädte** – in Bayern war München die größte und wichtigste. Wie die Reichsstädte auf Reichsebene waren die Landstädte auf Landesebene als politischer Stand auf den **Landtagen** vertreten.
- Eine Sonderform ohne städtische Autonomie waren die ostdeutschen **Mediatstädte**; sie waren einem Grundherrn unterstellt und ihre Bürger waren ihm als Leibeigene Frondienste und Abgaben schuldig. Ein Drittel der schlesischen Städte waren solche Mediatstädte.

Die rechtliche Stellung der Stadtbewohner

Auch innerhalb der bürgerlichen Stadt fanden sich nach Besitz, politischem Einfluss und sozialer Ehre voneinander abgegrenzte Schichten, die sich in einem **System der Ungleichheit** anordneten.

Entscheidend für die Stellung eines Stadtbürgers war neben der Zugehörigkeit zu einer durch Geburt, Vermögen oder Beruf definierten sozialen Gruppe vor allem das **Bürgerrecht**. Dieses hatten Patrizier, Honoratioren und ein Großteil der städtischen Mittelschichten inne. Nur sie durften

- Handwerksmeister oder Geschäftsinhaber sein,
- Häuser und Land im Stadtgebiet besitzen,
- das aktive Wahlrecht ausüben,
- zum Rat der Stadt gehören,
- städtische Verwaltungsämter bekleiden,
- Vorzugsbehandlung bei Steuern und Zöllen beanspruchen,
- Alters- und Krankenfürsorge aus städtischem Stiftungsvermögen erwarten,
- Wälder und Wiesen der städtischen Allmende (Gemeindeeigentum) nutzen.

Die Kinder der Bürger konnten gegen einen festgesetzten Betrag das Bürgerrecht erwerben, Fremde mussten als „Eintrittsgebühr“ einen beträchtlichen Teil ihres Vermögens bezahlen. Die **Inhaber des Bürgerrechts** machten in den Städten nur einen **kleinen Teil der Einwohner** aus: In Augsburg besaßen im 18. Jahrhundert 6 000 von 38 000 Einwohnern das Bürgerrecht, in Bremen waren es nur 576 von ungefähr 50 000 Einwohnern.

Neben den Bürgern lebten zahlreiche **Einwohner minderen Rechts** in der Stadt. Diese **Schutzverwandten**, Schutzbürger, Bei- oder Hintersassen konnten gegen ein Schutzgeld auf Widerruf in der Stadt bleiben. Sie besaßen kein Bürgerrecht, durften aber in der Regel ein Handwerk oder ein Geschäft betreiben. Sie mussten dafür aber den doppelten Steuersatz bezahlen. Zu dieser Gruppe gehörten u. a. Gesellen, Dienstboten und Juden (zur Rechtsstellung der Juden vgl. S. 51 f.). Manche dieser Schutzverwandten lebten über mehrere Generationen hinweg in der Stadt. Im 18. Jahrhundert machten sie etwa in München 50 Prozent der Einwohnerschaft aus.

4.2 Bürgerliche Oberschichten

Patriziat und Honoratiorenschicht

An der Spitze der Stadt stand eine kleine bürgerliche **Oberschicht** (1 – max. 10 Prozent der Stadtbevölkerung), aus der in vielen Städten nochmals ein sog. Patriziat herausragte, eine großbürgerliche Elite, bestehend aus den „alten Geschlechtern“, die mit der Zeit zu einer Art **Stadtadel** wurde. Das **Patriziat** war durch die Verschmelzung von Fernhändlern, Großkaufleuten, freien Grundbesitzern, Ministerialen und frühen Unternehmern (z. B. Salzwerkbesitzern zum Berufs-, Besitz- und Herrschaftsstand geworden. Daraus wurde zuletzt ein **Geburtsstand**, dessen Mitglieder sich zur Herrschaft berufen sahen, auch weil sie sich die Ausübung der (unbezahlten) städtischen Ämter leisten konnten. Letztlich führte die Vorherrschaft des Patriziats in den Städten zu einem **oligarchischen Herrschaftssystem** weniger einflussreicher Familien.

Knapp darunter befand sich die Schicht der **Honoratioren**, aus der einzelne in das Patriziat aufsteigen konnten. Das Verhältnis dieser beiden Gruppen der städtischen Oberschicht lässt sich mit dem zwischen Hoch- und Niederadel vergleichen. Die Honoratiorenschicht wurde durch den Zustrom reicher Bürger aus anderen Städten ständig ergänzt; zu dieser Schicht gehörten auch die juristisch ausgebildeten Akademiker im Dienst der Stadtverwaltung. Die **Universitätsausbildung** war deswegen für die Kinder der Oberschicht ein Mittel zur Absicherung der hohen sozialen Stellung. Für begabte Kinder des mittleren und Kleinbürgertums war sie ein Instrument des sozialen Aufstiegs.

Die Honoratiorenschicht der Stadt imitierte das Abgrenzungsverhalten des Patriziats, auch wenn es **wirtschaftlich erfolgreiche Aufsteiger und akademisch gebildete Stadtbeamte** in sich aufnahm. Geschlossen blieb diese Gruppe aber für erfolgreiche Stadtbewohner aus ethnischen oder religiösen Minderheiten wie die Juden. Die Honoratioren hatten in vielen Städten in der Frühen Neuzeit etwa die Hälfte der Ratssitze inne. In Köln bestand z. B. der bis heute sprichwörtliche „Kölsche Klüngel“ innerhalb der Honoratiorenschicht aus 25 Familien, die zwischen 1700 und 1796 194 Bürgermeister stellten; immerhin 403 Honoratiorenfamilien waren im 18. Jahrhundert im Rat der Stadt Köln vertreten.

Exklusivität der Oberschichten

Beide Gruppen der Oberschicht grenzten sich wie der Adel durch eine standesgemäße **Heiratspolitik** von den anderen städtischen Gruppen ab, wobei der Ehepartner der Kinder nach Standeszugehörigkeit und Vermögen durch das Familienoberhaupt (Hausvater) ausgesucht wurde. Der Exklusivität des eigenen Standes diente auch der aufwendige Lebensstil, die Wahl besserer Stadtviertel als Wohnorte, eigene Tauf-, Hochzeits- und Begräbnisvorschriften sowie genau festgelegte Kutschen-, Kleider- und Luxusordnungen.

4.3 Städtische Mittelschichten

Ungefähr ein Drittel der Einwohner der Städte gehörte zur **kaufmännisch und handwerklich geprägten Mittelschicht**. Zu dieser zählten kleinere Kaufleute, mittlere Beamte und Angestellte der Stadt, wie etwa Lehrer oder Gerichtsdiener; die **Handwerker** bildeten den **größten Teil** dieser Schicht. Alle Gruppen der Mittelschicht besaßen das Bürgerrecht.

Lebenssituation der Handwerker

Die Lebensverhältnisse der Handwerker waren durch beengte, häufig ärmliche Wohnverhältnisse und strenge Regeln in der Lebensführung geprägt; zum Haushalt der Handwerker gehörten auch die (wenigen) Lehrlinge und Gesellen. Wohnung und Werkstatt waren räumlich meist nicht getrennt. Auf eine standesgemäße Kleidung achtete der ehrbewusste Zunfthandwerker besonders. Die Teilnahme an den Veranstaltungen der Zünfte und an den städtischen Festen war ein weiteres wichtiges Element der Selbstdarstellung als **ehrbarer Bürger**.

Sprichwörtlich war die strenge Moral der Handwerker, die der Abgrenzung von anderen Gewerbetreibenden diente. Diese wurde von den Zünften streng überwacht. Die „bürgerliche Moral" der Handwerker war auch existenziell wichtig für ihr wirtschaftliches Überleben,

- denn ohne **Vertragstreue** war ein erfolgreiches Handeln auf dem freien Markt kaum möglich,
- **Arbeitsamkeit, Fleiß, Pünktlichkeit und Zuverlässigkeit** waren Grundlage des erfolgreichen Arbeitens der Handwerker,
- **Sparsamkeit** statt Verschwendung war eine überlebensnotwendige Beschränkung im Hinblick auf den geringen Wohlstand der Mittelschichten,
- eine strenge **Zeitökonomie** und die **rationale Planung von Produktionsprozessen** waren Inhalte der neuen **ökonomischen Vernunft** des Bürgertums, die in der Aufklärung ihren Höhepunkt fand.

Am **unteren Rand der Handwerkerschicht** standen die von den Meistern abhängigen **Gesellen**. Ihre Entlohnung war gering und ihnen drohte im Falle der Entlassung der Absturz in die Armut, aber die beruflich qualifizierten Handwerksgesellen hatten durch ihre Arbeitskraft, ihre Ausbildung und die Bindung an die Zünfte noch einen Rest an existenzieller Sicherheit. Einzelnen Handwerksgesellen konnte sogar durch die Heirat mit der Witwe eines Handwerksmeisters der Aufstieg in das Bürgertum gelingen.

Rolle der Handwerkerzünfte

Alle ehrbaren Handwerker waren in **Zünften** organisiert, die Beruf und Lebensführung ihrer Mitglieder nach einem standesspezifischen **Ehrenkodex** reglementierten. Die Zünfte waren also nicht nur **Interessenvertretungen** der Handwerker, sondern viel grundlegender die Garanten ihrer **wirtschaftlicher Sicherheit** (vgl. S. 37 ff.), aber auch von ihrer **Ehrbarkeit**. Damit ist der Schlüsselbegriff dieses Standes beschrieben: Denn nur das ehrbare Handwerk, gekennzeichnet durch die Herstellung von guter Ware zu einem gerechten Preis durch einen moralisch einwandfrei handelnden Meister, garantierte den Handwerkern Auskommen und soziales Ansehen.

Der politische Einfluss der Handwerker, die ja im Besitz des Bürgerrechts waren, fiel je nach den örtlichen Kräfteverhältnissen sehr unterschiedlich aus: In kleineren Städten waren die Zünfte häufig am Stadtregiment beteiligt, in größeren Städten mussten sie sich ihre politische Teilhabe jedoch in harten Auseinandersetzungen mit dem Patriziat und den Honoratioren erkämpfen; in vielen Fällen gelang dies nicht. Überall aber trugen die Zünfte die Herrschaftsstrukturen der Städte mit.

Das unehrliche Handwerk als Sonderfall

Neben den ehrlichen Berufen gab es in der frühneuzeitlichen Gesellschaft auch die sog. unehrlichen Berufe. Diese Einteilung war mit der besonderen Bedeutung des **Ehrbegriffs** innerhalb der Ständegesellschaft verknüpft, der die individuelle Existenz in ihrem Wert fast ausschließlich an die Standeszugehörigkeit und das jeweilige Ansehen des Standes band. Unehrlichkeit bewirkte in der Lebensrealität eine deutliche Abgrenzung des ehrbaren Handwerks von bestimmten handwerklichen Berufen wie den Leinwebern, Nachtwächtern, Gerbern, Badern (Friseuren) und in manchen Städten sogar den Müllern. Die Zuordnung der Berufe zum unehrbaren Handwerk war in den einzelnen Städten sehr unterschiedlich.

Zu den unehrbaren Berufen zählten vor allem besonders **schmutzige und blutige Tätigkeiten**, vor deren Unreinheit sich die ehrbare Gesellschaft der Stadt durch Distanzierung schützen wollte. Klassische unehrliche Berufe waren in allen Städten deswegen die **Abdecker** – aufgrund ihrer Rolle als Müllabfuhr der Stadt – sowie die **Scharfrichter und Henker**.

Diese unehrlichen Leute zu berühren, war ein gesellschaftliches Tabu; Hilfe für sie oder Freundschaft mit ihnen waren verboten. Sie besaßen **kein Bürgerrecht** und konnten nicht vor Gericht als Zeuge aussagen oder Patenschaften für Bürgerkinder übernehmen. Sie waren zu besonderer Kleidung und abgegrenzten Sitzplätzen in der Kirche gezwungen und durften nicht an öffentlichen Festen teilnehmen. Zudem wurden ihnen bestimmte **Wohngegenden außerhalb der Stadtmauer** zugewiesen. Der Beruf und damit auch der Status der Unehrlichkeit gingen auf die Familie und die Nachkommen über, geheiratet werden konnte nur innerhalb dieser unehrlichen Gruppe.

4.4 Unterschichten

In allen Städten der Frühen Neuzeit gehörten mit ca. 50 Prozent die meisten Einwohner zu den von den Bürgerrechten ausgeschlossenen Unterschichten, im 18. Jahrhundert stieg ihr Bevölkerungsanteil sogar oft auf 70 Prozent. Zu diesen **unterbürgerlichen Gruppen** gehörten

- die untersten städtischen Beamten und Angestellten,
- die Dienstboten und Gesindeleute,
- die mittellosen Handlanger und Tagelöhner,
- die Arbeitslosen und Arbeitsunfähigen,
- die Bettler und Almosenbezieher.

Dienstboten

Am besten ging es innerhalb der Unterschichten noch den relativ gut versorgten Dienstboten **(Gesinde)** in den Häusern der Bürgerfamilien. Diese Gruppe machte ungefähr 15 Prozent der Stadtbevölkerung aus. Hochherrschaftliche Adelsfamilien beschäftigten zwischen 50 und 300, vornehme Bürgerhäuser 20 bis 30 Angestellte. In den städtischen Bürgerhaushalten der Mittelschichten arbeiteten zwei bis fünf Dienstboten; davon war etwa ein Viertel männlich. Es gab eine Vielzahl häuslicher **Dienstleistungsberufe:** vom gehobenen und entsprechend gut bezahlten Posten eines Verwalters oder eines Hauslehrers über qualifizierte Arbeitskräfte wie Gärtner oder Ammen, die sich um die damals zahlreichen Kinder kümmerten, bis zu wenig ausgebildeten, schlecht bezahlten Hilfskräften. Sie alle arbeiteten für einen Mindestlohn ohne feste Arbeitszeit im Rahmen eines befristeten Dienstverhältnisses und sie wurden von besonderen **Agenturen** („Gesindemäkler") vermittelt. Als Teil des Haushalts unterstand das Gesinde der rechtlichen Gewalt des Hausherrn, der sie bei Verfehlungen bestrafen durfte und der auch ihre Ersparnisse verwaltete.

Tagelöhner

Am oberen Rand der Schicht der Tagelöhner bewegten sich die **Heimarbeiter**. Aber bereits diese Gruppe kennzeichneten prekäre Lebensverhältnisse, ihre Mitglieder lebten ständig an oder unter der Armutsgrenze, jederzeit bedroht von Preiserhöhungen und der daraus folgenden Verelendung und damit auch von Krankheit und Tod. Massenelend innerhalb der unteren Schichten der städtischen Bevölkerung war in dieser Zeit ein weitverbreitetes Phänomen. Das galt besonders für die **unqualifizierten Tagelöhner**. Diese Gruppe machte am Ende des 18. Jahrhunderts bis zu 14 Prozent der Einwohnerschaft der Stadt aus. Sie besaßen ein unregelmäßiges Einkommen, die Entlohnung reichte für den Unterhalt nicht aus und eine sichere Familienexistenz war nicht möglich. Daraus ergab sich die Abhängigkeit von Almosen für ungefähr die Hälfte dieser Gruppe.

Arbeitslose, Bettler, Almosenempfänger

Gänzlich vom „Bettel“ lebten die Menschen am untersten Rand der städtischen Gesellschaft. In besseren Zeiten gehörten zu dieser Gruppe ca. 16 Prozent der Stadtbewohner, im 18. Jahrhundert aber etwa ein Drittel. Diese Gruppe ergänzte sich durch einen ständigen Zustrom aus den ländlichen Regionen und aus der großen Gruppe der **Fahrenden und Vaganten**, dem oft kleinkriminellen Milieu der herumziehenden Arbeitssuchenden. Alle diese Menschen litten unter dem Ausschluss von jeglichen Rechten innerhalb der Stadt und vom öffentlichen Leben, sie wohnten in elenden Wohnquartieren an der Peripherie der Städte und sie kennzeichnete eine hohe Krankheits- und Sterblichkeitsrate. Die immerwährende Armut war das unveränderbare Schicksal dieser Gruppe.

Politisch-soziale Ordnung in der Stadt

soziale Stellung	städtische Bevölkerung	politische Teilhabe	rechtliche Stellung
Oberschicht	• Patriziat • Honoratioren (Kaufmannschaft, hohe Beamte, Akademiker)	Bürgermeister Rat	Bürgerrecht
Mittelschichten	• wohlhabende Zunfthandwerker		
	• zünftisch organisiertes Handwerk, kleine Kaufleute, mittlere Beamte und Angestellte (Lehrer, Gerichtsdiener)		
Unterschichten	• unehrliches Handwerk • unterste städtische Beamte und Angestellte • Dienstboten (Gesinde) • ungelernte Arbeiter im Handwerk und Gewerbe • Tagelöhner • Juden		Einwohner minderen Rechts
	• Arbeitslose, Arbeitsunfähige, Bettler, Almosenempfänger		rechtlos

Aufgaben

9 Skizzieren Sie die besondere Struktur der frühneuzeitlichen Stadt.

10 Erläutern Sie thesenartig die gesellschaftliche Struktur einer Stadt.

5 Vorindustrielle Arbeitswelten

5.1 Agrarische Subsistenzwirtschaft

Die bäuerliche Wirtschaft beruhte innerhalb der Grund- bzw. Gutsherrschaft aufgrund des Fehlens von Maschinen auf überaus harter **Handarbeit im Familien- bzw. Hausverband**. An der Spitze stand der Bauer als Hausvater. Zum Hausverband gehörten alle am Hof lebenden Familienmitglieder und das **Gesinde** des Bauern, die Mägde und Knechte.

Die bäuerliche Wirtschaft war **Subsistenzwirtschaft**, d. h., die Bauernfamilien arbeiteten neben ihren Abgaben und Pflichten für den Grundherrn in erster Linie für die Selbstversorgung und nicht vorwiegend für den Verkauf ihrer Produkte auf den Märkten. Sie stützten sich auf **Ackerbau** (vor allem Getreideanbau) und **Viehzucht** mit Weiden und Stallungen, nutzten aber auch eigenes Kleinvieh, Gemüsegärten, Obstbäume und Bienenstöcke.

Aufgrund der Verflechtung der Äcker und Felder war eine enge Zusammenarbeit der besitzenden Bauern eines Dorfes notwendig. Diese entschieden vor allem über den Rhythmus der **Dreifelderwirtschaft**.

Dreifelderwirtschaft
In deren klassischer Form wurde **je ein Drittel** der Ackerfläche mit **Wintergetreide** und mit **Sommergetreide** bebaut, **ein Drittel lag brach**, damit sich der Boden erholen konnte. In späterer Zeit wurde eine Verkürzung der Bodenruhe mithilfe differenzierteren Anbaus (Erbsen, Kartoffeln ab Mitte des 18. Jahrhunderts) möglich.

Gemeinsam regeln mussten die Bauern auch die Nutzungsrechte an der **Allmende**, dem allen zur Verfügung stehenden Gemeindebesitz an Wald und Weide (oft ca. 50 Prozent der dörflichen Nutzfläche). Diese **genossenschaftliche Regelung der Dorfangelegenheiten** war auch deswegen nötig, weil das bewirtschaftete Land in vielfältige Parzellen untergliedert war und ein modernes Wegenetz nicht existierte. Die Rhythmen von Aussaat und Ernte mussten deshalb untereinander abgesprochen werden, um bei An- und Abfahrt **(Wegeverwaltung)** nicht die Nachbarfelder zu schädigen und Konflikte innerhalb der dörflichen Gemeinschaft hervorzurufen. Dem gleichen Zweck diente die gemeinsame Regelung der Bewässerung **(Wasserverwaltung)** der jeweiligen Felder.

5.2 Gewerbliche Arbeitswelten: das Handwerk

Ökonomische Dynamik gewann die Gesellschaft der Frühen Neuzeit durch den Aufstieg der Städte und deren gewerbliche Innovationskraft. **Träger der gewerblichen Produktion** war das Handwerk.

Um 1800 waren noch etwa 1,23 Millionen Arbeitskräfte im Handwerk beschäftigt, davon waren 820 000 Meister sowie 410 000 Lehrlinge und Gesellen. Die Handwerker machten insgesamt ungefähr 12 Prozent der Erwerbstätigen aus, bei einer Familiengröße von durchschnittlich 4,1 Personen standen sie für 17 Prozent der Gesamtbevölkerung. Trotz des städtischen Schwerpunkts des Handwerks lebten viele Handwerker auf dem Land: Um 1800 hatte das **Landhandwerk** einen Anteil von 50 Prozent an allen Handwerkern.

Produktionsschwerpunkte

Das Handwerk wies zwar in den einzelnen Städten eine sehr differenzierte Gewerbestruktur auf, es lassen sich aber auch handwerkliche Schwerpunkte ausmachen, die in allen Städten zu finden waren. So arbeitete die Hälfte der Handwerker im **Bekleidungs-, Textil- und Lederhandwerk**, dabei die große Mehrheit als Weber. Bedeutend war auch das **Nahrungsmittelhandwerk**, zu diesem gehörten die Bäcker, die Metzger, die Brauer und die Müller. Die dritte Stelle nahm das **Bauhandwerk** mit Schreinern, Tischlern, Zimmerleuten und Maurern ein. Neben diesen Handwerksberufen, die vorwiegend den städtischen Markt versorgten, waren in größeren Städten auch die **Exporthandwerker** wichtig, etwa die Nürnberger Metallgewerbe. Diese waren angeschlossen an den internationalen Fernhandel.

Die Verteilung der Handwerksbetriebe spiegelte auch die besonderen Bedürfnisse und den Charakter einer Stadt wider. In der exportorientierten Stadt Nürnberg etwa gab es 1621 allein elf verschiedene Schmiedebetriebe: für Waffen, Ketten, Klingen, Kupfer, Löffel, Messer, Nägel, Pfannen, Zirkel – die angesehenen Goldschmiede mit ihrer herausgehobenen Sonderstellung innerhalb der Handwerker nicht mitgerechnet.

Als Produktionsschwerpunkt ist auch die Herstellung von **Luxusgütern** für die kleine, reiche Oberschicht der Städte zu nennen. Das gilt insbesondere für größere Reichsstädte wie Augsburg und Nürnberg oder die Residenzstädte, in denen **Hoflieferanten** für die Bedürfnisse des Fürsten und seines adligen Gefolges produzierten.

Organisationsfunktion der Zünfte

Die Zünfte wahrten als ständische Körperschaften der Handwerker seit dem Mittelalter deren gemeinsame Interessen und organisierten in allen Städten der Frühen Neuzeit die **Infrastruktur des städtischen Handwerks**.

Zunft

Eine Zunft war eine auf **Zwangsmitgliedschaft** beruhende **Ständevertretung eines Berufszweigs**, die auch die Gesellen und Meisterfamilien als Mitglieder minderen Rechts einschloss. Die Zünfte boten ihren Mitgliedern einen festen Ordnungsrahmen.

Ziel der Zünfte war die nachhaltige Gleichstellung aller Zunftmitglieder, ihr wichtigstes Mittel dabei die Ausschaltung von Wettbewerb, um allen ein ausreichendes Auskommen zu ermöglichen. Man spricht auch von **Monopolpolitik** zur Absicherung gegen unrechtmäßige Konkurrenz und zur Regulierung des Markts im Sinne der Zunftmitglieder.

Die Zünfte

- kümmerten sich um die Verteilung von Aufträgen und Rohstoffen unter den Zunftmitgliedern,
- verhinderten eine Konkurrenzsituation unter den Handwerksmeistern,
- überprüften die Qualität der Ware,
- regelten die Nachfolge bei frei werdenden Meisterstellen,
- standen in Krankheits- oder Todesfällen mit Hilfeleistungen aus ihren Unterstützungskassen bereit,
- überprüften den Lebenswandel ihrer Mitglieder,
- pflegten ein besonderes Brauchtum mit Feiern und Festen sowie dem Zunfthaus als gesellschaftlichem Mittelpunkt,
- stärkten ihr Zusammengehörigkeitsgefühl durch eigene Fahnen, Siegel, Kirchenaltäre, Zunftheilige und -kapellen, Wappen, Lieder und Sprüche.

Entscheidend für die Stellung der Zünfte war aber ihr Recht auf eine **autonome Rechtsprechung** mit eigenen Gesetzen, Gerichten und Strafen.

Darüber hinaus regulierten die Zünfte die Ausbildung des Handwerkernachwuchses: Als **Lehrling** konnte nur ein Anwärter von ehelicher und ehrbarer, also vor allem handwerklicher Herkunft angenommen werden. Nach der Lehrzeit wurde er von der Zunft in den Stand des **Gesellen** aufgenommen, damit verbunden waren meist die Pflicht zur **Gesellenwanderung** in andere Städte, um sich weiterzubilden, sowie Zwischenprüfungen und Meisterexamen. **Meister** konnte ein Geselle aber nur werden, wenn eine Meisterstelle frei wurde. Erst dann konnte er heiraten, eine Familie gründen und die Rechte des Bürgers wahrnehmen – und das abhängig von der Zustimmung der Zunft.

Die Gesellen waren in **Gesellenvereinigungen** organisiert, die ihre besonderen Interessen wahrnahmen und auch eine Gesellenkultur innerhalb der Stadt pflegten. Aufgrund des zunehmend schwieriger werdenden Aufstiegs in den Meisterstand wurden diese Gesellenvereine in einzelnen Fällen zu Zentren von gewaltsamen Gesellenaufständen gegen die Zünfte.

Arbeitsabläufe

Die Arbeitsorganisation des Handwerks war innerhalb der Zunft durch **autonome Klein- und Familienbetriebe** geprägt. Die Gesellenordnung schrieb einen Arbeitstag von konstant 12 bis 14 Stunden vor. Überstunden waren den Handwerksbetrieben generell verboten, um Mehrproduktion und Preisverfall zu verhindern. Handwerker arbeiteten abhängig von der Auftragslage, sie waren spezialisiert auf einzelne Produkte und kannten **keine Arbeitsteilung**, d. h., jeder produzierte das ganze Produkt.

Die Beschaffung von Rohstoffen und der Verkauf der Waren auf dem Markt oder nach Bestellung lagen in der Hand des Meisters, sofern die Zunft das nicht regelte. Die **Gewinnspannen** im Handwerk waren dabei gering. Ausnahmen gab es nur bei Luxusgütern mit höherem Risiko wie bei den Goldschmieden. Dort war auch das individuelle Können wichtiger als bei den normalen Handwerkern, deren Innovationslust von den Zunftregeln behindert wurde.

Die Zünfte wurden im 17. und 18. Jahrhundert aufgrund ihrer geringen ökonomischen Flexibilität zu einem **Hemmschuh der wirtschaftlichen Entwicklung** der Städte; Innovationen verlagerten sich auf die großbürgerlichen Verleger und auf die neuen Manufakturen. Im Zuge der liberalen Reformen am Anfang des 19. Jahrhunderts und der Einführung der Gewerbefreiheit wurden die Zünfte als Zwangsvereinigungen abgeschafft, einige ihrer Strukturen haben sich aber bis heute in den Funktionen der „Innungen" im modernen Handwerk erhalten.

5.3 Früher Kapitalismus: das Verlagssystem

Deutlich dynamischer und innovativer als die Handwerkszünfte waren die **ersten gewerblichen Großbetriebe**, die in der Frühen Neuzeit entstanden. Einer der großen Konkurrenten des Zunfthandwerks war dabei der **Verleger**, die Schlüsselfigur des frühkapitalistischen Verlagssystems, das seit dem 13. Jahrhundert in Westeuropa bekannt ist.

Verlage

Die Verlage waren eine Organisationsform zur dezentralen Herstellung und zum zentralen Verkauf von Waren, die bereits **Massenproduktion** ermöglichte:

- An der Spitze des Verlags stand ein einzelner **Unternehmer** (oder eine Betreibergesellschaft), der über ein großes Gebiet hinweg Produktion und Absatz von Waren zentral plante.
- Der Unternehmer warb dazu je nach Marktlage und ohne eine (standes-)rechtliche Beschränkung Arbeitskräfte an, die in ihren eigenen Wohnungen arbeiteten (**Heimarbeiter**, Heimindustrie). Diese kamen aus den unteren handwerklichen Schichten der Städte oder waren auf Nebenerwerb angewiesene Kleinbauern und Besitzlose auf dem Land.
- Zwischen Verleger und Arbeiter standen häufig Aufseher **(Faktoren)** mit weitreichenden Handlungsbefugnissen, denn Verlage beschäftigten 4 000 bis 8 000 Arbeiter, im 18. Jahrhundert sogar noch mehr.
- In der Regel beruhte das Verlagssystem auf dem **Ankaufsmonopol** des Verlegers. D. h., die Heimarbeiter durften nur für einen Verleger produzieren und waren deswegen an seine Preise gebunden.
- Dieses Monopol wurde durch drei mögliche **Formen der Vertragsbeziehung** abgesichert: 1) Die Heimarbeiter beschafften sich Werkzeug und Rohstoffe selbst, 2) sie besaßen nur die Werkzeuge und wurden vom Verleger mit den Rohstoffen beliefert, 3) der Verleger lieferte beides und bestimmte zudem die Qualität und Produktionsmenge.

Verlage entstanden besonders in Branchen, in denen Heimarbeit möglich war, also vor allem im **Textilgewerbe mit der Spinnerei und Weberei**. Die wichtigsten Produkte waren Leinen, Wolle, Baumwolle und Seide. Diese wurden bereits für einen **Massenmarkt** genormt und von Groß- und Kleinhändlern auf überlokalen Märkten vertrieben. Die großen schlesischen und böhmischen Textilverlage hingen z. B. von Märkten in Frankreich, Spanien, Italien und sogar in Lateinamerika ab.

Der Erfolg der Verlage hatte verschiedene historische und strukturelle Ursachen: Das Anwachsen der **Binnenkaufkraft** seit dem 16. Jahrhundert sowie die europäische **Kolonialexpansion**, die seit dem 16. Jahrhundert einen Welthandel und **Weltmarkt** schuf, dessen Nachfrage die Begrenzungen durch die Zünfte sprengte.

Betriebswirtschaftlich gesehen lag der Erfolg der Verlage in den **einfachen Produktionstechniken** und den **geringen unternehmerischen Anforderungen** zu dieser Zeit, die auch ohne eine akademische Ausbildung zu bewältigen waren. Zudem war die Produktion für den Unternehmer billig, weil er keine Betriebsgebäude finanzieren musste, die Produktionskosten (Geräte,

Energie usw.) auf die Heimarbeiter abwälzen konnte und einen **geringen Kapitalaufwand** hatte. So konnte er **hohe Gewinnspannen** erreichen, die das Risiko der fernen und damit unberechenbaren Märkte mehr als ausglichen.

Diesen Vorteilen des Verlegers standen auf der Seite der **Heimarbeiter große Nachteile** gegenüber:

- die Abhängigkeit vom Verleger mit der Folge extremer **Ausbeutung**,
- **niedrige Abnahmepreise** und Wucherzinsen für geliehene Produktionsmittel und bereitgestellte Rohstoffe,
- eine **ungeregelte Arbeitszeit**
- **Krisenanfälligkeit** und insgesamt wenig existenzielle Sicherheit.

Strukturen einer Protoindustrie

Das Verlagswesen zeigte als Protoindustrie bereits im 18. Jahrhundert erste industrielle Strukturen: Denn dabei standen sich kapitalistisch denkende, von Standesregeln **unabhängig agierende Unternehmer** und **abhängige, ständisch ungebundene Arbeiter** gegenüber.

Die Heim- oder Hausindustrie der Verlage wurde mit dem Beginn der Mechanisierung und der Konzentration der Arbeitsleistung in Fabriken überflüssig. Diese „Anpassungskrise" der frühen Industrialisierung manifestierte sich in Deutschland zum Beispiel in zahlreichen Weberaufständen gegen die billigere Produktion von Stoffen mithilfe der neuen mechanischen Webstühle.

5.4 Manufakturwesen

Manufakturen entstanden in den früh entwickelten Gewerbelandschaften in den Niederlanden und am Rhein schon seit dem 13. und 14. Jahrhundert, seit der Mitte des 17. Jahrhunderts gab es dann überall eine Welle von Manufakturgründungen.

In den Manufakturen entstand eine **vorindustrielle Lohnarbeiterschicht**. Etwa ein Drittel der Arbeiter waren gelernte Handwerker, mit heutigen Facharbeitern vergleichbar. Die Spitzenkräfte unter ihnen waren das wichtigste „Kapital" des Unternehmers. Sie wurden entsprechend gut bezahlt (bis zum 13-Fachen des niedrigsten Lohnniveaus). Das galt jedoch nicht für den größeren Rest der Belegschaften. Er entstammte den städtischen und ländlichen Unterschichten. Adlige Manufakturbesitzer ließen manchmal ihre abhängigen Bauern für sich arbeiten; in manchen Manufakturen arbeiteten angemietete Insassen von Arbeits-, Zucht- und Waisenhäusern. Ein Viertel bis zu einem Drittel der Arbeitskräfte waren wie im Verlagssystem Frauen und Kinder.

Manufaktur

Die Manufaktur war ein **zentralisierter**, auf **Massenproduktion** ausgerichteter **gewerblicher Großbetrieb** mit vorherrschender Handarbeit, geringer Mechanisierung und relativ ausgeprägter **Arbeitsteilung**. Dabei stellten mehrere Handwerker in der Manufaktur ein gemeinsames Produkt wie etwa eine Kutsche her. Teilweise wurde auch der Herstellungsprozess für ein einzelnes Produkt in mehrere Einzelschritte aufgeteilt und so der Arbeitsablauf rationalisiert, beschleunigt und billiger gemacht. Trotz einiger technischer Neuerungen bestimmte jedoch die handwerkliche Handarbeit weiter die Produktion. Große Manufakturen waren häufig mit Verlagen zu **Mischformen** kombiniert.

Geleitet wurde die Manufaktur von einem **Unternehmer**, produziert wurde von **abhängigen Arbeitern**. Im Unterschied zum dezentralen Verlagswesen konzentrierte der Unternehmer die Produktion in einem **Manufakturgebäude**. Für den Arbeiter bedeutete dies eine ungewohnte Trennung von Wohnort und Arbeitsplatz sowie den Verlust der eigenverantwortlichen Herstellung eines Produkts. Er wurde einer **rationalisierten Arbeitsorganisation** und einer strengen **Arbeitsdisziplin** unterworfen.

Neu war in den Manufakturen die Umstellung vom Zeitlohn des Handwerks auf den individuellen **Leistungslohn**. Das bewirkte eine **Disziplinierung** der Arbeiter, die sich an die **ökonomische Rationalität des kapitalistischen Betriebs** gewöhnen mussten. **Betriebsordnungen** mit genauen Regelungen und in manchen Fällen das Recht der Unternehmer auf die **niedere Gerichtsbarkeit** („Jurisdictio domestica“ wie in der Gutsherrschaft) halfen, die Arbeitsdisziplin durchzusetzen. Die Rationalisierung des Arbeitsprozesses bot aber auch Chancen für die Arbeiter, die durch die Überschreitung der Leistungsnormen ihren Lohn aufbessern konnten.

Gründe für die Entstehung von Manufakturen

Die zunehmende Verbreitung der Manufakturen spiegelt wesentliche soziale und wirtschaftliche Prozesse in der Frühen Neuzeit wider. Zu diesen gehören:

- die steigende **Nachfrage** in den überseeischen Auslandsmärkten seit dem 16. Jahrhundert mit der einsetzenden ersten Globalisierungswelle,
- ein **Ansteigen der internationalen Konjunktur** seit Mitte des 18. Jahrhunderts,
- gleichzeitig ein **Bevölkerungsanstieg** in den Binnenmärkten,
- das Entstehen **neuer Bedürfnisse und Moden**, z. B. der Siegeszug der Baumwolltextilien, die billiger als Wollsachen sowie schneller und besser zu reinigen waren,
- der **Luxuskonsum** von Adel und reichen Bürgern,

- die Nachfrage nach **militärischen Gütern** aller Art, bedingt durch die Expansion der stehenden Heere im Absolutismus und die häufigen Kriege,
- die **merkantilistische Wirtschaftspolitik**, die das Steueraufkommen erhöhen, teure Importe von Fertigwaren vermeiden, Arbeitsplätze schaffen und eine positive Handelsbilanz ermöglichen sollte.

Zudem boten Manufakturen dem **städtischen Bürgertum** innerhalb der Ständegesellschaft gute **Aufstiegschancen**, die ihnen sonst verwehrt wurden. Daneben waren es die betriebswirtschaftlichen Vorteile des Großbetriebs gegenüber den handwerklichen Kleinbetrieben, die Manufakturen entstehen ließen: Der **Masseneinkauf** von Rohstoffen war billiger, die Transportkosten waren geringer, die Herstellung schnell lieferbarer Massenprodukte wurde möglich. Die **Qualität** der Produkte konnte durch den Einsatz der Arbeitskräfte entsprechend ihrer jeweiligen Fähigkeiten verbessert werden. Im Schiffsbau und im Metallgewerbe war schon die **Größe** der Produktionsanlagen ein Vorteil bei der Herstellung komplexer Produkte.

Faktische Bedeutung der Manufakturen

Die Zahl der Manufakturen hing vom jeweiligen Entwicklungsgrad der Region ab: Um 1800 dürfte die Gesamtzahl der Manufakturen mit mehr als zehn Beschäftigten in Deutschland ca. 1 000 betragen haben; davon gehörte ein Drittel zur Textilindustrie. 60 Manufakturen waren Staatsbetriebe. Der staatliche Anteil betrug in keiner Region mehr als 10 Prozent. Die **Lebensdauer** der Manufakturen war relativ **gering**, viele erloschen aufgrund der ökonomisch riskanten Aufbauphase schon in den ersten Jahren. In Bayern betrug die durchschnittliche „Lebenszeit" einer Manufaktur 36 Jahre.

Größe und **Standort** der Manufakturen **variierten** beträchtlich. Etwa ein Drittel der Manufakturen entstand in ländlichen Gebieten, um die günstigeren Steuern sowie die Ferne von Zunftregelungen und städtischer Reglementierung zu nutzen. Manufakturen hatten meistens 10 bis 50 Arbeitskräfte, diese Betriebe galten schon als mittelgroß. In Bayern gab es 1770 1 000 Manufakturarbeiter, das waren lediglich 0,12 Prozent aller Erwerbstätigen. 1830 waren es gerade einmal doppelt so viele.

Das **Textilgewerbe** hatte den größten Anteil an den Manufakturen, in weit geringerer Zahl gab es Manufakturen für Porzellan, Fayence, Steingut, Glas, Leder, Waffen, Tabak, Papier, Draht, Zucker, Möbel, Tapeten, Teppiche, Uhren, Kutschen und Metallwaren. Manufakturen, die Feinkeramik herstellten, hatten dabei die längste Lebensdauer.

Insgesamt war die Bedeutung der Manufakturen für das Wirtschaftssystem der Frühen Neuzeit gering: Die Manufakturen in Kurbayern z. B. erzeugten um 1800 rund 10 Prozent des gewerblichen und 15 Prozent des handwerklichen Sozialprodukts. Ihr Anteil am gesamten Sozialprodukt betrug nur ein Prozent. Die Verlage erreichten das Dreifache. Die Zeit der Manufakturen endete mit dem Aufkommen der Maschinenfabrik. Nur ca. 10 Prozent der von 1740 bis 1833 bestehenden bayerischen Manufakturen gelang es, auf Maschinenproduktion umzustellen, bei den fränkischen waren es ca. 15 Prozent.

Vorindustrielle Arbeitswelten

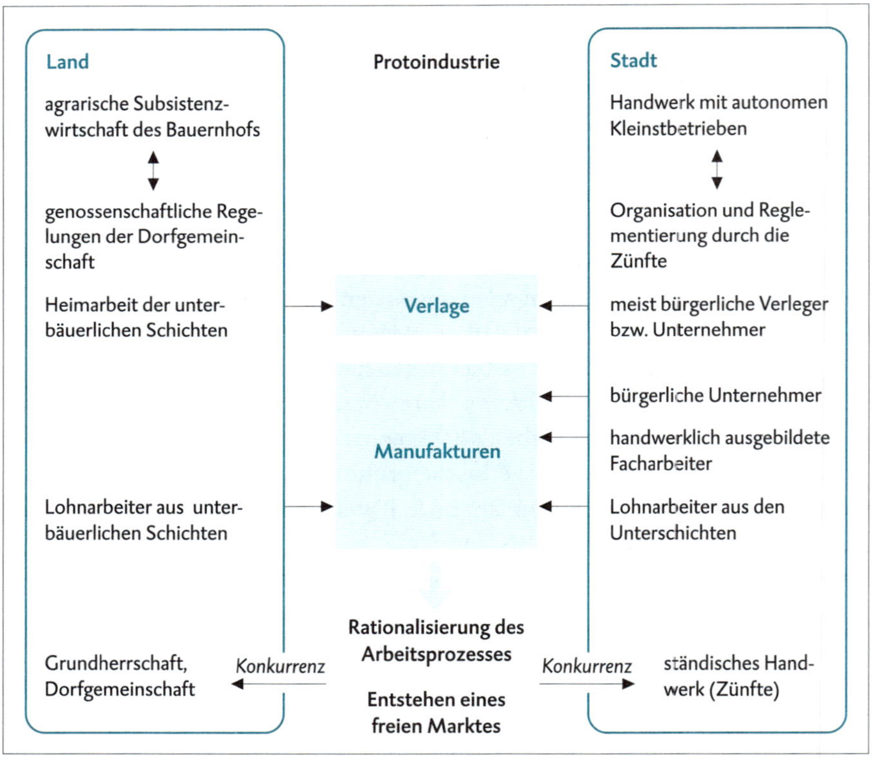

Aufgaben

11 Erklären Sie den Begriff „Subsistenzwirtschaft".

12 Beschreiben Sie die Funktionen der Handwerkszünfte.

13 Erläutern Sie jeweils die Organisationsstruktur und die Vorteile von Verlag und Manufaktur.

6 Normierung und Kontrolle in der Ständegesellschaft

Die Gesellschaft der Frühen Neuzeit war durch die starke **Reglementierung** des einzelnen Menschen geprägt. Der individuellen Freiheit oder der Entfaltung der Persönlichkeit wurde dabei – ganz anders als heute – kein Wert beigemessen. Im Gegenteil: Die Individuen definierten sich vor allem sozial, also über ihren gesellschaftlichen Stand und dessen Normen und Werte. Der oben ausführlich erläuterte Begriff der **ständischen Ehre** bezeichnet diesen Zusammenhang am treffendsten (vgl. S. 30 f.).

Eine durch viele Regeln geordnete Gemeinschaft war im Hinblick auf die äußeren Gefahren (Krankheit, Krieg, Klimaveränderungen), denen das Leben der damaligen Menschen ausgesetzt war, eine Überlebensnotwendigkeit. Die über Jahrhunderte hinweg beschränkten Ressourcen schufen für die große Mehrheit der Bevölkerung einen Zustand des **permanenten Existenzkampfes**, der nur innerhalb einer Gemeinschaft (Familie, Nachbarschaft, Dorf, Stadt, Stand) zu bewältigen war.

Die sozialen Regeln, die **Ordnungen**, denen sich der Einzelne zu unterwerfen hatte, waren durch seine gesellschaftliche Position bestimmt. Schon die Hausgemeinschaften, die Familien, kannten ihre strenge Ordnung, genauso der Dorfverband oder die Stadt, aber auch die ständischen Verbände, denen man angehörte, z. B. der Gesellenverein, die Handwerkerzunft, die Kaufmannsgilde oder der Adelskreis. Diese Ordnungen sicherten die **ständische Vielfalt der Gesellschaft** und sie dienten der **Stabilisierung der Privilegien** des Adels und des wohlhabenden städtischen Bürgertums.

Die verschiedenen Ordnungsvorstellungen wurden dennoch nicht nur von außen erzwungen, sondern es waren Regeln, die von den Menschen akzeptiert wurden, denn sie organisierten das Zusammenleben und reduzierten Konflikte. Die Regeln zeigten sich in **Ritualen und Traditionen**, aber auch in schriftlichen **Verordnungen und Gesetzen**. Die Verletzung der Regeln zog harte Strafen nach sich.

In einem Prozess der **Zentralisierung und Rationalisierung** übernahm der frühmoderne Staat seit dem 17. Jahrhundert immer mehr die Rolle des disziplinierenden Faktors und ersetzte mit dem Machtmonopol des absolutistischen Staates allmählich die verschiedenen Ordnungssysteme. Mittel, diese Macht durchzusetzen, waren die neue, rational handelnde **Bürokratie der Fürstenstaaten** und die **Verschriftlichung** und allgemeine Verbreitung der Rechtsordnung, wie etwa im Bayerischen Landrecht von 1616.

6.1 Haus und Familie

Das „Haus“ als Lebensform

Für den Einzelnen war die **Hausgemeinschaft** die wichtigste und unmittelbarste Form der sozialen Ordnung. Der auch heute gängige Begriffszusammenhang „Haus“ (Haushalt, Hausherr, Hausrecht usw.) hatte dabei in der Ständeordnung eine wichtigere Bedeutung. Denn die Hausgemeinschaft war nicht wie heute in erster Linie eine durch persönliche Beziehungen und den Leitwert „Liebe“ bestimmte „Familie“, sondern eine familiäre **Arbeits-, Produktions- und Rechtsgemeinschaft**.

In diesem Verband waren die Rollen und die Pflichten des einzelnen Mitglieds genau und streng geregelt; das traf für die Frau und die Kinder des bestimmenden Hausvaters genauso zu wie für das Gesinde. Zum Haus gehörten auch die gegen Lohn bei Bauern oder Handwerkern beschäftigten Mägde und Knechte bzw. Lehrlinge und Gesellen. Ein **idealtypischer bäuerlicher oder handwerklicher Haushalt** umfasste in der Regel **etwa sechs Personen**. Die Eltern übergaben im Alter den Hof oder Betrieb und lebten entweder unabhängig auf einem „Austragshof“ oder mussten vom Erben des „Hauses“ versorgt werden. Im bäuerlichen Bereich blieben die Geschwister als Gesinde auf dem Hof oder dienten bei anderen Bauern, bis sie selbst einen Haushalt gründen konnten. Die Lebensphase als Knecht oder Magd war für die nachgeborenen Bauernkinder kein sozialer Abstieg, sondern ein unvermeidbarer Lebensabschnitt.

Der Hausvater (Hausherr) hatte zur Absicherung der Hausordnung gegenüber allen Familienmitgliedern ein **Straf- und Züchtigungsrecht**. Es war nicht abhängig von der biologischen Zugehörigkeit der Kinder zu seiner Familie, sondern ein durch die Gesellschaft garantiertes Rechtsverhältnis; es betraf deshalb auch das angestellte Gesinde. Im Falle der adligen Gutsherrschaft war dieses Verfügungsrecht sogar zu einem umfassenderen Recht des Gutsherrn auf die niedere Gerichtsbarkeit **(Patrimonialgerichtsbarkeit)** über die ihm untergebenen Bauern erweitert worden.

Die Rolle der Frau in der Hausgemeinschaft

Der innerste Kern der Rechtsgemeinschaft des „Hauses“ war in Mittel- und Westeuropa die **kirchliche, legitime und im Konsens geschlossene Ehe**. Sie war ein freiwilliger Vertrag gleichwertiger Ehepartner und sprach den Frauen innerhalb der Hausgemeinschaft einen rechtlich definierten Status als **Hausmutter** zu. Die weibliche Stellung kam so der Position des Hausvaters nahe.

Ehen konnten aufgrund ihrer rechtlichen Verknüpfung mit dem „Haus" nur dann getrennt werden, wenn Mann und Frau nicht miteinander „hausen" konnten, also wenn ihnen die gemeinsame Organisation des Hauses nicht gelang. Die **eheliche Treue** war in diesem Kontext nicht nur eine **moralische**, sondern auch eine **rechtliche Norm**, da sie den Bestand der Rechtsgemeinschaft des „Hauses" garantierte. Die Bezeichnung „Hure" für eine Frau war deshalb – gleich nach dem lebensbedrohlichen Vorwurf, eine „Hexe" zu sein – eine gefährliche Sache, da die **eheliche Untreue** nicht nur den **Ehrverlust der Frau** und damit den **der Hausgemeinschaft** nach sich zog, sondern auch als tiefgreifender Rechtsbruch empfunden und entsprechend hart bestraft wurde.

Trotz der strukturellen Gleichheit von Mann und Frau innerhalb des Hauses besaß der **Hausvater Verfügungsrechte über seine Frau**, die ihre gesellschaftliche und rechtliche Stellung außerhalb des Hauses betrafen. So bestimmte der Ehemann über den Besitz seiner Frau. Diese Rechte gingen bei der Eheschließung vom Vater der Braut auf den Ehegatten über und im Falle der Scheidung wieder an die Ursprungsfamilie zurück.

Der Kern der weiblichen Stellung war die **Verantwortung für die Angelegenheiten des Haushalts**, zu der das Weisungsrecht über das dort arbeitende Gesinde zählte. Die Ehefrauen arbeiteten bei den Bauern und Bürgern der Mittelschicht aber auch im Garten, auf dem Feld oder in den Handwerksbetrieben mit; das Gleiche galt für die Kinder, sofern sie nicht Gesindedienste bei den Gutsherrn leisten mussten. Nur die Frauen des Adels und der reichen städtischen Schichten konnten sich auf die Führung des Haushalts und auf Repräsentationsaufgaben beschränken.

6.2 Staatliche Reglementierung: die Policeygesetzgebung

Der absolutistische Fürstenstaat und die städtischen Regierungen versuchten, die vielfältigen traditionellen Regelungen durch eigene „obrigkeitliche" zu ersetzen. Das geschah durch die sog. **Policeyordnungen**.

Policeyordnungen wurden auf **allen Ebenen der staatlichen Hierarchie** erlassen: Es gab kaiserliche Reichspoliceyordnungen, Ordnungen der Territorialfürsten und der Kommunen, etwa Kleider- oder Hygieneordnungen. Noch im 16. und Anfang des 17. Jahrhunderts reagierten diese Regelungen lediglich auf **einzelne aktuelle Missstände**. Im Absolutismus wurde dann der Geltungsbereich der Policeyordnungen **in alle gesellschaftlichen Bereiche hinein** erweitert. Der frühmoderne Staat beanspruchte die Reglementierung der Ehe und Familie, des Eigentums und Bodens, des Handels, Gewerbes und Verkehrs, des Kreditwesens und der Prozessführung, der Arbeits- und Berufswelt, aber auch der Festgewohnheiten und des Kirchgangs. Die Policeygesetzgebung verfolgte immer auch das Ziel, die **Ständegesellschaft zu stabilisieren**, die einzelnen Stände voneinander abzugrenzen und die Untertanen generell im Sinne der fürstlichen oder städtischen Obrigkeit zu disziplinieren.

Policey

Der Begriff **„Policey“** unterscheidet sich vom heute üblichen Gebrauch des Wortes „Polizei“ und enthält seit dem 15. Jahrhundert folgende Ebenen:

- „Policey“ ist zuerst allgemein der **Zustand der guten Ordnung** für ein Gemeinwesen, der als Ideal den staatlichen Eingriff zur Wiederherstellung der Ordnung legitimierte.
- „Policey“ umfasst aber auch allgemein die Mittel und Wege, den angestrebten guten Zustand herzustellen.
- Unter „Policeyordnung“ versteht man ein Gesetz, das einen einzelnen gesellschaftlichen Bereich regelt.

Die Ordnungen wurden, wie überhaupt das gesamte geltende Recht, bei Fehlverhalten mit einem aus heutiger Sicht **brutalen Rechtssystem** durchgesetzt. Dazu gehörte die öffentliche Vollstreckung der Strafen. Dabei ging es nicht nur um Abschreckung, sondern auch um eine für alle sichtbare Wiederherstellung der „Guten Policey“, der gegebenen idealen Ordnung. Die jeweilige Obrigkeit konnte so zudem ihr **Machtmonopol** demonstrieren und die eigene Notwendigkeit vor den Bürgern rechtfertigen.

6.3 Obrigkeitliche Sozialfürsorge

Das System der **„sozialen Sicherheit“**, wie wir es von modernen Sozialstaaten kennen, ist eine Erfindung des späten 19. Jahrhunderts (vgl. Sozialgesetzgebung Bismarcks, S. 95). Aber bereits der absolutistische Staat versuchte, die Sozialfürsorge zu reglementieren.

Soziale Sicherung war bis zur Reformation eine Sache der Gutsherren, der Dorfgemeinden, Städte, Kirchen und Klöster, die nach eigenem Gutdünken, nach eigenen Interessen und zum Wohl des eigenen sozialen Raums handelten. Kern dieser Verhaltensweisen war die **Armenspeisung** durch kirchliche Einrichtung oder wohlhabende Bürger. Viele arme Menschen konnten sich aber auch durch **Betteln** über Wasser halten, das aufgrund des Gebots der christlichen Nächstenliebe im Mittelalter akzeptiert und deswegen wirksam war. **Almosen** zu geben erhöhte aus der Sicht der gläubigen Christen die Chancen auf ein gnädiges Schicksal im Jenseits.

Siechenhaus und Spital in den Städten

In den Städten waren im Spätmittelalter das **Siechenhaus** und das **Spital** Zentren der Sozialfürsorge. Während das Siechenhaus v. a. der Absonderung eventuell ansteckender Kranker diente, war das Spital eine multifunktionale Anstalt der Armenversorgung. Es war Herberge für mittellose Reisende, Versorgungsanstalt für Witwen, Waisen und Findelkinder, Hospiz für unheilbar Kranke, „Irrenanstalt" für psychisch Kranke, aber auch Gefängnis. Die **Spitäler** waren reiche Institutionen mit einer **breiten Kapitalbasis** und großem Grundbesitz, ermöglicht durch die Schenkungen reicher Bürger. In den reformierten Gebieten wurde den Spitälern im 16. Jahrhundert zudem umfangreicher verstaatlichter Kirchenbesitz zugesprochen. Wegen ihrer wirtschaftlichen Bedeutung lag die Verwaltung der Spitäler stets in den Händen der städtischen Oberschicht.

Änderungen nach der Reformation

Seit Beginn des 16. Jahrhunderts änderte sich, bedingt durch das neue individualisierte Menschenbild der Reformation, der Umgang mit den Armen und Randgruppen durchgreifend – und damit veränderte sich auch die Rolle der Spitäler. Die in ganz West- und Mitteleuropa gängige Umorientierung wurde durch die staatlichen und städtischen Obrigkeiten organisiert und richtete sich nach folgenden Regeln:

- Einführung des **Bettelverbots**,
- Unterscheidung in fremde und eigene Arme, wobei die fremden vertrieben wurden („Bettlerjagden", „Bettlerfuhren"),
- **Arbeitspflicht** für Arme bis zur **Internierung** der Arbeitslosen in geschlossenen **Armen-, Arbeits- oder Zuchthäusern** mit Freiheitsentzug und Arbeitszwang. Das galt auch für die **Waisenhäuser**, die erst im Zuge der Aufklärung in der zweiten Hälfte des 18. Jahrhunderts aus dem Zusammenhang des Spitalwesens ausgegliedert und als eigenständige, pädagogische Institutionen weitergeführt wurden,
- **Disziplinierung** der Insassen zu Fleiß, Sauberkeit, Einhalten eines Stundenplans und einer definierten Arbeitsleistung,
- Benutzung der Arbeit zur **Umerziehung** der Insassen im Sinne einer moralischen Besserung („Korrektion") und der wirtschaftlichen Nützlichkeit, wobei es selten gelang, Randgruppen durch Arbeit zu resozialisieren. Die Zucht- und Arbeitshäuser nahmen jetzt den Charakter von Strafanstalten an.

Die Spitäler und insgesamt die Sozialfürsorge wurden in der geschilderten Weise Mittel einer Sozialpolitik, die karitative Unterstützung mit Kontrolle und Zwang im Sinne der **Sozialdisziplinierung** verband.

Sozialdisziplinierung

Der wissenschaftliche Begriff „Sozialdisziplinierung“ (Gerhard Oestreich) beschreibt, wie der frühmoderne absolutistische Staat seit dem 16. Jahrhundert versuchte, auf alle Stände regelnd und disziplinierend einzuwirken. Die Lebensführung wurde christlichen Moralvorstellungen unterworfen, die Arbeitsprozesse wurden rationalisiert und nach Effizienzkriterien (etwa in den neuartigen Manufakturen) umstrukturiert. Ziel war eine **Verinnerlichung der** heute sog. **Sekundärtugenden** wie Fleiß, Nützlichkeit, Pflichterfüllung und Gehorsam durch möglichst viele Untertanen. Verhaltensweisen wie Müßiggang, Verschwendung und „Liederlichkeit“ sollten dadurch verhindert werden. Letztlich ging es dem neuen absolutistischen Fürstenstaat um die **Kontrolle** aller gesellschaftlichen Gruppen und die Durchsetzung seines **Machtmonopols**. Die Sozialdisziplinierung wird deshalb dem Absolutismus-Begriff zugeordnet. Mittel der Sozialdisziplinierung war die zunehmende Reglementierung der Gesellschaft durch die staatlichen Policey-, Sitten- und Kirchenordnungen.

Normierung in der frühneuzeitlichen Gesellschaft

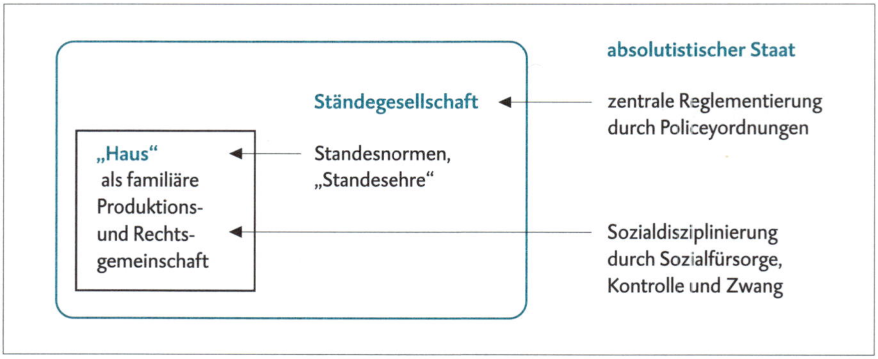

Aufgaben

14 Skizzieren Sie kurz die Rolle des absolutistischen Staates für den Einzelnen und die Gesellschaft. Welche Mittel setzte der absolutistische Staat zur Einflussnahme ein?

15 Beschreiben Sie die spätmittelalterlichen und frühneuzeitlichen Maßnahmen sozialer Absicherung.

7 Die Juden als besondere Randgruppe

Die Geschichte der jüdischen Minderheit besitzt in Deutschland aufgrund des **Holocaust**, der Ermordung von 6 Millionen europäischen Juden durch den nationalsozialistischen deutschen Staat zwischen 1939 und 1945 (vgl. S. 177 ff.), eine besondere Bedeutung. Denn dieses zentrale Ereignis verlangt die genaue Kenntnis seiner geschichtlichen Hintergründe. Dazu gehört auch die Lebenssituation der mitteleuropäischen Juden im Mittelalter und in der Frühen Neuzeit, die viele **Wurzeln des Antisemitismus** erklärt und Traditionen fassbar macht, auf die der Nationalsozialismus zurückgegriffen hat.

Juden in deutschen Territorien

Einzelne Juden, die Mitglieder einer ursprünglich aus Palästina stammenden (und von dort im 1. Jahrhundert von den Römern vertriebenen und über das ganze Römische Reich verstreuten) religiösen Minderheit, lebten als wandernde Kaufleute seit dem 8. Jahrhundert in deutschen Territorien. Eine stärkere Einwanderung (5 000–10 000 Personen) gab es im 10. Jahrhundert; für das Jahr 1100 geht man von maximal 25 000 in deutschsprachigen Gebieten lebenden Juden aus. Für den Erhalt der **jüdischen Identität und Kultur** sorgten der Glaube, überliefert durch die hebräische Sprache, sowie religiöse Kulte und Rituale.

Die Juden lebten zuerst frei in **eigenen, gut organisierten und relativ wohlhabenden Gemeinden** von maximal 1 000 Personen in Bischofsstädten (z. B. Regensburg). Sie genossen dort den **Schutz der kirchlichen Stadtherren**, die wiederum von der regen wirtschaftlichen Tätigkeit der Juden, ihren guten Kontakten zu den weltweit verstreuten jüdischen Gemeinden im Fernhandel, ihrer Sprachgewandtheit und ihrem höheren Bildungsgrad profitierten.

Für alle Zeiten der deutschen Geschichte bis 1933 gilt, dass die **wirtschaftliche und kulturelle Bedeutung der Juden** ihren zahlenmäßigen Anteil an der Bevölkerung bei Weitem überstieg. Auch deswegen war es das Schicksal der Juden, dass sie der Bevölkerungsmehrheit über Jahrhunderte hinweg als **Projektionsfläche für irrationale Ängste** dienten.

7.1 Diffamierung, Diskriminierung und Verfolgung

Die Situation der Juden änderte sich in der zweiten Hälfte des 11. Jahrhunderts: Die Reformkirchenbewegung, die damit verbundene **fundamentalistische Verchristlichung** der Gesellschaft und die **Kreuzzüge** gegen alle nichtchristlichen „Heiden" waren für die jüdischen Gemeinden folgenreich. Angeheizt wurde die antijüdische Propaganda durch die erstarkte Papstkirche und in der Reformationszeit durch den **Antijudaismus Luthers**.

Kollektive Diffamierung

Die Juden waren unter diesen religiösen Vorzeichen seit dem 11. Jahrhundert als Mitglieder einer **religiösen Minderheit** einer diffamierenden kollektiven Umwertung ausgesetzt: In zahlreichen bildlichen Darstellungen, etwa an Kirchen und Kathedralen, wurden Juden als heimtückische Gottesmörder bezeichnet. Juden wurden nicht mehr als Einzelne, sondern als Kollektiv wahrgenommen. Sie wurden zu einem **dämonisierten, entmenschlichten Stereotyp**. Juden galten als „Gottesleugner", als „Inkarnation des Teufels", zu jeder bösartigen Tat fähig. Diese Sichtweisen drangen tief in die Weltbilder der christlichen Mitbürger ein und wurden über Jahrhunderte hinweg für viele zu einer unhinterfragten Wirklichkeit.

Als wahr angenommen wurde auch eine Reihe frei erfundener und bis in die NS-Zeit immer wieder aufgegriffener Anschuldigungen gegen die Juden: Im 12. Jahrhundert kam zum ersten Mal der **Ritualmordvorwurf** auf, demzufolge Juden christliche Kinder töteten und ihr Blut für rituelle Zwecke nutzten. Eine andere Legende war die der **Hostienschändung**, in der die Entwendung und Entweihung einer christlichen Hostie durch die Juden behauptet wurde. Das Durchstechen der den Leib Jesu darstellenden Hostie sollte den Gottesmord wiederholen. Diese Vorwürfe führten in vielen Fällen zur Verfolgung von Juden, obwohl sogar einzelne Päpste und Kaiser die Beschuldigungen untersuchen ließen und als Lüge entlarvten.

Pogrome und Vertreibung

Ein häufiges Schicksal der jüdischen Gemeinden waren **Pogrome**, also massive Gewalttaten bis hin zum Massenmord an ganzen Gemeinden, und die **Vertreibung** aller Juden aus den Städten. Pogrome gab es vor allem während der Zeit der Kreuzzüge vom 11. bis ins 13. Jahrhundert, sie hielten aber in einzelnen Fällen bis ins 16. Jahrhundert an. Großangelegte Vertreibungen gab es sogar noch in der Zeit des aufgeklärten Absolutismus, etwa im Österreich der Kaiserin Maria Theresia. Üblich war die **Zwangsbekehrung** zum Christentum, der sich aber viele Juden in ein **Märtyrertum** entzogen, indem sie lieber starben, als ihren Glauben zu verraten. Schwere Verfolgungen gab es im Zusammenhang mit den Pestwellen im 14. und 15. Jahrhundert, für die Juden als **Brunnenvergifter** verantwortlich gemacht und fast aus allen größeren deutschen Städten vertrieben wurden (Ausnahmen: Frankfurt, Worms). Neben religiösem Wahn waren die Gründe für diese Gewalttaten häufig wirtschaftliche: Man raubte den Besitz der Juden oder entledigte sich auf diese Weise der Schulden, die man bei jüdischen Geldverleihern hatte.

Als Reaktion **wanderten viele Juden zuerst nach Oberitalien und später nach Osteuropa aus.** Die restlichen Juden wurden auf dem Land in Hunderten von Dörfern verstreut, sie verloren ihren Gemeindezusammenhalt und die jüdisch-aschkenasische Kultur verfiel im 15. Jahrhundert. Darunter litt auch die hebräische Sprachtradition: Die **„westjiddische" (jüdisch-deutsche) Umgangssprache** wurde bei den nach Osteuropa ausgewanderten Juden bis zur Ermordung der meisten osteuropäischen Juden im Holocaust zur Alltagssprache und zum Medium für eine eigenständige jiddische Literatur. Das „Jiddische" ist heute mit den letzten Überlebenden des Holocaust im Aussterben begriffen, denn im jüdischen Staat Israel (gegründet 1948) ist die Landessprache das Neu-Hebräische.

Tätigkeitsverbote

Ungünstig wirkte sich für die Juden auch aus, dass mit dem Aufstieg des städtischen Bürgertums einflussreiche Schichten entstanden, die jüdischen Fernhandel und **jüdisches Gewerbe als missliebige Konkurrenz** empfanden und mit der Zeit umfangreiche **Tätigkeitsverbote** für die Juden durchsetzten. Juden wurden aus dem lukrativen Fernhandel und dem städtischen Handwerk hinausgedrängt, sie durften aber auch keinen landwirtschaftlich nutzbaren Grund besitzen. Zuletzt blieben ihnen nur das **Geldverleihen**, die **Pfandleihe** und der **Kleinhandel („Hausieren")** als existenzsichernde Tätigkeiten. Den Christen waren Zinsgeschäfte verboten, aber ohne Kreditwesen wäre in den unsicheren Zeiten des späten Mittelalters die Wirtschaft zusammengebrochen. Obwohl der jüdische Geldverleih von den Obrigkeiten gefördert und die Höhe des „Judenzinses" gesetzlich geregelt wurde, verstärkte diese Tätigkeit die antijüdische Propaganda; es entstand das diffamierende **Stereotyp des „jüdischen Wucherers"**.

7.2 Die Rechtsstellung der Juden

Die genannten diskriminierenden Regelungen wurden seit dem 12. Jahrhundert aufgrund einer besonderen Rechtsstellung der Juden möglich. Als Reaktion auf die Pogrome gegen die jüdischen Gemeinden während der Kreuzzüge hatten die deutschen Könige (und Kaiser) sog. **Judenprivilegien** erlassen und die bedrohte Minderheit unter ihren besonderen Schutz gestellt. Damit verbunden war aber seit Kaiser Friedrich II. die Stellung der Juden als **Kammerknechte**. Diese Rechtsbeziehung machte aus freien Stadtbürgern Abhängige der deutschen Könige oder später der Territorialfürsten, die ebenfalls Juden unter ihren

Schutz stellten. Der Schutz war allerdings nur dann wirksam, wenn auch der Fürst stark genug und willens war, die Juden zu unterstützen. Auf der anderen Seite eröffnete die neue Rechtsbeziehung den Fürsten die Möglichkeit, die Juden durch enorme **Steuern („Schutzgeld")** finanziell auszubeuten. Die Juden bestritten so im späten Mittelalter als kleine Minderheit einen großen Teil des Steueraufkommens des Alten Reichs. Dazu kam der häufige Fall, dass die fürstlichen Herren die Juden per Gesetz zu einem Erlass der Schulden für ihre Kreditnehmer – zu denen sie oft selbst gehörten – zwangen und sie damit gleichfalls enteigneten.

Zur rechtlichen Sonderstellung der Juden gehörten auch die durch Gesetze festgelegte **Kennzeichnung** durch eine vorgeschriebene Kleidung (gelber Ring, spitzer „Judenhut") und die Errichtung von **Gettos**, also abgegrenzten eigenen Stadtvierteln für die Juden in den Städten, in denen sie sich noch halten oder wohin sie nach einer Vertreibung zurückkehren konnten.

7.3 Strukturen jüdischen Lebens in der Frühen Neuzeit

Die eben geschilderte Lebenssituation der deutschen (und ebenfalls der west- und mitteleuropäischen) Juden erhielt sich in den Grundzügen bis ins 18. Jahrhundert. Unverändert blieb ihre Position als immer verachtete, bedrohte und vielen Beschränkungen unterliegende Randgruppe. Die Situation veränderte sich allerdings im Zeichen der allgemeinen „Rationalisierung" von Staat und Gesellschaft in der Frühen Neuzeit allmählich.

Verrechtlichung im Absolutismus

So betraf das Bemühen des frühen absolutistischen Fürstenstaates um eine stärkere Kontrolle der Gesellschaft auch die jüdische Minderheit. Es kam zu einer verstärkten **Verrechtlichung der jüdischen Position**, wofür das **Speyerer Privileg** (1544) Kaiser Karls V. das wichtigste Beispiel ist. Diese Ordnung verlangte den Schutz für die Synagogen, verbot Vertreibungen sowie die Ritualmordbeschuldigung und den Juden wurde die Kennzeichnungspflicht außerhalb des Wohnorts erlassen. Zudem konnten die Juden diese Rechtsnormen im Falle des Verstoßes beim Reichskammergericht einklagen.

Günstig für die Juden war auch das Zurückdrängen des kirchlichen Einflusses in den absolutistischen Territorialstaaten und im Alten Reich. Beispiel hierfür ist das **Reichszinsedikt** (1695), das das Verbot des Geldverleihens für Christen beendete, worauf die Geldleihe immer weniger eine jüdische Domäne wurde. Begleitend wurden die Tätigkeitsbeschränkungen für die Juden immer mehr aufgehoben.

Dennoch blieben alle diese rechtlichen Verbesserungen abhängig vom Willen der Fürsten, die Rechte der Juden durchzusetzen. Deswegen kam es bis ins 18. Jahrhundert in Krisensituationen (Pestwellen, Kriege) immer wieder zur Vertreibung ganzer Gemeinden. Allerdings wurde jetzt in den meisten Fällen die Wiederansiedlung der Juden vom Kaiser erzwungen.

Randgruppe minderen Rechts

Die prekäre Situation der Juden als **Randgruppe minderen Rechts** hatte auch weiterhin Bestand, wofür die Rechtslage in Worms um 1700 als typisch gelten kann: Juden waren weder Bürger noch hatten sie ein dauerhaftes Aufenthaltsrecht (Beisassen), sondern sie waren **Schutzverwandte** oder **Hintersassen** mit nur befristetem Aufenthaltsrecht in der Stadt. Aber immerhin besaßen die wiederentstandenen jüdischen Gemeinden in den Städten jetzt einen – wenn auch geringen – garantierten Rechtsstatus.

7.4 Stabilisierung der Lebenssituation unter dem Vorzeichen wirtschaftlicher Nützlichkeit

Die Reglementierungspolitik des absolutistischen Staates und seine ökonomisch rationale **(merkantilistische) Wirtschaftspolitik** stabilisierten die Lage der mitteleuropäischen Juden im 17. und 18. Jahrhundert trotz des Fortbestehens ihrer Unterprivilegierung. Die Juden wurden jetzt als **Wirtschaftsfaktor** wahrgenommen, vor allem nach den Bevölkerungsverlusten des Dreißigjährigen Kriegs. Angriffe auf die Juden wurden zudem als illegitime Störung der „Policey“ aufgefasst und deswegen sanktioniert. In dieser Situation kehrten viele Juden in die Städte zurück. In Frankfurt z. B. lebten um 1600 nur 2 200, 1709 aber wieder 3 024 Juden; das waren ungefähr 10 Prozent der städtischen Bevölkerung. Pogrome und Kriege in Osteuropa mit der folgenden Rückwanderung sowie die Vertreibung der Juden aus Spanien und Portugal führten zudem zu einer Erhöhung der jüdischen Bevölkerung in Deutschland. Ihre Zahl stieg auf 25 000 im Jahr 1700 an, um 1750 auf maximal 70 000 (0,5 Prozent bei einer Gesamtbevölkerung von 16–18 Millionen). Im Kurfürstentum **Bayern**, wo zwischen 1553 und 1616 keine Juden wohnen durften, wurden nach 1750 Juden mit kurfürstlichen Pässen oder Toleranzpatenten geduldet und als **Hoffaktoren** (vgl. S. 54 f.) oder **Schutzverwandte** aufgenommen.

Landjudentum, Hausierer, Hoflieferanten

Mit der weitgehenden Vertreibung der Juden aus ihren angestammten städtischen Wohnorten im 15. und im frühen 16. Jahrhundert ging die Entstehung des sog. **Landjudentums** einher. Die Juden verstreuten sich, sofern sie nicht auswanderten, in kleinen Gruppen auf dem Land, um als wandernde Kleinhändler, als **Hausierer**, ein geringes Auskommen zu finden. Denn sowohl Grundbesitz – und damit landwirtschaftliche Tätigkeit – als auch der Verkauf von Waren in festen Läden waren ihnen untersagt. Ihre prekäre Existenz war der der unterbäuerlichen Schichten ihrer dörflichen Wohnorte gleich. Das **Bodenseegebiet, Schwaben und Franken** waren **Zentren jüdischer Landgemeinden** im heutigen Bayern. Ehemalige städtische Juden siedelten sich auch in Ortschaften an, die in der Nähe ihrer alten städtischen Heimat lagen (z. B. Heidingsfeld, Fürth, Neusäß).

Aufgrund ihrer Erfahrungen im Handel und ihrer wirtschaftlichen Kontakte waren es jüdische Hausierer und Händler, die im Dreißigjährigen Krieg den massenhaften Bedarf der großen Armeen an Textilien, Munition und anderen Versorgungsgütern sicherstellten. Aus dieser Schicht entwickelte sich eine wirtschaftlich einflussreiche Gruppe von jüdischen **Hoflieferanten**, die den Konsum der absolutistischen Höfe sicherte. Gleichzeitig wurden die wohlhabenden jüdischen Unternehmer aufgrund ihres Steueraufkommens zu einem wichtigen Wirtschaftsfaktor.

Hoffaktoren („Hofjuden")

Der hohe Geld-, Rohstoff- und Warenbedarf der absolutistischen Fürsten war auch nach dem Dreißigjährigen Krieg von der traditionellen Bürokratie nicht zu befriedigen. Viele Fürsten bedienten sich deshalb des Know-hows der jüdischen Hoflieferanten, indem sie besonders erfolgreiche unter ihnen als **Wirtschafts- und Finanzexperten (Hoffaktoren)** an ihre Residenzen holten und mit einer großen Machtfülle ausstatteten. Ohne diese Hoffaktoren wären der höfische Luxuskonsum, der Unterhalt der „stehenden Heere" und die häufigen Kriege nicht möglich gewesen. So organisierte der aus Kriegshaber bei Augsburg stammende Jude Abraham Mändl die gesamte Versorgung der kurbayerischen Truppen im Spanischen Erbfolgekrieg (1701–1714).

Es entstand eine aus mehreren 1 000 Personen bestehende Bevölkerungsschicht von **Hofjuden** mit großer Mobilität und hervorragenden Beziehungen untereinander, was sich auch in einer standesgemäßen Heiratspolitik ausdrückte. Die Hoffaktoren unterstützten mit ihrem großen Reichtum die jüdischen Gemeinden und verbesserten insgesamt die Kontakte zwischen den Juden und ihrer christlichen Umgebung.

Stellung der Juden ab dem 11. Jahrhundert

11. Jh.	**zunehmende kollektive Diffamierung der religiösen Minderheit**	
ab 12. Jh.	↓ Ritualmordvorwurf, Vorwurf der Hostienschändung	
	↓ Pogrome im Zusammenhang mit den Kreuzzügen und Pestwellen →	Judenprivilegien: Juden stehen als Kammerknechte unter dem Schutz des Kaisers
	Tätigkeitsverbote (Fernhandel, Handwerk), Kennzeichnungspflicht (gelber Ring, Judenhut)	↓ hoher Steuerdruck (Schutzgeld), Kennzeichnung, Leben in Gettos
15./frühes 16. Jh.	↓ Vertreibung aus den Städten Entstehung eines Landjudentums („Hausierer“)	
17. Jh.	**Reglementierungs- und Wirtschaftspolitik des absolutistischen Staates**	
	↓ Hoflieferanten, Hoffaktoren	↓ Verrechtlichung: Verbot von Vertreibungen, Erlass der Kennzeichnungspflicht
	soziale Folgen: • latenter Antisemitismus • soziale Diskriminierung • alltägliche Bedrohung	**rechtliche Folgen:** • Randgruppe minderen Rechts

Dennoch blieben auch die Hoffaktoren als Untertanen minderen Rechts von den Fürsten persönlich abhängig und wurden von diesen häufig für unpopuläre finanzpolitische Maßnahmen wie die Münzverschlechterung benutzt. Die Hofjuden mussten z. B. als **„Sündenböcke“** für die Verschwendung und den hohen Steuerdruck ihrer absolutistisch regierenden Herren herhalten, was zur Enteignung oder gänzlichen Ausplünderung der Juden führen konnte.

Das berühmteste – und tragische – Beispiel dafür ist das Schicksal von **Joseph („Jud“) Süß Oppenheimer** (1698–1738), des Hoffaktors des Herzogs Karl Alexander von Württemberg. Er leitete als oberster Berater des Fürsten in dessen Auftrag weitgehende Reformen in Verwaltung und Finanzwesen ein, die mit den Interessen einflussreicher Kreise des Staates kollidierten. Deswegen wurde Oppenheimer nach dem plötzlichen Tod des Herzogs als „Sündenbock“ für die christlichen Berater des Fürsten in einem unrechtmäßigen Schauprozess verurteilt und öffentlich hingerichtet. Oppenheimer war als Jude ungeschützt und den üblichen diffamierenden Vorurteilen ausgesetzt. Von den Glaubensgenossen wurde er als Märtyrer verehrt, weil er im Gefängnis zum jüdischen Glauben zurückfand und die Taufe als Bedingung seiner Freilassung verweigerte. Berühmt wurde der Fall Oppenheimers durch einen antisemitischen NS-Propagandafilm („Jud Süß", 1940).

Aufgaben

16 Beschreiben Sie die wesentlichen Bedrohungen, denen die Juden in der Frühen Neuzeit ausgesetzt waren.

17 a) Fassen Sie die in der Textquelle (M) genannten Regelungen für die hessischen Juden kurz zusammen.
b) Klären Sie, welche Vor- und Nachteile die Ordnung (M) für die Juden enthält.
c) Die hessische Judenordnung (M) markiert eine Etappe in der Herausbildung des absolutistischen Staates. Erläutern Sie diese Etappe im Bezug auf den Inhalt der Quelle.

18 Vergleichen Sie (erörternd) die Situation der deutschen Juden mit der Lage der Unterschichten in Stadt und Land.

M: Judenordnung Landgraf Georgs I. von Hessen (1585)

Ordnung unseres von Gottes Gnaden Georgen, Landtgraven zu Heßen, Graven zu Catzenelnbogen, Dietz, Ziegenhain und Nidda etc., welcher gestalt die Juden, so unter unserm Schutz wohnen oder wir in künftig uffnehmen werden, sich verhalten sollen

[1] Erstlich sollen die Juden unsern Amptleuthen in Gegenwarth deß Pfarhern eines jeden Orts, da sie geseßen seindt, mit ihrem Judischen Aidt[1] versprechen, vor den Ihren keine Lesterung wider unsern Erlöser und Seligmacher Jesum Christum, den Sohn Gottes und der Jungfrawen Marien, oder auch seinen Gottlichen Namen und unsere christliche Religion zu treiben, noch auch die armen einfältigen Juden mit erdichten Menschensatzungen und Lehren, welche dem Gesetz und den Propheten nicht gemeß seind, zu beschweren, sondern sich aller Lesterung gentzlich zu meiden und in irer Lehr deßen allein zu verhalten, was ihnen in den Schriften Moisi und der Propheten furgebildet wirdt.

[2] Zum andern sollen sie geloben und schweren, daß sie anjetzo wenigers nicht, als auch bey Lebzeiten unsers geliebten Herrn Vaters gottseliger und christmilter Gedechtnus, niergendts newe Synagogen uffzurichten, sondern sich allein der alten und vorgebaweten in aller Still zu gebrauchen. [...]

[5] Zum funften sollen sie zimblicherweise kaufen und verkaufen, doch allein an denen Orten, da keine Zunfte seindt oder da sie die Zunfte leiden können; deßgleichen auch ire Wahr nicht verthewren noch dieselbig unsern Underthanen hoher ufftringen oder anschlagen, als sie sonsten bey Christen gultig ist. Wie sie dann ingleichen die Wahren, so den Christen zuvorderst geschetzt werden, ehir nicht verkaufen sollen, es sey dann ihnen dieselbe durch unsere Beampten und Diener auch geschetzt worden.

[6] Zum sechsten sollen sie alle ire Händel uffrichtig treiben, mit keinen unzimlichen Practicken oder Finantzen umbgehen. [...][2]

[8] Zum achten sollen sie auch mit irem judischen Aidt betheuren, keinem unserer Beampten oder Diener oder auch deroselben Weiber etwz zu schencken und also sie damit zu corrumpiren und zu bestechen, daß sie ihnen in iren unbillichen Sachen durch die Finger sehen und ihren unzimblichen Wucher und Finantzerey verstatten [...].

[9] Zum neunden. Welcher Jud ein Christenweib oder Jungfraw schändet oder beschleft, der soll durch unßere Beampte unnachläßiglich zu Haften bracht und volgents, doch mit unserm Vorwißen, am Leben gestraft werden. [...]

[11] Zum elften wollen wir auch, daß keinem außlendischen Juden gestattet oder zugelaßen werde, in unserm Gebieth zu kaufen oder zu verkaufen, weder wenig noch viel, daruff dann unsere Beampten mit allem Vleiß sehen sollen.

[12] Zum zwölften sollen sie, die Juden, uns jerlichs das gebürlich Schutzgeld, was ein jeder versprochen, unserm Kellner[3] eines jeden Orts, in deßen anbevohlenem Ampt die geseßen seindt, zu rechter Zeit entrichten. Dargegen sie dann von ihnen in iren billichen Sachen gegen menniglichen, deßen wir zu Recht mechtig seindt, geschützet und gehandthabt, auch ihnen zu all demjenigen, dartzu sie befugt, verholfen werden solle.

In uhrkunth unsers fur uffgetruckten furstlichen Secrets, geben zu Darmbstad am ersten Januarii anno domini 1585.

Deutsche Geschichte in Quellen und Darstellung. Band 4: Gegenreformation und Dreißigjähriger Krieg 1555–1648, hrsg. v. Bernd Roeck. Stuttgart 1995, S. 80–84.

1 Judeneid: Rechtsakt in Gerichtsverfahren zwischen Juden und Christen, auf die Thora zu leisten, nach dem zweiten Gebot des mosaischen Gesetzes (in hebräischer Sprache). Angerufen wird der Gott des Bundes mit Israel.

2 Übertretungen werden mit Verlust des verliehenen Geldes und der Hälfte der Güter des Wucherers geahndet. Geldverleih darf nur mit Vorwissen landesfürstlicher Beamten erfolgen.

3 Kellner: hier Verwalter, Amtsmann

Leben in der entstehenden Industriegesellschaft des 19. Jahrhunderts

Unter **Industrialisierung** versteht man den Wachstums- und Wandlungsprozess, der im späten 18. und im 19. Jahrhundert in vielen europäischen Staaten, in den USA und in Japan Wirtschaft, Gesellschaft, Politik und Kultur innerhalb einer kurzen Zeitspanne grundlegend veränderte. Damit einher ging auch ein fundamentaler **Wandel der Lebens- und Arbeitsbedingungen** der großen Bevölkerungsmehrheit. Der Industrialisierungsprozess ist vor allem gekennzeichnet durch den Übergang der Güterherstellung von der Einzelfertigung in Handwerksbetrieben oder Manufakturen zur **Massenproduktion in Fabriken**. Anstelle der Handarbeit der vorindustriellen Produktion führte der Einsatz von Maschinen zur **Rationalisierung und Spezialisierung** im Fertigungsprozess.

Man verwendet für diesen schnellen Übergang von einer agrarisch zu einer industriell geprägten Wirtschaft auch den Begriff **„Industrielle Revolution"**. Denn die technologischen Neuerungen und Erfindungen revolutionierten nacheinander alle Wirtschaftsbereiche: erst die Kohle- und Stahlproduktion, dann die Chemie- und Elektrotechnik bis hin zur Entwicklung von Computern. Dieser Prozess hält bis heute an und verändert stetig das Gesicht der Welt.

Die Industrialisierung führte in der zweiten Hälfte des 19. Jahrhunderts auch in Deutschland zu einem explosiven **gesellschaftlichen und wirtschaftlichen Modernisierungsprozess**. Die negative Seite dieses Prozesses war die **Verelendung** der neuen Klasse der Industriearbeiter, deren miserablen Arbeits- und Lebensbedingungen als **Soziale Frage** eine Lösung forderten.

Industrialisierungsphasen in Deutschland

- Trotz des großen Modernisierungsrückstands des zersplitterten Alten Reichs gegenüber England und Frankreich entwickelten sich von 1750 bis etwa 1840 erste Strukturen einer **Vor- oder Frühindustrialisierung**, die mit einem starken Bevölkerungswachstum einhergingen.
- Die eigentliche **Industrielle Revolution** mit dem sog. wirtschaftlichen **„take off"** fand zwischen 1840 und der Reichsgründung 1871 statt.
- Die Ära des Kaiserreichs (1871–1918) bezeichnet man wirtschaftlich bereits als **Hochindustrialisierung**, in der sich Deutschland zu einem weltweit führenden Industriestaat entwickelte.

1 Die Verringerung der äußeren Bedrohungen

Nach 1750 setzte in Deutschland ein starkes Bevölkerungswachstum ein: Von 1780 bis 1875 erhöhte sich die Einwohnerzahl von 21 auf 43 Millionen, bis 1913 auf ca. 65 Millionen. Diese **Bevölkerungsexplosion** verschärfte die soziale Misere der Unterschichten (Pauperismus, Verelendung), schuf aber gleichzeitig eine große Dynamik bei den gesellschaftlichen und wirtschaftlichen Wandlungsprozessen und erzwang so eine **politische und wirtschaftliche Modernisierung** der überkommenen agrarischen Ständegesellschaft.

Ursachen des Bevölkerungswachstums

Die Bevölkerungsexplosion wurde durch folgende Ursachen ausgelöst:

- einen starken **Rückgang der Sterblichkeit** aufgrund der Ausweitung und Verbesserung der landwirtschaftlichen Produktion: Da die Menschen besser ernährt waren, konnten sie Hunger und Krankheiten mehr Widerstandskraft entgegensetzen. Die Technisierung der Landwirtschaft mit ihrer Leistungssteigerung (Düngemittel, Maschineneinsatz) verstärkte diesen Prozess;
- die **Aufhebung der ständischen Heiratsbeschränkungen** und der persönlichen Abhängigkeiten von den Guts- oder Grundherren in den Agrarreformen nach 1807. Diese Liberalisierung führte zu früheren und häufigeren Eheschließungen und damit auch zu einer Zunahme der Geburten;
- den zügigen **Ausbau des Verkehrswesens** nach 1835 (Eisenbahn, Dampfschifffahrt), mit dessen Hilfe regionale Missernten durch eine Verschiebung von Nahrungsmitteln ausgeglichen werden konnten. Große Hungerkatastrophen konnten jetzt vermieden werden;
- die systematische und durch den technischen Fortschritt bedingte bessere Infrastruktur in den neuen Großstädten (Trinkwasserversorgung, Kanalisation), die durch **öffentliche Hygiene** Epidemien wie die Cholera reduzierte und so die Lebenserwartung der breiten Masse erhöhte;
- das weitere Zurückdrängen der großen Seuchen (Pest, Pocken) durch **medizinische Fortschritte** (Arzneimittelproduktion, Impfung);
- eine **längere Friedensphase** in Europa nach dem Ende der Napoleonischen Kriege (1815). Es kam zu weniger Ausfällen von zeugungsfähigen Männern durch Kriegsverluste und zu einer gesellschaftlichen Stabilisierung, die zu mehr Geburten führte;
- die **Zunahme von Arbeitsplätzen** in der Industrie nach 1850, die immer mehr und immer jüngeren Menschen die Gründung einer Familie und die Entscheidung für Kinder ermöglichte.

Bevölkerungsentwicklung 1815–1915 (in Millionen.)

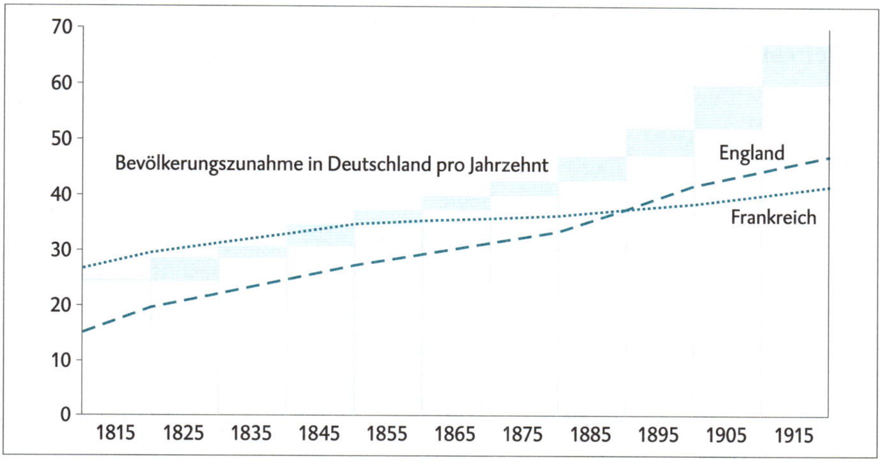

Demografischer Übergang

Das Bevölkerungswachstum seit dem 18. Jahrhundert lässt sich wissenschaftlich mit dem Modell des **demografischen Übergangs** verdeutlichen: Das Modell beschreibt den Übergang von hohen zu niedrigen Geburten- und Sterberaten, der in fünf Phasen gegliedert werden kann. Diese lassen sich für die europäischen Gesellschaften wie folgt zusammenfassen:

1. In der ersten Phase bis ungefähr 1800 gab es einen **Gleichstand von vielen Geburten und einer hohen Sterblichkeit**, sodass das Bevölkerungswachstum (Zuwachsrate) gering ausfiel.
2. Ab ca. 1830 begann bei gleichbleibend **hoher Geburtenzahl die Sterblichkeit zu sinken**, vor allem bei Jugendlichen und jüngeren Erwachsenen; dies führte zu einer deutlichen Erhöhung der wirtschaftlich aktiven Altersgruppen. Damit wuchs ein Arbeitskräftepotenzial heran, auf das sich die einsetzende Industrialisierung stützen konnte. Dieser Prozess dauerte in Deutschland bis zur Jahrhundertwende an. Die weitere Dynamik der Hochindustrialisierung in Deutschland ist auch auf diese Fortsetzung des **starken Bevölkerungswachstums** zurückzuführen.
   Ein neuer Aspekt war die **Zunahme** der durchschnittlichen **Lebenserwartung:** bei Männern von 34 auf 45 Jahre, bei Frauen von 39 auf 48 Jahre. Die steigende Lebenserwartung erzeugte in den unteren Schichten das Problem, viele ältere Familienmitglieder versorgen zu müssen. Diese Entwicklung erzwang eine Reaktion des Staates, der deswegen 1889 die erste Altersversicherung für Arbeitnehmer im Deutschen Reich einführte (vgl. S. 95).

3. In einer dritten Phase (ungefähr 1900–1930) sanken die Geburten- und Sterberaten nahezu parallel. Das **Bevölkerungswachstum** hielt sich **auf gleichbleibend hohem Niveau**.
4. Der zunehmende gesellschaftliche Modernisierungsprozess führte in einer vierten Phase (nach 1930) zu einer starken Abnahme der Geburten bei weiterhin höherer Lebenserwartung. Die Folge war der jetzt einsetzende **Rückgang des Bevölkerungszuwachses**.
5. Die moderne (westliche) Lebensweise mit überschaubarer Geburtenzahl und einer hohen Lebenserwartung setzte sich durch und blieb in den Industriestaaten im Kern bis heute *das* entscheidende generative Strukturmuster: Es zeigt sich in den westlichen Gesellschaften durch eine gleichbleibend relativ geringe Zahl an Geburten bei einer gleichzeitig hohen Lebenserwartung. Die **Bevölkerungszahl** bleibt je nach Zahl der Geburten **ungefähr gleich oder verringert sich** – wie in Deutschland – sogar.

Idealtypischer Verlauf des demografischen Übergangs

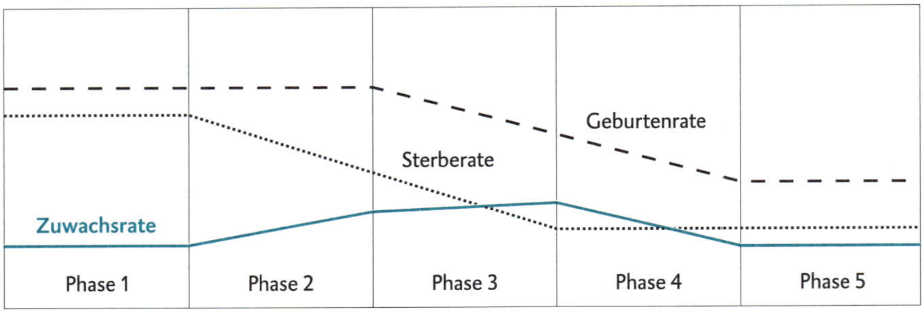

Aufgaben

19 Nennen Sie die wichtigsten Faktoren der starken Bevölkerungszunahme in Deutschland im 19. Jahrhundert.

20 Erklären Sie in möglichst kurzer Form den Begriff „demografischer Übergang“.

2 Liberalisierung durch staatliche Reformen

Den politischen Rahmen des Industrialisierungsprozesses bildeten in allen deutschen Territorien die umfassenden staatlichen Reformen nach 1806. Bis zur gescheiterten bürgerlichen Revolution von 1848 wurden Wirtschaft und Gesellschaft radikal liberalisiert und die Ständegesellschaft des 18. Jahrhunderts zerschlagen. Man spricht in diesem Zusammenhang auch von einer **„Revolution von oben“**, da diese Veränderungen durch die Regierungen und die Bürokratien der traditionellen Fürstenstaaten und nicht durch einen revolutionären Umsturz „von unten“ durchgeführt wurden. Politisches Mittel dieser „Revolution“ waren entsprechend Edikte der Fürsten oder staatliche Gesetze.

Im Kern der großen Reformen standen in allen Staaten die **Agrarreformen** auf dem Land und die **Gewerbereformen**, die vor allem auf die traditionelle bürgerliche Wirtschaft zugriffen. Die Agrarreformen veränderten die Lebensumstände der ländlichen Bevölkerung, die ca. 80 Prozent der damals lebenden Menschen ausmachte, entscheidend.

Vorreiter der großen Gesellschaftsreformen war Preußen, wo nach der vernichtenden militärischen Niederlage gegen Napoleon der Reformdruck am größten war. Die Preußischen Reformen seit 1807 werden vor allem mit zwei historischen Persönlichkeiten verknüpft: dem **Reichsfreiherrn vom und zum Stein**, der die preußische Regierung von 1807 bis 1808 leitete, und dem **Freiherrn von Hardenberg** (1804 –1806 preußischer Außenminister, 1810–1822 Staatskanzler). In **Bayern** wurde die aufgeklärt-liberale Umgestaltung der Gesellschaft von **Maximilian Graf von Montgelas** durchgeführt; er war von 1799 bis 1817 leitender Minister unter dem Kurfürsten und späteren König von Bayern, Maximilian I. Joseph.

Auch in allen anderen deutschen Ländern gab es Reformen, ihre Umsetzung zeigte aber große regionale Unterschiede.

2.1 Ausgangslage

Politischer Hintergrund: Auflösung des Heiligen Römischen Reichs

Die **militärischen Niederlagen** der europäischen Fürsten gegen das revolutionäre Frankreich und **Napoleon** zwischen 1792 und 1815 waren die Ursache für die grundlegende politische Veränderung des Heiligen Römischen Reichs:

- Im **Reichsdeputationshauptschluss** von 1803 wurden die kirchlichen Fürstentümer und ein großer Teil des kirchlichen Besitzes verstaatlicht. Man spricht von **Säkularisation** (Verweltlichung) der politischen Privilegien und des Besitzes der katholischen Kirche sowie ihrer Klöster.

- Gleichzeitig verloren in der **Mediatisierung** die reichsunmittelbaren kleineren Fürstentümer, Reichsritter und Reichsstädte ihre politische Eigenständigkeit und wurden in die großen Territorien eingegliedert.
- 1806 löste sich das Alte Reich unter dem Druck Napoleons auf und wurde zuerst teilweise durch den französisch beherrschten **Rheinbund** (bis 1813) und danach durch den **Deutschen Bund** (1815–1866) der verbliebenen 39 deutschen Einzelstaaten als lockerer Staatenbund ersetzt.

Etwa ein Siebtel der deutschen Bevölkerung (ca. 3,2 Millionen Menschen) erhielt so eine neue Obrigkeit. Für die Gewinner dieser Entwicklung, die Fürsten der südwestdeutschen Mittelstaaten (Bayern, Württemberg, Baden), stellte der Zugewinn aber auch eine große Herausforderung dar: Man musste die neue Ansammlung unterschiedlicher Staatsteile in einen **einheitlichen Staats-, Untertanen- und Wirtschaftsverband** überführen **(Nationsbildung)**. Dabei wurde die politische Sonderstellung der übernommenen Gebiete zwangsläufig beseitigt. Gleichzeitig ging es für die neuen Herren auch darum, durch Reformen Akzeptanz und damit Legitimität bei den vielen neuen Untertanen zu erreichen.

Entstehung des modernen bayerischen Staates

Das Beispiel Bayerns spiegelt als typischer Fall diesen Prozess wider: Bayern verlor 1801 im **Frieden von Lunéville** seine rechtsrheinischen Gebiete an das napoleonische Frankreich, wurde aber 1803 im Zuge der Säkularisation und Mediatisierung durch 230 vorher eigenständige Reichsstädte und andere Territorien entschädigt (vgl. Karte, S. 65). Bayern wurde so zu einem **Flächenstaat** in ungefähr der heutigen Gestalt. Die Rangerhöhung vom Kurfürstentum zum unabhängigen **Königreich** (1806) unter Max I. Joseph begleitete diesen Prozess. Die Aufgabe, die neu erworbenen Territorien in den bayerischen Zentralstaat zu integrieren, legte König Maximilian in die Hände seines Ministers **Montgelas**, der bis 1817 die bayerische Politik bestimmte und als Schöpfer des modernen Bayern gilt.

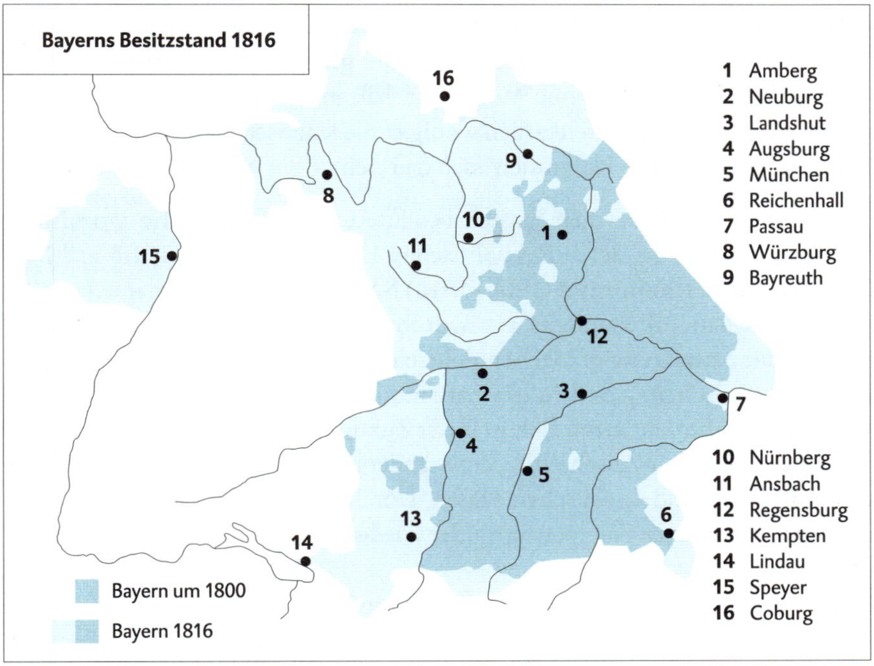

Frankreich als Vorbild

Aber nicht nur die territorialen Veränderungen des Reiches, sondern auch die **Überlegenheit des moderneren französischen Gesellschafts- und Wirtschaftsmodells** machten Reformen notwendig. Letzteres hatte sich im Zuge der Aufklärung und der Französischen Revolution von 1789 entwickelt:

- In Frankreich waren der **feudale Ständestaat** und damit die Vorrechte von Adel und Klerus vollständig **beseitigt** sowie
- die Ständeordnung durch einen liberalen, demokratischen Verfassungsstaat ersetzt und alle früheren Untertanen als **Staatsbürger** gleichgestellt worden.
- Wirtschaft und Gesellschaft wurden in der napoleonischen Ära nach dem Vernunftbegriff der Aufklärung rationalisiert und gleichzeitig individualisiert, um die **Leistungskraft des Einzelnen** zu belohnen.
- Als Kern der neuen bürgerlichen Gesellschaft wurde das **Eigentumsrecht** garantiert und damit die Grundlage für eine dynamische wirtschaftliche Entwicklung gelegt, da der erfolgreiche Bürger nicht mehr willkürliche staatliche Eingriffe in sein Besitzrecht fürchten musste.
- Entsprechend legte ein modernes Rechtssystem (**Code Civil**, 1804) im Detail für alle Bürger gleiche Rechte fest, die von unabhängigen Gerichten geschützt wurden.

- Die politische Teilhabe der Bürger an Staat und Gesellschaft war auch in der Wehrpflicht militärisch wirksam, die eine **große Volksarmee** („levée en masse") ermöglichte. Deren Motivation hatten die Berufsarmeen der europäischen Fürstenstaaten letztlich wenig entgegenzusetzen. Die militärischen Erfolge Napoleons erklären sich auch dadurch.

Für die einzelnen deutschen Staaten bedeutete die **französische Dominanz** entweder den Verlust der außenpolitischen Unabhängigkeit, wie im Fall Bayerns, das sich im **Rheinbund** (1806–1813) Napoleon unterordnen musste, oder sie führte, wie im Fall Preußens, zur Bedrohung der staatlichen Existenz. Die im Denken der Aufklärung erzogenen deutschen Reformer erkannten im französischen Gesellschafts- und Wirtschaftsmodell die Hintergründe der Erfolge Napoleons und orientierten sich in ihren Zukunftsplänen daran. Den Kern der Reformen sollten die Abschaffung der Ständeordnung sowie die Liberalisierung von Wirtschaft und Gesellschaft bilden. Durch eine innere Stärkung sollte so die eigene Unabhängigkeit bewahrt oder wiedergewonnen werden.

Erzwungene („defensive") Modernisierung Preußens

Preußen erlebte sein militärisches Debakel gegen Napoleon 1806 in den vernichtenden Niederlagen von Jena und Auerstedt. Im **Frieden von Tilsit** (1807) **verlor Preußen die Hälfte seines Staatsgebiets** (vor allem seine im neuen Königreich Westfalen zusammengefassten westdeutschen Territorien) mit fast der Hälfte seiner Bevölkerung. Zudem musste es sich zu gewaltigen **Entschädigungszahlungen und Besatzungskosten** bereit erklären. Zu deren Absicherung besetzten französische Truppen das preußische Kerngebiet mit der Hauptstadt Berlin. Von der einstigen europäischen Großmacht Preußen blieb so nur ein relativ machtloser ostdeutscher Kleinstaat.

Diese Fundamentalkrise setzte sowohl die Dynamik als auch die innenpolitische Akzeptanz einer umfassenden und fast revolutionären Veränderung der preußischen Gesellschaft frei, die man aufgrund der Situation Preußens als geschlagene Großmacht als „defensive Modernisierung" bezeichnet; die **Preußischen Reformen** dienten – aus der Sicht der adligen Reformer – vor allem dem Zweck, die Grundlagen zu schaffen, um

- in der Zukunft die französische Besatzung abzuschütteln,
- Preußens Machtstellung zurückzugewinnen und
- die Monarchie vor einem revolutionären Umsturz wie in Frankreich zu bewahren.

Die Reformen waren also vorwiegend politisch motiviert. Sie mussten aber dennoch gegen starke Widerstände des Adels durchgesetzt werden.

2.2 Agrarreformen

Ideeller Hintergrund der Agrarreformen war der Glaube an die Leistungskraft des **emanzipierten, autonom handelnden Individuums**, für das alle hemmenden Barrieren der Ständegesellschaft im Sinne eines **freien Markts** beseitigt werden sollten. Die liberalen Spitzenbürokraten – nicht nur in Preußen, sondern in allen Reformstaaten – folgten der einflussreichen Lehre des Volkswirtschaftlers **Adam Smith:** Mit seinem Hauptwerk **„Wealth of Nations"** (1776) ermöglichte er den Reformern die Analyse der eigenen wirtschaftlichen Unterentwicklung und gab ihnen einen Leitfaden für eine grundlegende liberale Umgestaltung der ständischen Gesellschafts- und Wirtschaftsordnung „von oben" an die Hand.

Die von den liberalen Reformern angestrebte gesellschaftliche Umwälzung musste sich auf den Kern der überkommenen Ständegesellschaft konzentrieren: die Grund- bzw. Gutsherrschaft adliger Herren über mehr oder weniger von ihnen abhängige Bauern (vgl. S. 19 ff.).

Ziele und Kernproblem der Agrarreformen

Ziel der Agrarreformen war zum einen die Aufhebung der feudalen Abhängigkeiten. Aus den bisher **abhängigen Bauern sollten so freie Staatsbürger** werden. Dieser Aspekt wurde seit den 1880er-Jahren als Bauernbefreiung (Georg Friedrich Knapp) bezeichnet, ein Begriff, der häufig als Synonym für die gesamte Agrarreform benutzt wird, ihre Dimension aber nicht vollständig erfasst.

Denn für die Reform noch wichtiger war deren zweites Ziel: die **Änderung der Besitzverhältnisse**, was man heute als Bodenreform bezeichnen würde. Aus den teilweise unfreien und von den Grundherren abhängigen Bauern sollten selbstständige, ihren Eigeninteressen folgende **bäuerliche Unternehmer** werden, denen ihr bestelltes Land als Privatbesitz gehörte. Die gesamte Landwirtschaft sollte so für den **freien Markt** geöffnet werden, um sie effizienter und für den modernen Staat lohnenswerter zu machen. Das **Prinzip des Individualismus** sollte den hemmenden ständischen Kollektivismus ablösen. Dieser Eingriff in die bestehenden Besitzverhältnisse bedeutete für den politisch mächtigen und gesellschaftlich bestimmenden **Adel** jedoch eine **existenzielle Bedrohung**. Der Widerstand der adligen Grundbesitzer konnte nur aus zwei zentralen Gründen überwunden werden:

- erstens aufgrund der historischen **Krisensituation**, in der auf kurz oder lang auch in den deutschen Ländern eine revolutionäre Umwälzung wie 1789 in Frankreich drohte; das förderte die Bereitschaft des von einer Revolution am stärksten bedrohten Adels zur Kooperation mit den fürstlichen Regierungen;

- zweitens durch die Berücksichtigung der Interessen der Grund- und Gutsherren bei der Bodenreform. Diese erhielten für die Besitzübertragungen und den Verzicht auf die bäuerlichen Dienste **Ablösezahlungen** von den Bauern.

Ablauf und Bestimmungen der Agrarreformen

Die Reformen begannen in allen deutschen Territorien mit der **verfassungsrechtlichen Befreiung der Bauern** aus ihrem grund- oder gutsherrlichen Untertanenverhältnis (preußisches Oktoberedikt von 1807, bayerische Verfassung von 1808); ihr weiterer Verlauf unterschied sich jedoch regional. Ausnahmen bildeten einige Dienstverpflichtungen für die ärmste Kleinbauernschicht innerhalb der preußischen Gutsherrschaften, die noch bis 1850 fortbestanden.

Das Oktoberedikt von 1807

Den Beginn der deutschen Reformen markierte das Oktoberedikt von 1807, das als Mischung aus politischem Manifest und Verfassungsentwurf die Grundlage weitreichender Gesetzesvorhaben bildete. Es beinhaltete:

- die **Aufhebung der Erbuntertänigkeit**, d. h. der persönlichen Abhängigkeit der Bauern von einem Grund- oder Gutsherrn; auch sie wurden jetzt zu rechtsgleichen Bürgern **(Bauernbefreiung)**;
- das Recht auf **Freizügigkeit**, freie Berufswahl und freien Eigentumserwerb;
- die **Freiheit der Eheschließung:** Mit der persönlichen Freiheit der Landbevölkerung entfiel auch die bisherige Pflicht, die Zustimmung des Gutsherrn zu einer Eheschließung einzuholen. Das Wegfallen der Heiratsbeschränkungen führte zu einer Erhöhung der Geburtenziffer und so zum Wachstum der ländlichen Bevölkerung.

Zur Bauernbefreiung im engeren Sinn gehörte die **Abschaffung der Rechte der Grund- und Gutsherren als Gerichtsherren** über ihre Untertanen; die Rechtsprechung ging auf die staatliche Justiz über. Ausnahmen gab es auch hier bei den ostdeutschen Gutsherrschaften, bei denen bis zum Ersten Weltkrieg der Gutsherr die Polizeiaufsicht über seine Angestellten und Arbeiter behielt.

Der schwierigste und langwierigste Aspekt der Reform war die Abgeltung **(Ablösung)** der grundherrlichen Besitzrechte am bäuerlichen Land und der verpflichtenden Dienstleistungen durch die Bauern. Die Bauernhöfe sollten in das Privateigentum der Bauern übergehen. In Preußen wurde den Grund- oder Gutsherren als Gegenleistung der **Anspruch auf ein Drittel des Bauernlandes** zugesprochen; dieser Anspruch konnte durch eine einmalige Barzahlung oder durch die jährliche Zahlung von einem Drittel des Gesamtertrags des Hofs abgelöst werden. In West- und Süddeutschland kam es im Gegensatz zu Preußen kaum zu Landabtretungen, aber auch dort leisteten die Bauern erhebliche

Zahlungen an die ehemaligen Grundherren. Die Ablösung musste in Form eines Privatvertrags für jeden einzelnen Fall festgelegt werden. Mehrere präzisierende **Ablösegesetze** bildeten in allen Reformstaaten die gesetzliche Basis.

Gravierende Folgen für die dörflichen Gemeinschaften hatte die **Auflösung des Gemeinbesitzes** (Allmende), die zur Agrarreform gehörte und insbesondere in Preußen konsequent umgesetzt wurde. Die vor allem für die Bauern sowie die ländlichen Unterschichten existenziell wichtigen Ländereien und kollektiven Nutzungsrechte (an Weide, Brache, Wald, Torf, Fischerei, Wegen) wurden nun in abgegrenzten Privatbesitz umgewandelt. In Preußen profitierten davon vor allem die Grund- und Gutsherren, denen etwa 86 Prozent des vormaligen Gemeinbesitzes zugesprochen wurden. In vielen west- und süddeutschen Gebieten wurde die Allmende erst viel später als in Nord- und Ostdeutschland aufgelöst, teilweise sogar erst nach dem Zweiten Weltkrieg.

Gewinner der Agrarreformen

Gewinner der Reform waren die Grundherren und v. a. die Gutsherren östlich der Elbe. Sie hatten zwar die Ansprüche (Renten, Naturalabgaben, Dienste) aus ihrem früheren Obereigentum verloren, aber ihnen war ihr **Privatbesitz** (Eigengut) verblieben, der im Fall der ostdeutschen Gutsbesitzer schon vorher erheblich gewesen war. Zudem profitierten die Grund- und Gutsherren in hohem Maße von der **Auflösung des Gemeinbesitzes** und den umfangreichen Ablösezahlungen, mit denen sie **zusätzlichen Grund** kaufen konnten. Diese Böden stammten in Preußen meist von „befreiten" Bauern, denn dort waren die Ablösebedingungen so hart, dass viele kleinere Bauern ihr Land ganz an die Gutsherren verkaufen mussten, da sie nach der Landabtretung mit dem verbliebenen Hof nicht überleben konnten. Diesen Vorgang nennt man **Bauernlegen**.

Vom Bauernlegen profitierten die Gutsherren ein weiteres Mal dadurch, dass die gescheiterten Bauern sich als **Landarbeiter** bei den Gutsherren verdingen mussten, die damit den Verlust der Frondienste kompensierten. Viele Gutsherren nutzten die neue Agrarstruktur und das gewonnene Kapital zur **Rationalisierung und Mechanisierung** ihrer Güter. Sie konnten ihre Produktion erhöhen und von der erhöhten Nachfrage aufgrund des rasanten Bevölkerungswachstums profitieren.

Zu den Gewinnern gehörten auch die **Inhaber mittlerer und großer Bauernstellen**, wenn es ihnen gelang, die hohen Ablösezahlungen aufzubringen. Die eigenständigen Bauern mussten dafür jetzt staatliche Steuern und Abgaben an die Gemeinde zahlen; viele von ihnen waren deshalb aber auch nach der Reform materiell schlechter gestellt als in ihrem früheren Abhängigkeitsverhältnis. Dennoch gab es in den ostdeutschen Gebieten Preußens kein massenhaftes

„Bauernsterben". Zwischen 1816 und 1860 blieb dort die Zahl der selbstständigen Bauernhöfe ungefähr gleich, weil die Bauern zusätzlich Land kultivieren konnten, das ihnen aus dem Gemeinbesitz zugesprochen worden war. Auch deswegen stieg in dem genannten Zeitraum die landwirtschaftliche Produktion in Preußen um 40 Prozent.

Die Umwandlung des Landes in Eigentum gelang den **Bauern im deutschen Westen und Süden** besser; dort waren die Ablösesummen insgesamt geringer, vor allem wenn es sich um Bauern handelte, die vor der Reform dem Staat als Grundherrn unterstellt waren. Diese staatlichen **Domänenbauern** machten in **Bayern** rund 76 Prozent aller Hofstellen aus. Die bayerische Regierung hatte es den eigenen Staatsbauern schon seit 1778/79 ermöglicht, ihre Höfe durch Zahlungen abzulösen und in Privateigentum umzuwandeln. Nach der Säkularisation 1803 hatten auch die ehemaligen Klosterbauern (ca. 56 Prozent der altbayerischen Bauernhöfe) diese Möglichkeit. Die Umwandlung verlief aber trotzdem schleppend, nicht zuletzt weil die Bauern die mit der Ablösung verbundenen Lasten oft scheuten.

Verlierer der Agrarreformen

Zu den Verlierern der Agrarreformen gehörten die vielen **Kleinbauern**, insbesondere in Preußen, die nach der Landabtretung nicht von ihren Hofstellen leben konnten und deshalb ihren verbliebenen Grundbesitz verkaufen mussten. Die Kleinbauern und die **unterbäuerlichen Schichten** waren zudem von der Auflösung des Gemeinbesitzes stark betroffen, denn sie wurden dafür nicht oder kaum entschädigt, konnten nach der Reform aber die Allmende nicht mehr nutzen; auch das zwang sie in die Lohnarbeit.

Ein weiterer Nachteil für die ehemaligen Kleinbauern war der **Verlust des** vorher bestehenden **sozialen Netzes**; denn die Grund- und Gutsherren waren im feudalen System zum Schutz verpflichtet gewesen, was bedeutete, dass sie in Notzeiten (Missernten, Kriege) die von ihnen abhängigen Bauern wirtschaftlich unterstützen mussten. Diese Verpflichtung aber war mit der Bauernbefreiung erloschen.

Dieser Aspekt verweist auf die Kehrseite der Auflösung der engen persönlichen Bindungen des feudalen Agrarsystems: Jedes seiner Mitglieder war nun den **Chancen und Risiken** einer marktorientierten, kapitalistischen Wirtschaftsform ausgesetzt. Die Chancen lagen jedoch vor allem aufseiten der vergrößerten Adelsgüter und der Bauern, denen es gelang, durch die intensivere Bewirtschaftung des eigenen Besitzes die erforderlichen Ablösezahlungen aufzubringen. Nur sie konnten durch Produktionssteigerungen Mehreinnahmen erzielen und Kapital bilden.

Entstehung des Landarbeiterproletariats

Die ehemaligen abhängigen Bauern, denen das nicht gelang, mussten ihr Land verkaufen und sich auf den großen Gütern als Landarbeiter verdingen. Sie verloren ihre bäuerliche Eigenständigkeit und bildeten – zusammen mit den bereits vorher landlosen dörflichen Unterschichten – das neue **Landarbeiterproletariat**, das von der Nachfrage der Gutsherren und Großbauern nach Arbeitskraft abhängig war.

Das hohe Bevölkerungswachstum (Erhöhung des Arbeitskraftangebots) und die zunehmende Rationalisierung der landwirtschaftlichen Produktion (Freisetzung von Arbeitskräften) verschlechterten dabei die Chancen der Arbeiter. Das Landarbeiterproletariat fand sich deshalb bald in einer prekären, von großer Armut geprägten Situation (Pauperismus) wieder. Neue Chancen ergaben sich für diese 66 Prozent der Landbevölkerung erst wieder mit der Entstehung der Industriezentren und ihrem Arbeitsplatzangebot seit der Mitte des 19. Jahrhunderts. Die großen Wanderungsbewegungen vom Land in die neuen städtischen Zentren waren die logische Folge.

2.3 Gewerbereformen

Um 1800 gehörten zur gewerblichen Wirtschaft das Kleingewerbe der städtischen und ländlichen Handwerker sowie das Großgewerbe der Manufakturen, der ersten Fabriken und der Werften. In den Städten lebten davon zwischen 30 und 75 Prozent der Bevölkerung, auf dem Land waren es zwischen 5 und 10 Prozent. Die überwiegende Mehrheit der im Gewerbe Arbeitenden war den verschiedenen Handwerken zuzuordnen. Gerade aber das Handwerk war innerhalb der Ständeordnung stark reglementiert und vielfachen Zwängen unterworfen (vgl. S. 35 ff.). Alle Handwerker mussten in Zünften organisiert sein, die sowohl die Zahl der Betriebe als auch die Qualifikationen der Handwerksmeister und -gesellen sowie den Markt für die Handwerksprodukte im Einzelnen kontrollierten und reglementierten. Im Interesse der Zünfte lag es, wirtschaftliche Konkurrenz im Sinne eines freien Marktes zu verhindern, um für ihre Mitglieder möglichst große existenzielle Sicherheit herzustellen.

Ziel der Gewerbereformen

Die **Gewerbereformen** der aufgeklärten Regierungen wollten im Sinne des liberalen Wirtschaftstheoretikers **Adam Smith** gerade das Gegenteil: Es sollten alle diese Hindernisse beseitigt werden, um ein Maximum an individueller Talententfaltung und in der Folge eine Verbesserung des gesellschaftlichen Wohlstands zu erreichen. Ziel und Ergebnis war letztlich die sich **selbst regu-**

lierende, marktorientierte Industriewirtschaft, die auf dem Wettbewerb frei handelnder Privatbetriebe beruhte. Im Interesse der Reformer lag aber auch die **Stärkung der Staatseinnahmen** durch die Belebung der Wirtschaft, um den hohen Geldbedarf der Staaten zu decken.

Konsequente Reformgesetze in Preußen

Preußen strebte seit 1810/11 (Gewerbesteueredikt, Gewerbepolizeiedikt) dieses Ziel am konsequentesten an: Gewährt wurde die völlige **Gewerbefreiheit** für alle Untertanen. Voraussetzungen waren allein die Volljährigkeit und der Kauf eines staatlichen Gewerbescheins. Die Zunftverfassung des städtischen Handwerks und damit auch der **Zunftzwang wurden aufgehoben**, die Zünfte verloren ihren öffentlich-rechtlichen Status als Zwangsvereinigungen und wurden zu privaten Vereinen degradiert. Allerdings blieben etwa 30 Berufsgruppen wie Ärzte, Apotheker oder Gastwirte von **Qualifikationsnachweisen** abhängig. Zwischen Stadt und Land wurde nicht mehr unterschieden: Es bestand jetzt überall das Recht der **freien Berufswahl**, der **Freizügigkeit** und die **Niederlassungsfreiheit**. Der Gesetzgeber stellte damit auch die für eine kapitalistische Marktwirtschaft nötige **Mobilität der Arbeitskräfte** her. Die Vorreiterrolle Preußens während der Industrialisierung ist auch auf die Konsequenz seiner Gewerbereformen zurückzuführen.

Situation in Bayern

Sehr viel zäheren Widerstand gegen die Liberalisierung der Gewerbe und die Niederlassungsfreiheit leisteten die Zünfte und auf ihren Druck hin die städtischen Behörden in Bayern. Zur Durchsetzung der Gewerbefreiheit wurden 1825 unter König Max I. Joseph Gesetze erlassen, die den Zunftzwang beendeten und Druck auf die Gemeinden zugunsten einer großzügigeren Gewerbezulassung ausüben sollten. Die Führung eines Gewerbes war allerdings noch an eine **staatliche Konzession** gebunden, die von einem **Fähigkeitsnachweis** (Ausbildung, persönliche Zuverlässigkeit) abhing. Aber auch gegen diese kontrollierte Form der Gewerbefreiheit opponierten die etablierten Handwerker recht erfolgreich, unterstützt von dem neuen, eher traditionell denkenden König Ludwig I. (Regierungszeit 1825–1848). Die restriktive Zulassungspraxis der Gemeinden wurde von ihm gegen die liberalen Bezirksregierungen gestärkt, sodass zuletzt in Bayern die staatliche Industrie- und Handelsförderung nur punktuell wirksam war. Endgültig durchgesetzt wurde die Gewerbefreiheit in Bayern erst 1868.

Erfolgreicher waren die bayerischen Reformer bei der **Vereinheitlichung von Münzen, Maßen und Gewichten** sowie bei der Zollpolitik: Schon zwischen 1799 und 1808 hob Bayern alle inneren Zollgrenzen auf und schaffte einen den Handel belebenden einheitlichen **Binnenwirtschaftsraum**, was in Preußen erst nach 1818 gelang.

Chancen und Risiken der Gewerbefreiheit

Der aus heutiger Sicht durch die Reformen erreichte **Zugewinn an persönlicher Freiheit und wirtschaftlichen Chancen** wurde von der Mehrheit der damals Betroffenen nicht so wahrgenommen. Im städtischen Handwerk ging die Liberalisierung einher mit der Furcht vor dem Niedergang der Zünfte und der durch sie gegebenen sozialen Sicherheit. Das **Armutsrisiko der Handwerker** verstärkte sich durch die Konkurrenz der neuen „Patentmeister“ (in Preußen), die sich nicht mehr auf die Mitgliedschaft in der Handwerkerzunft, sondern auf den Gewerbeschein stützten. Die jetzt höhere Zahl der Handwerksbetriebe verringerte so die Marktchancen der traditionellen Handwerksmeister. Problematisch waren aus deren Sicht auch die Verlagerung von gewerblicher Produktion auf das Land und das jetzt ungebremst **expandierende Großgewerbe**. Ganze Gewerbezweige und damit viele Handwerker verarmten und gerieten nach 1815 in den Sog des Pauperismus (vgl. S. 75 ff.).

Auf der anderen Seite gehörte die Gewerbefreiheit zu den unabdingbaren rechtlichen Voraussetzungen eines freien Unternehmertums, ohne das die Mitte des 19. Jahrhunderts einsetzende wirtschaftliche Dynamik der Industrialisierung nicht möglich gewesen wäre. Die neuen Industrien boten später auch dem städtischen Handwerk neue Arbeitsplätze oder neue Chancen in der Kooperation mit den Unternehmen, z. B. durch Reparaturarbeiten für industriell gefertigte Produkte. Am meisten aber konnte die neu entstehende, ökonomisch flexible **großbürgerliche Unternehmer- bzw. Industriellenschicht** die Chancen der Wirtschaftsreformen nutzen.

2.4 Montgelas' Reformen in Bayern

Anders als Preußen hatte Bayern durch die napoleonische Umwälzung des Deutschen Reichs als Verbündeter Frankreichs einen Machtgewinn erfahren (vgl. S. 65 f.). Die wichtigste Aufgabe des leitenden Ministers Montgelas war deswegen die Integration der zahlreichen neu gewonnenen Territorien mit ihren unterschiedlichen Wirtschafts- und Rechtsverhältnissen, Konfessionen und Institutionen. Etabliert wurde dazu eine **zentralistisch geordnete Verwaltung** nach französischem Vorbild.

Das neue Verwaltungssystem wurde von einer **professionellen Beamtenschaft** getragen: Vor den Reformen hatte die Besetzung aller bedeutenden Verwaltungsstellen zu den Privilegien des Adels gezählt, andere Ämter waren erblich oder käuflich gewesen; die Beamten hatten ihr Einkommen aus Verwaltungsgebühren bezogen, die sie selbst erhoben, was geradezu zur Korruption herausforderte. Jetzt hatten die staatlichen Stellen in wachsendem Umfang fest besoldete und pensionsberechtigte **Berufsbeamte** inne, die eine vorgeschriebene Fachausbildung und eine Prüfung benötigten sowie mit regelmäßiger dienstlicher Beurteilung und staatlicher Visitation dem **Leistungsprinzip** unterlagen. Diese Beamten wurden zu einer zuverlässigen Stütze des Staates.

Die erste bayerische Verfassung von 1808

Teil des Reformprogramms von Montgelas war auch die am 1. Mai 1808 erlassene **erste Verfassung Bayerns** (Konstitution), welche die wichtigsten Reformen zusammenfasste und die Einheit des Landes gewährleisten sollte. Als Vorbild diente die Verfassung des Königreichs Westfalen, so wie es Napoleon für alle Rheinbundstaaten vorsah.

Die **ständische Ordnung** mit ihren Privilegien wurde durch die Verfassung beseitigt; die Gleichheit aller vor dem Gesetz (nach dem Vorbild des französischen Code Civil), die Besteuerung nach dem Vermögen, der einheitliche Zugang zu den öffentlichen Ämtern und die Wehrpflicht wurden zumindest auf dem Papier eingeführt. Die **Leibeigenschaft** wurde endgültig **abgeschafft** und alle drei christlichen Konfessionen wurden anerkannt; die **Zensur** wurde **aufgehoben** und die **Pressefreiheit** eingeführt.

Aufgaben

21 Skizzieren Sie den politischen Hintergrund der großen Gesellschaftsreformen in den deutschen Staaten.

22 Erläutern Sie die wichtigsten Regelungen der Agrarreformen.

23 Erläutern Sie die wesentlichen Inhalte der Gewerbereformen.

3 Veränderte Lebens- und Arbeitsbedingungen

3.1 Pauperismus

Der bereits von den Zeitgenossen seit den 1830er-Jahren benutzte Begriff „Pauperismus“ beschreibt die ausufernde **Verarmung der stark anwachsenden Unterschichten** nach 1800. Im Gegensatz zur Armut in der Frühen Neuzeit beruhte der Pauperismus auf dem Zusammenspiel von starkem Bevölkerungswachstum und einem grundlegenden **Mangel an Versorgungsressourcen** (Land, Nahrung, Arbeit), worin Millionen Menschen ausweglos gefangen waren. Der Verelendungsprozess setzte nach 1815 ein und erreichte seinen Höhepunkt zwischen 1845 und 1847. Die Revolution von 1848 war dadurch entscheidend mitbedingt.

Die Liberalisierung der ehemals agrarischen und ständischen Wirtschaft in den **Agrar- und Gewerbereformen verschärfte die Krisensituation** durch die Freisetzung von Arbeitskräften und durch den Abbau von sozialen Absicherungen. Allmählich überwunden werden konnte die **Massenarmut** erst seit den 1840er-Jahren durch das Wachstum der Industrie mit einem größeren Arbeitsplatzangebot; jetzt ersetzte die Proletarisierung der neuen Industriearbeiterschicht als Soziale Frage die Krise des Pauperismus.

Ursachen des Pauperismus

Hintergrund der Pauperismuskrise war das vehemente **Bevölkerungswachstum** in Mitteleuropa seit der Mitte des 18. Jahrhunderts. Neben den oben schon angeführten Gründen (vgl. S. 60 ff.) erklärt sich dieses Wachstum

- aus den **Produktionssteigerungen in der liberalisierten Landwirtschaft** nach den Agrarreformen seit 1807 sowie
- aus dem gleichzeitigen Erfolg der **Protoindustrien** (Verlage) mit der Ausweitung der Heimarbeit, die vor allem den sich stark vermehrenden ländlichen Unterschichten ein Auskommen verschaffte. Zusammen mit der **Aufhebung der Heiratsbeschränkungen** ermutigten die anfänglich besseren Verdienstmöglichkeiten viele Menschen zur Gründung einer Familie, was das Bevölkerungswachstum weiter erhöhte.

In den 1830er-Jahren kam es zur sog. **Sättigungskrise:** Das Bevölkerungswachstum nahm weiter zu, die landwirtschaftliche Produktion wuchs aber nur wenig und konnte der wachsenden Landbevölkerung keine zusätzlichen Arbeitsmöglichkeiten bieten. Zudem entstand aufgrund der liberalen Reformpolitik ein **Überangebot an Arbeitskräften** im ländlichen und städtischen Handwerk mit den Folgen Kurzarbeit, Unterbeschäftigung und Arbeitslosigkeit.

Ein bedeutender zusätzlicher Faktor war die schwere **Krise des vorindustriellen Heimgewerbes**, das der billigeren Konkurrenz und der besseren Qualität der englischen Industriefabrikation nicht gewachsen war. Die Verleger wälzten ihre sinkenden Verkaufspreise durch niedrigere Löhne auf die Heimarbeiter ab, bis diese Gruppe in die Armut abrutschte. Die Krise wurde durch das weitgehende **sozialpolitische Versagen der wirtschaftsliberalen Reformregierungen** verstärkt. Sie setzten allein auf das freie Spiel der Marktkräfte, ohne die Dimension des Problems zu erkennen; staatliche Hilfsmaßnahmen wurden deswegen erst spät und wenig wirkungsvoll ergriffen.

Dimension der Verelendung

Das Ausmaß der Verelendung verdeutlicht die Zunahme der **städtischen Unterschichten** zwischen 1815 und 1861. In allen deutschen Städten betrug ihr Anteil damals zwischen 65 und 90 Prozent; die Hälfte der Menschen in diesen Unterschichten lebte sogar **unterhalb des Existenzminimums**, sodass sie zum Überleben auf öffentliche Hilfe, Betteln und Almosen angewiesen war. In Köln z. B. war 1848 ein Drittel der Bevölkerung in den Armenlisten erfasst, weitere 40 Prozent lebten in einem Grenzbereich zur Hungerexistenz. Begleitet war ein solches Leben von elenden Wohnverhältnissen mit Schmutz, Gestank, dauernder Krankheit und einer sehr **hohen Sterblichkeitsrate**. Die städtischen, dörflichen und kirchlichen sozialen Einrichtungen, die vor 1800 die Armut noch etwas lindern konnten, waren vom Ausmaß des Problems überfordert. Die meisten der Verelendeten blieben auf sich allein gestellt.

Städtische Unterschichten 1815–1850

Stadt	Jahre	Prozent	Stadt	Jahre	Prozent
Köln	1817/49	78	Magdeburg	1815/49	70–80
Bonn	1816/49	73–87	Weimar	1820	68–78
Hamburg	1817/48	75–80	Wismar	1814/51	69
Flensburg	1835	90	Bielefeld	1820/52	67–69
Göttingen	1829	65–70	Barmen	1861	90

Der Pauperismus erfasste nicht nur die traditionell armen städtischen Unterschichten wie Tagelöhner, Handwerksgesellen und Kranke, sondern auch die **Handwerker:** In Berlin konnten 1846 etwa 80 Prozent der Handwerksmeister keine Gewerbesteuer mehr bezahlen, ein Zeichen für deren schlechte materielle Lage. Von der Verelendung betroffen waren zudem städtische Angestellte und kleine Beamte sowie freiberufliche, akademisch gebildete Bildungsbürger (z. B. Privatdozenten, Journalisten, Literaten und Künstler).

Die Industrialisierung als Ausweg aus der Pauperismus-Krise

Zuletzt waren es der **Ausbau der Industrie** und das schnell **expandierende Angebot an Arbeitsplätzen** in den neu entstehenden Industriezentren, die ab 1850 zur Überwindung des Pauperismus beitrugen. Die Fabriken nahmen einen Teil des städtischen Handwerkerproletariats, viele Angehörige der ländlichen Unterschichten und ehemalige Heimarbeiter auf. Zu betonen ist also, dass die einsetzende Industrialisierung nicht Ursache des Pauperismus war, wie der frühe Marxismus behauptete, sondern ein wesentlicher **Faktor für die Überwindung dieser sozialen Krise**. Entsprechend muss der Pauperismus als Phänomen des Vormärz, der Zeit vor der bürgerlichen Revolution von 1848, klar von den besonderen Krisensymptomen der Industrialisierung nach 1850 unterschieden werden: Die Schattenseiten der Industrialisierung, vor allem die miserablen Arbeits- und Lebensbedingungen der neuen Arbeiterklasse, werden wissenschaftlich unter dem Begriff „**Proletarisierung**" zusammengefasst.

3.2 Landflucht

Wegen des drückenden Elends in der Zeit des Pauperismus verließen viele Menschen auf der Suche nach einer besseren Existenz ihre Heimat. Der ländliche Raum war auch während der gesamten Industrialisierungsphase am stärksten von der Abwanderung betroffen, da er zahlreichen Menschen keine berufliche Perspektive mehr bieten konnte. Diese großen Wanderungsbewegungen aus den ländlichen Gebieten in die neuen großstädtischen Industriezentren fasst man auch unter dem Begriff „**Landflucht**" zusammen.

Auswanderung

Ein Teil der verarmten Menschen wanderte ins Ausland aus. Hauptziel der Auswanderung war **Amerika** mit seinen großen unerschlossenen Räumen. Zwischen 1820 und 1900 gingen etwa 5,1 Millionen Deutsche in die USA, meist handelte es sich um ganze Familien von **selbstständigen Kleinbauern und Handwerkern**. Von der Abwanderung besonders betroffen waren die bevölkerungsreichen ländlichen Gebiete in Süddeutschland, sie stellten vor 1848 etwa ein Drittel aller Auswanderer.

Die Auswanderung verstärkte sich, als nach der gescheiterten bürgerlichen Revolution von 1848/49 viele demokratisch gesinnte Deutsche aus Furcht vor politischer Verfolgung oder aus Enttäuschung in die USA zogen. Bremen und Hamburg entwickelten sich zu den wichtigsten deutschen Auswanderer-Häfen und profitierten wirtschaftlich stark von dieser Entwicklung. Inwieweit diese

Auswanderungswelle als **Ventil für die angespannte politische und wirtschaftliche Situation** gedient und dadurch stabilisierend gewirkt hat, ist umstritten. Fakt ist jedoch, dass die Auswanderung nach 1900 weitgehend abebbte, als sich die Lebenssituation und das Einkommen der unteren Bevölkerungsschichten im Deutschen Reich deutlich verbesserten.

Binnenwanderung

Aber nicht nur in Amerika, sondern auch in den **industriellen Ballungszentren und Städten Deutschlands** suchten viele Menschen eine neue Existenz. Diese an ihrem Beginn noch überschaubare Binnenwanderung führte nach 1880, angefacht durch das anhaltend starke Bevölkerungswachstum, zu einer rapiden **Urbanisierung** sowie zu gravierenden Veränderungen der Lebens- und Arbeitswelt der Betroffenen.

Die Binnenwanderung lässt sich (abgesehen von den großen Flucht- und Vertreibungswellen nach 1945) als größte Bevölkerungsbewegung der deutschen Geschichte beschreiben (vgl. S. 224 ff.).

Verlaufstypen der Binnenwanderung

Man kann mehrere Verlaufstypen dieser Binnenwanderung unterscheiden: Anfangs dominierte die **Nahwanderung** innerhalb der Region (vom Land in die Stadt oder von Stadt zu Stadt), mit der schnellen Erweiterung der Verkehrswege wurde dann aber die **Fernwanderung** zum markanten Symptom der Binnenwanderung. In den zwei Jahrzehnten vor dem Ersten Weltkrieg wurde vor allem die **Ost-West-Wanderung** zu einer Massenbewegung, Hunderttausende zogen aus dem ländlichen Ostpreußen, Westpreußen, Posen und Schlesien nach Berlin, Sachsen und ins Ruhrgebiet. Darunter waren auch 450 000 polnisch sprechende Preußen, die sich vor allem an der Ruhr ansiedelten und mit denen die Zuwanderung **(Immigration)** Arbeit suchender Ausländer in Deutschland begann. 1910 erfasste die Statistik für das Deutsche Reich immerhin schon 1,26 Millionen Ausländer (1871: 207 000), die meisten davon Arbeitsimmigranten aus den östlichen Nachbarländern, die ihren ärmlichen Lebensumständen entkommen wollten.

„Nomadisierende Arbeitsmigranten"

Die meisten Zuwanderer blieben nicht am ersten Ort ihrer Ankunft, es kam zur **Rückwanderung** oder oft zur **Weiterwanderung**, je nachdem, wo sich Chancen auf eine Existenz boten. Am Beispiel der Industriestadt Duisburg zeigt sich die Dimension des Prozesses: Duisburgs Einwohnerzahl wuchs zwischen 1850 und 1900 von 13 000 auf 107 000; vom Einwohneramt wurden in diesem

Zeitraum aber 710 400 Zu- und Wegzüge registriert. Diese Zahlen verweisen darauf, dass sich jedes Jahr ein Wanderungsstrom durch die neuen Industriezentren bewegte, der ein Drittel aller deutschen Großstadtbewohner betraf. Jeder dritte Großstadtbewohner war danach **„nomadisierender Arbeitsmigrant“**. Abhängig war der Umfang der Wanderungsbewegungen vom Arbeitskraftbedarf der Zentren: Bei guter Konjunktur verstärkte sich der Menschenstrom, bei schlechter verringerte er sich. Zeitweise Rückwanderungen in die Heimatregionen waren häufig.

3.3 Verstädterung

Der immer dynamischere Industrialisierungsprozess konzentrierte sich zunehmend auf einzelne Zentren, in denen sich alle Aspekte des Vorgangs – z. B. das Bevölkerungswachstum oder der Ausbau der Infrastruktur – bündelten und potenzierten. Das heißt, die industrialisierten Regionen mit ihrer Innovationskraft entwickelten sich immer schneller; auf der anderen Seite blieben die ländlichen oder regional abgelegenen Gebiete stark zurück.

Grundtypen der Industriezentren

Bei der Entstehung der neuen Industriezentren lassen sich zwei Grundtypen unterscheiden: Erstens entwickelten sich **traditionsreiche Gewerbegebiete mit hoher Bevölkerungsdichte** wie Augsburg und Nürnberg weiter. Diese Orte profitierten vom Know-how der dort lebenden frühen Fabrikanten, der Verleger und Fernhändler sowie der erfolgreichen Handwerker, aus deren Gruppe die Gründer der neuen Industrien hervorgingen. Aber auch das Angebot an Manufaktur- und Verlagsarbeitern, die mit den neuen Produktionsprozessen vertraut waren, ermöglichte den Fabrikanten den notwendigen Aufbau einer erfahrenen Belegschaft aus Facharbeitern.

Der zweite Typus eines neuen Industriezentrums entstand in **agrarischen Gebieten, die über notwendige Rohstoffvorkommen** verfügten. Eisenindustrie und in der Folge auch verarbeitendes Gewerbe siedelten sich oft in der Nähe von Bergwerken an (Ruhr- und Saargebiet).

Begünstigende Faktoren der Industrialisierung

Weitere begünstigende Faktoren für die Ansiedlung von Industrien waren das **Vorhandensein von Energieträgern** (Kohle, Wasser, Holz) und die Nähe zu sicheren, v. a. städtischen **Absatzmärkten** sowie zu überregionalen **Verkehrswegen** und Verkehrsknotenpunkten. Das galt besonders, als der **Ausbau der**

Eisenbahnverbindungen zu einem entscheidenden Faktor der Industrialisierung wurde; der Aufschwung Münchens ist etwa eng mit der Rolle der Stadt als Verkehrszentrum verbunden. Relevant waren auch die **politischen Umstände** wie die Wirtschaftsförderung durch eine liberale staatliche Bürokratie.

Industrielle Zentren in Deutschland, 1850–1910

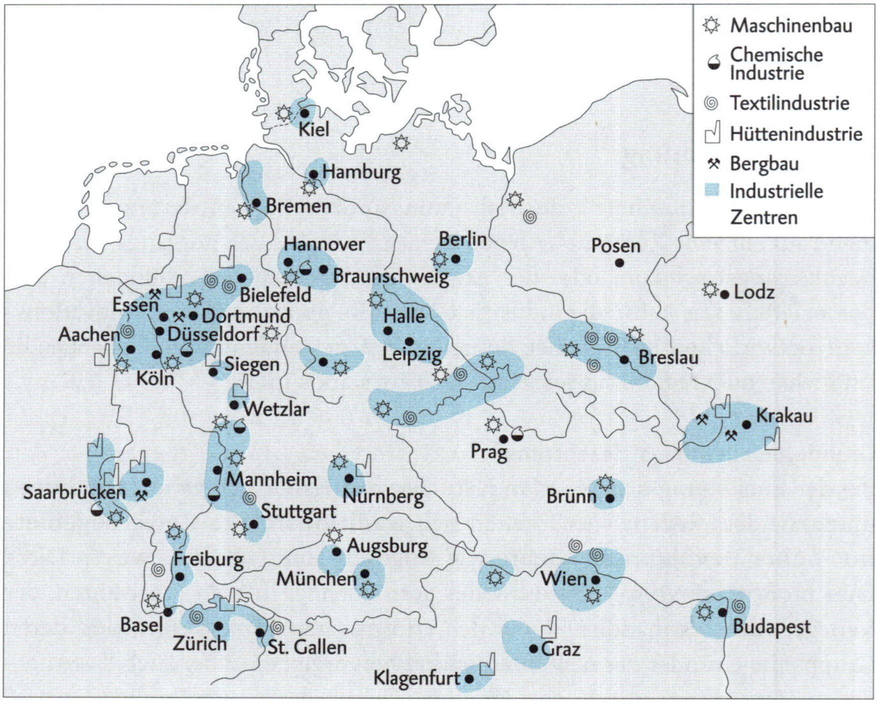

Entstehung der Großstädte

Die neuen industriellen Zentren entwickelten sich in einem aus heutiger Sicht unvorstellbaren Tempo in wenigen Jahrzehnten zu **Großstädten** wie Berlin (1871: 862 000 Einwohner, 1914: 2 070 000 Einwohner ohne Vorstädte) oder zu **großstädtischen Ballungsräumen** mit Millionen von Einwohnern wie dem Ruhrgebiet. Die Vergrößerung der Städte setzte in Deutschland um 1850 ein und beschleunigte sich nach der Reichsgründung 1871 rasant.

Verstädterung und Urbanisierung

Die beiden Begriffe bezeichnen im Prinzip denselben Zusammenhang, nutzen aber unterschiedliche wissenschaftliche Perspektiven:
Verstädterung bezieht sich auf den **quantitativen Ablauf des Prozesses**. Interessant sind dabei die Bevölkerungsentwicklung (Demografie), die Wanderungsbewegungen, die Entstehung von großen Siedlungsräumen und Großstädten und ihrer neuartigen Infrastruktur. Die **Strukturgeschichte** ist der entsprechende wissenschaftliche Bezugspunkt, die statistischen oder anders messbaren Fakten sind ihre Mittel der Erkenntnis.

Mit der Bezeichnung **Urbanisierung** ist dagegen eine **kulturgeschichtliche Perspektive** verbunden: Diese betrachtet vor allem den Prozess der Ausbreitung städtischer Lebens- und Verhaltensweisen (Raumgestaltung, Haushaltsstrukturen, Konsummuster, berufliche Differenzierung) und die Wertvorstellungen der Stadtbewohner. Der kulturgeschichtlichen Sichtweise geht es also um die (alltäglichen) Denkweisen der Einzelnen und der sozialen Gruppen in der Stadt sowie um die gesellschaftlichen und kulturellen Entwicklungen, die daraus folgen.

Die Statistik zeigt die rasend schnelle **Expansion der Städte** in Deutschland: 1871 wohnten 14,8 Millionen Deutsche, das waren 36,1 Prozent der Gesamtbevölkerung, in 2 338 Städten mit mehr als 2 000 Einwohnern, 1910 bereits 38,97 Millionen in 3 740 Städten, das waren 60 Prozent der Deutschen. Am meisten wuchsen die Großstädte, 1914 wohnte jeder fünfte Deutsche in einer Großstadt. Dabei hatte es 1871 nur drei Großstädte mit mehr als 200 000 Einwohnern gegeben (Berlin, Hamburg, Breslau), 1913 waren es 23, darunter München mit ca. 600 000 Einwohnern.

Gründe der Expansion der städtischen Räume waren das starke Bevölkerungswachstum, die Nah- und Fernwanderung, die Eingemeindung von Vororten und Nachbargebieten sowie ein ungeheurer **Bauboom**, der die immense Nachfrage nach Wohnraum für die Massen der neuen industriellen Arbeitskräfte stillen sollte. Ein rechtlicher Hintergrund war die Auflösung der alten Stadt mit ihrem exklusiven und restriktiven Bürgerrecht und deren Ersatz durch das für alle gleiche **Staatsbürgerrecht**. Aus den politisch selbstständigen Städten wurden Gemeinden mit freiem Zugang für alle Bürger.

Die entscheidenden wirtschaftlichen Faktoren für die Entstehung der Großstädte waren die Ansiedlung von **Industrie** und der Anschluss an das **Eisenbahnnetz**, dessen Knotenpunkte eine immense Anziehungskraft auf Unternehmer und potenzielle Arbeitskräfte ausübten.

3.4 Urbanisierung: Leben in der modernen Großstadt

Mit der **Großstadt** trat ein neuartiger sozialer und kultureller Raum ins Licht der Geschichte, der die Lebenswelt moderner industrialisierter Gesellschaften bis heute bestimmt. Mit der abgegrenzten, überschaubaren, kleinräumigen vorindustriellen Stadt hatten die neuen Zentren nichts mehr gemeinsam. Die folgenden Elemente bildeten sich in der Industrialisierungsphase heraus.

Soziale Segregation

Ein Phänomen war die soziale Segregation (Abtrennung) der durch ihre materielle Situation deutlich unterschiedenen Bevölkerungsschichten in einzelne Stadtviertel: Unterscheidungsmerkmal war vor allem die **Wohnqualität**, sichtbar in den Mietpreisen, die in den besten Vierteln 800-mal höher sein konnten als in ärmlichen Arbeitervierteln.

Auf die Zuwanderungswelle und die damit verbundene hohe Nachfrage nach billigen Kleinwohnungen reagierte der Wohnungsmarkt zunächst durch eine **Verdichtung der Altstädte:** Alle Kammern, Dachzimmer, Speicher, Keller und Anbauten wurden vermietet, was zu großen **hygienischen und sozialen Problemen** führte, da die Infrastruktur der alten Innenstädte die neuen Bewohnermassen nicht bewältigen konnte.

Im nächsten Schritt wandelten sich in den großen Metropolen die Innenstädte („Citys") aber zu begehrten **Geschäfts- und Dienstleistungszentren**, jetzt explodierten dort die Mieten und die armen Wohnungsmieter wanderten in die neuen Vorstädte ab. Diese Struktur hat sich in den größeren deutschen Städten bis heute gehalten.

In der Stadttopografie ist die Reaktion des freien Marktes auf die große Nachfrage nach Wohnraum bis heute leicht erkennbar: Privatleute und Immobiliengesellschaften erweiterten die Zentren durch die Bebauung des städtischen Umlandes. Es entstanden riesige, dicht mit **mehrstöckigen Mietshäusern** bebaute Stadtviertel, bewohnt vor allem von Arbeitern und deren Familien. Auf die Größe und Gleichförmigkeit dieser neuen Stadtteile gemünzt war das neue Wort „Mietskaserne". In jeder größeren deutschen Stadt gibt es seitdem diesen Ring aus Gründerzeit-Vierteln. Hohe Gewinne für die Investoren und die maximale Nutzung des eng bebauten Raumes waren die ökonomischen Aspekte dieser Entwicklung. Immerhin gelang es auf diese Weise, die große Wohnungsnot der ersten Industrialisierungsphase zu überwinden. Immer mehr Menschen konnten nach 1900 in immer besser ausgestatteten Neubauten (Heizung, fließendes Wasser, Toiletten) leben.

Städtische Infrastruktur

Das anfängliche Chaos aus Zuwanderung, rapider Industrialisierung und dynamischer räumlicher Erweiterung mussten die Stadtverwaltungen schnell in den Griff bekommen, um die wachsende Wirtschaft zu unterstützen und die Ausbreitung von Seuchen zu verhindern. Diese Leistung vollbrachten die teilweise hervorragenden Fachexperten der neuen **städtischen Beamtenbürokratie**, die – in jeweils eigenständige Behörden gegliedert – kompetent handelten. Bebauungspläne ermöglichten eine geplante Stadtentwicklung, die eine städtische Infrastruktur schuf, wie wir sie heute kennen: durch den Ausbau eines dichten **Straßennetzes**, die Neuschaffung eines **öffentlichen Nahverkehrs** (Pferde-Straßenbahnen, dann die „Elektrische"), den Bau einer **Schwemm- Kanalisation**, die mit der Erfindung des Wasser-Closets (WC) verbunden war, die flächendeckende Versorgung mit Wasser, Gas und Strom. Die neuen **kommunalen Versorgungsunternehmen** erfüllten diese Aufgabe effizient. Neu entstanden auch Schulen, Universitäten, Polizeistationen und eine Infrastruktur der **Sozialfürsorge** (Armen- und Krankenhäuser). Zudem entstand jetzt in jeder größeren Stadt, die etwas auf sich hielt, eine **kulturelle Infrastruktur** durch den Bau von Theatern, Opernhäusern und Bibliotheken.

Diese gewaltigen Leistungen der Großstädte waren vor allem durch die Nutzung moderner Erfindungen möglich, der Stadtausbau kurbelte deswegen auch wiederum den technischen und wirtschaftlichen Fortschritt an. Bedeutend war die großstädtische Infrastruktur auch als **Faktor der Krisenbewältigung**, denn sie bot den vorher verelendeten Arbeitsnomaden schnell eine bessere und zunehmend sichere Existenz; das revolutionäre Potenzial der Situation konnte so beruhigt werden.

Zivilisatorischer Wandel und Fortschritt

Auf einer allgemeineren kulturellen Ebene lässt sich die neue großstädtische Lebensform als **Zivilisationsfortschritt** bezeichnen: Es entstand die **moderne Stadtkultur**, wie wir sie heute noch kennen. Sie veränderte und modernisierte in rasantem Tempo Welt- und Menschenbilder sowie Lebensformen. Phänomene wie **Individualisierung**, die **Ablösung von traditionellen sozialen Bindungen** wie der Großfamilie und der Kirche, die große **Mobilität**, aber auch die Erfindung der **Freizeit** stammen aus den neuen großstädtischen Lebenswelten. Verknüpft damit war auch die größere Bedeutung **materieller Werte** wie der Besitz moderner Güter, die für die einst verarmten Massen zum Symbol ihres erfolgreichen sozialen Aufstiegs wurden. Die immer schneller wechselnden **Moden** in der Architektur sowie bei der Inneneinrichtung und Kleidung spiegeln diesen mentalen Wandel wider.

Modernisierungskrise

Auf der anderen Seite überforderte die neue Großstadtkultur viele Menschen mit ihrer Dynamik, ihrem Sittenverfall und ihrer Abkehr von Traditionen, die vorher eine sichere Orientierung geboten hatten. Es kam zu einer **kulturellen Kluft** zwischen der modernen Großstadt auf der einen und den weniger dynamischen Kleinstädten sowie dem Land auf der anderen Seite. Dort lehnten viele Menschen die moderne Lebensform ab, die mit politischen Begleiterscheinungen wie der Sozialdemokratie, demokratischen Vorstellungen, aber auch mit moderner Kunst oder der in der Industrialisierung besonders erfolgreichen deutsch-jüdischen Bevölkerungsgruppe in Verbindung gebracht wurde. Man spricht in diesem Zusammenhang auch von einer mental wirksamen **Modernisierungskrise**, die einen Antimodernismus als Einstellung bei vielen Menschen erzeugte. Auf dieser Grundlage verstärkten sich jetzt auch irrationale politische Denkweisen wie der Antisemitismus.

In den Krisen der deutschen Niederlage im Ersten Weltkrieg und der Instabilität der folgenden Weimarer Republik kamen diese Einstellungen verstärkt zum Tragen; die Modernisierungskrise ist sicherlich auch einer der Gründe für den **Erfolg des Nationalsozialismus**, in dem sich die Ablehnung der modernen, westlich-demokratischen Lebensform ideologisch zuspitzte (antidemokratischer Führerkult, wahnhafter Antisemitismus, Blut-und-Boden-Ideologie, Diffamierung moderner Kunst als „entartet“) und mit den bekannten Folgen radikalisierte.

3.5 Proletarisierung der Arbeiter und die Soziale Frage

Durch die Industrialisierung änderten sich die Lebens- und Arbeitsbedingungen der Menschen nachhaltig. Es entstand eine neue **marktbedingte Klasse** (Max Weber), die **Industriearbeiterschaft**. Sie bediente die immer stärker zunehmende Nachfrage nach Arbeitskräften in den neuen Fabriken, die vom Masseneinsatz menschlicher Arbeit gekennzeichnet waren. Diese Arbeiter, Männer, Frauen und auch viele Kinder, rekrutierten sich aus dem Heer der in der Phase des Pauperismus verelendeten **ländlichen Unter- und städtischen Handwerkerschichten**. Um 1850 galten 80 Prozent der Bevölkerung als arm, also bestenfalls als nahe am Existenzminimum lebend, ungefähr 35 Prozent der Menschen aus dieser Gruppe lebten sogar darunter in **verelendeten Lebensverhältnissen**; das sich fortsetzende Bevölkerungswachstum verstärkte die Armutsproblematik ständig.

Die neue Industriearbeiterklasse

Die Mehrheit dieser Menschen nutzte deshalb die Chance, die ihnen die neuen Industriezentren boten. So waren 1907 32,1 Prozent aller Erwerbstätigen im Deutschen Reich abhängige Lohnarbeiter in den Fabriken. Die Familienangehörigen mitgerechnet umfasste diese soziale Klasse 20 Millionen Menschen (von ca. 60 Millionen Deutschen). Die Formierung dieser Bevölkerungsgruppe mit ihren besonderen Arbeits- und Lebensbedingungen zwischen 1850 und 1914 nennt man **Proletarisierung**. Dieser Begriff hat mehrere Dimensionen.

(Arbeiter-)Proletariat

Die mit der Industrialisierung entstandene neue Arbeiterschicht bezeichnet man als marktbedingte Klasse, weil sie sich aus ihrer Position innerhalb des kapitalistischen (Arbeits-)Marktes definieren ließ. In marxistischen Begriffen gesprochen, besaßen die Arbeiter weder **Produktionsmittel** noch anderes **Eigentum**, sie mussten deshalb ihren einzigen Besitz, ihre **Arbeitskraft**, an einen Unternehmer „verkaufen", dessen Interesse wiederum die Maximierung seines Profits war. Da das Angebot an Arbeitskräften hoch war, bestimmte der Unternehmer die **Arbeitsbedingungen**.

Karl Marx bezeichnete die dadurch gekennzeichnete Gruppe von Lohnabhängigen als **Klasse**, die vor allem durch ihre **unterlegene materielle Position** bestimmt sei; er gab ihr den lateinischen Namen Proletariat (Arbeiterproletariat, Industriearbeiterproletariat). Im antiken Rom erfasste man unter diesem Begriff die verarmten ehemaligen Bauern, die weitgehend chancenlos und unter elenden Bedingungen in Rom lebten. Der Name bezieht sich auf deren meist zahlreiche Nachkommen, die **„proles"**.

Proletarisches Klassenbewusstsein

Marx ging davon aus, dass die Industriearbeiter ein Klassenbewusstsein ihrer gemeinsamen ungerechten Unterprivilegierung ausbilden würden, das sie als Klasse zu einer revolutionären Haltung im **Klassenkampf** gegen ihre großbürgerlichen Ausbeuter führen würde. Diese Sicht hat sich in der politischen Realität in Deutschland so nicht bewahrheitet. Fakt war aber die **Entstehung des proletarischen Bewusstseins**. Dieses Lebensgefühl bezog sich auf die gemeinsame Lebenserfahrung der Abhängigkeit, der Armut und der dauernden existenziellen Gefährdung durch Unfälle, Krankheit oder die verminderte Arbeitskraft im Alter. Sie war aber auch – im marxistischen Sinn – mit dem Bewusstwerden gemeinsamer Interessen und Kampfziele verbunden. Die Arbeiter entwickelten aus der Notwendigkeit, in ihrer ständig bedrohten Existenz zusammenhalten zu müssen, eine weitgehende **(Arbeiter-)Solidarität**. Diese bewährte sich in den häufigen, aber damals illegalen und von der staatlichen Obrigkeit verfolgten Streiks für bessere Löhne und Arbeitsbedingungen und war das Fundament für die neu entstehenden **Gewerkschaften**.

Auf der politischen Ebene wirkte sich das Gemeinschaftsgefühl der Arbeiter in der Bildung der **Sozialdemokratie als der Interessenvertretung der Industriearbeiter** in den 1860er- und 1870er-Jahren aus (vgl. S. 92 f.). Das Klassenbewusstsein erwies sich als mentale und kulturelle Orientierung mit einer hohen Bindungskraft, sichtbar etwa im Wahlverhalten der Arbeiter seit den ersten Wahlen mit allgemeinem Wahlrecht 1867. Diese Orientierung erhielt sich in Deutschland über die Weimarer Republik und den Nationalsozialismus hinweg bis in die 1960er-Jahre, als sich in einem durchgreifenden Wandel der Arbeitsbedingungen das proletarische Milieu auflöste – und sich auch die Sozialdemokratie (1959 in ihrem „Godesberger Programm") als Volkspartei für alle gesellschaftlichen Gruppen öffnete.

Proletarische Lebenssituation

Auch innerhalb der solidarischen Arbeiterschaft gab es unterschiedlich gut etablierte Gruppen; traditionell waren die Löhne und Arbeitsbedingungen der gut ausgebildeten Facharbeiter besser. Dennoch befand sich auch diese Gruppe in einer grundsätzlich prekären, ständig existenziell gefährdeten Lebenssituation.

Besonders schlecht wirkten sich der rasante Bevölkerungszuwachs und der Zustrom von Arbeitssuchenden auf das Lohnniveau der ungelernten Arbeitskräfte aus. Das Einkommen für den Lebensunterhalt konnte dort oft nur dadurch aufgebracht werden, dass **Frauen und Kinder mitarbeiteten**. Deren Löhne waren aber noch niedriger, da ihre Arbeit als minderwertig galt. Die fehlende soziale Absicherung brachte Armut und Not über die Familie, wenn das Familienoberhaupt durch Krankheit oder Unfall arbeitsunfähig wurde.

Bei den **Arbeitsbedingungen** wurde keine Rücksicht auf die Gesundheit der Arbeiter genommen. Da die Maschinen nicht stillstehen durften, waren Pünktlichkeit und Verlässlichkeit von größter Bedeutung; den Arbeitsrhythmus gaben somit die Maschinen vor. Lange Arbeitszeiten (bis zu 17 Stunden pro Tag) und Nachtschichten, fehlende Sicherheitseinrichtungen, schlechte Luft und Beleuchtung bargen für die Arbeiter die Gefahr, zu Frühinvaliden zu werden. Oft war der Alkohol die einzige Möglichkeit, dem Alltag für kurze Zeit zu entrinnen, was Gesundheit und Arbeitskraft zusätzlich gefährdete.

Das **Wohnungselend** verschlechterte die Lage der Arbeiter zusätzlich. Der Neubau von Wohnungen konnte lange Zeit nicht mit dem Zustrom in die Industriezentren Schritt halten; hohe Mieten, auch in den Altstadtquartieren, katastrophale Überbelegung und miserable hygienische Verhältnisse bestimmten bis weit in die 1880er-Jahre das Leben fast aller Arbeiterfamilien. Auch deswegen litten diese unter einer deutlich **höheren Kindersterblichkeit** und einer sehr viel **niedrigeren Lebenserwartung**, als es in den besser gestellten bürgerlichen Schichten der Fall war.

Pauperismus und Proletarisierung

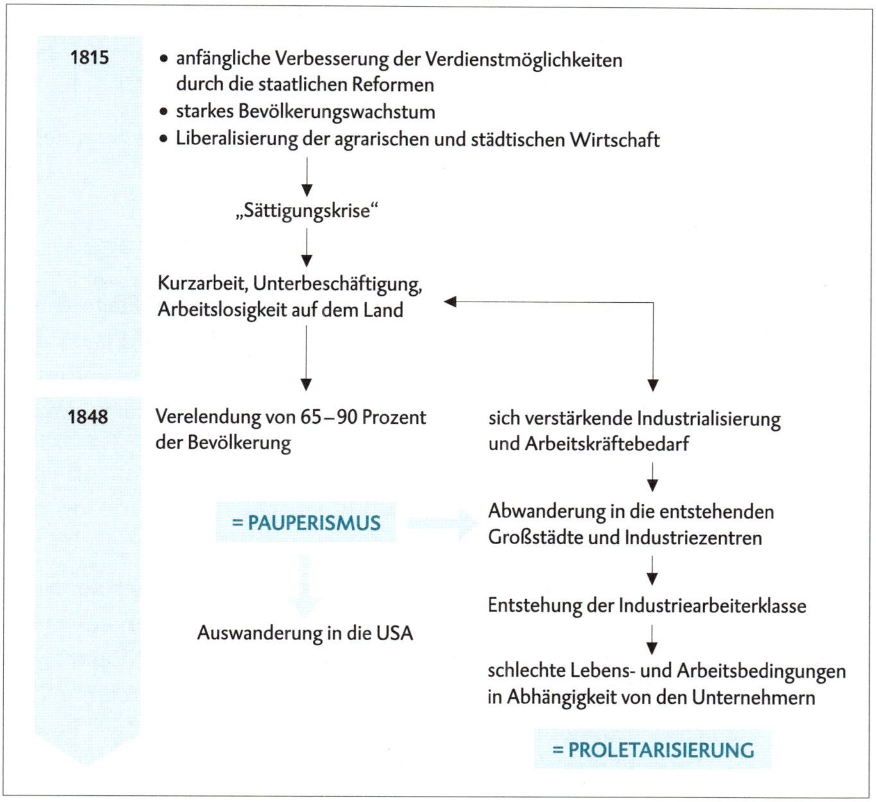

Die Soziale Frage

Diese bedrückende Situation der Arbeiter und ihrer Familien war vor allem in den Jahrzehnten zwischen 1850 und 1880 besonders ausgeprägt. Eine erste Verbesserung der Situation trat allmählich nach 1880 ein und beschleunigte sich nach 1890. Jetzt konnten die Arbeiter mithilfe ihrer **Organisationen (SPD, Gewerkschaften)** höhere Einkommen durchsetzen, und die **staatliche Sozialgesetzgebung** sorgte für mehr Arbeitsschutz sowie soziale Absicherung. Dennoch blieb die prekäre Lebenssituation der neu entstandenen Industriearbeiterklasse *das* große gesellschaftliche Problem der Industrialisierungsphase: Es wurde schon von den Zeitgenossen unter dem Schlagwort **Soziale Frage** zusammengefasst; deren Lösung wurde als die dringlichste politische und gesellschaftliche Herausforderung der Zeit empfunden. Diese Herausforderung zu bewältigen, wurde auf verschiedenen Wegen versucht.

Aufgaben

24 Stellen Sie die Ursachen und Auswirkungen des Pauperismus dar.

25 Erläutern Sie, wie die Industrialisierung die Topografie Deutschlands veränderte.

4 Praktische Ansätze zur Lösung der Sozialen Frage

Ansätze zur Bewältigung der gesellschaftlichen Krise, der Sozialen Frage, gab es von verschiedenen Seiten. Zuletzt war es – neben dem wirtschaftlichen und technischen Fortschritt – vor allem die politische Ebene, auf der eine Verbesserung der Lage der Arbeiter erreicht wurde (Wahlerfolge der Sozialdemokratie, staatliche Sozialgesetzgebung).

4.1 Unternehmerische Ansätze

Die Unternehmer waren unmittelbar mit dem Elend ihrer Arbeiter konfrontiert. Ethisches Denken und unternehmerischer Weitblick brachten einige Industrielle zur Einsicht, dass leistungsfähige und leistungswillige Arbeiter von Vorteil seien und dass man radikalen sozialistischen Ideen nur durch die Verbesserung der Lebensbedingungen der Arbeiter vorbeugen könne. Zwei besonders markante Unternehmerpersönlichkeiten waren die folgenden:

Alfred Krupp

Alfred Krupp gehörte zu jenen frühen Industriellen, die sich auf **patriarchalische Weise** für ihre Arbeiter verantwortlich fühlten. Er entwickelte ein System von Wohlfahrtseinrichtungen, um eine qualifizierte Stammbelegschaft für seine Firma zu gewinnen. Die Krupp'schen **Betriebskrankenkassen** (seit 1836) griffen den späteren staatlichen Krankenkassen voraus. 1858 verpflichtete sich die Firma zur Zahlung von 50 Prozent der Mitgliedsbeiträge für die Absicherung von Krankheit und frühem Tod.

1858 führte Krupp die **Arbeiterpension** in Form einer Rente ein, die aus den Beiträgen zur Kranken- und Sterbekasse geleistet wurde. Den Pensionsanspruch erwarben die Betriebsmitglieder nach 20, bei schwerer Arbeit schon nach 15 Dienstjahren. Nach einem Betriebsunfall mit dauernder Arbeitsunfähigkeit bezog der Arbeiter weiterhin den vollen Lohn. Witwen der Betroffenen erhielten zwei Drittel der Pensionsbezüge ihrer verstorbenen Männer.

Als vorbildlich gilt bis heute die **Wohnungsfürsorge** Alfred Krupps. Bereits Anfang der 1860er-Jahre ließ er die ersten Werkswohnungen bauen, um einen Teil seiner Arbeiter in der Nähe der Fabrik zu haben. Es entstanden die ersten Wohnkolonien. 1874 hielt Krupp für seine Arbeiter mehr als 3200 firmeneigene Familienwohnungen bereit, die er zum Selbstkostenpreis vermietete.

Um den Werksangehörigen die wichtigsten Güter des täglichen Bedarfs in guter Qualität und preiswert anzubieten, erwarb Alfred Krupp in Essen eine **Konsumanstalt**. Sie umfasste mehrere Abteilungen für verschiedene Waren, eine eigene Schneiderei, Schusterei, Metzgerei und Bäckerei. Die Preise wurden knapp kalkuliert. Der Verkauf erfolgte ausschließlich an Werksangehörige und nur gegen Barzahlung. Etwaige Überschüsse gingen zum Ende des Geschäftsjahres als Rabatt an die Kunden zurück.

Ernst Abbe

Der Arbeitersohn, Professor für Mathematik, Physik und Optik an der Universität Jena und Unternehmer der optischen Industrie Ernst Abbe wollte die Soziale Frage durch die Eingliederung der Lohnarbeiter in die Gesellschaft lösen: Abbe wandelte 1889 als Alleininhaber der Optischen Werke Jena das Privatunternehmen in die Carl-Zeiß-Stiftung um, in der er nur noch als Geschäftsleiter fungierte. Die sozialpolitische Leistung Abbes ist in dem Stiftungsstatut zu sehen, in dem er die tägliche Arbeitszeit auf neun Stunden festlegte; 1900 führte er sogar den **8-Stunden-Tag** ein. Gleichzeitig räumte Abbe allen Mitgliedern der Belegschaft das **Recht auf Urlaub** ein, erzwungene Überstunden oder Feiertagsarbeit verbot er.

Besonders fortschrittlich waren die Bestimmungen zum **Schutz des Arbeitsplatzes**, zur Entlohnung und zur sozialen Sicherheit in Notlagen. Lohnkürzungen durften auch bei Herabsetzung der Arbeitszeit nicht vorgenommen werden. Nach fünf Jahren stand den Mitarbeitern des Stiftungsbetriebes bzw. ihren Hinterbliebenen ein klagbarer **Anspruch auf Pension** im Falle von Alter, Krankheit oder anderweitig unverschuldet entstandener Dienstunfähigkeit und im Todesfall zu. Bei Kündigung durch den Betrieb bestand ein Anspruch auf Entschädigung in der Höhe eines Halbjahresverdienstes.

Weiterhin legte das Statut ein System der **Gewinnbeteiligung** fest: Von den Einkommensüberschüssen wurde ein Teil für die kulturellen Verpflichtungen der Stiftung und für einen betrieblichen Reservefonds abgezogen, der als Rücklage für die Bezahlung der Gehälter in Krisenzeiten gedacht war; der Rest ging an die Betriebsangehörigen zurück. Besonders ungewöhnlich war die **Begrenzung der hohen Einkommen:** Die höchsten Beamten in der Geschäftsleitung durften nicht mehr als das Zehnfache des durchschnittlichen Arbeiters verdienen.

4.2 Kirchliche Reformansätze

Auch von christlicher Seite wurden Theorien und Einrichtungen zur Lösung der Sozialen Frage entwickelt. Diese stützten sich auf eine religiöse Erneuerung der bestehenden Gesellschaft, begründeten aber auch die kirchliche Sozialarbeit und forderten den Staat zu einer arbeiterfreundlichen Sozialpolitik auf.

Adolph Kolping

Die **katholische Sozialarbeit** ist bis heute mit dem Namen des Priesters Adolph Kolping verbunden. Kolping, selbst zuerst Handwerker, reagierte auf die miserable Lage der wandernden Handwerksgesellen in der frühen Industrialisierung mit der Gründung eines ersten **Gesellenvereins** (1849) in Köln, dem viele andere folgten. Bei Kolpings Tod 1865 gab es 418 Gesellenvereine mit 24 600 Mitgliedern. Daraus entwickelte sich das heutige internationale **Kolpingwerk**. Die Gesellenvereine sollten den isolierten wandernden Gesellen existenziell und moralisch Halt bieten und innerhalb der männlichen Arbeitergemeinschaft eine der Familie ähnliche Solidarität erzeugen. Die **Gesellenhäuser** waren dabei nicht nur Herberge, sondern auch eine Schule, die es den jungen Handwerkern ermöglichte, sich religiös, politisch und fachlich zu bilden. Außerdem übernahmen die Gesellenvereine in ihren Städten kostenlos Aufgaben der **Krankenpflege**.

Johann Hinrich Wichern

Aus der Reihe der evangelischen Sozialreformer erlangte besonders Johann Hinrich Wichern mit seinem Konzept der **Inneren Mission** Bedeutung. Es bildete sich kirchenweit der Central-Ausschuß für die Innere Mission der deutschen evangelischen Kirche (1849). Dieser schuf **soziale Einrichtungen und Angebote** wie Wöchnerinnenvereine, Kindergärten, Kindergottesdienste, Sonntagsschulen, christliche Vereine, Bibelkreise, Krankenpflege und Altenfürsorge, Erholungs- und Heilstätten, Ausbildungsheime, christliche Zeitschriften, Büchereien sowie Ausbildungsstätten für kirchliche Sozialarbeiter.

Papst Leo XIII.

Papst Leo XIII. erließ 1891 die **Sozialenzyklika „Rerum novarum"**, in der er den Standpunkt der katholischen Kirche in der Arbeiterfrage offiziell festlegte. Der Papst lehnte die sozialistische Forderung nach Abschaffung des Privateigentums ab, weil sie gegen das natürliche Recht auf jede Art von Eigentum verstoße. Man dürfe dem Arbeiter das Recht auf Besitz nicht nehmen, sondern müsse ihm zu Besitz verhelfen.

Die Aufgabe des Staates sah der Papst vor allem darin, durch Gesetzgebung und Verwaltung zum Wohle des einzelnen Bürgers und der Besitzlosen beizutragen. Der Papst unterstrich auch die Bedeutung von **genossenschaftlichen Arbeitervereinigungen** als Selbsthilfeorganisationen gegen materielle Not.

4.3 Genossenschaftssystem der Raiffeisenbewegung

Friedrich Wilhelm Raiffeisen war ein bedeutender Vorreiter der **Genossenschaftsbewegung**, deren Grundidee der wirtschaftliche Zusammenschluss von Kleinproduzenten war. Damit sollte sowohl eine stärkere Marktposition gegenüber Lieferanten, Kunden und Kapitalgebern aufgebaut als auch gegenseitige Unterstützung in Notlagen gewährt werden. Um 1900 waren zwei Drittel aller Landwirte in Deutschland Mitglieder im Raiffeisen-Verbund oder in anderen Genossenschaften. Diese haben im 19. Jahrhundert die Lebenssituation der bäuerlichen Bevölkerung entscheidend verbessert.

Auf Basis der genossenschaftlichen **Grundprinzipien Selbsthilfe, Selbstverantwortung und Selbstverwaltung** entstanden seit 1846/47 in schneller Folge Selbsthilfevereine, Darlehenskassen (später Raiffeisenbanken) und Genossenschaften unter Raiffeisens Mitwirkung. Bereits diese ersten Gründungen versorgten die Landwirte mit Produktionsmitteln, z. B. Saatgut und Vieh. Die Darlehenskassen-Vereine übernahmen Geldgeschäfte und führten den landwirtschaftlichen Warenhandel in besonderen Abteilungen durch. Daneben entstanden Warengenossenschaften, z. B. Bezugs- und Absatz-, Molkerei-, Vieh- und Winzergenossenschaften. Um die Vorteile des gemeinsamen Bezugs für die Genossenschaften zu nutzen, gründete Raiffeisen 1881 eine **Handelsgesellschaft** und damit die erste Warenzentrale. Weitere Gründungen in anderen Regionen folgten. Noch heute ist der genossenschaftlich organisierte Raiffeisenverbund für die bäuerliche Wirtschaft in Deutschland wichtig.

4.4 Organisierte Arbeiterbewegung

Die stärksten Impulse zur Bewältigung der Sozialen Frage gingen von den Arbeitern selbst aus. Schon in der 1. Hälfte des 19. Jahrhunderts versuchten einzelne Gruppen, durch den solidarischen Zusammenschluss und die gemeinsame Vertretung ihrer Interessen ihre Situation zu verbessern.

Arbeiterbildungsvereine

Bereits ab den 1830er-Jahren entstanden auf dem Gebiet des Deutschen Bundes erste Zusammenschlüsse von Handwerkern und Arbeitern, sog. **Arbeiterbildungsvereine**. Diese wurden entweder unter Mitwirkung des liberalen Bürgertums oder von Arbeitern und Handwerkern selbst gegründet. Zweck der Vereine war die Vermittlung von Wissen und Bildung allgemeiner und fachlicher Art, aber auch die Diskussion über politische Tagesereignisse sowie verschiedene Formen der Geselligkeit. Politische Aktivitäten im engeren Sinne entfalteten die Bildungsvereine der wandernden (deutschen) Gesellen im Ausland. Wie im Fall des radikalen Bundes der Gerechten um den Sozialisten Wilhelm Weitling war der Übergang vom Bildungsverein zur Vorform einer politischen Partei bei den Auslandsvereinen fließend.

Nach der Niederschlagung der Revolution von 1848/49 wurden in Deutschland viele Vereine aufgelöst. Auf Beschluss des Frankfurter Bundestags vom 13. Juli 1854 verpflichteten sich die deutschen Länder zur Verfolgung aller Arbeiter- und Arbeiterbildungsvereine.

Entstehung der Sozialdemokratie

In den 1860er-Jahren lebte die politische Arbeiterbewegung wieder auf: In zahlreichen deutschen Staaten wurden Arbeitervereine gegründet, die der liberalen Fortschrittspartei nahestanden. Andere Vereine knüpften an die sozialistische Tradition der 1850 verbotenen Allgemeinen Deutschen Arbeiterverbrüderung an. Damit wurden die **Fundamente der deutschen Sozialdemokratie** als der wichtigsten politischen Organisation der deutschen Arbeiterschaft gelegt. Diese neuen Arbeiterparteien nahmen seit 1867 an den Wahlen zum Norddeutschen Bund und dann ab 1871 an den Reichstagswahlen teil und versuchten, in den Parlamenten die Interessen der Arbeiterschaft einzubringen. Die Sozialdemokratie entwickelte sich in folgenden Schritten:

- 1863 gründete Ferdinand Lassalle den **Allgemeinen Deutschen Arbeiterverein (ADAV)**.

- 1875 erfolgte der Zusammenschluss mit der Sozialdemokratischen Arbeiterpartei in Gotha unter Wilhelm Liebknecht und August Bebel zur **Sozialistischen Arbeiterpartei (SAP)**.
- 1890 wurde die Arbeiterpartei in **Sozialdemokratische Partei Deutschlands (SPD)** umbenannt.

In ihrem **Gothaer Programm** 1875 formulierten die Sozialisten marxistische, revolutionäre Grundsätze und gerieten so zu den etablierten politischen Kräften in Widerspruch:

- zu den Liberalen wegen der Forderung nach sozialistischen Produktionsgenossenschaften und der Propagierung des Klassenkampfs gegen die bürgerlichen Unternehmer,
- zu den Konservativen und der monarchischen Staatsführung wegen ihrer revolutionären marxistischen und radikaldemokratischen Ansichten,
- zu den Nationalisten in allen Lagern wegen der Orientierung an einem proletarischen Internationalismus, in dem sich die Arbeiter aller Länder zur bestimmenden politischen Kraft vereinigen sollten.

Nach 1890 entwickelte sich die SPD allmählich zu einer mehrheitlich an den Prinzipien der parlamentarischen Demokratie ausgerichteten Partei; dies änderte aber an ihrem Gegensatz zur monarchischen Führung des Reichs nichts.

Sozialistische Gewerkschaften

Neben der politischen Organisation der Arbeiterbewegung entstand Mitte des 19. Jahrhunderts die **Gewerkschaftsbewegung als zweite Organisationsform der Arbeiterbewegung**. Die Gewerkschaften operierten nicht explizit politisch, sondern arbeiteten im engeren beruflichen Umfeld der Arbeiter. Sie waren vor allem – wie heute auch – an praktischen Forderungen zur Verbesserung der Situation der Arbeiter interessiert (Lohnhöhe, Arbeitszeiten, Urlaubsregelungen, Arbeitsbedingungen, Streikrecht).

Die ersten Gewerkschaften, Verbände der Buchdrucker und Zigarrenarbeiter, waren bereits in der Revolution von 1848/49 entstanden. Ihre Organisationen wurden wie alle Arbeitervereine nach der gescheiterten Revolution verboten. Häufige Konflikte zwischen Unternehmern und Arbeitern und erste Streiks förderten mit Beginn der Hochindustrialisierung das Streben nach solidarischem Zusammenschluss unter Arbeitern und Gesellen; in den 1860er-Jahren kam es daher erneut zur Gründung von Gewerkschaften. Die Initiativen dazu gingen häufig von Arbeitergruppen mit hohem berufsständischen Traditionsbewusstsein und Organisationserfahrungen aus. Von polizeilichen Repressionen in den ersten Jahrzehnten stark behindert, stieg die Mitgliederzahl der **„freien" sozialistischen Gewerkschaften** nach dem Fall der Sozialistengesetze sprunghaft an – von knapp 300 000 im Jahr 1890 auf über 2,6 Millionen im Jahr 1913. Das Verhältnis zwischen SPD und Freien Gewerkschaften wurde 1906 durch das Mannheimer Abkommen definiert, das die Gewerkschaften als gleichberechtigte Organisationen neben der Partei anerkannte. 1919 wurde aus den Freien Gewerkschaften der **Allgemeine Deutsche Gewerkschaftsbund (ADGB)**.

Sozialistengesetze (1878–1890)

Als die Sozialistische Arbeiterpartei 1877 zwölf Reichstagsmandate errang, nahm Reichskanzler Bismarck zwei Attentate auf Kaiser Wilhelm I., mit denen die Partei nachweislich nichts zu tun hatte, zum Anlass, politisch gegen die Sozialisten vorzugehen. 1878 beschloss der Reichstag das **Gesetz gegen die gemeingefährlichen Bestrebungen der Sozialdemokratie:** Es verbot die Sozialistische Arbeiterpartei und alle ihre Organisationen. Sozialistische Versammlungen und Druckschriften wurden untersagt, Verstöße dagegen mit Gefängnis oder mit Ausweisung aus den jeweiligen Wohnorten geahndet.

Die Partei- und Gewerkschaftsarbeit wurde so lahmgelegt, ohne die Sozialdemokratie als Ganzes zu verbieten; die Partei konnte sich weiterhin an den Wahlen beteiligen, durfte aber keinen Wahlkampf führen. Die Parteiführung ging in den Untergrund, um der Verfolgung zu entgehen. Bei den Reichstagswahlen verdreifachte die SAP dennoch ihren Stimmenanteil bis 1890, danach erhielt sie in allen Reichstagswahlen die meisten Stimmen.

Liberale und christliche Gewerkschaften

Neben den sozialistisch orientierten Gewerkschaften entstanden aus **liberalen Selbsthilfe-Konzepten** die von Max Hirsch und Franz Duncker gegründeten **Hirsch-Dunckerschen Gewerkvereine**. Sie versuchten, eine Verbesserung der Arbeiterlage im Einvernehmen mit den Unternehmern zu erreichen.

In den 1890er-Jahren bildeten sich auch **christliche Gewerkschaften**, nachdem der Versuch, weltanschaulich und parteipolitisch neutrale Einheitsgewerkschaften zu bilden, gescheitert war. Bestehende Einzelgewerkschaften der Arbeiterschaft schlossen sich 1901 in offener Abgrenzung von den sozialistischen Gewerkschaften zum überkonfessionellen Gesamtverband der christlichen Gewerkschaften Deutschlands (GCG) zusammen. Bei ihnen spielten die Prinzipien der christlichen Soziallehre wie **Subsidiarität, Solidarität** und die Orientierung am **Gemeinwohl** eine wichtige Rolle, und auch sie suchten eher den Konsens mit den Unternehmern; auf dem wichtigen Streikrecht beharrten jedoch auch die christlichen Gewerkschaften.

Situation der Gewerkschaften im Kaiserreich

Im Kaiserreich sahen sich die Gewerkschaften wie die Arbeiterbewegung insgesamt immer wieder mit Angriffen auf die **Koalitionsfreiheit** (Recht auf Zusammenschluss und Streik) der Arbeiter konfrontiert. Tarifverträge konnten nur in wenigen Branchen durchgesetzt werden. Die erhofften sozialen Reformen brachten erst die Revolution von 1918/19 sowie die Verfassung und die Gesetzgebung der Weimarer Republik, die den Gewerkschaften rechtliche Anerkennung, Koalitionsfreiheit, Rechtsverbindlichkeit der Tarifverträge, die Einrichtung von Betriebsräten und den 8-Stunden-Tag zusicherte.

4.5 Bismarcks Sozialgesetzgebung

Der konservative Reichskanzler Bismarck reagierte auf die Wirkungslosigkeit der Repression gegen die Sozialdemokratie (Sozialistengesetze) mit einer staatlichen Sozialpolitik. Um die Sozialisten zu schwächen, aber auch um die Arbeiter an den Staat heranzuführen, wurde das weltweit erste staatliche Sozialversicherungssystem eingeführt:

- 1883 entstand die **gesetzliche Krankenversicherung:** Zwei Drittel der Beiträge brachten die Versicherten auf, ein Drittel die Unternehmer. Neben die bestehenden Betriebskrankenkassen trat als neue Einrichtung die Ortskrankenkasse mit genossenschaftlicher Selbstverwaltung durch die Arbeitnehmer.
- 1884 folgte die **Unfallversicherung**; die Beiträge mussten die Unternehmer allein aufbringen.
- Seit 1889 sah die **Alters- und Invaliditätsversicherung** eine Rente für Arbeitnehmer nach dem 70. Lebensjahr und im Fall der Arbeitsunfähigkeit eine Invalidenrente vor, deren Höhe sich nach dem vorangegangenen Arbeitseinkommen und der Versicherungsdauer richtete. Den größten Teil der Versicherungslasten trugen Arbeitgeber und Arbeitnehmer zu gleichen Teilen, der Staat gewährte Zuschüsse.

Diese Sozialpolitik setzte Kaiser Wilhelm II. nach der Entlassung Bismarcks (1890) fort. 1903 wurde die **Fabrikarbeit für Kinder unter 13 Jahren verboten**. Die **Arbeitszeit der Frauen** wurde auf 11 und die für **Jugendliche** unter 16 Jahren auf 10 Stunden täglich begrenzt. Seit 1908 war der 10-Stunden-Tag bei einer 6-Tage-Woche für alle Arbeiter gesetzliche Norm.

Die Sozialgesetze galten trotz ihrer relativ geringen Leistungen als richtungsweisend für jede staatliche Sozialpolitik; sie verbesserten die Lage der Arbeiterschaft zusehends. Das politische Ziel, den Einfluss der Sozialdemokratie zu mindern, erreichten Bismarck und seine Nachfolger damit aber nicht. Das politische Selbstbewusstsein der Arbeiter war zu sehr erstarkt.

Ansätze zur Lösung der Sozialen Frage

Aufgaben

26 Erklären Sie den Begriff „Soziale Frage“.

27 Skizzieren Sie die wesentlichen Ansätze zur Lösung der Sozialen Frage in Deutschland im 19. Jahrhundert.

28 Beurteilen Sie die Tragweite der Hilfsansätze.

5 Lebenswelten innerhalb der Klassengesellschaft

5.1 Aufbau der Klassengesellschaft

Die Industrialisierung im 19. Jahrhundert veränderte auch die gesellschaftliche Struktur Deutschlands. Die Reste der Ständegesellschaft wurden durch die kapitalistischen Marktkräfte beseitigt: Die Menschen fanden sich in **sozialen Klassen** wieder, die sich nicht mehr aufgrund der Geburt, sondern allein nach den Merkmalen des Besitzes und der beruflichen Leistungsfähigkeit formierten. Diese neue Situation bezeichnet die Wissenschaft als Klassengesellschaft.

Marktbedingte Klassen (Max Weber)

Die moderne Sozialgeschichte verwendet den Klassenbegriff des deutschen Soziologen Max Weber (1804–1920). Weber spricht von **marktbedingten Besitz-, Erwerbs- und Berufsklassen**, die sich durch ihren besonderen Anteil am kapitalistischen Marktsystem auszeichnen. Marktbedingte Klassen bilden sich durch gleiche ökonomische Interessen und Marktchancen mit daraus folgenden ähnlichen Lebensbedingungen. Ihr zentrales Unterscheidungsmerkmal ist:

- der **unterschiedliche Besitz von Sachgütern**, der mehr oder weniger Chancen innerhalb einer Gesellschaft bietet, oder
- die **unterschiedliche Qualität der Arbeit**, die Menschen ohne den Besitz von Produktionsmitteln am Arbeitsmarkt anbieten können: Arbeit reicht von ungelernter Handarbeit bis zur Tätigkeit von hochspezialisierten Technikern und Wissenschaftlern mit entsprechend höherem Einkommen. Weber nennt die sich so unterscheidenden marktbedingten Klassen von Arbeitnehmern **Erwerbsklassen** oder **Berufsklassen**; sie verändern und entwickeln sich in einer dynamischen industrialisierten Gesellschaft immer weiter.

Die aus ähnlichen Besitz- oder Erwerbsklassen gebildeten Großgruppen fasst Weber neutraler als Marx mit dem Begriff **soziale Klassen** zusammen. Die entscheidende Abgrenzung vom Stand ist dabei die Abhängigkeit der sozialen Klassen von ihrer ökonomischen Position am Markt. Soziale Klassen sind deswegen deutlich instabiler als Stände und wesentlich durchlässiger **(sozialer Auf- und Abstieg)**. Mit der Überwindung der Ständegesellschaft hin zur Industriegesellschaft wurde diese Durchlässigkeit ein grundlegendes Element der kapitalistischen bürgerlichen Gesellschaft.

Gesellschaftsgruppen

Die neue Klasse der **Industriearbeiter** formierte sich sowohl politisch als auch gesellschaftlich eigenständig. Gewerkschaften, Freizeit- und Bildungsvereine gaben den Arbeitern das Gefühl, nicht nur „Fabriker", sondern auch Menschen mit solidarischer Moral und geistigen Interessen zu sein. Vielen schwebte aber dennoch ein kleinbürgerlicher Lebensstil mit einer beschränkten Anzahl Kinder, einer Ehefrau, die nicht arbeiten muss, und einem bescheidenen materiellen Wohlstand vor.

Zum **Kleinbürgertum** gehörten vor allem Handwerker, Geschäftsleute, Beamte und Angestellte mit verhältnismäßig niedrigem Einkommen. Trotzdem bemühte man sich in diesen Kreisen um einen bürgerlichen Lebensstil. Bei der Freizeitgestaltung spielte das **Vereinsleben** eine große Rolle. Viele beteiligten sich aktiv am Leben ihrer Kirchengemeinde, in Gesangs- und Sportvereinen und auch, anders als die sozialistisch eingestellten Arbeiter, in patriotischen Organisationen (z. B. Kriegervereinen). Kennzeichnend für das Kleinbürgertum waren die traditionellen Handwerker-Tugenden Zuverlässigkeit, Fleiß, Sparsamkeit, Aufstiegsstreben, eine nationalbewusste, konservative Einstellung und Loyalität gegenüber dem Obrigkeitsstaat. Akademisch gebildete, materiell aber eher weniger wohlhabende Gruppen (Ingenieure, Ärzte, Lehrer usw.) fasst man als **Bildungsbürgertum** zusammen.

Wenige Veränderungen gab es hingegen bei der Lebensführung von Bauern und Adligen. Die **Bauern** behielten meistens ihre traditionelle, konservative Lebensform bei.

Der **Adel** war bemüht, sich in seinem Lebensstil als Oberschicht zu repräsentieren. Da die Einkünfte vieler seiner Angehörigen mit denen des Großbürgertums nicht Schritt halten konnten, überschuldeten sich viele Adlige. Auch deswegen häuften sich die Ehen mit Frauen aus dem reichen Großbürgertum. Damit verstärkte sich die Tendenz einer Verschmelzung beider Gruppen zu einer neuen **feudalisierten Oberschicht**.

Zu den im 19. Jahrhundert neu entstandenen Gesellschaftsgruppen gehörten auch der Mittelstand und das industrielle Großbürgertum. Zum **Mittelstand** rechnete man Selbstständige, Beamte und Angestellte mit hinreichendem und gesichertem Einkommen. Die Angestelltenschicht ist dabei eine Neuerung der Industrialisierung; sie entstand, weil vor allem die expandierenden Fabriken nicht nur produzierende Arbeiter, sondern auch eine **effiziente Verwaltung** (Vertrieb, Einkauf, Buchhaltung, Personalverwaltung usw.) ähnlich der traditionellen staatlichen Bürokratie benötigten. Die „Verwaltungsangestellten" empfanden sich deshalb als „Privatbeamte" mit einem besonderen Treueverhältnis zu ihrem Arbeitgeber; der Begriff „Angestellte" setzte sich erst nach

1900 durch. Mental grenzten sich die Angestellten als soziale Aufsteiger im Selbstverständnis und im sozialen Auftreten (Kleidung, Wohnung, soziale Kontakte, berufliche Vereinigungen) stark von den handarbeitenden Arbeitern ab, obwohl sie meist weniger verdienten als die Facharbeiter. Die größte Furcht der Angestellten war der soziale Abstieg in die Masse der Industriearbeiterschaft. In ihren politischen Einstellungen lehnten sie dementsprechend mehrheitlich die Sozialdemokratie ab und wandten sich eher rechten konservativen Parteien zu. In der Weimarer Republik waren die Angestellten für die Nationalsozialisten eine sehr wichtige Wählergruppe.

Die neue Berufsgruppe der Angestellten wuchs zwischen 1882 und 1907 in der Industrie um das 7-Fache und im Handel um das 2,5-Fache. Die Gesamtzahl der Angestellten überschritt nach 1900 Millionengrenze.

Die Gewinner der Industrialisierung waren die Unternehmer, Bankiers und reichen Kapitalbesitzer, eine relativ kleine, aber einflussreiche Gruppe, die sich als **Großbürgertum** zunehmend von den anderen bürgerlichen Gruppen abhob. Dazu diente ein repräsentativer Lebensstil, der sich am Adel orientierte (Feudalisierung). Die Häuser vieler Großbürger waren Schlössern, Stadtpalästen, manchmal sogar Burgen nachempfunden. Die Erhebung in den Adelsstand (Nobilitierung) empfand man in diesen Kreisen als große Ehre.

Kapitalistische Klassengesellschaft

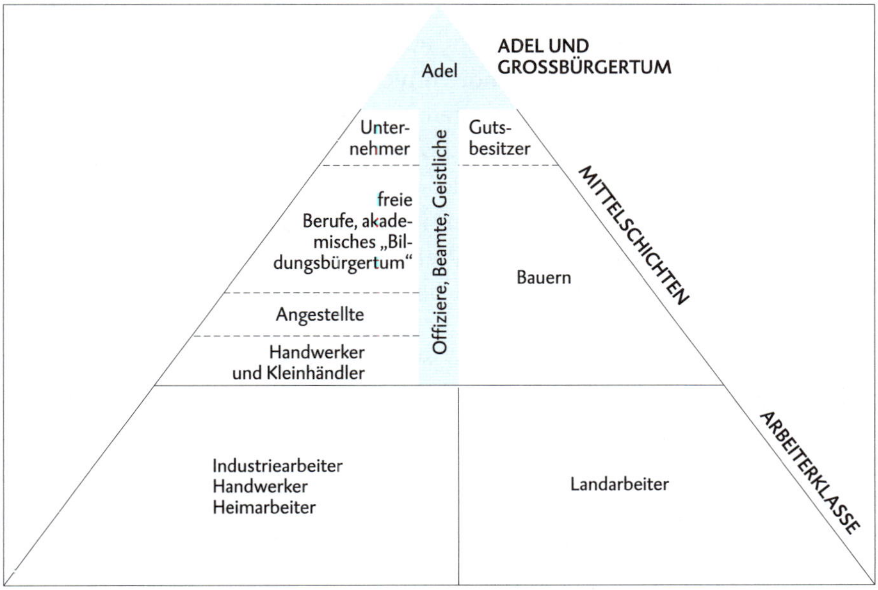

5.2 Familiäre Lebenswelten

In der vorindustriellen Welt waren **Hausgemeinschaft und Arbeitsstätte** im Bauernhof oder in der Werkstätte des Handwerkers in der Regel miteinander **verbunden**. Die Familie war der Träger dieser Struktur. Sie umfasste sehr häufig drei Generationen, dazu unverheiratete Verwandte; im weiteren Sinne gehörten auch das Gesinde (Mägde und Knechte) sowie die Gesellen und Lehrlinge zur **Großfamilie**. Die Frauen und Kinder arbeiteten in diesen **Produktionsgemeinschaften** des Bauernhofs oder des Handwerksbetriebs mit.

Diese Situation änderte sich für die bürgerlichen städtischen Mittelschichten und für die neue Arbeiterklasse durch die Einführung der großen Maschinensysteme und der dazu nötigen Verwaltungsapparate in den Fabriken. Die erwerbstätigen Personen – Industriearbeiter, Verwaltungsangestellte, Techniker – mussten nun die Hausgemeinschaften verlassen, um an einem anderen Ort den Lebensunterhalt für sich und ihre Familie zu verdienen. Es kam bei diesen neuen sozialen Schichten zur **Trennung von Lebens- und Arbeitsstätte**. Aus den einstigen stabilen Hausgemeinschaften wurden Lebensgemeinschaften, innerhalb derer die **Familie als privater Raum** einen neuen Stellenwert erlangte.

Die bürgerliche Familie

In den Familien aller bürgerlichen Schichten des 19. Jahrhunderts setzte sich als neues Wertemuster eine Vorstellung durch, die bereits im 18. Jahrhundert im **Bildungsbürgertum** zu beobachten war. Innerhalb dieser relativ neuen, einigermaßen wohlhabenden und ständisch nicht mehr gebundenen Schicht war ein neues Beziehungsmodell entstanden. Es war geprägt von der Bekräftigung der **Individualität** als Wert, von der „Erfindung" der **romantischen Liebe** als Motivation für Bindung und Ehe in der Aufklärungsliteratur, der Umwertung des Frauenbilds zum Ideal der (aber nur) intellektuell gleichrangigen, gebildeten **Partnerin**, der aber bis zum Ersten Weltkrieg eine mit den Männern gleichwertige gymnasiale Bildung und universitäre Ausbildung im Normalfall aber verwehrt blieb. Die bürgerliche Frau fand ihre Hauptaufgabe im Haushalt, in der Gestaltung einer harmonischen Partnerschaft und in der Erziehung der Kinder.

Der Ehemann übernahm in dieser **bürgerlich-patriarchalischen Familie** die Rolle des Ernährers und Familienoberhaupts; dazu gehörte ein auch rechtlich und wirtschaftlich weitgehender **Verfügungsanspruch über Kinder und Ehefrau**. Nicht überraschend ist, dass in diesem System bürgerliche Männer – wie auch in der Frühen Neuzeit – erst heirateten, wenn sie materiell dazu in der Lage waren, ihre Familie zu versorgen. Sie waren deshalb bei ihrer Heirat eher älter und heirateten meistens deutlich jüngere Frauen.

Dieses bürgerliche Familien- und Frauenbild wurde in der Aufklärung des 18. Jahrhunderts als **gesellschaftliches Idealmodell** formuliert und bestimmte die bürgerliche Gesellschaft in Deutschland bis zur Emanzipation der Frauen in den 1960er-Jahren. Im westlichen Kulturkreis ist seitdem die gleichberechtigt partnerschaftliche Familie die am weitesten verbreitete Form.

Die Arbeiterfamilie

Vor allem bei den hochmobilen Arbeitern setzte sich die **moderne Kleinfamilie** mit ihrer Begrenzung auf zwei Generationen (Eltern und Kinder) sehr schnell durch; große Familienverbände hätten in den Arbeitervierteln der Großstädte weder ernährt werden können noch ausreichend Wohnraum gefunden.

Die besondere Situation der neuen Arbeiterklasse zeigte sich auch in ihrem **Heiratsverhalten:** Arbeiter und Arbeiterinnen heirateten nach dem Wegfall der ständischen Heiratsbarrieren deutlich jünger, als es früher den Handwerksgesellen oder dem Gesinde auf den Bauernhöfen möglich gewesen war, und sie heirateten – anders als im Bürgertum – ungefähr gleichaltrige Partner. Bei den Arbeitern waren zumindest bis zur Geburt des ersten Kindes die Ehefrauen meistens berufstätig. Bereits 1875 arbeiteten rund eine Million Frauen in der Industrie, dies entsprach etwa 20 Prozent aller dort Beschäftigten. Weitere 1,4 Millionen Frauen waren als Dienstmädchen beschäftigt, mindestens eine halbe Million Frauen verdiente Geld durch gewerbliche Heimarbeit.

Trotz der Berufstätigkeit vieler Frauen setzte sich auch in den Arbeiterfamilien das **patriarchalische Familienmodell** durch, in dem der Mann als Ernährer und Familienoberhaupt auftrat. Entsprechend gliederten sich viele verheiratete Arbeiterfrauen aus dem Arbeitsleben aus und übernahmen Haushalt und Kindererziehung. Das galt zuerst vor allem für die etwas besser verdienenden Facharbeiter. Dieses Verhalten verstärkte sich aber allgemein mit der Stabilisierung der proletarischen Lebensverhältnisse nach 1890. Zum Familieneinkommen trugen die verheirateten Arbeiterinnen dennoch durch Gelegenheitsarbeit oder durch die Vermietung von Schlafplätzen an Untermieter bei.

Grundsätzlich gilt, dass mit einer besseren materiellen Lage die Arbeiter dazu tendierten, das bürgerliche Familienmodell zu übernehmen. Offensichtlich betrachteten vor allem die erfolgreichen **Facharbeiter** dies als (kleinbürgerliches) Element eines sozialen Aufstiegs.

5.3 Infragestellung der Geschlechterrollen durch die Frauenbewegung

Die Ungleichbehandlung der Frau

Bei kritischer Betrachtung kann man die Trennung zwischen männlicher Funktion (Arbeit) und weiblicher Funktion (Haushalt, Kinder) im **bürgerlich-patriarchalischen Familienmodell** als Ursache für die Ungleichbehandlung der Frauen ansehen. Sie führte

- zur materiellen Abhängigkeit der Frau von ihrem berufstätigen Mann,
- zur generellen Abwertung weiblicher Berufstätigkeit in der Gesellschaft,
- zu einer Entwertung weiblicher Arbeit in Industrie und Gewerbe mit entsprechend schlechterer Bezahlung von Frauen (30–50 Prozent Differenz),
- zur „Abschiebung" berufstätiger bürgerlicher Frauen auf wenige Berufe wie den der Lehrerin,
- zum Ausschluss der Frauen von politischen Rechten wie dem Wahlrecht,
- zu einer rechtlichen Unterprivilegierung (Zivilrecht, Familienrecht), die den Männern Verfügungsrechte über ihre Frauen zusprach und allein dem Mann den Zugriff auf das gemeinsame Vermögen vorbehielt,
- generell zur **Verfestigung der männlich dominierten Gesellschaft**.

Ausdruck der strukturellen Ungleichheit war das Bildungssystem des 19. Jahrhunderts. Denn **Bildung** war innerhalb der Klassengesellschaft der entscheidende **Faktor für wirtschaftliche Unabhängigkeit und sozialen Aufstieg** in all denjenigen Gruppen, die nicht durch geerbten Besitz privilegiert waren. Die bloßen Fakten belegen deshalb die systematisch schlechtere Lage der Frauen im Bildungssystem: In Deutschland wurde 1893 das erste (private) Mädchengymnasium gegründet. Erst zwischen 1900 und 1908 wurden Frauen an deutschen Universitäten zum Studium zugelassen. Das Recht zu habilitieren (d. h. Professorin zu werden) erhielten Frauen erstmals 1920 in der Weimarer Republik. 1924 wurden die ersten Frauen zu Richterinnen ernannt.

Die bürgerliche Frauenbewegung

Seit den 1860er-Jahren begann sich, nach ersten Versuchen während der Revolution von 1848, eine bürgerliche Frauenbewegung zu organisieren. So entstand 1865 der von Louise Otto-Peters und Auguste Schmidt gegründete **Allgemeine Deutsche Frauenverein (ADF)**, der besonders für das **Recht auf Bildung und Erwerbsarbeit** für bürgerliche Frauen eintrat. Bis zu dieser Zeit stand den Frauen nach Abschluss der Höheren Töchterschule nur der Beruf der Lehrerin offen. **Helene Lange**, eine der führenden Persönlichkeiten der Frauenbewegung, gründete zur Verbesserung der Bildungs- und Berufschancen der Frauen verschiedene Ausbildungsinstitute. Zudem forderte sie, die wissenschaftliche und schulische Ausbildung der Mädchen und Frauen an die der Männer anzugleichen, womit nach 1900 auch tatsächlich allmählich begonnen wurde.

Zur Vernetzung der Frauenbewegung wurde 1894 von 34 Frauenvereinen der **Bund Deutscher Frauenvereine (BDF)** als Dachverband gegründet, der sich außerdem dem International Council of Women (ICW) anschloss. 1913 gehörten dem BDF mehr als 500 000 Frauen an. Die Vereine der proletarischen Frauenbewegung blieben aufgrund grundsätzlicher politischer Differenzen ausgeschlossen. 1908 erreichten die Frauenvereine ein wichtiges politisches Ziel: Es trat die lang umkämpfte **Vereinsfreiheit** für Frauen in Kraft, die es Frauen ermöglichte, Mitglied in einer Partei zu werden.

Die Forderung nach weitergehender politischer Gleichberechtigung blieb aber innerhalb des BDF umstritten. Erst dem 1902 von Mitgliedern des radikalen Flügels wie Anita Augspurg, Lida Gustava Heymann und Minna Cauer gegründeten **Deutschen Verband für Frauenstimmrecht** gelang es, eine Resolution zum **Frauenstimmrecht** bei politischen Wahlen innerhalb des BDF durchzusetzen.

Im Zuge der Ausarbeitung des Bürgerlichen Gesetzbuchs (1900) setzten sich die Frauenbewegungen gemeinsam für die **Verbesserung der privatrechtlichen Stellung** der Frau ein. Der BDF stellte dabei jedoch die bürgerlich-patriarchalische Ehe- und Familienform nicht infrage. Dadurch sowie durch die Diskussion um die Stellung lediger Mütter und um den Abtreibungsparagrafen (§ 218 StGB) wurde eine **Spaltung der Bewegung in einen konservativen Flügel und in reformerische Vereine** sichtbar, die z. B. konsequent die Abschaffung des Abtreibungsverbots forderten.

Die proletarische Frauenbewegung

Die besonderen Belange der Fabrik- und Lohnarbeiterinnen wurden von der proletarischen Frauenbewegung unter der Führung von **Clara Zetkin** vertreten. Die Frauenbewegung der Arbeiterinnen organisierte sich in Vereinen, die sich eng an die Sozialdemokratie und die Gewerkschaften anlehnten. Eine wichtige theoretische Grundlage für die proletarische Frauenbewegung stellte das 1879 erschienene Buch „Die Frau und der Sozialismus" des bedeutenden sozialdemokratischen Politikers August Bebel dar. Bebel analysierte darin die Situation von proletarischen Frauen als zweifach unterdrückt: aufgrund ihres Geschlechts und aufgrund ihrer Klassenzugehörigkeit. Die praktische Umsetzung des theoretischen Gleichheitsideals stieß aber auch innerhalb der sozialdemokratischen Bewegung auf Widerstand. Frauen hatten es dort ebenfalls schwer, ihre Positionen zu vertreten und Parteifunktionen einzunehmen.

Die proletarische Frauenbewegung war in die internationale sozialistische Arbeiterbewegung eingebettet und strebte wie diese eine **revolutionäre Umgestaltung der Gesellschaft** zur Durchsetzung der vollständigen Frauenemanzipation an. Man trat konkret für die **rechtliche Gleichstellung** der Frauen und deren **uneingeschränktes Wahlrecht** ein, das schließlich 1919 bei den Wahlen zur Nationalversammlung der Weimarer Republik gewährt wurde. Die Frauenerwerbstätigkeit, das „Recht auf Arbeit“, war für die proletarische Frauenbewegung im Hinblick auf die hohe Zahl der Fabrikarbeiterinnen kein wichtiges Thema. Die proletarischen Vereine kämpften vielmehr für die **Verbesserung** der harten **Arbeitsbedingungen**, für Arbeitszeitverkürzungen, für die Gleichstellung mit den männlichen Kollegen bei den Löhnen und für einen Mutterschutz für Arbeiterinnen.

Aufgaben

29 Beschreiben Sie die in der Industrialisierung neu entstehenden sozialen Klassen.

30 Erläutern Sie den Wandel der Familienstrukturen in der Industrialisierung.

31 a) Arbeiten Sie aus allen Programmteilen (M) heraus, welche wichtigen konkreten Änderungen der Allgemeine Deutsche Frauenverein (ADF) verlangt.
b) Erschließen Sie aus dem Programmteil II. (M) das Frauenbild des ADF.
c) Rekonstruieren Sie aus den Forderungen im Programmteil III. (M) das in der Zeit gültige Familienrecht.
d) Beurteilen Sie die Inhalte des Programms (M) aus heutiger Sicht.

M: Programm des Allgemeinen Deutschen Frauenvereins (ADF), 1905
Die Frauenbewegung setzt sich somit das Ziel: *den Kultureinfluß der Frau zu voller innerer Entfaltung und freier sozialer Wirksamkeit zu bringen.* [...]

I. *Bildung.* [...] Im einzelnen stellt sie folgende Forderungen:

a) obligatorische Fortbildungsschulen für alle aus der Volksschule entlassenen Mädchen;

b) eine Reorganisation der höheren Mädchenschule, durch welche diese, unbeschadet ihrer dem Wirkungskreise der Frau entsprechenden Besonderheit, den höheren Knabenschulen gleichwertig wird. Den Mädchen muß sowohl innerhalb des Rahmens der höheren Mädchenschule als auch durch Zulassung zu den höheren Knabenschulen die Möglichkeit gegeben werden, an den Berechtigungen der höheren Lehranstalten teilzunehmen;

c) unbeschränkte Zulassung ordnungsmäßig vorgebildeter Frauen zu allen wissenschaftlichen, technischen und künstlerischen Hochschulen.

II. *Berufstätigkeit.* Die Frauenbewegung betrachtet für die verheiratete Frau den in der Ehe und Mutterschaft beschlossenen Pflichtenkreis als ersten und nächstliegenden Beruf. Die befriedigende Erfüllung dieses Berufs muß im Interesse der Gesamtheit mit allen Mitteln der Bildung, der wirtschaftlichen Reform, des staatlichen Schutzes gesichert werden. Die Arbeit der Frau in der Erfüllung dieses Berufs ist wirtschaftlich und rechtlich als vollgültige Kulturleistung zu bewerten.

In Anbetracht der großen Zahl von Frauen, die unverheiratet bleiben, und der weiteren Zahl derer, die in der Ehe keine ausreichende wirtschaftliche Versorgung finden können, ist die Berufsarbeit der Frau eine wirtschaftliche und sittliche Notwendigkeit. Die Frauenbewegung betrachtet die berufliche Frauenarbeit aber auch in weiterem Sinne und unabhängig von jeder äußeren Notwendigkeit als Kulturwert, da auch die Frau Träger hervorragender spezifischer Begabung sein kann und bei vollkommen freier Entfaltung ihrer Fähigkeiten auf vielen Gebieten geistiger und materieller Tätigkeit Aufgaben finden wird, die sie ihrer Natur nach besser lösen kann als der Mann. – In bezug auf die wirtschaftliche Bewertung der beruflichen Frauenarbeit vertritt die Frauenbewegung den Grundsatz: Gleicher Lohn für gleiche Leistung. [...]

III. *Ehe und Familie.* Die Frauenbewegung sieht in der Heilighaltung der Ehe die wesentlichste Bürgschaft für das körperliche und geistige Wohl der Nachkommenschaft und die Grundbedingung sozialer Gesundheit. [...] Sie fordert für die Frau als Leiterin des Hauses und Erzieherin der Kinder, daß sie im Einklang mit der Höhe ihrer Verpflichtung und dem Wert ihrer Leistungen auch rechtlich die gleiche Verantwortung in allen Angelegenheiten der Ehe und der Familie trage wie der Mann.

Daraus ergeben sich im einzelnen folgende Ziele: [...]

b) Sie verlangt eine Reform der Ehegesetze, durch welche beiden Ehegatten das gleiche Verfügungsrecht in allen gemeinsamen Angelegenheiten, insbesondere der gleiche Anteil an der elterlichen Gewalt gesichert wird.

c) Sie verlangt gesetzliche Reformen betreffend die Rechte der unehelichen Kinder, Reformen, durch welche dem unehelichen Vater größere Verpflichtungen gegen Mutter und Kind auferlegt werden.

IV. *Öffentliches Leben, Gemeinde und Staat.* [...] Im einzelnen erstrebt die Frauenbewegung nach Maßgabe der durch den Stand der sozialen Entwicklung gegebenen Möglichkeiten folgende Ziele:

a) Zulassung der Frauen zu verantwortlichen Ämtern in Gemeinde und Staat, vor allem solchen, die zu den Interessen der Frauen in besonders naher Beziehung stehen (Mädchenschulwesen, staatliche und kommunale Sozialpolitik, Arbeiterinnenfrage, Rechtspflege usw.).

b) Zuziehung der Frauen zur Vertretung der Laien bei der Rechtspflege (weibliche Schöffen und Geschworene). [...]

e) Teilnahme der Frauen am kommunalen Wahlrecht.

f) Teilnahme der Frauen am politischen Wahlrecht.

Deutsche Geschichte in Quellen und Darstellung. Bd. 8: Kaiserreich und Erster Weltkrieg 1871–1918. Stuttgart 2000, S. 137–140. © Philipp Reclam jun. GmbH & Co. KG, Stuttgart.

32 a) Interpretieren Sie die Tabellen (M 1, M 2) im Hinblick auf die darin sichtbare Entwicklung der deutschen Gesellschaft in der Industrialisierung.
b) Nutzen Sie die Aussagen der Tabellen (M 1, M 2), um daraus eine Bewertung der Struktur der industrialisierten Gesellschaft abzuleiten.
c) Erschließen Sie die wesentlichen Inhalte, die historischen Bezüge, die Aussageabsicht und die politische Position der Karikatur (M 3).
d) Beurteilen Sie – auch mit Blick auf die Entwicklung der deutschen Sozialpolitik nach Bismarck (bis heute) –, ob die Einschätzung der Karikatur (M 3) zutrifft.

M 1: Daten zur Einkommensentwicklung in Preußen, 1896 und 1912

Einkommensstufen (Jahreseinkommen in Mark)	Anteil der Zensiten* der einzelnen Einkommensstufen an der Gesamtzahl der Zensiten in Prozent	
	1896	1912
unter 900	75,08	51,97
900–2 999	22,04	43,04
3 000–5 999	1,88	3,49
6 000–9 499	0,50	0,71
9 500–30 499	0,41	0,63
30 500–100 000	0,08	0,13
über 100 000	0,01	0,03
alle	**100,00**	**100,00**
Index der Industrieproduktion (Deutschland, 1913 = 100)	52,90	98,90

* Zensiten: Personen, die prinzipiell zur Zahlung der Steuer verpflichtet waren, einschließlich derer, die weniger als 900 Mark pro Jahr verdienten und deshalb von der Zahlung der Steuer befreit waren.

M 2: Daten zu Vermögen über 6 000 Mark und zur Verteilung dieser Vermögen in Preußen 1896 und 1911

	1896	1911
Gesamtsumme der Vermögen in Milliarden Mark	63,9	104,1
Anteil der Vermögenseigentümer einschließlich der Familienangehörigen an der Gesamtbevölkerung	14 %	16 %
Anteil der reichsten 1 % der Vermögenseigentümer an der Gesamtsumme der Vermögen	28 %	31 %
Anteil der reichsten 80 % der Vermögenseigentümer an der Gesamtsumme der Vermögen	98 %	97 %

M 3: Karikatur aus der Zeitschrift „Der wahre Jakob", 1891

Merkwürdige Frage.

Engländer: Was ist das?
Der wahre Jacob: Das ist Bismarck's Sozialreform.

Die Weimarer Republik – Demokratie ohne Demokraten?

Als Weimarer Republik wird die **erste „echte" demokratische Epoche deutscher Staatlichkeit** bezeichnet. Sie ging aus der Revolution von 1918/19 hervor und endete am 30. Januar 1933 mit der Machtübergabe an die Nationalsozialisten unter der Führung von Adolf Hitler. Die erste deutsche Republik wurde nach Weimar benannt, weil dort die verfassunggebende **Nationalversammlung** am 6. Februar zusammentrat, um den bürgerkriegsähnlichen Kämpfen zwischen regierungstreuen Reichswehreinheiten und linksrevolutionären Milizen in Berlin auszuweichen.

Phasen der Weimarer Republik

1919–1923	Gründung und Nachkriegskrise
1923–1929	Stabilisierung („Goldene Zwanzigerjahre")
1929–1933	Weltwirtschaftskrise und Scheitern

Die Weimarer Republik ist in der deutschen Geschichte deshalb so bedeutsam, weil sie **Bezugspunkt der 1949 geschaffenen demokratischen Bundesrepublik** ist. In dieser finden sich viele verfassungsmäßige, politische und personelle Kontinuitäten zu „Weimar". So war zum Beispiel der erste deutsche Bundeskanzler (1949–1963), Konrad Adenauer, in der Weimarer Republik ein wichtiger Politiker der katholischen Zentrumspartei.

Bedeutend war auch die Modernisierung Deutschlands in dieser Zeit; in fast allen kulturellen Bereichen (z. B. Bauhaus-Architektur, Malerei der Neuen Sachlichkeit, episches Theater Brechts, Design als neue Kunstform) setzten sich Künstler und Intellektuelle an die Spitze einer zeitgemäßen Auseinandersetzung mit der industrialisierten Moderne. Kulturelles Zentrum war die Weltmetropole Berlin mit ihrer besten Zeit in den „Goldenen Zwanzigerjahren".

Der Blick auf die Weimarer Republik ist aber vor allem deshalb wichtig, weil ihr Scheitern in den **Nationalsozialismus** führte und damit in die größte Katastrophe der deutschen Geschichte; aber auch, weil man aus dem Scheitern der ersten deutschen Demokratie wichtige Folgerungen für den Schutz unserer heutigen Demokratie ziehen kann. Neben den demokratischen Errungenschaften der Weimarer Republik stehen deswegen die Gründe ihres Scheiterns im Fokus der folgenden Darstellung.

Deutsche Revolution 1918/19

In der **Novemberrevolution** von 1918/19 wurden Kaiser Wilhelm II. und mit ihm die **konstitutionelle Monarchie** in Deutschland **gestürzt**. Die Ursachen dieser Revolution lagen vor allem in einem tiefgreifenden Legitimitätsverlust des bestehenden Systems durch die Niederlage des deutschen Kaiserreichs im Ersten Weltkrieg

- mit über 2 Millionen toten Soldaten allein im deutschen Heer,
- mit extremen Belastungen für die Bevölkerung (Hungerkrisen, Einbindung in die „totale" Kriegswirtschaft) sowie
- mit einer reformunfähigen politischen und militärischen Führung, die den nicht zu gewinnenden Krieg bis zum bitteren Ende weiterführte.

Unmittelbarer Auslöser des Umsturzes war zum einen der allgemeine Schock der Niederlage, deren Unvermeidbarkeit durch die deutsche Propaganda verschleiert worden war. Zum anderen löste der Versuch der deutschen Marineführung, die deutsche Hochseeflotte in einer letzten, militärisch sinnlosen Schlacht gegen die überlegene britische Flotte kämpfen zu lassen, schwere Unruhen unter den einfachen Matrosen aus. Der **Kieler Matrosenaufstand** entwickelte sich schnell zu einer Revolution, angeführt von sozialistisch eingestellten **Arbeiter- und Soldatenräten**, die alle wichtigen wirtschaftlichen und politischen Zentren des Deutschen Reichs erfasste. Dieser Umsturz führte zur **Abdankung Kaiser Wilhelms II.** und zur **Ausrufung der Republik** am 9. November 1918.

In bürgerkriegsähnlichen Kämpfen zwischen den revolutionären Arbeiterparteien setzte sich in der Folge die gemäßigte Sozialdemokratie gegen die radikal-sozialistischen Kommunisten durch. Die SPD-Führung strebte zusammen mit den demokratischen bürgerlichen Parteien (Linksliberale, Zentrum) eine **parlamentarische Demokratie** an. Sie brauchte dazu aber das Bündnis mit den kaiserlichen Militärs, um die an einer radikalen gesellschaftlichen Veränderung orientierten kommunistischen Milizen **(Spartakusaufstand)** gewaltsam niederzuhalten. Die Zusammenarbeit mit diesen „alten Eliten" belastete den demokratischen Neuanfang allerdings stark.

Die Revolution mündete in die allgemeine **Wahl zur Nationalversammlung** am 19. Januar 1919, in der die Verfassung des neuen demokratischen Deutschlands diskutiert und verabschiedet wurde.

1 Die Weimarer Reichsverfassung von 1919

Die verfassunggebende Nationalversammlung trat am 6. Februar 1919 in Weimar zusammen. Sie wählte den Sozialdemokraten Friedrich Ebert zum ersten **Reichspräsidenten** und erarbeitete nach einem Entwurf des liberalen Staatsrechtlers Hugo Preuß die neue Verfassung. Diese trat am 11. August 1919 in Kraft. Sie war die **erste demokratische Verfassung Deutschlands** und stand in der Tradition des gescheiterten Verfassungsentwurfs der Paulskirchenversammlung von 1849. Das bis heute geltende Grundgesetz der Bundesrepublik wurde 1948/49 als direkte Lehre aus den Schwächen der Weimarer Verfassung entworfen, ist also stark von ihr beeinflusst.

Die Weimarer Reichsverfassung im Überblick

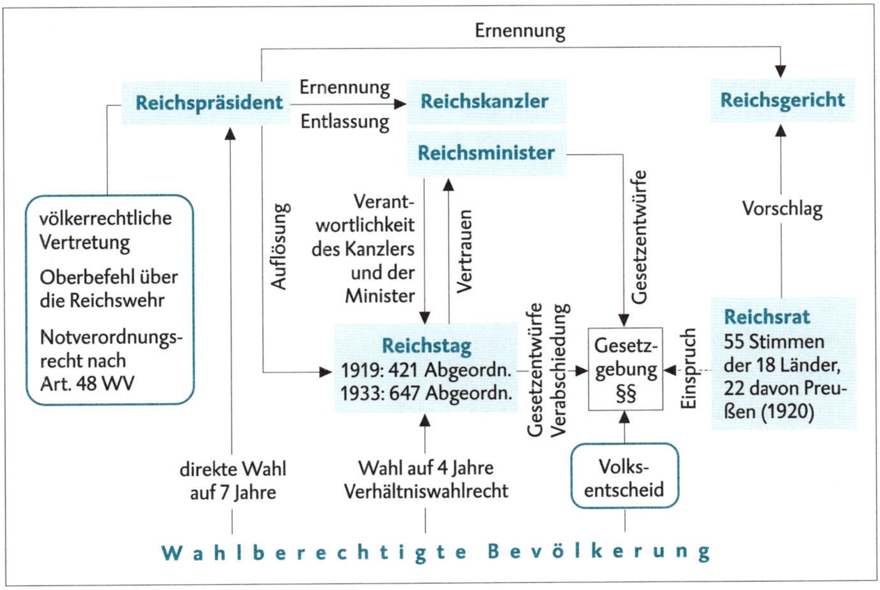

Zentralismus und Föderalismus

Die Nationalversammlung einigte sich auf einen **bundesstaatlichen Charakter** des Reichs: Aus den deutschen Staaten wurden gemäß Artikel 2 der Weimarer Reichsverfassung **deutsche Länder**. Der Bundesrat als die entsprechende Institution des Kaiserreiches wurde als **Reichsrat** beibehalten und wie bisher mit weisungsgebundenen Vertretern der Landesregierungen besetzt. Er verlor aber seinen Rang als oberstes Reichsorgan und war eher auf eine beratende Mitwirkung bei der Gesetzgebung beschränkt.

Der Reichsrat besaß zwar ein **suspensives (aufschiebendes) Vetorecht**, aber dieses konnte im Reichstag mit einer Zweidrittelmehrheit überstimmt werden. Entsprechend brach nun Reichsrecht Landesrecht. Um dem Übergewicht Preußens entgegenzuwirken, wurden die Stimmen Preußens im Reichsrat mit einer komplizierten Regelung deutlich verringert.

Wahlsystem und plebiszitäre Elemente

Anders als im Kaiserreich besaß der vom Volk gewählte **Reichstag als zentrale legislative Kraft** einen großen Stellenwert. Er wurde für jeweils 4 Jahre durch allgemeines, gleiches, unmittelbares und geheimes Wahlrecht von allen über 20 Jahre alten Männern und Frauen nach den Grundsätzen der **absoluten Verhältniswahl** gewählt: Die Sitze wurden strikt nach dem prozentualen Stimmenanteil der Parteien vergeben. Zum ersten Mal in der deutschen Geschichte durften jetzt auch **Frauen** wählen.

Zu den Aufgaben des Reichstags gehörten

- die Gesetzgebung,
- das Haushaltsrecht (Budgetrecht),
- die Kontrolle der Reichsregierung (einfaches Misstrauensvotum, Artikel 54),
- die Bestätigung des Reichskanzlers und der Reichsminister,
- die Ratifizierung von Staatsverträgen,
- die Bestätigung von Notverordnungen gemäß Artikel 48.

Folgende Elemente der Verfassung führten zu einer **Schwächung des Parlaments:**

- Das **Fehlen einer Prozenthürde** für Kleinparteien im Wahlrecht. Die Folgen waren die Zersplitterung des Reichstags und die strukturelle Instabilität der politischen Praxis, sichtbar an häufig wechselnden Koalitionen und Regierungen. Sie beeinträchtigten die Glaubwürdigkeit des demokratischen Systems bei der Bevölkerung.
- Auch **fehlte** der Weimarer Republik ein **verfassungsrechtlicher Schutz gegen antidemokratische Parteien**, wie er im Grundgesetz verankert ist; so legten nach 1930 die Rechts- und Linksextremen das Parlament praktisch lahm, weil antidemokratische Parteien nicht verboten werden konnten. Das uneingeschränkt demokratische Prinzip führte in dem Moment zur Krise der Demokratie, als die parlamentarische Mehrheit von Parteien gebildet wurde, die das demokratische System ablehnten (NSDAP, KPD seit 1930).
- Das starke plebiszitäre Element, d. h. die Möglichkeit, wichtige politische Entscheidungen durch eine **Volksabstimmung** herbeizuführen, schwächte die Stellung des Reichstags zusätzlich.

Der Reichspräsident

Die Reichsverfassung räumte dem Reichspräsidenten eine dominierende Stellung ein, sodass man von ihm als von einer Art **„Ersatzkaiser"** sprechen kann. Die Direktwahl durch die wahlberechtigten Bürger **(plebiszitäre Stellung)** und die lange Amtszeit von 7 Jahren hoben ihn über die Parteien. Als „personale Reichsspitze" sollte er eine neutrale, über den Parteigegensätzen stehende Institution sein **(„Hüter der Verfassung")**.

Die **weitreichenden Befugnisse** des Reichspräsidenten waren:

- die völkerrechtliche Vertretung des Reichs,
- der Oberbefehl über die Reichswehr,
- die Ernennung der Beamten und Offiziere,
- das Begnadigungsrecht und
- die Ernennung des Reichskanzlers und auf dessen Vorschlag der Reichsminister (Artikel 53). Die Reichsregierung war zwar zu ihrer Amtsführung an das Vertrauen des Reichstages gebunden, aber die Initiative zur Ernennung des Reichskanzlers lag allein beim Reichspräsidenten und nicht beim Reichstag, der auch keine Vorschläge unterbreiten durfte.
- Der in der Endphase der Republik bedeutsame **Artikel 48** der Verfassung regelte ein **Notverordnungsrecht**, das dem Reichspräsidenten erlaubte, zur Aufrechterhaltung der öffentlichen Sicherheit und Ordnung Notverordnungen über den Reichstag hinweg durchzusetzen, gegebenenfalls auch mit militärischen Mitteln **(Diktaturgewalt)**. In solchen Fällen durfte er auch die Grundrechte ganz oder zum Teil außer Kraft setzen. Nach Artikel 48 konnte der Reichspräsident ferner mithilfe der Reichswehr gegen ein Bundesland vorgehen, das seinen Pflichten gemäß der Reichsverfassung oder den Reichsgesetzen nicht nachkam **(Reichsexekution)**. Der Reichstag konnte allerdings gegen solche Maßnahmen sein Veto einlegen und sie damit rückgängig machen.
- **Artikel 25** bestimmte das Recht des Präsidenten, den **Reichstag aufzulösen**. Dadurch konnte Artikel 48 leicht zum Instrument einer präsidialen Alleinregierung werden, wenn der Präsident auf ein Veto des Reichstags gegen eine Notverordnung mit der Auflösung des Reichstags reagierte. Dann lag die gesamte Macht bis zu Neuwahlen (nach der Verfassung innerhalb von 60 Tagen) direkt in der Hand des Reichspräsidenten. Die **Präsidialkabinette** nach 1930 funktionierten nach diesem System.

Die Reichsregierung

Die Regierung hatte eine **schwache Position**, da sie einerseits vom Reichstag mit einfacher Mehrheit und **destruktivem Misstrauensvotum** gestürzt werden konnte, andererseits vom Vertrauen des Reichspräsidenten abhängig war und allein von ihm ernannt wurde **(doppelte Abhängigkeit)**.

Der Reichskanzler bestimmte die Richtlinien der Politik und schlug dem Reichspräsidenten die Minister zur Ernennung vor. **Reichskanzler und Reichsminister** brauchten jedoch zu ihrer Amtsführung das Vertrauen des Reichstags. Ein Misstrauensvotum gegen den Kanzler hatte den Sturz der gesamten Regierung zur Folge.

Das Grundgesetz ersetzte nach den Erfahrungen mit der Weimarer Demokratie das „destruktive" durch ein „konstruktives Misstrauensvotum", wonach der Bundeskanzler nur bei gleichzeitiger Wahl eines Nachfolgers gestürzt werden kann. Auf diese Weise besteht stets eine parlamentarisch legitimierte Regierung.

Grundrechte und Grundpflichten

Die Weimarer Nationalversammlung griff auf die **liberalen Grundrechte** zurück, wie sie schon in der Verfassung von 1849 enthalten waren: Die Gleichheit aller vor dem Gesetz, die Freiheit der Person, das Recht der freien Meinungsäußerung, die Glaubens- und Gewissensfreiheit, das Recht der freien Religionsausübung, das Petitionsrecht, die Vereins- und Versammlungsfreiheit sowie die Unverletzlichkeit der Wohnung und des Briefgeheimnisses wurden hier garantiert.

Ferner stellte die Verfassung die Familie, Vereine, Gemeinden und das Berufsbeamtentum unter den besonderen Schutz des Staates. Diesen Grundrechten standen aber **Grundpflichten** gegenüber, vor allem der **Wehrdienst**, der allerdings den Bestimmungen des Versailler Vertrags widersprach und bis 1935 nicht eingefordert wurde. Die **Grundrechte** waren mehr Programm als geltendes Recht, ihre Einhaltung war **nicht einklagbar**. Im Grundgesetz sind heute dagegen die Grundrechte positives, also unmittelbares Recht und schützen die Bürger konkret vor staatlicher Willkür.

Demokratische Errungenschaften in der Weimarer Verfassung

Elemente der direkten, plebiszitären Demokratie	Elemente der repräsentativen, parlamentarischen Demokratie	Elemente der präsidiellen Demokratie
Art. 22: Verhältniswahlrecht für Männer und Frauen über 20 Jahren **Art. 41:** Wahl des Reichspräsidenten auf 7 Jahre direkt durch das Volk **Art. 73:** Recht auf Volksbegehren und Volksentscheid **Art. 74:** Staatsbürger als Schiedsrichter bei Konflikt zwischen Reichstag und Reichsrat	**Art. 21:** Abgeordnete sind Vertreter des ganzen Volkes und nur ihrem Gewissen unterworfen **Art. 22:** demokratische Wahl des Reichstags **Art. 54:** Reichskanzler und jeder einzelne Minister bedürfen des Vertrauens des Reichstags („destruktives Misstrauensvotum“) **Art. 25:** Periodizität von Neuwahlen spätestens 60 Tage nach RT-Auflösung **Art. 48:** Recht des Reichstags, Notverordnungen außer Kraft zu setzen **Art. 68:** Gesetzgebungsrecht	**Art. 25:** Recht des RP zur Auflösung des Reichstags **Art. 41:** direkte Wahl des RP durch das Volk auf 7 Jahre → plebiszitäre, überparteiliche Stellung **Art. 47:** RP ist Oberbefehlshaber der Reichswehr **Art. 48:** RP hat das Notverordnungsrecht, kann die Grundrechte einschränken oder aufheben, die Reichsexekution durchführen **Art. 53:** RP ernennt und entlässt den Reichskanzler und die Reichsminister **Art. 73:** RP kann Volksentscheid herbeiführen
↓	↓	↓
Kombination von demokratischen Befugnissen (Wahl, Legislative, Schiedsrichterrolle) **→ Begrenzung des parlamentarischen Systems**	**Befugnisse des Reichstags (Kontrollrecht, Misstrauensvotum, Gesetzgebung)** **→ Beschränkung der Macht der Exekutive**	**Kumulierung von Kompetenzen; die Kombination der Art. 25, 48 und 53 schafft die Möglichkeit, den Reichstag auszuschalten** **→ „Ersatzkaiser“**

Aufgabe

33 Stellen Sie die wichtigsten Merkmale der Weimarer Verfassung und ihre negativen Folgen dar.

2 Der Vertrag von Versailles 1919

Die **Friedenskonferenz der 32 Siegerstaaten des Ersten Weltkriegs** trat am 18. Januar 1919 in Paris unter französischem Vorsitz zusammen. Neben der politischen Neuordnung Europas und der Gebiete des Osmanischen Reichs war die Behandlung des Deutschen Reichs ein zentrales Thema.

Ziele der Siegermächte

Die wichtigsten Entscheidungen der Konferenzen wurden im **exklusiven Rat der Hauptsiegermächte** USA (Wilson), Großbritannien (Lloyd George) und Frankreich (Clemenceau) gefällt. Die im Krieg unterlegenen Staaten blieben von den Verhandlungen ausgeschlossen. In Deutschland bezeichnete man den abschließenden Versailler Vertrag deswegen als „Diktatfrieden". Vor allem die strategischen Interessen Großbritanniens und Frankreichs bestimmten den Vertragsinhalt.

US-Präsident Woodrow Wilson wollte der Welt eine neue Ordnung geben, um die politischen, wirtschaftlichen und territorialen Probleme friedlich und dauerhaft zu lösen. Deshalb drängte er auf die **Errichtung eines Völkerbunds** zur Regelung internationaler Streitigkeiten. Wilson konnte aber seine während des Kriegs verkündeten Prinzipien **(„14 Punkte")** nicht durchsetzen, vor allem nicht das Selbstbestimmungsrecht aller Völker.

Frankreichs wichtigstes Ziel war der zukünftige **Schutz vor Deutschland**, das dauerhaft geschwächt werden sollte. Man wollte das 1871 verlorene Elsass-Lothringen zurückgewinnen und eine Wiedergutmachung für die erheblichen Kriegsschäden erhalten. Großbritannien vertrat seine traditionelle Gleichgewichtspolitik **(„Balance of Power")** und wollte eine Vorherrschaft Frankreichs auf dem europäischen Kontinent verhindern. Die USA und Großbritannien sahen in der seit 1917 kommunistischen russischen Sowjetunion eine größere Gefahr als in Deutschland; deshalb sollte Deutschland als Mittelmacht und Gegengewicht zur Sowjetunion erhalten bleiben.

2.1 Bestimmungen des Versailler Vertrags

Der Friedensvertrag wurde der deutschen Delegation am 7. Mai 1919 übergeben und am 28. Juni 1919 im **Spiegelsaal des Schlosses von Versailles** unterzeichnet, als Revanche also dort, wo 1871 das Deutsche Reich nach dem Sieg über Frankreich proklamiert worden war. Am 10. Januar 1920 trat der Vertrag in Kraft.

Territoriale Bestimmungen und Bevölkerungsverluste

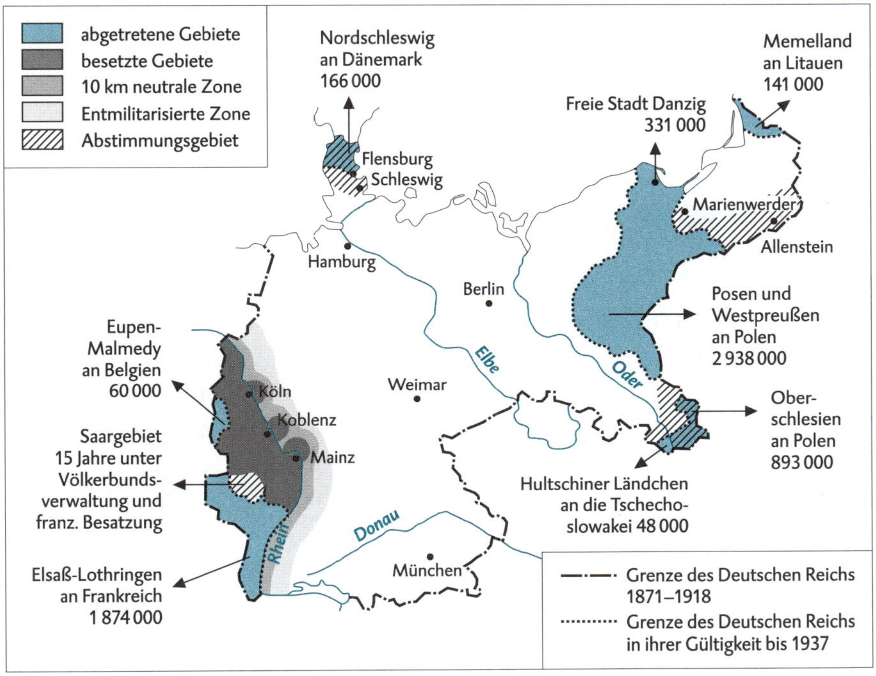

Das Deutsche Reich verlor im **Westen**

- Eupen-Malmedy an Belgien und
- das 1871 gewonnene Elsass-Lothringen wieder an Frankreich.
- Das Saargebiet unterstellte man 15 Jahre lang dem Völkerbund, wobei Frankreich dort die Kohlengruben ausbeuten durfte. Danach sollte die saarländische Bevölkerung über eine Rückkehr ins Deutsche Reich abstimmen.

Im **Norden** fiel durch eine Volksabstimmung Nordschleswig an Dänemark.

Im **Osten**

- gingen der größte Teil Posens und Westpreußens sowie Teile von Ostpreußen und Hinterpommern an Polen, wodurch Ostpreußen durch einen polnischen „Korridor" vom Reich getrennt wurde.
- Entgegen den ethnischen Mehrheitsverhältnissen fiel nach einem Gutachten des Völkerbundes der Osten Oberschlesiens mit dem größten Teil seiner Kohlevorkommen und Industrie nachträglich an Polen (Oktober 1921).
- Das Memelgebiet wurde ohne Abstimmung dem Völkerbund bzw. der französischen Besatzung unterstellt, 1923 von Litauen annektiert und erhielt im Jahre 1924 einen Autonomiestatus.

- Die bedeutende deutsche Hafenstadt Danzig mit dem Mündungsgebiet der Weichsel übergaben die Sieger als Freie Stadt der Aufsicht des Völkerbundes, wobei man Polen weitgehende Nutzungsrechte zugestand.
- Das Hultschiner Ländchen ging an die Tschechoslowakei.

Zudem hatte das Deutsche Reich alle Kolonien abzutreten. Deutschland verlor ein Siebtel seines Gebiets und ein Zehntel seiner Bevölkerung. Es büßte ein Drittel seiner Kohlen- und drei Viertel seiner Erzvorkommen ein.

Entmilitarisierung

Dem Ziel der **militärischen Schwächung Deutschlands** diente die Auslieferung des gesamten „schweren" Kriegsmaterials (Kriegsschiffe, Flugzeuge, Panzer, Artillerie), die Kontrolle der Abrüstung durch interalliierte Kommissionen, die Reduzierung der Reichswehr auf 100 000 Mann und die Auflösung des Großen Generalstabs. Diese erheblichen Eingriffe in die staatliche Souveränität trafen den nationalen Stolz, die Weimarer Republik wurde militärisch zu einer unbedeutenden Macht.

Besonders „skandalös" für die national gesinnte deutsche Öffentlichkeit war die Verpflichtung zur Auslieferung deutscher Kriegsverbrecher, zu denen die Alliierten auch Kaiser Wilhelm II. zählten. Diese Forderungen wurden aber nie erfüllt.

Reparationen

Beträchtlich und politisch folgenreich waren die von Deutschland zu erbringenden Entschädigungsleistungen **(Reparationen)**. Dazu zählten
- **Sachleistungen** (Handelsschiffe, Lokomotiven, Maschinen, ein Viertel der Fischfangflotte, Vieh, Kohle usw.) und
- **Geldzahlungen**.

Großbritannien und Frankreich wünschten einen vollständigen Ersatz aller Kriegskosten. Die Höhe der Reparationssumme blieb aber zunächst offen, weil die wirtschaftliche Leistungsfähigkeit Deutschlands zum damaligen Zeitpunkt noch nicht feststand. Reparationskommissionen legten die jährlichen Zahlungen fest. 1920 wurden diese zunächst auf 269 Milliarden Goldmark in 42 Jahresraten festgelegt. Die Höhe der jeweiligen Zahlungen wurde in mehreren weiteren Abkommen aber reduziert, 1932 wurden die Reparationsforderungen vollständig aufgegeben.

„Kriegsschuldartikel" 231

Legitimiert wurden die umfangreichen Reparationsleistungen durch die Feststellung der **alleinigen Kriegsschuld Deutschlands und seiner Verbündeten** (Art. 231). Die alleinige Kriegsschuld wurde von allen deutschen Parteien zurückgewiesen und emotionalisierte die Diskussion um den Vertrag in der deutschen Öffentlichkeit nachhaltig.

2.2 Versailles als Diffamierungsparole

Im Konsens der Geschichtswissenschaft wird dem Versailler Vertrag eine entscheidende Rolle als belastendes Moment der Weimarer Republik zugesprochen. Das von der Mehrheit der Deutschen als **„Diktatfrieden" und „Schande"** empfundene Vertragswerk erzeugte bei den Deutschen ein kollektives Gefühl ungerechter Behandlung, das eine realistische Einschätzung der neuen Situation verhinderte: Immerhin war das Reich im Kern mit seinem großen wirtschaftlichen Potenzial erhalten geblieben und hatte die Aussicht, schnell wieder in den Kreis der europäischen Großmächte aufzurücken.

Der Versailler Vertrag bot auch ein **Ventil für die inneren Spannungen** angesichts des Zusammenbruchs der traditionellen Ordnung. Nach dem furchtbaren Krieg und den revolutionären Umwälzungen, die vor allem von den konservativen Eliten und dem Bürgertum als anarchisch empfunden wurden, schien für viele durch den Vertrag der wirtschaftliche und politische Abstieg des Reichs zu drohen. Die antidemokratische Rechte fand deshalb in „Versailles" einen wirksamen Angriffspunkt, denn die rechte Propaganda konnte die **demokratischen Regierungen** für die alternativlose Erfüllung des Vertrags verantwortlich machen **(„Erfüllungspolitiker")**.

Den **Demokraten** in der Weimarer Republik dagegen gelang es nicht, der Öffentlichkeit zu vermitteln, wer die Verantwortlichen für die Kriegsniederlage und die daraus folgenden sozialen und wirtschaftlichen Probleme der Nachkriegszeit waren, nämlich die **alten Eliten des Kaiserreichs**. Diese diffamierten und bekämpften nun an führender Stelle die junge Demokratie.

Besonderen Erfolg hatte die Rechte mit den sog. **„Zwillingslegenden"**:

- Die **„Kriegsunschuldlegende"** (Winkler) leugnete entgegen den Tatsachen die Hauptschuld des Kaiserreichs am Ausbruch des Ersten Weltkriegs. Der Artikel 231, der die deutsche Verantwortung feststellt, wurde entsprechend als **„Kriegsschuldlüge"** bezeichnet.
- Die wirkliche Lüge war dagegen die **Dolchstoßlegende**, die behauptete, das „im Felde unbesiegte" deutsche Heer sei durch die revolutionäre Bewegung

in der Heimat zu Fall gebracht worden. Für diese Verschwörungstheorie verantwortlich war vor allem der ehemalige Oberbefehlshaber des Heeres, Generalfeldmarschall Paul von Hindenburg, der sie wider besseres Wissen und gegen die Faktenlage in einem parlamentarischen Untersuchungsausschuss im November 1919 in die Welt setzte.

Die demokratischen Reichsregierungen hatten Skrupel, diesen Lügen mit der Veröffentlichung der in den Regierungsakten erkennbaren Fakten zu begegnen, denn man wollte die deutsche Position gegenüber den Alliierten nicht verschlechtern. Die rechte Propaganda konnte so aber die politische Atmosphäre der Republik von deren Anfängen an vergiften.

Das Wissen der demokratischen Politiker um den Schuldanteil der kaiserlichen Regierung änderte aber nichts am sog. **Revisionskonsens:** Alle deutschen Parteien waren sich darüber einig, dass die wesentlichen Bestimmungen des Vertrags zurückgenommen, also revidiert werden sollten. Diese Forderungen bestimmten die Außenpolitik aller Regierungen der Weimarer Republik.

Aufgabe

34 Erläutern Sie die wichtigsten Folgen des Versailler Vertrags für Deutschland.

3 Segmentiertheit von Gesellschaft und Parteienlandschaft

Die gesellschaftliche Struktur der Weimarer Republik entsprach der **Klassengesellschaft** des Kaiserreichs: Die einzelnen sozialen Schichten waren durch berufliche Stellung und Grad des materiellen Wohlstands, aber auch durch ein ausgeprägtes Bewusstsein der Zugehörigkeit zur eigenen gesellschaftlichen Gruppe voneinander abgegrenzt; damit verbunden waren jeweils gemeinsame Vorstellungen, Werte und politische Überzeugungen. Das führte auch zu einer **Zersplitterung der Parteienlandschaft**, da die einzelnen Parteien vor allem die Interessen ihrer Klasse vertraten (Interessenparteien). Stabile Regierungsmehrheiten waren so nur schwer möglich: Sichtbar wurde dies durch die **häufigen Koalitions- und Regierungswechsel**.

Modernisierungskrise

Die soziale Wirklichkeit der Weimarer Republik war geprägt von einer mentalen Modernisierungskrise. Die Deutschen mussten sich in einer Lebens- und Arbeitswelt zurechtfinden, die sich rasch verändert hatte: wirtschaftlich (Technisierung, Verstädterung), geistig (wissenschaftlicher Fortschritt, Massenmedien) und sozial (industrielle Klassen- und Massengesellschaft).

Die wirtschaftliche Entwicklung wurde bereits durch die **Globalisierung** der Weltwirtschaft bestimmt, die sich etwa in der Abhängigkeit Deutschlands von amerikanischen Krediten und Investitionen zeigte. Die Weltwirtschaftskrise von 1929 ist der folgenreichste Hinweis auf die Gefahren dieser neuen Entwicklung.

Die atemlose Modernisierung erzeugte bei einem Großteil gerade der **bürgerlichen Bevölkerung** eine **Gegenreaktion:** eine angstvolle Rückwendung zu den überholten, scheinbar bewährten Werten und Weltbildern (Heimatkunst, Idealisierung des bäuerlichen Lebens). Auch bei bürgerlichen Intellektuellen waren Vorstellungen von einer ständischen, autoritären Ordnung **(„konservative Revolution“)** weit verbreitet, mit der gegen die „Gleichmacherei“ der Demokratie der Führungsanspruch der traditionellen Eliten behauptet werden sollte. Diese **antidemokratischen Denkweisen** bildeten einen guten Nährboden für die noch radikalere NS-Ideologie.

3.1 Soziale Gruppen und ihre politischen Leitbilder

Die deutsche Gesellschaft nach 1918 lässt sich in mehrere Gruppen einteilen:

- Die **Arbeiterschaft** (ca. 40 Prozent der Bevölkerung) war politisch zerfallen in einen gemäßigteren demokratischen (SPD) und einen radikaleren kommunistischen Teil (KPD).
- Eine Sonderrolle nahm das sog. **Landproletariat** (ca. 25 Prozent) ein. Zu diesem gehörten besitzlose Landarbeiter oder Kleinbauern, die häufig radikale Parteien von Rechts oder Links bevorzugten.
- Das **Bürgertum** (ca. 30 Prozent) mit einer Vielfalt vom Kleinbürgertum der Angestellten bis zum akademisch ausgebildeten Bildungsbürgertum dachte generell national, unterschied sich aber durch eine eher gemäßigt-parlamentarische oder eine rechte, monarchistische Orientierung. Konservativ-monarchistisch eingestellt waren die **Eliten** des gestürzten Kaiserreichs in Verwaltung und Justiz. Die Weimarer Republik besaß gerade in dieser Gruppe kaum Zustimmung. Insgesamt war die nationalistische Radikalisierung des ehemals liberalen Bürgertums einer der Hauptgründe für den Legitimationsverlust des demokratischen Systems und den Aufstieg des Nationalsozialismus.
- Im **Adel** und im industriellen Großbürgertum hatte das Kaiserreich seine militärische, politische und wirtschaftlich führende Oberschicht, die der Republik nun grundsätzlich feindlich gegenüberstand. Gerade der ostpreußische Grundbesitzeradel **(„ostelbische Junker“)** agitierte innerhalb der rechten Parteien für die Umgestaltung des politischen Systems zurück zu einem vordemokratischen Ständestaat. Protagonist dieser Gruppe war der ehemalige Generalfeldmarschall und spätere Reichspräsident (1925–1934) Paul von Hindenburg.
- Das **industrielle Großbürgertum** unterstützte im Wesentlichen die politische Rechte, um die sozial-politischen Reformen (z. B. Ausbau der Sozialversicherungen, Arbeitslosenversicherung, 8-Stunden-Tag, 48-Stunden-Woche) der Weimarer Republik zu unterlaufen und die Arbeiterschaft zu schwächen. Zuletzt entschlossen sich wichtige Teile der bei Wahlen wenig erfolgreichen alten Eliten des Kaiserreichs zu einem Bündnis mit den Nationalsozialisten und ihrer Massenbasis.

3.2 Die Parteien in der Weimarer Republik

Angesichts des veränderten Wahlrechtes (Verhältniswahl- und Frauenwahlrecht) ist die **Kontinuität** erstaunlich, welche die parteipolitische Zusammensetzung des Reichstags am Vorabend des Ersten Weltkriegs und das Ergebnis der ersten Reichstagswahlen der Weimarer Republik im Jahr 1920 zeigten. Die großen Parteilager, die den kaiserlichen Reichstag geprägt hatten, bestanden auch 1920 fast unverändert fort; Gleiches galt für die aus dem Kaiserreich tradierten Strukturprobleme des deutschen Parteiensystems.

Die Parlamentarisierung der Verfassung machte die Weimarer Republik zudem zu einem **Parteienstaat, ohne die Parteien jedoch verfassungsmäßig zu verankern**. Lediglich im Artikel 130 werden sie im negativen Sinne erwähnt, wenn es heißt: „Die Beamten sind Diener der Gesamtheit, nicht einer Partei." Die Verfassungsväter standen den Parteien somit weiterhin kritisch gegenüber, denn im Kaiserreich galten diese als Bedrohung der nationalen Einheit.

Durch die Verfassung und die parteifeindliche Politik Bismarcks, der die Parteien grundsätzlich für unfähig hielt, Regierungsverantwortung zu übernehmen, waren die Parteien im Kaiserreich in die Rolle von Ja- oder Neinsagern gedrängt worden, sie hatten **nie gelernt, ihre politischen Vorstellungen in reale Regierungspolitik umzusetzen** – sie waren daher geborene **Oppositionsparteien**. Nun aber mussten sie erstmals Regierungsverantwortung übernehmen, was ihnen während der ganzen Weimarer Republik schwerfiel. Man hat auch aus diesem Grund den Parteien, besonders der SPD, später vorgeworfen, dass ihre häufige Flucht in die Opposition ein Grund für die Instabilität der Weimarer Demokratie gewesen sei. Auch sei es den Parteien nie gelungen, die Demokratie mit Leben zu erfüllen und so ein demokratisches Bewusstsein in der Bevölkerung zu schaffen.

Im Reichstag waren folgende Parteien vertreten:

- Die **KPD**, am 1. Januar 1919 als **Arbeiterpartei** gegründet, agitierte nicht nur gegen die parlamentarische Republik, sondern auch gegen die SPD. Die Kommunisten lehnten eine Zusammenarbeit mit den als „Sozialfaschisten" diffamierten Sozialdemokraten ab und schwächten so grundlegend das neue politische System. Man bezeichnet diese Situation auch als politische **Spaltung der Arbeiterklasse**. Das Verhalten der deutschen Kommunisten ist vor allem durch ihre Orientierung an der Sowjetunion zu erklären: Die KPD stand bei ihrem Kampf gegen die parlamentarische Demokratie zunehmend unter dem Einfluss der III. Kommunistischen Internationale („Komintern") in Moskau, die seit 1919 auf einen kommunistischen Umsturz in Deutschland nach dem Vorbild der Sowjetunion setzte.

Die Parteien bei den Wahlen zur Nationalversammlung

	KPD	USPD	SPD
Zusammen-setzung der Anhänger-schaft	linke USPD/SPD, internationale Kommunisten, spontan mobilisierte Massen	linker Flügel der SPD, rechter Flügel der KPD, spontan Mobilisierte	Arbeiterschaft, insbesondere Facharbeiter, freie Gewerkschaften
Programm	Sozialisierung, Diktatur des Proletariats, Volksbildung	Sozialisierung, internationale Friedenssicherung, Volksbildung	wirtschaftliche und politische Stabilitätspolitik, Bündnis mit Reichswehr/kaiserlicher Verwaltung, Sozialpolitik, Volksbildung
erstrebte Staatsform	Räterepublik	z. T. Räterepublik	liberale demokratische Republik
Vertreter	Karl Liebknecht, Rosa Luxemburg	Kurt Eisner	Friedrich Ebert, Philipp Scheidemann
Wahlergebnis	Wahlboykott	7,6 %	37,9 %

Das Verhalten der deutschen Kommunisten ist vor allem durch ihre Orientierung an der Sowjetunion zu erklären: Die KPD stand bei ihrem Kampf gegen die parlamentarische Demokratie zunehmend unter dem Einfluss der III. Kommunistischen Internationale („Komintern“) in Moskau, die seit 1919 auf einen kommunistischen Umsturz in Deutschland nach dem Vorbild der Sowjetunion setzte.

- Die **USPD**, die von 1917 bis 1922 als Absplitterung von der SPD eine Massenpartei, danach bis zu ihrer Auflösung 1931 als Splittergruppe existierte, wollte am **Rätesystem** im Sinne einer unteilbaren Volkssouveränität festhalten und verlangte die **sozialistische Umgestaltung** von Staat, Wirtschaft und Gesellschaft.
- Die **Sozialdemokratische Partei Deutschlands (SPD)** dagegen stellte sich auf den Boden der demokratischen Republik und blieb bis zu ihrem Ende ihr wichtigster Verteidiger. Die Spaltung der Arbeiterbewegung und die linke Konkurrenz durch die KPD machten der Sozialdemokratie aber zu schaffen.
- Relativ einfach war die Neuorientierung für das **Zentrum**, die katholische Volkspartei. In ihr trat, zumindest bis Mitte der 20er-Jahre, gegenüber den klerikal-konservativen Gruppen der Arbeitnehmerflügel mit seiner sozialstaatlichen Orientierung stärker als bisher in den Vordergrund. Das Zentrum war eine **zuverlässig demokratische Partei**.
- 1918 spaltete sich die **Bayerische Volkspartei (BVP)** vom Zentrum ab, sie arbeitete jedoch eng mit diesem zusammen. Die BVP war aber **föderalistisch** eingestellt und vertrat betont bayerische Interessen.

Z/BVP	DDP	DVP	DNVP
politischer Katholizismus, Mittelstand/Kleinbürger, katholische Bauern, christliche Gewerkschaften	Neugründung aus ehemaliger Fortschrittlicher Volkspartei und linkem Flügel der Nationalliberalen	Neugründung aus Nationalliberalen durch Gustav Stresemann	Neugründung aus Deutsch-Konservativen, Frei-Konservativen, Christlich-Sozialen, Deutsch-Völkischen
Sozialstaat, Ablehnung des Kommunismus und des Nationalsozialismus	Interessen von Handel, Banken, elektrochemischer Industrie, Presse, gemäßigte Sozialpolitik	konservative Außen-, liberale Innenpolitik, Weltgeltung Deutschlands	alldeutsches Sammelbecken, Interessen der Großagrarier, Protestantismus, Antisemitismus
liberale Demokratie: „Vernunftrepublikaner"	liberale Demokratie	Volkskaisertum	Monarchie
Heinrich Brüning, Franz v. Papen, Ludwig Kaas	Hugo Preuß, Hjalmar Schacht	Gustav Stresemann	Alfred Hugenberg
19,7 %	18,5 %	4,4 %	10,2 %

- Die Deutsche Demokratische Partei **(DDP)** entstand aus der ehemaligen Fortschrittlichen Volkspartei und einem Teil der Nationalliberalen. Ihr Ziel war es, alle nicht-sozialistischen, aber entschieden demokratischen Kräfte zusammenzufassen. Die DDP bejahte von Beginn an den demokratischen Neuanfang und war auch zu einer sozialen Umgestaltung bereit.
- Gustav Stresemann, später einer der bedeutendsten Staatsmänner der Weimarer Republik, gründete mit einem Teil der Nationalliberalen die Deutsche Volkspartei **(DVP)**. Sie vertrat vornehmlich die Belange der deutschen Großindustrie. 1919 stimmte diese **rechtsliberale Partei gegen die Weimarer Verfassung**, denn sie stand in der preußischen Tradition und trat für eine konstitutionelle Monarchie ein.
- In der Deutschnationalen Volkspartei **(DNVP)** schlossen sich strikt konservative Gruppen zusammen. Sie lehnten den parlamentarisch-demokratischen Staat ab und forderten die **Wiederherstellung der alten monarchischen Ordnung**. Von dieser Partei wurden in erster Linie die Interessen der Großagrarier und der Schwerindustrie vertreten.

Die Weimarer Koalition

Die **SPD** bildete die weitaus stärkste Fraktion in der Nationalversammlung. Zusammen mit dem Zentrum und der DDP konnte die SPD in der (bis 1923 bestehenden) **„Weimarer Koalition"** 76 Prozent der Wählerstimmen auf sich vereinigen. Auf der linken Seite forderten **USPD** und **KPD** eine sozialistische bzw. kommunistische Erneuerung des politischen Systems. Rechts außen formierten sich radikale Splitterparteien wie die **NSDAP**.

Aufgabe

35 Fassen Sie in knappen Thesen zusammen, welche Strukturen die Weimarer Republik prägten.

4 Das Problem der alten Eliten

Für die politische Entwicklung der Weimarer Republik war das **Fehlen eines gemeinsamen Staatsbewusstseins** und einer gemeinsamen staatstragenden Ideologie innerhalb der Parteien und in der Bevölkerung von großer Bedeutung. Vor allem mangelte es außerhalb der Parteien der „Weimarer Koalition" an einem eindeutigen Bekenntnis zur Demokratie. Die demokratisch gesinnten Parteien hatten es in der Anfangsphase der Weimarer Republik versäumt, ihre Mehrheit zu nutzen, um nicht nur in der politischen Führung, sondern auch in der staatlichen Verwaltung (Ministerien, Bürokratie, Justiz, Militär) einen durchgreifenden personellen und geistigen Wandel einzuleiten bzw. zu erzwingen. Die konservativ, antidemokratisch und monarchistisch denkenden **Funktionseliten des Kaiserreichs verblieben so weitgehend in ihren Positionen** und behinderten die neue Demokratie, wo sie nur konnten.

Ablehnung der Demokratie

Obwohl die bürokratische Elite ihre Funktionen im neuen politischen System erhalten konnte, standen die meisten ihrer Mitglieder dem neuen demokratischen Staat mit unverhüllter Feindschaft gegenüber. Sie setzten auf die **Revision des Versailler Vertrags** und unterstützten einen radikalen Nationalismus, der sich mit dem Ruf nach einem „zweiten Bismarck", einem **starken Führer**, verband. Dieser sollte Deutschland in die Stellung einer Weltmacht zurückführen. Die frühere liberale Orientierung am Leitbild einer bürgerlichen Gesellschaft gab diese soziale Gruppe jetzt vollständig auf und gab sich in der Mehrheit schon vor 1933 der unklaren Vorstellung eines vordemokratischen Ständestaates und einer konservativen „Volksgemeinschaft" hin.

Nähe zur NSDAP nach 1929

Die **negative Kontinuität** der alten Eliten zeigte sich besonders stark in der Reichswehr, im Staatsapparat, in der Justiz, aber auch in der Lehrerschaft und an den Universitäten. Sie **verhinderte** den Bruch mit der „politischen Kultur" des Kaiserreichs sowie eine **grundlegende Demokratisierung von Staat und Gesellschaft**. Es überrascht deshalb nicht, dass große Teile der bürgerlichen Eliten nach den Krisenerfahrungen in der Endphase der Weimarer Republik zu den Nationalsozialisten überliefen: Tausende Akademiker strömten in die NSDAP. Viele andere teilten Aspekte der nationalsozialistischen Programmatik, einschließlich des Antisemitismus, der bereits lange Zeit vor 1933 das Klima an den Universitäten (mit ihrem hohen Anteil an deutsch-jüdischen Wissenschaftlern) vergiftete.

4.1 Die Reichswehr als „Staat im Staate"

Zu den alten Eliten gehörten auch die Offiziere der neuen Reichswehr, die ein äußerst zwiespältiges Verhältnis zur Weimarer Republik hatten. Das Militär bekämpfte zwar die Aufstände Linksradikaler, versagte dem Staat aber die Unterstützung gegen Rechts. Zudem formte General Hans von Seeckt, der Chef des Truppenamtes im Reichswehrministerium, die **Reichswehr** zu einem **„Staat im Staate"**, der sich der parlamentarischen Kontrolle entzog: Die Offiziersauswahl blieb ausschließlich Sache der Generalität, Soldaten durften sich nicht politisch betätigen.

Kapp-Lüttwitz-Putsch (13.–16. März 1920)

Eine **Gruppe von Rechtsextremisten** um den hochrangigen ostpreußischen Verwaltungsbeamten **Wolfgang Kapp**, einen militanten Deutschnationalen, und **General von Lüttwitz** versuchte, gewaltsam die Regierungsgewalt an sich zu reißen. Unterstützung fand diese bei den sog. **Freikorps**, die sich aus entlassenen Reichswehrsoldaten gebildet hatten; denn aufgrund der Beschränkung der neuen Reichswehr auf 100 000 Mann im Versailler Vertrag wurden mehrere hunderttausend Berufssoldaten, darunter 20 000 monarchistisch gesinnte Offiziere, entlassen.

Freikorps marschierten in Berlin ein und besetzten das Regierungsviertel; **Kapp** wurde zum **neuen Reichskanzler** ausgerufen. Von Seeckt aber weigerte sich, den Aufstand niederzuwerfen – nach dem Motto: **„Reichswehr schießt nicht auf Reichswehr!"** Reichspräsident und Reichsregierung flohen über Dresden nach Stuttgart. Trotz der Passivität der Reichswehr brach der Kapp-Lüttwitz-Putsch schnell zusammen, da die Gewerkschaften die Arbeiterschaft zu einem Generalstreik gegen die Putschisten aufgerufen hatten. Kapp und Lüttwitz flüchteten ins Ausland, die Morde an mehreren Zivilisten durch Freikorps-Soldaten blieben ungesühnt.

4.2 Rechte Justiz

Noch mehr als die Reichswehr bestand das Rechtswesen des Kaiserreichs personell und ideologisch fort. Die meisten Richter und Staatsanwälte handelten auch in der Republik im **konservativen Geist**; Schutz gegen Rechtsradikale konnte die Republik von der Justiz nur selten erwarten. In politischen Prozessen urteilten die Richter hart gegen linke Straftäter und mild gegen rechte, wenn sie diese überhaupt verfolgten. Zwischen 1918 und 1922 blieben 354 Morde von Rechtsradikalen bis auf wenige Ausnahmen ungesühnt, bei 22 Morden Linksradikaler wurden alle Täter hingerichtet oder zu Zuchthausstrafen verurteilt.

Rechtsradikaler Terror

Die Justiz förderte mit ihrer **„Blindheit" gegen Rechts** den rechtsradikalen Terrorismus, dem führende Politiker der Weimarer Republik zum Opfer fielen: Bereits 1919 wurden die kommunistischen Politiker **Rosa Luxemburg** und **Karl Liebknecht** von Freikorpssoldaten ermordet; im gleichen Jahr fiel in München der USPD-Ministerpräsident **Kurt Eisner** einem rechtsradikalen Anschlag zum Opfer. Im Juni 1921 wurde der Fraktionsvorsitzende der USPD im bayerischen Landtag, Karl Gareis, umgebracht. Im August 1921 erschossen zwei Offiziere, Mitglieder der Terrorgruppe **Organisation Consul** und des antisemitischen Germanenordens, den ehemaligen Reichsfinanzminister und Zentrums-Abgeordneten **Matthias Erzberger**.

Das Schicksal der Mörder von Erzberger ist bezeichnend für die Situation: Sie entkamen über München nach Ungarn; der Führer des „Germanenordens", Manfred Killinger, der den Mordbefehl gegeben hatte, wurde 1922 von einem Schwurgericht in Offenburg freigesprochen. Die ausführenden Mörder wurden 1950 in der Bundesrepublik zu 12 und 15 Jahren Zuchthaus verurteilt, aber bereits nach zwei Jahren freigelassen.

Das prominenteste Opfer des rechtsradikalen Terrors war der jüdischstämmige **Reichsaußenminister Walther Rathenau**, der am 24. Juni 1922 von Rechtsradikalen erschossen wurde; in diesem Fall allerdings stellte die Polizei die Mörder, einer wurde dabei getötet, der andere beging Selbstmord. Unter dem Eindruck des Attentats erließ der Reichstag 1922 mit Zweidrittelmehrheit das **Republikschutzgesetz**, das jede republikfeindliche Agitation mit harten Strafen ahndete und für solche Delikte einen eigenen Staatsgerichtshof einrichtete. Aber die Wirkung des Gesetzes war gering, denn die „auf dem rechten Auge blinde" Justiz wandte es gegen rechte Täter nicht konsequent an.

Reaktion der Justiz auf den Hitler-Putsch (1923)

Die **NSDAP** war unter der Führung Hitlers zu einem **bedeutenden Machtfaktor in München** geworden. Zwar war die rechtsradikale, antisemitische NSDAP in den meisten Ländern des Reichs verboten, in Bayern konnte sie aber legal ihre rassistische und antidemokratische Politik betreiben. In München hatte sie ca. 35 000, in ganz Bayern über 150 000 Mitglieder. Zudem unterhielt die Partei einen eigenen paramilitärischen Verband, die „Sturmabteilung" (SA). Am 25. September 1923 wurde Hitler zum Führer des **„Deutschen Kampfbundes"** gewählt, einer neuen Dachorganisation der rechtsextremen „Vaterländischen Verbände". **Hitler** versuchte, am 9. November 1923 durch einen **Putsch** die Macht in Bayern an sich zu reißen, um dann in einem „Marsch auf Berlin" eine **Nationale Revolution** durchzuführen. Sein Demonstrationszug mit etwa 2 000 teilweise bewaffneten Anhängern wurde aber vor der Feldherrnhalle durch die bayerische Polizei mit Waffengewalt aufgelöst; 16 Hitler-Anhänger, vier Polizisten und ein Passant starben bei dem Feuergefecht.

Adolf Hitler (1889–1945)

Adolf Hitler wurde 1889 im österreichischen **Braunau am Inn** als Sohn eines einfachen Zollbeamten geboren. Nach der Grundschule besuchte er die Realschule, verließ diese aber ohne Abschluss (1905). Er ging nach **Wien** und scheiterte dort bei dem Versuch, einen Ausbildungsplatz an der Kunstakademie zu erhalten. In der Folgezeit führte er das **Leben eines stellungslosen „Bohemiens"** (unangepassten Künstlers) und hielt sich mit dem Malen von Postkarten über Wasser. In seiner Wiener Zeit lernte Hitler zeitgenössische antisemitische Ideen und Schriften kennen.

Den entscheidenden biografischen Wendepunkt stellte der Ausbruch des **Ersten Weltkriegs** dar: Hitler meldete sich freiwillig bei einem bayerischen Regiment und überlebte trotz mehrfacher Verwundungen vier Jahre Fronteinsatz als **einfacher Gefreiter**. Das Kriegserlebnis und der Schock der deutschen Niederlage waren zentral für die künftige Entwicklung Hitlers: Er glaubte nun, in einer rechtsnationalistischen antisemitischen Haltung seine Bestimmung gefunden zu haben.

Nach Kriegsende blieb Hitler bis 1920 in der Reichswehr, zunächst im Dienst der sozialistischen Soldatenräte, nach der Zerschlagung der Münchner Räterepublik (1919) als **Reichswehrspitzel und rechter Propagandist**. Dabei lernte er spätere Weggenossen und sein eigenes rhetorisches Geschick kennen. Diese Fähigkeit machte ihn 1921 zum **Vorsitzenden der NSDAP** und damit zu einer politischen Größe im militaristischen, politisch rechtslastigen Bayern. In dieser Rolle unternahm er 1923 den **Hitler-Putsch**, der jedoch scheiterte. Die anschließende neunmonatige Festungshaft nutzte Hitler zum Verfassen seiner **antisemitischen Hetzschrift „Mein Kampf"**, in der er seine nationalistischen und antisemitischen Überzeugungen darlegte.

Trotz der zahlreichen Toten ergingen am 1. April 1924 äußerst milde Urteile im **Prozess gegen die Putschisten:** Hitler nutzte die Verhandlungen für Propagandareden und konnte so in ganz Deutschland an Bekanntheit gewinnen. Er wurde zu fünf Jahren Festungshaft verurteilt, kam aber bereits an Weihnachten 1924 wieder auf freien Fuß. Er begann nun, die NSDAP zu reorganisieren, um „auf legalem Weg" die politische Macht zu erlangen. Die rechte Justiz der Weimarer Republik hatte ihm den Weg dorthin frei gemacht.

Hintergrund der rechtsradikalen Gewalt waren die Hasskampagnen deutschnationaler und antisemitischer Zeitungen gegen die demokratischen „Erfüllungspolitiker", die angeblich das „Versailler Diktat" ausführten, um Deutschland zu schaden. Rechte Journalisten riefen indirekt, aber ungestraft zum Mord an jüdischen und demokratischen Politikern auf und rechtfertigten im Nachhinein die Täter.

4.3 Die Wahl Hindenburgs zum Reichspräsidenten 1925 als Wendepunkt der Weimarer Republik

Folgenreich für die Entwicklung der ersten deutschen Demokratie war der **Tod des Reichspräsidenten Friedrich Ebert** (SPD) am 28. Februar 1925. Zum Nachfolger wurde der 78-jährige Kandidat der nationalen Rechten, der ehemalige kaiserliche Feldmarschall **Paul von Hindenburg**, gewählt. Dies stellte einen entscheidenden Wendepunkt in der Geschichte der Weimarer Republik dar, denn die konservativen Kräfte errangen mit Hindenburg die zentrale Machtposition der Republik. Die alten Eliten konnten nun – im Bündnis mit Hitlers Nationalsozialisten – das demokratische System von oben zerschlagen. Die Forschung spricht in diesem Zusammenhang von einer **„konservativen Neugründung" der Republik**.

Für Adolf Hitler bedeutete das Jahr 1929 den politischen Durchbruch: Im Herbst 1929 gab die Rechte das Signal zur Radikalisierung der politischen Situation, als in Deutschland der **Young-Plan** zur Neuregelung der Reparationsfrage diskutiert wurde. Der neue Vorsitzende der DNVP, **Alfred Hugenberg**, der einflussreichste Medienunternehmer der Republik, setzte dabei auf die **Zusammenarbeit der Konservativen mit den Nationalsozialisten**. Gemeinsam mit Hitler erwirkte er eine Volksabstimmung gegen die „Versklavung des deutschen Volkes" durch den Versailler Vertrag. Das Plebiszit scheiterte, aber Hitler bekam mit den Zeitungen Hugenbergs ein entscheidendes Propaganda-Forum, was den Aufstieg der Nationalsozialisten beschleunigte.

Bündnis zwischen Deutschnationalen und NSDAP

Im Oktober 1931 schlossen sich die NSDAP, die DNVP und die ihr nahestehende rechte Frontkämpfervereinigung „Stahlhelm" zur **„Harzburger Front"** zusammen, benannt nach einer gemeinsamen Großkundgebung in Bad Harzburg. Das politische Bündnis zwischen wichtigen konservativen Politikern und den Rechtsextremen hielt zwar nicht lange, aber deren Zusammenarbeit wurde jetzt zur politischen Option, die sich zuletzt in der Ernennung Hitlers zum Reichskanzler (30. Januar 1933) verwirklichte.

Rolle der alten Eliten in der Weimarer Republik

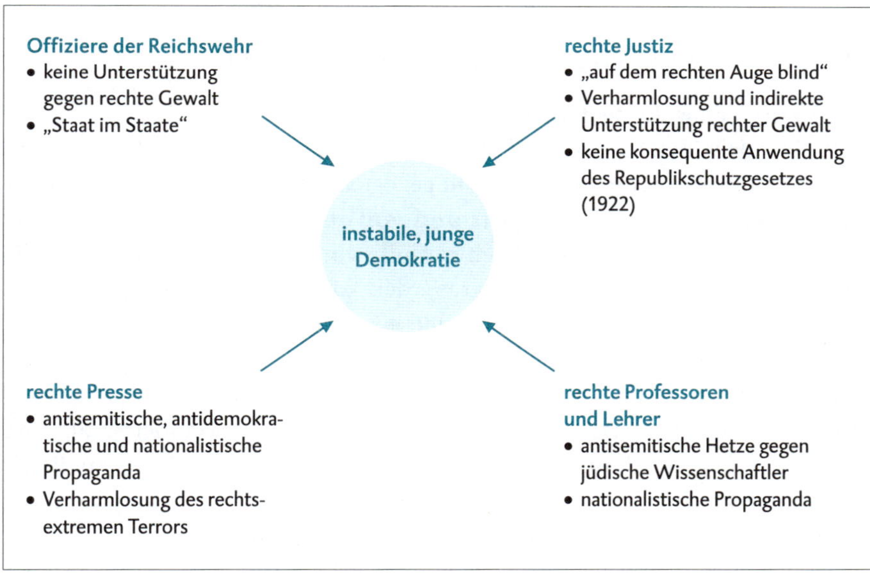

Aufgaben

36 Erläutern Sie, welchen grundlegenden Bedrohungen die Weimarer Republik in ihrer ersten Phase bis 1923 ausgesetzt war.

37 Nennen Sie die Gruppen, die die historische Forschung unter der Bezeichnung „alte Eliten" zusammenfasst.

5 Die Weltwirtschaftskrise von 1929 und ihre Folgen

Der Zusammenbruch der Weltwirtschaft nach 1929 **destabilisierte die Weimarer Republik** gravierend: Die parlamentarischen Regierungen waren nicht in der Lage, die katastrophale wirtschaftliche Entwicklung und ihre schwerwiegenden gesellschaftlichen Folgen zu entschärfen und häufige Neuwahlen in der Krise zu verhindern. Vor allem die **Nationalsozialisten und die Kommunisten** konnten bei den Wahlen von der Radikalisierung der Wähler **profitieren**, ihre Sitze im Parlament vervielfachen und so den Reichstag dauerhaft lähmen.

5.1 Zusammenbruch der Weltwirtschaft nach 1929

Hohe Verschuldung der deutschen Wirtschaft im Ausland

Deutschlands Wirtschaft war nach dem Krieg infolge des latenten **Kapitalmangels** auf dem Binnenmarkt (Kriegsfolgekosten, Reparationen, Inflation bis 1923) **abhängig vom Güterexport und von ausländischen Krediten**. Die Investitionen der Industrie erfolgten mithilfe von Krediten aus den USA, die etwa zur Hälfte kurzfristig gekündigt werden konnten. Besonders die Banken waren auf ausländisches Kapital angewiesen, denn sie besaßen nur geringes Eigenkapital und waren bei einer Krise des Finanzsystems von der Zahlungsunfähigkeit bedroht. Ein Großteil der kurzfristigen ausländischen Kredite wurde zudem von staatlichen Einrichtungen in Anspruch genommen. Aufgrund dieser hohen Verschuldung gegenüber dem Ausland war das Deutsche Reich insgesamt sehr stark vom internationalen Finanz- und Wirtschaftssystem und von der wirtschaftlichen Entwicklung der Kreditgeber abhängig.

Darüber hinaus befand sich auch die deutsche **Landwirtschaft** seit dem ausgehenden 19. Jahrhundert in einer **Dauerkrise**; ab 1926 begann sich die Agrarkrise dramatisch zuzuspitzen: Die Landwirtschaft war international **kaum konkurrenzfähig**, hoch verschuldet und benötigte Staatshilfe.

Börsenkrach in den USA

Am 25. Oktober 1929, dem sog. „**Schwarzen Freitag**", kam es zu einem schwerwiegenden **Kurssturz** an der New Yorker Börse. Eine gewaltige Spekulationswelle brach dort in sich zusammen: Anleger hatten massenweise Aktien mithilfe von Krediten gekauft, weil die Kursgewinne der Aktien die anfallenden Kreditzinsen bei Weitem überstiegen. Diese Käufe heizten die Börsenkurse in den USA an, bis die **Spekulationsblase** platzte. Es kam zu Panikverkäufen der nun hoch verschuldeten Anleger und dadurch zum beschleunigten Fall der

Aktienkurse. Der Börsencrash führte zu einer **schweren Wirtschaftskrise in den USA**. Die Geldinstitute reagierten mit dem Rückruf der kurzfristig gewährten Kredite aus dem Ausland und die Regierung mit einer Schutzzollpolitik, die Importe in die USA erschwerte und den Welthandel stark beeinträchtigte: Die amerikanische Krise griff auf die ganze Welt über und wurde zur **Weltwirtschaftskrise**.

Massenarbeitslosigkeit in Deutschland

Die Krise traf das hoch verschuldete und exportorientierte Deutschland besonders hart: Die Exporte gingen stark zurück, das Geld wurde knapp, einige Banken und Unternehmen brachen zusammen. Gleichzeitig schwand die Nachfrage bei Konsum- und Investitionsgütern. Konkurse und Zwangsversteigerungen, auch bei verschuldeten Kleinbetrieben und Bauern, häuften sich. Die **Arbeitslosenzahl** stieg von 1,8 Millionen 1929 auf 5,6 Millionen 1932. Die Wirtschaftskrise zog bei der damals **geringen sozialen Absicherung** der Arbeitnehmer eine schwere soziale Krise nach sich: **Massenelend** bei Arbeitslosen und ihren Familien (etwa einem Drittel der Bevölkerung) war weit verbreitet.

5.2 Innenpolitische Folgen der Wirtschaftskrise

Die Wirtschaftskrise blieb nicht ohne politische Folgen für die Weimarer Republik. Sie führte bei großen Teilen der Bevölkerung zu einem **Legitimationsverlust** der Demokratie und radikalisierte die politischen Lager und ihre Anhänger. Die gemäßigten bürgerlichen Parteien wandten sich von der SPD als letzter demokratischer Partei ab: Die Republik stand am Ende fast „ohne Republikaner" da.

Aufstieg der radikalen Parteien

Vor allem extreme Parteien profitierten von der Krise. Die **KPD** übernahm Wähler der SPD und wurde zur „Partei der Arbeitslosen", die rechtsradikale **NSDAP** entwickelte sich auf Kosten der traditionellen bürgerlichen und konservativen Parteien DDP, DVP und DNVP zur Partei

- des vom Abstieg bedrohten **Bürgertums**, insbesondere der Selbstständigen, Beamten, Rentner und Pensionäre,
- der **ländlichen Bevölkerung** in den protestantischen Gebieten und
- der **jungen Neuwähler**, die besonders empfänglich waren für die einfachen Parolen der Nationalsozialisten.

Die NSDAP gewann so die Reichstagswahlen von 1930 (**„Erbitterungswahlen"**) und wurde zur zweitstärksten Partei nach der SPD. Die Zahl ihrer Reichstagsabgeordneten schnellte von 12 auf 107 empor. Parallel dazu konnte die linksradikale KPD ihre Mandate von 54 auf 77 erhöhen. Damit verfügten die republikfeindlichen Kräfte im Reichstag über fast ein Drittel der Mandate. Die bürgerlichen Parteien und die SPD hingegen mussten erhebliche Stimmenverluste hinnehmen. Auch Teile der Arbeiterschaft wandten sich in den Wahlen den Nationalsozialisten zu: Die NSDAP lässt sich deshalb im Hinblick auf die Wählerschaft als erste deutsche **klassen- und milieuübergreifende Volkspartei** moderner Prägung bezeichnen.

Die Reichstagswahlen 1930/32 (Sitzverteilung)

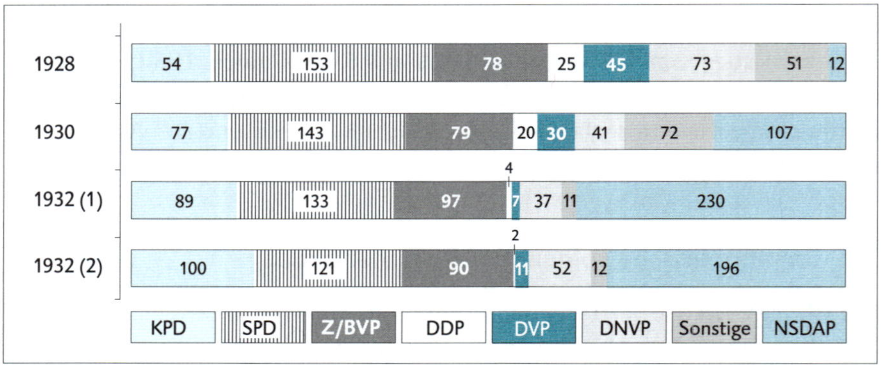

Erfolgreiche Legalitätstaktik der NSDAP

Ermöglicht wurden die Wahlerfolge der NSDAP durch eine Änderung der Taktik seit der Neugründung der Partei durch Hitler am 27. Februar 1925. Nicht mehr gewaltsam, sondern auf legalem Weg über Parlamente und Regierungsbeteiligungen sollte die Macht in Deutschland ergriffen werden. In der gesellschaftlichen und wirtschaftlichen Krise nach 1929 war diese Legalitätstaktik der nun straff reichsweit organisierten NSDAP erfolgreich: Hitler stellte sich und die NSDAP als **„letzte Hoffnung" im Kampf gegen die Massenarbeitslosigkeit und die allgemeine Not** dar.

Gegen den geschickt handelnden Hitler konnte sich auch der populäre Hindenburg bei den Reichspräsidentenwahlen im Frühjahr 1932 erst im zweiten Wahlgang durchsetzen, obwohl alle konservativ-bürgerlichen Parteien und sogar die Sozialdemokraten das bisherige Staatsoberhaupt unterstützten. Bei den **Reichstagswahlen im Juli 1932** konnte die NSDAP mit 230 Sitzen ihre Abgeordnetenzahl gegenüber 1930 mehr als verdoppeln und wurde zur stärksten Partei. Der KPD gelang es, die Zahl ihrer Mandate von 77 auf 89 zu erhöhen. Insgesamt erhielten Kommunisten und Nationalsozialisten bei dieser Wahl einen Stimmenanteil von über 50 Prozent. Damit war **keine parlamentarische Mehrheit gegen die Radikalen** mehr möglich. Daran änderten auch die Reichstagswahlen im November 1932 trotz erheblicher Verluste der NSDAP (33 %) nichts, weil die KPD Stimmen dazugewann.

Zerbrechen des demokratischen Lagers

SPD und Bürgerliche konnten sich seit 1930 auf **keine gemeinsame Regierungspolitik** mehr einigen; vor allem die bürgerlichen Liberalen wurden durch die Wahlen geschwächt und rückten politisch stark nach rechts. Der demokratische Konsens der Republik zerbrach und im Reichstag konnte keine funktionierende, durch das Parlament gestützte Regierung mehr gebildet werden. Damit begann die **Lähmung des Parlaments**, die gekennzeichnet war von einer Flut nationalsozialistischer Gesetzesanträge und von Tumulten, welche die Abgeordneten der NSDAP und der KPD im Sitzungssaal inszenierten, um die parlamentarische Arbeit zum Erliegen zu bringen. Mit der gleichen Absicht überstimmten die Radikalen vielfach gemeinsam die Regierung oder Vorlagen anderer Parteien.

Straßenkämpfe zwischen KPD und NSDAP

Außerhalb des Parlaments lieferten sich Kommunisten und Nationalsozialisten erbitterte Kämpfe. Vor allem in **Großstädten** gehörten blutige Saal- und Straßenschlachten zwischen der SA (ca. 250 000 Mitglieder) und dem kommunistischen „Roten Frontkämpferbund“ (ca. 100 000 Mitglieder) zum politischen Alltag nach 1930. Ein wirksames kurzfristiges Verbot der SA durch Reichskanzler Brüning (13. 4. 1932) wurde im Juni 1932 von der konservativen Regierung Papen wieder aufgehoben.

Die **inszenierten politischen Unruhen** spielten vor allem den Nationalsozialisten in die Hände; sie profitierten am meisten von der Angst vieler Bürger vor dem Kommunismus und konnten mit ihrer nationalistischen Propaganda weitere Wählergruppen gewinnen. Die zum Teil bürgerkriegsähnliche Situation verschärfte bei vielen Bürgern die Vorbehalte gegen das demokratische System.

5.3 Scheitern der Republik in den Präsidialkabinetten

Je unfähiger das Parlament war, eine konstruktive Regierungspolitik zu betreiben, desto stärker wurde die Stellung des Reichspräsidenten. Die Verfassung erlaubte es ihm,

- einen Kanzler zu ernennen (Art. 53), der keine Reichstagsmehrheit hinter sich hatte, sondern allein von seinem Vertrauen abhängig war,
- diesen Kanzler mit Notverordnungen (Art. 48) regieren zu lassen
- und schließlich auch den Reichstag aufzulösen (Art. 25), falls dieser den Gesetzesvorlagen nicht zustimmte.

Reichspräsident Hindenburg wurde immer abhängiger von seinen persönlichen Beratern, der sog. **„Kamarilla"**. Zuletzt wurde der rechte Zentrumspolitiker Franz von Papen im Zusammenspiel mit konservativen Kreisen der deutschen Industrie entscheidender Ratgeber Hindenburgs. Seit 1930 drängte die „Kamarilla" zunehmend zur **autoritären Präsidialherrschaft**. Die Regierung sollte entsprechend

- antiparlamentarisch (ohne Koalitionsvereinbarungen) zustande kommen,
- allein vom Vertrauen des Präsidenten abhängig und
- schließlich „antimarxistisch" ausgerichtet sein, was für das konservative Umfeld Hindenburgs bedeutete, auf jede Mitwirkung oder Unterstützung der SPD zu verzichten.

Als letzte Möglichkeit, den Widerstand im Parlament oder in der Gesellschaft zu brechen, zogen die Berater Hindenburgs die unbefristete Auflösung des Parlaments unter dem Vorwand eines Staatsnotstands in Erwägung. Diesen Verfassungsbruch scheute Hindenburg aber aus Angst vor einem Bürgerkrieg zwischen der ihm ergebenen Reichswehr und den paramilitärischen Milizen von NSDAP (SA, SS) und Kommunisten („Roter Frontkämpferbund").

Phasen der Präsidialkabinette

1930–1932	**gemäßigte Phase** unter der Regierung Heinrich Brüning mit parlamentarischer Tolerierung durch die SPD
1932–1933	**autoritäre, antiparlamentarische Phase** nach dem Sturz Brünings unter Franz von Papen und Kurt von Schleicher mit Annäherung an die NSDAP

Die Deflationspolitik Brünings

Nach dem Auseinanderbrechen der „Weimarer Koalition“ zwischen SPD und den gemäßigten bürgerlichen Parteien ernannte Reichspräsident Hindenburg im März 1930 den Vorsitzenden der Zentrumspartei, **Heinrich Brüning**, zum neuen Reichskanzler. Dessen Kabinett bestand aus bürgerlichen Politikern und hatte keine Mehrheit im Reichstag. Gemäß seinem Regierungsauftrag verzichtete Brüning auf Gespräche mit den Parteien und setzte sein Programm gegen das Parlament mithilfe des **Artikels 48** durch. Da der Reichstag von seinem Recht Gebrauch machte, die **Notverordnung** aufzuheben, **löste der Reichspräsident den Reichstag auf (Artikel 25)**. Hindenburg leitete damit eine verhängnisvolle Politik ein und zeigte den Weg, wie man die in der Verfassung verankerte Regierungsverantwortlichkeit gegenüber dem Parlament unterlaufen konnte, obgleich dies dem Geist der Verfassung widersprach.

Mechanismus der Präsidialkabinette

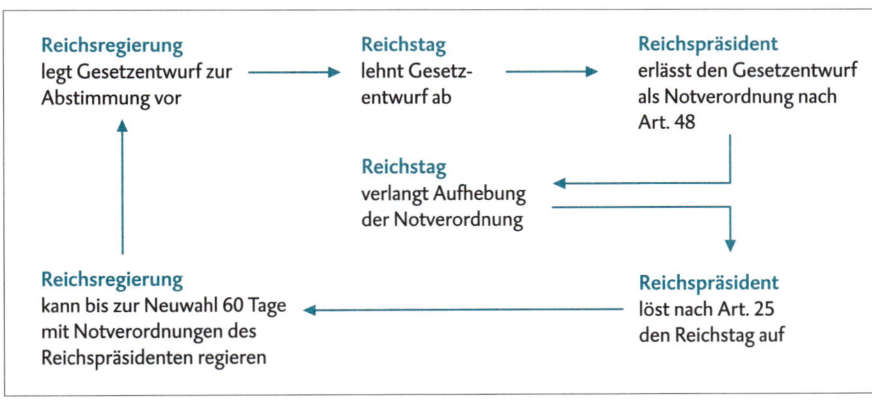

Die massive Stärkung der radikalen Parteien in der Reichstagswahl von 1930 – die NSDAP wurde nach der SPD zweitstärkste Fraktion – war nicht die Absicht Brünings, ermöglichte ihm aber, seine Politik im Parlament durchzusetzen, denn SPD und gemäßigte Bürgerliche sahen sich jetzt zu einer **Tolerierung der Regierung** gezwungen: Erneute Wahlen hätten innerhalb der andauernden schweren Krise zum einen die Radikalen wieder gestärkt, zum anderen hielt die SPD die seriöse Haushaltspolitik Brünings für richtig.

Mit dem Ziel eine neue Inflation zu verhindern, bemühte sich der monarchistisch denkende Brüning um einen Ausgleich des Reichshaushalts. Um die Währung stabil zu halten, betrieb er eine **Deflationspolitik:** Er kürzte die Staatsausgaben, erhöhte die Steuern und senkte die Löhne und Gehälter der Beschäftigten im öffentlichen Dienst. Die Abschöpfung von Geldmitteln bei

Unternehmen und Konsumenten und der Verzicht auf staatliche Investitionen führten aber zum **Rückgang der Wirtschaftstätigkeit und verschärften die Arbeitslosigkeit**. Die Betroffenen wurden empfänglicher für die Parolen der extremen Parteien.

Brüning nahm die Verschärfung der Krise durch seine Deflationspolitik auch aus **außenpolitischen Gründen** in Kauf: Er wollte die Alliierten dazu bewegen, auf weitere deutsche Reparationen zu verzichten. Brüning hoffte so auf die finanzielle Entlastung des Reichshaushalts. Einen ersten Erfolg erzielte er mit dem **Hoover-Moratorium** von 1931, einem einjährigen Aufschub der Reparationszahlungen. Auf der **Konferenz in Lausanne** im Sommer 1932 wurde schließlich das Ende der deutschen Reparationszahlungen beschlossen.

Bei der Neuwahl des Reichspräsidenten im Frühjahr 1932 hatte sich Brüning unermüdlich für Hindenburg eingesetzt und wesentlich zu dessen Erfolg gegen den Hauptkonkurrenten Hitler beigetragen. Als er überdies unmittelbar danach ein reichsweites Verbot der nationalsozialistischen SA und SS durchsetzen konnte (13. April 1932) und dadurch die Agitation der Rechtsextremen nachließ, schien sich die Situation in Deutschland zu stabilisieren.

Sturz Brünings

Doch nun begann **Hindenburg**, eine **fatale Rolle** zu spielen: Der Reichspräsident machte Brüning dafür verantwortlich, dass er seine Wiederwahl den ungeliebten sozialdemokratischen und katholischen Wählern verdankte, während seine konservative protestantische Wählerschaft zum großen Teil für Hitler gestimmt hatte.

Eine weitere Belastung ergab sich aus einem landwirtschaftlichen Sanierungsplan Brünings. Nach diesem sollte der Staat überschuldete Güter ostpreußischer Großgrundbesitzer aufkaufen und darauf arbeitslose Landarbeiter ansiedeln. Die Vertreter der Großgrundbesitzer erhoben deswegen gegenüber Brüning den haltlosen Vorwurf des **„Agrarbolschewismus“** und fanden damit bei ihrem Standesgenossen Hindenburg Gehör. Der ließ seinen Reichskanzler ohne Angabe konkreter Gründe fallen; am 30. Mai 1932 erklärte **Brüning** seinen **Rücktritt**, da er ohne das Vertrauen des Reichspräsidenten nicht regieren konnte.

Der **Sturz Brünings** bedeutete den Übergang von der parlamentarisch tolerierten zur **Präsidialdiktatur**, da nun alle politischen Entscheidungen der Mitwirkung des Reichstages entzogen und ausschließlich durch den Reichspräsidenten getroffen wurden.

Das Kabinett von Papen

Nachfolger Brünings wurde **Franz von Papen**. Dessen **„Kabinett der Barone“** aus deutschnational gesinnten Adeligen hatte im Reichstag nur die DNVP hinter sich. Um die Nationalsozialisten für seine Politik gewinnen zu können, hob er mit Zustimmung des Reichspräsidenten das SA- und SS-Verbot Brünings auf (Juni 1932). Zudem erreichte er bei Hindenburg die **Auflösung des Reichstages** und die Ausschreibung von Neuwahlen. Verlustreiche Straßenkämpfe zwischen SA und Kommunisten im Vorfeld der Neuwahlen waren der vorgeschobene Anlass, die demokratische Minderheitsregierung des größten deutschen Bundeslandes Preußen in einer Reichsexekution nach Art. 48 abzusetzen (**„Preußenschlag“**, 20. Juli 1932). Papen übernahm als Reichskommissar die Regierung und bekam so die preußische Polizei unter seine Kontrolle: Alle hohen demokratisch gesinnten Verwaltungsbeamten und Polizeiführer wurden ihrer Ämter enthoben und durch Konservative ersetzt. Die Demokraten verloren dadurch die letzte Machtposition in der staatlichen Exekutive.

Aus den **Wahlen im Juli 1932** ging die **NSDAP** als **stärkste Partei** hervor (vgl. Diagramm S. 134). In Verhandlungen mit Papen forderte Hitler das Amt des Reichskanzlers und die „gesamte Staatsgewalt in vollem Umfang“ für sich und die NSDAP. Der Reichspräsident weigerte sich jedoch, den Nationalsozialisten diese Machtfülle zuzugestehen. Der neugewählte Reichstag sprach Papen in seiner ersten Sitzung das Misstrauen aus, woraufhin Hindenburg im September 1932 das Parlament zum zweiten Mal auflöste.

Die Regierung Schleicher

Als die Wahlen im November wieder keine konstruktive Mehrheit im Parlament brachten, forcierte Papen bestehende Pläne, die Reichsverfassung im Sinne einer Präsidialdiktatur zu ändern. Anlass sollte die Ausrufung des Staatsnotstands sein. Um dem zu erwartenden Widerstand begegnen zu können, benötigte er die Reichswehr als Rückhalt. Doch Reichswehrminister General von Schleicher warnte vor einem Bürgerkrieg, Hindenburg scheute dieses Risiko und entließ Papen.

Kurt von Schleicher wurde dessen Nachfolger und suchte als „sozialer General“ zuerst eine breite parlamentarische Basis für seine Politik. Dabei hoffte er, die NSDAP, die in den Novemberwahlen einen schweren Rückschlag erlitten hatte, zu spalten und den sozialistisch orientierten Teil auf seine Seite zu ziehen. Außerdem bemühte er sich mithilfe eines staatlichen Arbeitsbeschaffungsprogramms um die Unterstützung der Gewerkschaften und der SPD für ein „soziales“ Bündnis über die Parteigrenzen hinweg. Dieses Vorhaben blieb aber erfolglos, ebenso der Versuch, Hindenburg dazu zu bringen, den Reichstag erneut aufzulösen und Neuwahlen gegen die Verfassung bis auf Weiteres aufzuschieben **(„Staatsnotstandsplan")**, um so die präsidiale Diktatur durchzusetzen.

„Zähmungskonzept" der alten Eliten um Hindenburg

Nach dem Scheitern Schleichers kam man in der „Kamarilla" Hindenburgs auf die Nationalsozialisten zurück: Hitler erklärte sich nun bereit, mit den Deutschnationalen und den parteilosen Konservativen eine Koalitionsregierung zu bilden und auf eine „Alleinherrschaft" zu verzichten. Von Papen sicherte Hindenburg zu, die Nationalsozialisten in der gemeinsamen Regierung „zähmen" zu können **(„Zähmungskonzept")**. Deshalb ernannte der Reichspräsident am **30. Januar 1933 Adolf Hitler** zum **Reichskanzler** und übergab ihm faktisch die politische Macht in Deutschland.

Das Ende der Weimarer Republik

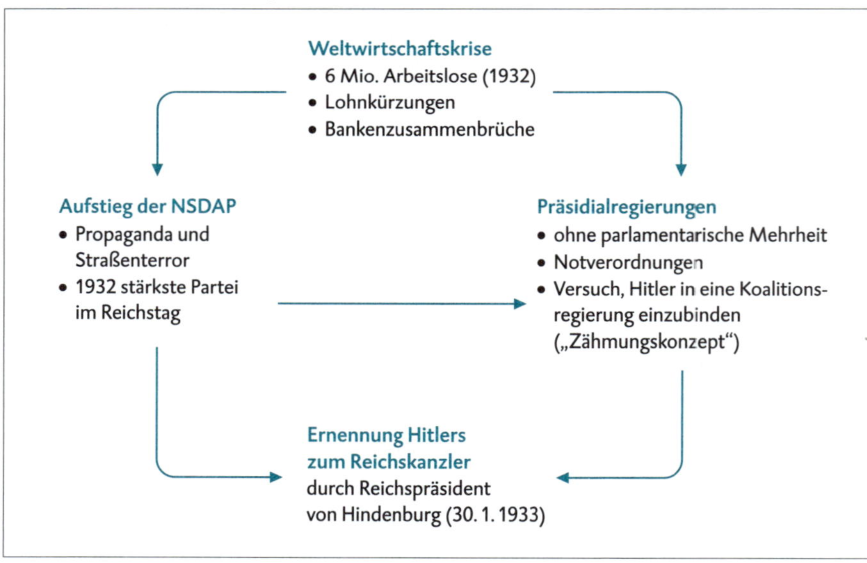

Aufgaben

38 Erklären Sie, wie es zum Ausbruch der Weltwirtschaftskrise kam.

39 Beschreiben Sie die innenpolitischen Folgen der Weltwirtschaftskrise.

40 Erklären Sie die verfassungsrechtliche Funktionsweise der Präsidialkabinette.

6 Gründe für das Scheitern der Weimarer Republik

Das Scheitern der Weimarer Republik führte zur nationalsozialistischen Diktatur und in die größte Katastrophe der deutschen Geschichte. Die Gründe für das Scheitern der ersten deutschen Demokratie sind vor diesem Hintergrund besonders wichtig: Wer war verantwortlich? Welche Lehren lassen sich daraus ziehen?

Hauptverantwortung der alten Eliten und Hindenburgs

Die Weimarer Republik litt von Anfang an unter der Ablehnung der Funktionseliten der Kaiserzeit, die in ihren Ämtern und Machtpositionen verbleiben konnten. Sie wollten sich nicht mit der Revolution und der Demokratie abfinden und arbeiteten in Verwaltung, Justiz, Reichswehr, Schulen und Universitäten gegen das verachtete „System".

Im besten Fall verhielten sie sich neutral, wie es Hindenburg zuerst nach 1925 als Reichspräsident tat. Er und die Konservativen in seinem Umkreis wandten sich aber zuletzt lieber dem Rechtsradikalen Hitler zu, als mit den Demokraten Kompromisse zu finden. **Hindenburg, Papen** und die **„Kamarilla"** um den Reichspräsidenten trifft deshalb die **Hauptschuld an der Zerschlagung der Republik:** Der Reichspräsident musste sich nicht von Brüning trennen, er hätte Schleicher nicht gegen Hitler auszutauschen brauchen. Die Erholung der Weltwirtschaft und der sich abzeichnende Wählerrückgang für die Nationalsozialisten hätten die Lage stabilisiert und Alternativen zur Machtübergabe an Hitler ermöglicht.

Gedrängt wurden Hindenburg und seine Berater bei ihrer Entscheidung von einflussreichen **Industriellen** und von der Lobby der **preußischen Großgrundbesitzer**. Diese Gruppen finanzierten Hitlers Wahlkämpfe durch Spenden, machten ihn bei den Konservativen salonfähig und bereiteten am Ende das Bündnis Hindenburgs mit den Nationalsozialisten vor.

Destabilisierende Rolle der Kommunisten

Fatal war aber auch die Rolle der Kommunisten in der politischen Kultur und im politischen Alltag der Weimarer Republik. Die KPD geriet zunehmend in Abhängigkeit von den Moskauer Genossen und ihren Plänen zur **Weltrevolution**. Sie betrachtete die SPD, die demokratische Arbeiterpartei, und nicht in erster Linie die Rechte als ihren Hauptfeind und verhinderte eine gemeinsame Front der Arbeiterschaft gegen die Nationalsozialisten in der Krise nach 1930. Die Kommunisten destabilisierten die Lage zudem durch die Obstruktion im Parlament und in ihren Straßenkämpfen gegen die Nazis. Die **Furcht vor einer**

bolschewistischen Revolution wie in Russland trieb den Nationalsozialisten so noch mehr Wähler zu und erleichterte es der konservativen Führung, ihr Bündnis mit Hitler zu rechtfertigen.

Antidemokratische Wertekontinuität zum Kaiserreich

Zur Instabilität Weimars trugen auch die ungebrochenen **konservativen, vordemokratischen Denkmuster** des politisch einflussreichen Adels sowie des größten Teils der bürgerlichen und ländlichen Bevölkerung bei. Diese Kontinuität verhinderte bei der Mehrheit einen Wandel zu modernen und demokratischen Denkweisen. Eine Modernisierung vollzogen im Kern lediglich die neuen künstlerischen und gesellschaftlichen Eliten der Weimarer Republik, der kulturelle Wandel beschränkte sich entsprechend auf die Metropole Berlin.

Die Demokratisierung der Gesellschaft blieb zudem in den **häufigen Regierungswechseln** und den wirtschaftlichen Problemen der Weimarer Republik stecken; es fehlte eine längere Zeit der Stabilität. Wie langwierig ein Wandel der politischen Kultur sein kann, zeigt z. B. der Prozess der deutschen Wiedervereinigung seit 1990.

Folgende Einstellungen belasteten die Weimarer Republik:

- Eine **obrigkeitsstaatliche, antidemokratische Prägung:** Man orientierte sich an einer autoritären Staatsvorstellung und einem starken politischen Führer und lehnte die komplizierten Regeln der Demokratie ab.
- Demokratie wurde mit Sozialdemokratie und diese mit dem bei Konservativen und im Bürgertum gehassten Marxismus in Verbindung gebracht.
- Verbreitet waren auch ein **übersteigerter aggressiver Nationalismus**, verstärkt durch den als „Schande" empfundenen Vertrag von Versailles, und
- ein strikter **Antimodernismus**, der sich in der Ablehnung der modernen westlichen Zivilisation und ihres liberalen, offenen Lebensstils zeigte.
- **Antisemitismus** war weit verbreitet und auch in gebildeten Schichten häufig zu finden.

Hitler bediente sich all dieser Denkformen in extremer Einfachheit; er konnte eine **reaktionäre Grundstimmung** nutzen, die ihm in der Krise nach 1929 großen Zulauf brachte. Die Erfolge Hitlers waren also kein Zufall oder nur durch die Wirtschaftskrise bedingt. Die Nationalsozialisten nutzten die mentalen Grundlagen einer **obrigkeitsstaatlich geprägten Gesellschaft**, wie sie sich im Kaiserreich entwickelt hatte.

Fehlen eines demokratischen Wertekonsenses

Den Republikanern der Weimarer Zeit gelang es nicht, einen übergreifenden demokratischen Wertekonsens in der Gesellschaft zu verankern; das führte zur latenten **Instabilität des politischen Systems**. Trotz einer mit großer Mehrheit beschlossenen Verfassung (seit 1919) gab es – mit Ausnahme der gemäßigten Sozialdemokratie und den immer weniger werdenden bürgerlichen Demokraten – keine grundlegende Übereinstimmung darüber, dass die neue Demokratie die beste und erhaltenswerte gemeinsame Ordnung sei.

Die Niederlage im Ersten Weltkrieg blieb ein deutsches Trauma, das nur oberflächlich überwunden werden konnte. Die Republik galt nicht nur als Folge einer Revolution, sondern als Erbe eines Krieges, der für viele nur durch Verrat („Dolchstoßlegende") verloren worden war. Daher war der **Versailler Vertrag** für die Weimarer Republik eine ungeheure **Belastung**.

Die Folgen der Niederlage, der Inflation von 1923 und dann verstärkt die Wirtschaftskrise seit 1929 ließen das Ansehen des demokratischen Systems fast ganz schwinden. Die Bereitschaft, radikal antidemokratisch zu wählen, wuchs rapide in allen Gesellschaftsgruppen. Zuletzt aber gab es in der Weimarer Republik eine Demokratie ohne eine demokratisch gesinnte Mehrheit in Gesellschaft und Politik.

Schwächen der Verfassung und der Parteien

Die politische Krise wurde durch Mängel der Weimarer Verfassung verstärkt:

- Ein Hauptproblem war ihr **striktes demokratisches Prinzip**. Es gab weder einen mäßigenden Filter des reinen Volkswillens (5 %-Klausel) noch das Verhältniswahlrecht oder die Möglichkeit des Parteienverbots durch ein Verfassungsgericht. Diese Regelungen wurden 1948/49 als Reaktion auf das Scheitern der Weimarer Republik in das Grundgesetz der Bundesrepublik eingebaut.
- Als besonders problematisch erwies sich die **mangelnde Regierungstradition der Parteien**, die aus dem Kaiserreich lediglich die Oppositionsrolle gewöhnt waren. Zudem waren sie zumeist Interessen- oder Klassenparteien, die sich vor allem ihren Wählern, nicht aber dem Ganzen verantwortlich fühlten. Der Egoismus der Parteien führte zu instabilen, kurzlebigen Regierungen und war verantwortlich für die mangelnde Kompromiss- und Regierungsfähigkeit der Parteien.
- Zuletzt erwies sich auch die **starke Rolle des Reichspräsidenten** als schädlich. Die verhängnisvolle Anhäufung von Kompetenzen ermöglichte es, den Reichstag als demokratisches Gegengewicht auszuschalten. Ohne diese Be-

fugnisse des Reichspräsidenten wären die Präsidialkabinette nicht möglich gewesen und hätte der Staat zwischen 1933 und 1934 nicht fast legal in eine Diktatur umgewandelt werden können.
Aber auch hier sind zwei Aspekte einschränkend zu betonen: Hauptursache für die Machtübergabe war der politische Wille der konservativen Führung und nicht die Stellung des Präsidenten in der Verfassung. Außerdem sicherten die weitgehenden Vollmachten in der Anfangsphase der Republik unter der Präsidentschaft des Sozialdemokraten Friedrich Ebert überhaupt erst deren Überleben.

Ursächlich für das Scheitern Weimars war also nicht die Verfassung, sondern die Wahl des Monarchisten Hindenburg zum Reichspräsidenten (1925) und vor allem dessen Bestreben und das seiner „Kamarilla" nach 1930, die Demokratie durch eine autoritäre Herrschaftsform zu ersetzen.

Folgen der Weltwirtschaftskrise

Die junge Republik hätte möglicherweise alle Probleme meistern können, wenn sie mehr Zeit zur Stabilisierung und Verankerung ihrer Strukturen in der Bevölkerung gehabt hätte. Diese Zeit nahm ihr aber die 1929 ausbrechende Weltwirtschaftskrise mit ihrer großen Dynamik. Ihre Folgen entzogen der Demokratie weitere Akzeptanz und führten zu einer **Radikalisierung der vom Elend bedrohten Bevölkerung**, aber auch zu einem Verhaltenswandel der konservativen Eliten. Zur weiteren Verschärfung trug auch die Wirtschaftspolitik der Regierung Brüning bei, die von außenpolitischen Erwägungen und der Währungsstabilität vorrangig geleitet wurde und die innenpolitischen Auswirkungen der wirtschaftlichen und sozialen Krise unterschätzte.

Geschick Hitlers

Zuletzt ist das Scheitern der Weimarer Republik auch ein **„Erfolg" Hitlers** und seiner nationalsozialistischen Berater: Sie nutzten konsequent jede Chance, die ihnen die Krise, die Fehler der Demokraten und die Intrigen der konservativen Kreise um Hindenburg boten:

- durch die „Legalitätstaktik" nach dem erfolglosen Putschversuch 1923,
- durch das Bündnis mit der DNVP seit 1929 („Harzburger Front"),
- mithilfe der finanziellen Unterstützung durch die deutsche Industrie.

Der politische Instinkt Hitlers zeigte sich am meisten in der Schwächephase der Nationalsozialisten nach den Reichstagswahlen im November 1932, als deren Wahlergebnisse einbrachen: Erst angesichts der eigentlich verlorenen Chance, die Regierungsmacht legal zu erhalten, überrumpelte Hitler die Konservativen und erhielt mit seiner 33 %-Partei das Reichskanzleramt. Die nationalsozialistische Selbstzuschreibung des Vorgangs als „Machtergreifung“ hat aus dieser Perspektive durchaus etwas für sich. Die Machtverhältnisse im Januar 1933 waren aber so, dass Hitler nur mithilfe Hindenburgs in seine chancenreiche Ausgangsstellung kommen konnte: Es handelte sich eher um eine **Machtübergabe**.

Strukturelle Gefährdungen der Weimarer Republik

alte Eliten
- konservative, antidemokratische Einstellungen
- autoritäre Herrschaftsform als Ziel Hindenburgs und seiner Berater

Versailler Vertrag
- Wirkung von Dolchstoßlegende und Kriegsunschuldlegende
- Ansehensverlust der Demokratie wegen „Schandfrieden“ und wirtschaftlichen Belastungen

Verfassung
- strikt demokratisches Prinzip
- einfaches Misstrauensvotum
- starke Stellung des Reichspräsidenten

NSDAP: Geschick Hitlers
- Legalitätskurs
- „Harzburger Front“
- Unterstützung durch die Industrie

WEIMARER REBUPLIK

NSDAP: Terror
- massive Propaganda und Agitation
- Straßenschlachten, Einschüchterung der Gegner

linksextreme KPD
- Spaltung der Arbeiterbewegung
- parlamentarische Obstruktion und gewalttätige Straßenschlachten

Wirtschaftskrise
- Arbeitslosigkeit und Massenelend
- Radikalisierung der Bevölkerung: Ablehnung der Demokratie

Wertekontinuität
- obrigkeitsstaatliche Denkmuster der Bevölkerung
- Nationalismus, Antimarxismus, Antimodernismus, Antisemitismus

Aufgaben

41 Beschreiben Sie die wichtigsten Gründe für das Scheitern der Weimarer Republik.

42 a) Analysieren Sie anhand der Statistik (M 1) die Mitgliederstruktur der NSDAP und überprüfen Sie, inwieweit der Anspruch der Partei, alle Bevölkerungsschichten zu repräsentieren, bis 1930 erfüllt war.

b) Arbeiten Sie aus dem Text (M 2) heraus, wie die SPD die grundlegenden politischen Ereignisse der Situation bewertet.

c) Beurteilen Sie die Richtigkeit der Thesen der SPD im Hinblick auf die politische Entwicklung in Deutschland zwischen 1930 und 1933.

d) Interpretieren Sie die Karikatur (M 3) und stellen Sie dabei deren Sichtweise der politischen Krise in Deutschland 1930 heraus.

e) Beurteilen Sie im Hinblick auf die wesentlichen Ursachen für das Scheitern der Weimarer Republik, ob die Aussage der Karikatur stimmig ist.

M 1: Soziale Struktur der NSDAP um 1930

Erwerbstätige	im Reichsgebiet (Volkszählung von 1925)[1]		in der NSDAP (vor dem 14. 9. 1930)		Anteil der NSDAP-Mitglieder an der Zahl der Erwerbstätigen[2]
	absolut	in %	absolut	in %	in %
Arbeiter	14 443 000	45,1	34 000	28,1	0,24
Selbstständige	5 658 000	17,7	41 600	34,4	0,74
davon:					
– Landwirte	2 203 000	6,9	17 100	14,1	0,78
– Handwerker und Gewerbetreibende	1 785 000	5,6	11 000	9,1	0,61
– freie Berufe	477 000	1,5	3 600	3,0	0,75
Beamte	1 384 000	4,3	10 000	8,3	0,72
Angestellte	5 087 000	15,9	31 000	25,6	0,61
mithelfende Familienangehörige (meist weiblich)	5 437 000	17,0	4 400	3,6	0,08
insgesamt	32 009 000	100	121 000	100	0,38

1 Bei der Bearbeitung der Statistik ist hinsichtlich der Zahl der Erwerbstätigen davon auszugehen, dass sich von 1925 bis 1930 keine wesentlichen Änderungen ergeben haben.

2 Zahl der Erwerbstätigen: Stand der Volkszählung von 1925; NSDAP-Mitglieder: Stand vor dem 14. 9. 1930

Um eigene Berechnungen ergänzte Tabelle nach Martin Broszat: Der Staat Hitlers, 11. Aufl. München: dtv 1986, S. 51.

M 2: Wahlaufruf der Sozialdemokratischen Partei Deutschlands vom 19. Juli 1930 zur Reichstagswahl am 14. September 1930

Wähler und Wählerinnen der Deutschen Republik! Der Bürgerblock hat seine Diktatur aufgerichtet! Das Kabinett Brüning regiert mit dem Artikel 48! Zwischen Bürgerblock und Sozialdemokratie, Arbeit und Kapital, Demokratie und Diktatur fällt am 14. September die Entscheidung! Es ist nicht wahr, dass der Reichstag versagt hat. Die Regierung Brüning hat versagt. Ihr einziges Bestreben war darauf gerichtet, die Sozialdemokratie, die politische Vertretung der Arbeiterklasse, auszuschalten und mit den Großindustriellen und den Großgrundbesitzern zu regieren. Daran ist sie gescheitert.

Millionen Menschen sind arbeitslos, andere Millionen in ihrer Existenz bedroht. Die Wirtschaftskrise, in die fast alle Länder der Welt hineingerissen sind, fordert immer neue Opfer. Diese Krise ist das Ergebnis der kapitalistischen Anarchie, nicht des Young-Planes. Sie trifft die Länder der Sieger wie der Besiegten. Schwere Lasten für alle Volksschichten sind zur Linderung der Not, zur Überwindung der Wirtschaftskrise und zur Gesundung der Reichsfinanzen erforderlich. Die Regierung Brüning wollte die Reichen und Leistungsfähigen verschonen und die Lasten den Armen und Schwachen auflegen. [...]

Unter dem Kabinett Hermann Müller ist es der Sozialdemokratie gelungen, gefährliche Anschläge der Reaktion zurückzuweisen und wertvolle Zugeständnisse für die Arbeiterklasse zu erzielen. Damals konnten die Verschlechterungen der Arbeitslosenversicherung abgewehrt, Löhne und Gehälter geschützt werden. Als Ende 1928 die rheinischen Großindustriellen eine Viertelmillion Arbeiter aussperrten, um die Löhne zu senken, wurden die Ausgesperrten aus Reichsmitteln unterstützt, und der Angriff wurde abgeschlagen. Die Regierung Brüning dagegen hat im Mai 1930 [...] einer Lohnkürzung zugestimmt und damit das Signal zu einer allgemeinen Kürzung der Löhne und Gehälter gegeben, ohne das Versprechen der Preissenkung einlösen zu können, weil sie die Kartelle und Trusts unbehelligt ließ. Es folgte die Verschlechterung der Arbeitslosenversicherung, der Krankenversicherung, die Verkürzung der Zuschüsse für Invaliden und Wöchnerinnen, die unter der Regierung Müller erhöht worden waren.

Der Kampf der Sozialdemokratie gegen diese soziale Reaktion ist nicht nur ein Kampf um das Recht des Parlaments, sondern auch ein Kampf um das Recht des Volkes. Dieses Recht des Volkes wollen auch die Nationalsozialisten, die erklärten Anhänger der Diktatur, vernichten. Sie wollen die brutale Gewalt mit Messer und Revolver zum staatlichen System erheben. Dabei leisten ihnen die Kommunisten durch ihre Kampfmethoden wie durch die Zersplitterung der Arbeiterschaft wertvolle Dienste.

Wähler und Wählerinnen, nicht die Diktatur soll regieren, sondern die Demokratie. Das Kapital will herrschen durch Diktatur. Demokratie aber ist Herrschaft des arbeitenden Volkes. Ohne Demokratie kein sozialer Fortschritt, keine Gesundung der Wirtschaft, keine Beseitigung von Not und Elend! Wähler und Wählerinnen, setzt euch zur Wehr gegen den Bürgerblock und seine Helfer! Gegen die Regierung Brüning, die mit dem Großkapital verbrüdert ist und die Rechte der Arbeiterklasse niederschlagen will! Vorwärts zum Kampf für Demokratie und Sozialismus, für das arbeitende Volk, für die Sozialdemokratie!

M 3: David Fitzpatrick: The Source. St. Louis Post-Dispatch, 19. 10. 1930

THE SOURCE

Hitlers willige Volksgenossen? Die Deutschen und der Holocaust

Der historische Zeitraum des Nationalsozialismus beginnt mit der Ernennung Hitlers zum Reichskanzler am 30. Januar 1933 und endet mit der bedingungslosen Kapitulation Deutschlands am 8. Mai 1945. Dieser Abschnitt der deutschen Geschichte ist nach dem ideologischen Konzept der Nationalsozialistischen Deutschen Arbeiterpartei (NSDAP) benannt, weil die von ihr errichtete **totalitäre Diktatur** sowohl die innere Situation Deutschlands prägte als auch den Zweiten Weltkrieg herbeiführte, das zentrale weltpolitische Ereignis des 20. Jahrhunderts.

Für das Selbstverständnis der Deutschen folgenreich sind die Kriegsverbrechen des NS-Staates in den im Zweiten Weltkrieg eroberten Gebieten in Osteuropa, denen Millionen von Zivilisten und Kriegsgefangenen zum Opfer fielen. Hinzu kommt der **Holocaust**, die systematische Ermordung von 6 Millionen europäischen Juden aus rassistisch-antisemitischem Wahn. Als einzigartiges „Menschheitsverbrechen“, als **„Zivilisationsbruch“** belastet dieser **Völkermord** das Bild Deutschlands in der Welt dauerhaft; das deutsche Vernichtungslager **Auschwitz** ist zur Metapher für den systematischen, fabrikmäßigen Massenmord an Unschuldigen und Unbeteiligten geworden. Für politisch bewusste Deutsche stellt der Holocaust deshalb ein **tief gehendes Trauma** dar. Die Verarbeitung der deutschen Schuld ist entsprechend bis heute ein wichtiges Fundament deutscher staatlicher Identität, die Anerkennung deutscher Verantwortung für die Verbrechen des Nationalsozialismus gehört zum sog. **bundesrepublikanischen Wertehorizont**.

1 Die Situation der deutschen Juden vor 1933

Mit der Weimarer Republik endete 1933 ein Prozess der **jüdischen Emanzipation**, der in der Aufklärung des 18. Jahrhunderts begonnen hatte. Die Reichsverfassung von 1871 hatte diese Entwicklung mit der völligen rechtlichen Gleichstellung der seit Jahrhunderten in deutschen Territorien lebenden Juden vollendet; die **gesellschaftliche Integration** und teilweise die **religiöse Assimilierung** der Juden im neuen deutschen Nationalstaat waren die Folge. Etwa 10 Prozent der Deutschen jüdischer Herkunft bekannten sich zum christlichen Glauben, „Mischehen" mit Partnern aus einem nicht-jüdischen Milieu waren häufig. Die deutschen Juden definierten sich selbst ausnahmslos als Deutsche (mit einer jüdischen Religion) und wurden von der großen Bevölkerungsmehrheit auch so wahrgenommen.

Grundbegriffe zur jüdischen Geschichte

- **Integration:** Allgemeiner Begriff für die Eingliederung einer Gruppe in eine (meist größere) andere.
- **Assimilation:** Darunter versteht man die Verschmelzung verschiedener gesellschaftlicher Gruppen miteinander. So wird für das 19. Jahrhundert von einer Assimilation eines Teils der Juden in die Mehrheitsgesellschaften ihrer Heimatländer gesprochen.
- **Identität:** Der Begriff bezeichnet das Selbstverständnis, das ein Mensch von sich selbst hat. Viele assimilierte Juden stellten sich die Frage, ob sie noch ein besonderes jüdisches Selbstverständnis besäßen, sichtbar zum Beispiel an ihrem jüdischen Glauben. Eine religiöse jüdische Identität stand aber für die große Mehrheit der deutschen Juden einem Selbstverständnis als Deutsche in keiner Weise entgegen. Es gab und gibt genauso jüdische wie christliche oder wie inzwischen muslimische Deutsche.

1933 betrug der Anteil der jüdischen Bevölkerungsgruppe innerhalb der deutschen Gesellschaft mit ca. 500 000 Personen 0,77 Prozent. Zum Vergleich: 2010 lebten ca. 15 Millionen Bürger mit einem relativ kurzfristigen Migrationshintergrund in Deutschland, ihr Anteil an der Bevölkerung machte 18,75 Prozent aus; darunter befanden sich etwa 4 Millionen Muslime (5 Prozent der deutschen Bevölkerung). Im Vergleich zu den heute in Deutschland lebenden Bürgern mit Migrationshintergrund war der **Anteil der jüdischen Bevölkerungsgruppe** mit unter einem Prozent also **sehr gering**.

Die Juden als erfolgreiche Bevölkerungsgruppe

Die Situation der deutschen Juden unterschied sich von den meisten heutigen Migrantengruppen im Hinblick auf ihren wirtschaftlichen Erfolg und ihre Rolle in der Gesellschaft. Sie waren in den gewaltigen Umbrüchen der Industrialisierung eine ausgesprochen erfolgreiche Bevölkerungsgruppe: Juden zeigten sich besonders aufgeschlossen gegenüber **aufgeklärter Bildung** und verfügten aufgrund ihrer früheren beruflichen Begrenzungen über kaufmännische Erfahrungen. Sie waren deshalb überrepräsentiert in **Handel und Industrie** (Unternehmer, kaufmännische Berufe), im **öffentlichen Dienst** und in **freien Berufen** (Rechtsanwälte, Ärzte, Wissenschaftler, Lehrer, Künstler). Die Juden wiesen also eine **moderne Sozialstruktur** mit einem deutlichen **Übergewicht an akademischen Berufen** oder solchen mit vergleichbarer Ausbildung auf.

Erinnert sei an den Industriellen, Schriftsteller und liberalen Politiker **Walther Rathenau**, der 1922 als deutscher Außenminister von Rechtsradikalen ermordet wurde.

Einwanderung ostjüdischer Arbeiter im 19. Jahrhundert

Vergessen darf man aber dennoch nicht den großen Anteil von jüdischen Handwerkern und seit der Einwanderung russischer Juden in der 2. Hälfte des 19. Jahrhunderts auch die Gruppe **ostjüdischer Industriearbeiter**, die sich vor allem in den Großstädten (Berlin, Wien) ansiedelten. Die eingesessene jüdische Bevölkerung hatte mit den meist orthodoxen „Ostjuden“ wenig gemeinsam und kaum etwas zu tun. Sie lehnte deren **traditionelle Lebensweise** ab und musste mit Erschrecken feststellen, dass die neu eingewanderten Juden starke antisemitische Reaktionen hervorriefen.

Antisemitismus als Neidreaktion

Antisemitismus lässt sich auch als Neidreaktion beschreiben: Denn 1908 waren wegen der genannten Gründe bereits 31 Prozent der reichsten Deutschen jüdischer Herkunft, und das bei einem Bevölkerungsanteil von nur 1 Prozent; dies zeigt den großen wirtschaftlichen Erfolg der deutschen Juden seit Beginn der Industrialisierung. Sie zahlten überdurchschnittlich viele Steuern und trugen als **Mäzene das kulturelle Leben Deutschlands** und Mitteleuropas entscheidend mit.

Hinzu kam ein besonderes **Interesse an Wissenschaft und Kultur** – nicht zuletzt, um die starke Bindung an die kaufmännische Existenz und die damit verbundenen Vorurteile zu überwinden. Den Juden war der Wert von Bildung als Mittel des sozialen Aufstiegs bewusst: 1900 waren in Berlin 30–35 Prozent der Gymnasiasten jüdisch (bei einem Bevölkerungsanteil von 5 Prozent).

Jüdische Künstler

Äußerst bedeutend waren Künstler jüdischer Abstammung für die innovative, weltweit einflussreiche **Kultur der Weimarer Republik**. Aus der Vielzahl der Persönlichkeiten können nur wenige Beispiele genannt werden: Der impressionistische Maler **Max Liebermann** förderte als Leiter der Preußischen Akademie der Künste maßgeblich Maler und Bildhauer der Moderne. **Arnold Schönberg** begründete in einer revolutionären künstlerischen Wende die Zwölftontechnik, eine Kompositionstechnik, die von zahlreichen Komponisten der „ernsten“ Musik aufgegriffen wurde. Im Bereich des Theaters reformierte **Max Reinhardt** die deutsche Bühne als Regisseur, Förderer wichtiger Autoren wie Bert Brechts und Carl Zuckmayrs sowie als Begründer einer modernen Schauspielausbildung.

Fritz Lang prägte mit neuen ästhetischen Maßstäben die Filmgeschichte, v. a. in der Stummfilm- und frühen Tonfilm-Ära. Zu seinen frühen deutschsprachigen Werken gehören berühmte Filme wie „Metropolis“ (1927) und „M – Eine Stadt sucht einen Mörder“ (1931).

Die meisten deutsch-jüdischen Künstler verließen Deutschland nach 1933. Die Aufnahmeländer, allen voran die USA, profitierten von den Fähigkeiten der **emigrierten jüdischen Künstler und Wissenschaftler**; für Deutschland dagegen bedeutete der selbst erzwungene Verlust eine tiefgreifende und über 1945 hinausreichende **kulturelle Verarmung** und Provinzialisierung.

Die deutsch-jüdische Gesellschaftsgruppe vor 1933

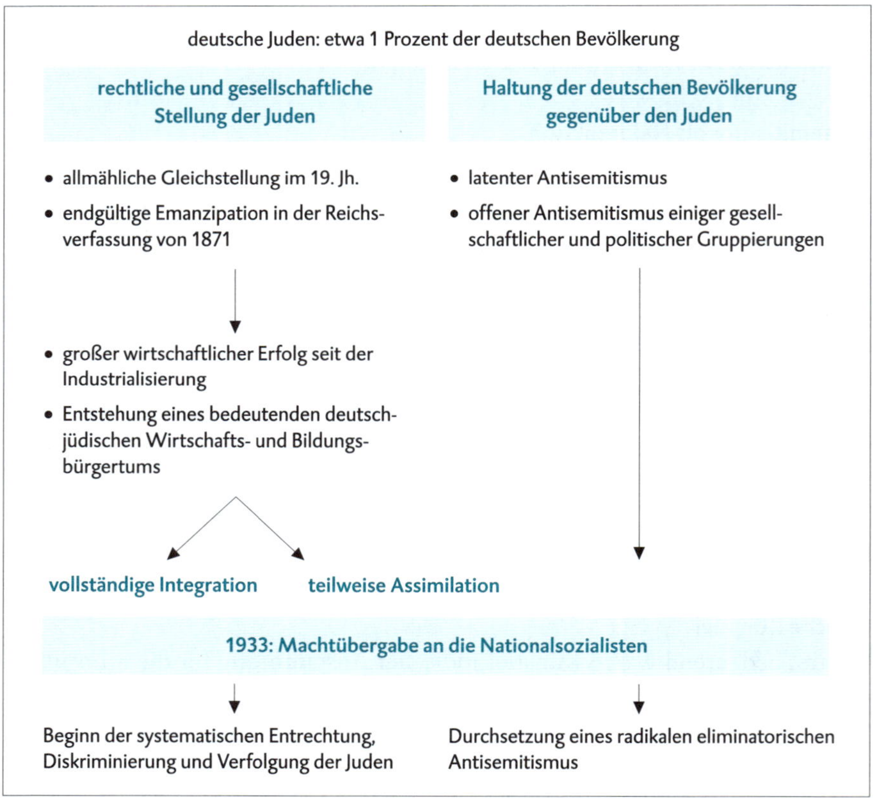

Aufgabe

43 Charakterisieren Sie in den wichtigsten Punkten die deutschen Juden als Gesellschaftsgruppe vor 1933.

2 Antisemitismus als ideologischer Kern des Nationalsozialismus

Der Begriff **„Antisemitismus“** bezeichnet heute alle historischen und gegenwärtigen Erscheinungsformen der Judenfeindschaft, obwohl er erst 1879 im Umfeld des antisemitischen Publizisten **Wilhelm Marr** geprägt wurde, um eine neue Form einer sich wissenschaftlich gebenden, rassistischen Ablehnung von Juden zu rechtfertigen.

In dieser **Wortneuschöpfung** drückt sich eine veränderte Auffassung von den Juden aus, die nun nicht mehr über ihre Religion definiert werden, sondern als Volk, Nation oder Rasse minderen Werts. Die Wortbildung Antisemitismus basiert auf sprachwissenschaftlichen und völkerkundlichen Unterscheidungen des ausgehenden 18. Jahrhunderts, in denen mit dem Begriff des „Semitismus“ versucht wurde, die Besonderheit der semitischen Völker im Unterschied zu denen der Indogermanen zu erfassen und abzuwerten. Hatte der ältere religiöse Antijudaismus die „Bekehrung“ der Juden und deren Taufe zum Ziel, so **stigmatisierte der moderne Antisemitismus die Juden**, nur weil sie Juden waren.

Diese Haltung war die Grundlage für die Ausgrenzung, Vertreibung und in letzter Konsequenz die Vernichtung der jüdischen Minderheit. Auch Hitler war vom Antisemitismus des 19. Jahrhunderts geprägt und er bezog sich in seinen Schriften und Reden auf die wichtigen Vertreter des „neuen“ Antisemitismus.

2.1 Rassismus als pseudowissenschaftliche Grundlage

Der Glaube an die Existenz biologisch unterschiedlicher Rassen war der Ausgangspunkt für Hitlers Weltanschauung und auch Fundament seines Antisemitismus. Für Hitler gliederte sich die Menschheit entsprechend in höher- und minderwertige Rassen: Die **„arische Rasse“** war für ihn die einzig wertvolle und schöpferische Rasse. Dem „Arier“ sprach er daher das Recht der Herrschaft über die Erde naturgesetzlich zu; das eigentliche **„Herrenvolk“** unter den „Ariern“ waren für ihn die Deutschen. Der ideologische Bezugspunkt dieses Gedankens war der **Sozialdarwinismus** des späten 19. Jahrhunderts. Diese weitverbreitete Denkweise übertrug Charles Darwins wissenschaftlich begründete Evolutionstheorie zur natürlichen Auslese der Arten auf Geschichte, Politik und Gesellschaft. Das angeblich natürliche **„Recht des Stärkeren“** legitimierte radikale Maßnahmen gegen politische Gegner und jüdische Mitbürger und bildete auch die ideologische Grundlage für die Eroberungspolitik Hitlers.

Für die nationalsozialistische Propaganda bot die **Rassenlehre** große Vorteile: Gerade in der Krisenphase der Weimarer Republik war die Rassenlehre für viele zu „Ariern" aufgewertete Deutsche, die Deutschland durch den Versailler Vertrag ungerecht behandelt sahen und persönlich aufgrund der schlechten wirtschaftlichen Lage unter Druck standen, eine **Projektionsfläche** für eigene Machtwünsche und für die Bewältigung von Minderwertigkeitsgefühlen.

2.2 Hitlers Antisemitismus als „politische Erlösungsreligion"

Angelpunkt des gesamten ideologischen Gebäudes war für Hitler der Kampf gegen das für ihn personifizierte Böse: das **internationale Judentum**, verantwortlich für Marxismus, Liberalismus, Parlamentarismus und die Schmach des Versailler Vertrags. Von ihm wollte er Deutschland, die germanische Rasse und die Welt befreien, da er sich als von der Vorsehung auserwählter **Erlöser** sah: „Indem ich mich des Juden erwehre, kämpfe ich für das Werk des Herrn". Das Zitat macht deutlich, was der Nationalsozialismus für Hitler war: eine **„totalitäre politische Erlösungsreligion"** (Heinrich August Winkler), die allein Rettung und Heil vor den Juden als *dem* mythischen Feind versprach und die keine Alternativen neben sich duldete. Die Vernichtung der europäischen Juden war für Hitler die logische Konsequenz seines radikalen, wahnhaften Denkens.

In der jüdischen „Rasse" sah Hitler das Gegenbild zu den „Ariern". Sie war der Feind, der den Herrschaftsanspruch der arischen Führungsrasse bedrohte, den es ununterbrochen zu bekämpfen galt und der für alle Niederlagen im persönlichen wie im politischen Leben verantwortlich gemacht werden konnte.

Hitler gab den Juden die Schuld an der Niederlage Deutschlands im Weltkrieg, an der Revolution von 1918, an der Demokratie, am Pazifismus, an den linken Parteien, insbesondere aber am Marxismus. Er war davon überzeugt, dass der **Marxismus** und vor allem der russische Bolschewismus mit dem gefürchteten Ziel der proletarischen Weltrevolution Teil einer **„jüdischen Weltverschwörung"** seien. Der Kampf gegen diese „Verschwörung" und damit der Antisemitismus waren entsprechend für Hitler die wichtigste Begründung für seinen fanatischen Kampf um die politische Macht in Deutschland.

2.3 Nationalsozialistischer und traditioneller Antisemitismus

Der Antisemitismus des 19. Jahrhunderts konnte bereits auf das Fundament einer jahrhundertelangen Ausgrenzung der europäischen Juden zurückgreifen.

Religiöse Judenfeindschaft

Die früheste Form der Ablehnung ist die am Ende des 11. Jahrhunderts entstandene christliche Judenfeindschaft – zur Unterscheidung vom modernen Antisemitismus spricht man oft von **Antijudaismus** (vgl. S. 49 ff.). Die Herabsetzung von Volk und Glauben der Juden wurde damals zu einem **Propagandainstrument der erstarkten Papstkirche** und zum **religiösen Vorurteil:** Die Juden galten als blind und verstockt, weil sie Jesus nicht als Messias anerkennen wollten; man erhob den Vorwurf des Christusmords und der grundsätzlichen Christenfeindlichkeit. Seit dem 12. Jahrhundert verbreiteten sich in der christlichen Bevölkerung die Legenden, Juden würden als „Feinde Christi" Hostien durchbohren, um den Gottesmord zu wiederholen **(Hostienfrevel)**, und sie würden christliche Kinder töten und ihr Blut für rituelle Zwecke nutzen **(Ritualmord-Legende)**. Zu diesen Legenden kam seit den Pestepidemien des 14. Jahrhunderts die **Angst vor Brunnenvergiftungen** durch Juden. Alle diese Vorwürfe machten die Juden zu einer kollektiv dämonisierten und ausgegrenzten Minderheit.

Ökonomisch begründete Judenfeindschaft

Eine zweite Form des frühen Antijudaismus ergibt sich aus der besonderen wirtschaftlichen Situation der Juden in der Frühen Neuzeit: Die **erzwungene besondere Berufsstruktur der Juden**, die von Fernhandel, Handwerk, Landwirtschaft und Staatsdienst ausgeschlossen wurden und auf die Geldleihe gegen Zins, die Christen verboten war, und den Kleinhandel beschränkt waren, führte zur ökonomisch begründeten Judenfeindschaft. Die Juden wurden als Wucherer, Betrüger und später, nach ihrem großen wirtschaftlichen Erfolg im Rahmen der Industrialisierung, als ausbeuterische Kapitalisten und Spekulanten gebrandmarkt. Damit eng verbunden war der **Glaube an eine jüdische Weltverschwörung** durch die finanzstarken jüdischen Kapitalisten, die das Ziel hätten, die ganze Welt zu beherrschen. Dieses Stereotyp verband sich seit der Französischen Revolution und noch einmal verstärkt durch die Russische Revolution von 1917 mit der Vorstellung, dass sich auch hinter politischen Umwälzungen wie Revolutionen und Kriegen jüdische Interessen verbergen.

Rassistisch motivierte Judenfeindschaft

Seit den 1880er-Jahren wurde von einzelnen Gruppen die vorher religiös oder ökonomisch begründete „Judenfrage" zur „Rassenfrage" erklärt. **Rassische Homogenität** wurde zum höchsten Wert gegenüber einem „Rassen- und Völkerchaos" erhoben, das angeblich den Interessen der Juden entgegenkäme. Rassistische Vorstellungen prägten auch das Körperbild der Juden: Zum einen dominierten Fantasien vom schwachen, unsoldatischen, hässlichen, gebückten und hakennasigen Juden, zum anderen die vom sexuell bedrohlichen Juden. In der Wahrnehmung der jüdischen Frauen herrschte das exotische Bild der verführerischen „schönen Jüdin" vor.

Politischer Antisemitismus

Die fanatischen Judenfeinde organisierten sich schon im Kaiserreich in **antisemitischen Parteien und Verbänden:** In Kassel wurde 1886 die Deutsche Antisemitische Vereinigung ins Leben gerufen, deren Protagonist der Bibliothekar Otto Böckel war. Von 1887 bis 1903 saß er im Reichstag und war Herausgeber völkischer Zeitschriften. Im Juli 1890 gründete er in Erfurt die Antisemitische Volkspartei, die 1893 in Deutsche Reformpartei umbenannt wurde. Im Reichstag errangen Vertreter antisemitischer Gruppierungen 1890 fünf und 1893 16 Mandate (von 392). Ernst Henrici gründete 1894 zusammen mit dem Reichstagsabgeordneten Wilhelm Pickenbach den Deutschen Antisemitenbund.

Im **Ersten Weltkrieg** wurden die antijüdischen Vorbehalte in Deutschland durch die jahrelange innere **Krisensituation** und die deutsche Niederlage neu aufgeladen. Ungeachtet der Tatsache, dass die deutschen Juden die Kriegsbegeisterung des Sommers 1914 teilten und dass die Zahl der jüdischen Freiwilligen – gemessen am jüdischen Bevölkerungsanteil – überdurchschnittlich groß war, machte das Gerücht von der „jüdischen **Drückebergerei**" die Runde. Als zweites antisemitisches Stereotyp war die Überzeugung landläufig, dass Juden, die „geborenen Wucherer und Spekulanten", sich als **Kriegsgewinnler** „an der Not des Vaterlandes bereicherten". In zahlreichen Publikationen wurden diese Klischees verbreitet, trotz der vielen Tapferkeitsauszeichnungen (30 000) und Beförderungen (19 000) und trotz der 12 000 jüdischen Kriegstoten bei insgesamt 100 000 jüdischen Soldaten.

Die antisemitische Propaganda verstärkte sich in der latenten **Krise der Weimarer Republik:** Sie bildete im Programm der völkischen und nationalistischen Parteien der Nachkriegszeit *das* ideologische Bindemittel für die Existenzängste vieler Menschen. Es gelang so vor allem der Deutschnationalen Volkspartei (DNVP) und dann der NSDAP, viele Anhänger zu gewinnen.

„Eliminatorischer Rassenantisemitismus" Hitlers

Hitlers große Wahlerfolge stützten sich aber vor 1933 nicht primär auf seinen Antisemitismus, der nur eine Minderheit der Deutschen ansprach, sondern auf andere Elemente seiner Ideologie. Seinen wahnhaften **„eliminatorischen Rassenantisemitismus"** konnte er erst nach der Errichtung der totalitären NS-Diktatur politisch durchsetzen. Der NS-Propaganda gelang es dabei mit ihrem Informationsmonopol und ihren ausgefeilten Methoden, antisemitisches Denken in der nationalsozialistischen „Volksgemeinschaft" weiter zu verankern.

Historische Entwicklung des Antisemitismus

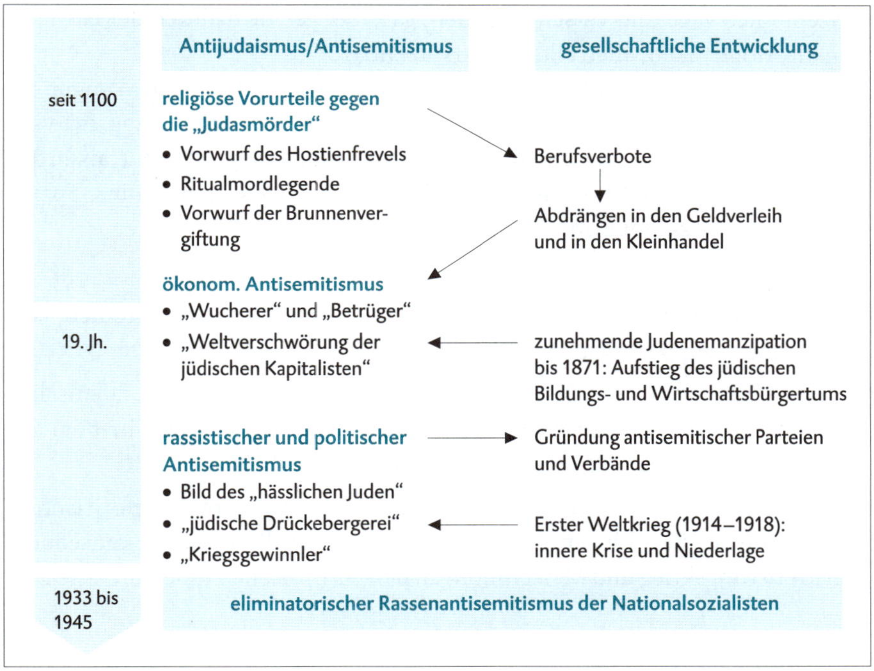

Aufgaben

44 Definieren Sie die Begriffe „Antisemitismus", „Sozialdarwinismus" und „politische Erlösungsreligion".

45 Geben Sie einen knappen Überblick über die historische Entwicklung des Antisemitismus.

3 Das Konzept der „Volksgemeinschaft"

Die Ideologie des nationalsozialistischen Regimes wurde im Wesentlichen von Adolf Hitler in seinem Bekenntnisbuch **„Mein Kampf"** formuliert, das er 1924 während seiner kurzen Haftzeit in Landsberg am Lech diktierte.

Der nationalsozialistischen Bewegung lag kein Weltbild im Sinne eines argumentativ geschlossenen Gedankengebäudes zugrunde, wie etwa dem Kommunismus. Die Nationalsozialisten versuchten vielmehr, auf die Interessen und Wünsche all jener einzugehen, die mit den Verhältnissen in der Weimarer Republik unzufrieden waren, um sie für die NSDAP zu gewinnen. Das ideologische Konzept blieb vage und verschwommen, gab aber gerade dadurch der NS-Führung die Möglichkeit, allen alles zu versprechen.

Hitler bezog sich in „Mein Kampf" auf unterschiedliches Gedankengut des 19. Jahrhunderts. Damals wurde die verlorene religiöse Sinngebung für viele Menschen ersetzt durch scheinbar wissenschaftlich begründete **(„pseudowissenschaftliche") Ideologien** wie den aggressivenNationalismus, Sozialdarwinismus, Rassismus und Antisemitismus.

Das Besondere an Hitlers Konstrukt war
- die konsequente **Vereinfachung** der bereits simplen rechtsextremen Vorstellungen seiner Vorgänger,
- die zunehmende **Radikalisierung** des Vorhandenen zu einem „fanatischen eliminatorischen Rassenantisemitismus" (Daniel Goldhagen), in dem die Ausrottung alles Jüdischen zum zentralen Ziel wurde,
- und – am folgenreichsten – die strikte **Ausrichtung des realen politischen Handelns an den ideologischen Vorgaben**, um diese zuletzt konsequent in Eroberungskrieg und Massenmord an den europäischen Juden umzusetzen.

3.1 Lebensraumpolitik

Die Machtübernahme in Deutschland sollte nur eine vorübergehende Etappe des Nationalsozialismus sein. Letztes Ziel war für Hitler ein **rassisch reines germanisch-deutsches Großreich**. Der Weg dahin ging für ihn über die Eroberung von Lebensraum im Osten, der nach den **„Umvolkungsplänen"** der NS-Führung durch „Deutschblütige" besiedelt werden sollte. Dies betraf vor allem Russland, das Hitler zufolge nach der kommunistischen Revolution in die Hände der Juden gefallen und nun reif sei für den Zusammenbruch und die Übernahme durch die deutschen „Arier". Erst dann besäße das Deutsche Reich die notwendige Größe und die Bodenschätze, um zur Weltmacht aufzusteigen.

Für Hitler verbanden sich so die Bekämpfung von Judentum und Marxismus mit der Rettung Europas vor dem Bolschewismus sowie mit der Eroberung von Lebensraum für das deutsche Volk zu einem einzigen Programm.

3.2 „Volksgemeinschaft“ und „Nationaler Sozialismus“

Erfolgreich war Hitler bei den Wählern vor allem mit den üblichen nationalistischen Parolen gegen das „System von Weimar“ und gegen den Versailler Vertrag. Den Unterschied zu den anderen rechten Parteien machten dabei der „innovative“ Gebrauch des Sozialismus-Begriffs und der Nationalismus-Tradition durch die Nationalsozialistische Deutsche Arbeiterpartei, wie Hitler seine Partei seit 1920 nannte.

Hitler wertete den marxistischen Ursprung des Begriffs „Sozialismus“ um und forderte die **Entproletarisierung der Arbeiter** in einem klassenübergreifenden nationalen Projekt, der „Volksgemeinschaft“. Diese propagandistische Aufwertung der Arbeitnehmer wirkte vor allem bei einer breiten Wählergruppe national gesinnter Angestellter, Arbeiter und junger Akademiker.

Mit der Idee der **„Volksgemeinschaft“** schloss sich die NS-Ideologie erfolgreich an den weitverbreiteten Nationalismus der Deutschen an: Der Begriff „Volksgemeinschaft“, seit dem Ersten Weltkrieg in allen Parteien häufig verwendet, wurde von den Nationalsozialisten jetzt konsequent in deren rassistische Richtung umgedeutet: In dieser Gemeinschaft hatten nur wertvolle „arische“ Deutsche Platz, nicht aber Juden, „Zigeuner“ und allgemein die Mitglieder „minderwertiger Rassen“. Der ideologische **Ausschluss des „Artfremden“** (Segregation) ging mit der Aufwertung der zur Gemeinschaft Gehörenden (Integration) einher und war für viele Wähler attraktiv, die über die etablierten politischen Milieus hinaus Orientierung und Selbstbewusstsein suchten.

3.3 Radikaler Bruch mit den Werten der Aufklärung

Die liberalen Wertvorstellungen der Menschenrechte und der christlichen Nächstenliebe sowie einer der Volksvertretung verantwortlichen Regierung und des Rechtsstaats waren das Gegenbild des Konzepts der nationalsozialistischen „Volksgemeinschaft“. Dieses hob aber nicht nur Klassengegensätze und soziale Konflikte auf, sondern gleichzeitig individuelle Ansprüche auf politische Mitsprache und Rechtssicherheit. **Politische Kritik und Opposition** wurden als destruktiv, **volksfeindlich** und somit als **kriminell** bewertet. Formeln wie „Recht ist, was dem Volke nützt“, drücken diese Umwertung des Rechtsbegriffs aus. Zu erkennen, was dem Volke nützt, nahmen der „Führer“ und seine Partei für sich in Anspruch.

„Mit der Machtergreifung wird das Jahr 1789 aus der Geschichte gestrichen“, verkündete Joseph Goebbels 1933. Er meinte damit die Abkehr von den Grundsätzen der europäischen Aufklärung, die sich in der Französischen Revolution das erste Mal in Europa machtvoll durchgesetzt hatte; die Theorien der Aufklärung hatten auch die politische Entwicklung Deutschlands bis 1933 maßgeblich geprägt. Rassegedanke, Antisemitismus und die Vorstellung der „Volksgemeinschaft“ **brachen** nun radikal **mit der aufgeklärten Idee universal gültiger Menschen- und Bürgerrechte** und damit mit den Grundlagen des demokratisch-liberalen Rechtsstaats: In der politischen Praxis wurden

- die Gewaltenteilung verneint,
- die Verantwortlichkeit der Regierung gegenüber dem Parlament verworfen und die parlamentarische Kontrolle der Regierung abgelehnt,
- das Prinzip der Volkssouveränität preisgegeben
- und die politischen Rechte des einzelnen Bürgers gering geschätzt.

Die Abkehr vom überlieferten europäischen Wertesystem ging bei Hitler aber noch weiter. Nur im engsten Kreis seiner Anhänger machte er nach Kriegsbeginn 1939 deutlich, dass er die „Endlösung der Judenfrage“, also die Ausrottung der Juden, als Vorstufe zur endgültigen Beseitigung des für ihn jüdisch beeinflussten Christentums ansah. Denn die für ihn wahre Natur des arischen Menschen könne sich im „Kampf ums Dasein“ nur behaupten, wenn die christliche Mitleidsmoral überwunden wäre. Hitlers Logik erreichte damit ihren inhumanen Endpunkt: Dem menschlichen Leben sprach er jeden Eigenwert ab. Alles rassisch minderwertige oder die „Volksgemeinschaft“ behindernde Leben sollte mitleidslos vernichtet werden. Dieser neuen **„Ethik der Mitleidslosigkeit“** wollte Hitler durch die Zerstörung der christlichen Wurzeln Europas zum Erfolg verhelfen; auch darin sah er seine geschichtliche Mission.

3.4 Der Nationalsozialismus als Mythos und politische Religion

Hitlers rascher Aufstieg ist auch auf ein weiteres Element seines ideologischen Konzepts zurückzuführen: Er koppelte die Idee der „Volksgemeinschaft“ mit dem in der politischen Kultur Deutschlands äußerst positiv besetzten Begriff des „Reichs“; ihn verknüpften vor allem konservative Kreise mit Vorstellungen einer großen mittelalterlichen Vergangenheit und mit Heilserwartungen an eine bessere Zukunft. Das Schlagwort **„Drittes Reich“**, das diese Tradition aufnimmt, war 1923 ein Buchtitel Arthur Moeller van den Brucks, eines Vordenkers der sog. „Konservativen Revolution“ gegen die westlich-demokratische Moderne der Weimarer Republik. Das „dritte“ Reich sollte nach dem mittelalterlichen und dem Bismarckreich die Republik überwinden und **großdeutsch** sein, also Österreich einschließen. Moeller bezeichnete es als das „eine Reich“, als **Endreich**, als mythisch-religiösen Zielpunkt der deutschen Geschichte.

Die Nationalsozialisten übernahmen den Begriff „Drittes Reich“ in ihrer Propaganda und Hitler lud ihn mit dem **christlich-mittelalterlichen Mythos eines Reichs der „tausend Jahre“** auf, wie ihn die Offenbarung des Johannes enthält. In vielen mittelalterlichen Auslegungen weitverbreitet soll dieses mythische Reich den tausendjährigen Zeitraum zwischen dem Sieg über den Antichristen und dem Jüngsten Gericht bilden, d. h. am Ende aller Geschichte stehen.

Die propagandistische Nutzung des Reichsbegriffs erwies sich für die Nationalsozialisten als äußerst erfolgreich. Die gleichfalls religiöse Vorstellung eines „Dritten Reichs“, eines letzten Reichs, in dem die Geschichte zu ihrem sinnvollen Ende kommt, gab vor 1933 vielen an den Krisen der Republik Verzweifelnden ein neues Ziel und verschleierte bzw. legitimierte später den brutalen Charakter der NS-Herrschaft. Verknüpft wurde das Konzept des „Dritten Reichs“ dabei immer stärker mit der **Rolle Hitlers als „Erlöser“**, der die Deutschen in das **heilbringende „tausendjährige“ Reich** führen würde.

3.5 Führerprinzip

Der Kampf um die Macht, der Aufstieg der „arischen Rasse“ und ihres wertvollsten Teils, des deutschen Volks, zum „Herrenvolk der Erde“, wie Hitler es nannte, erforderte die Unterordnung der „Volksgemeinschaft“ unter den Willen eines Einzelnen. In einer „wahrhaftigen germanischen Demokratie“ gebe es demnach keine Übertragung von staatlicher Autorität durch demokratische Mehrheitsbeschlüsse.

Innerhalb des „besten Volks“ wurde Hitler so zum **charismatischen Führer**, gegen den jede Opposition als Verbrechen galt. Jeder „Volksgenosse“ hatte sich ihm daher in bedingungslosem Gehorsam zu unterwerfen. Die Partei erhielt als Organisation der Volkselite die Aufgabe, seinen Willen zu vollziehen sowie Staat und Volk zu einem Werkzeug in der Hand des Führers zu machen – nach der NS-Parole: „Führer befiehl, wir folgen“. Die Nationalsozialisten rechtfertigten diesen **absoluten Machtanspruch** mit der Unfehlbarkeit Hitlers und formten das Schlagwort: „Der Führer hat immer recht.“ Diese Umkehrung des demokratischen Grundgedankens wurde dem Volk durch einen systematisch verbreiteten Führerkult nahegebracht, der im **Mythos des vom Schicksal ge-**

sandten Retters gipfelte, an den Hitler selbst bis zuletzt glaubte. Der **Führermythos** bildete so den Anker der **„politischen Erlösungsreligion"**, als die sich der Nationalsozialismus darstellte.

Hitlers Konzept der „Volksgemeinschaft"

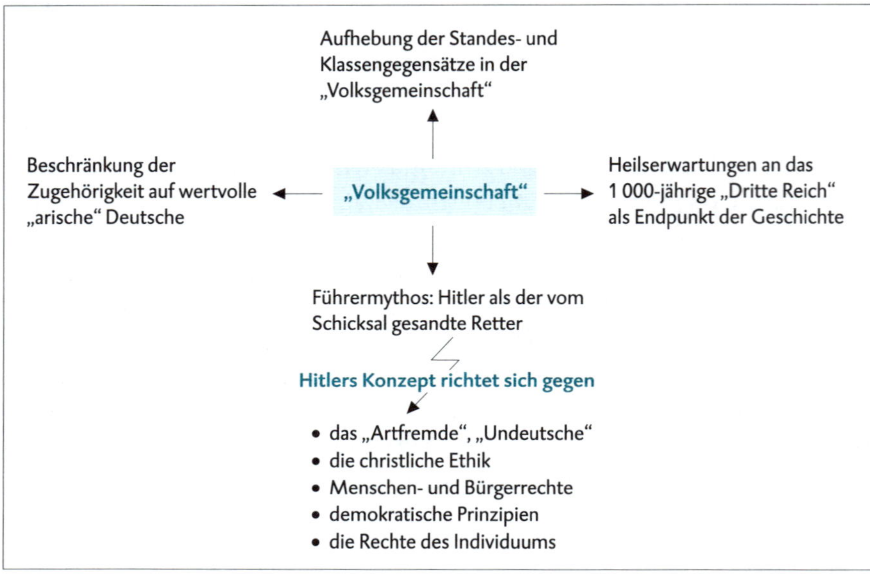

Aufgabe

46 Charakterisieren Sie den Kern der NS-Ideologie und beschreiben Sie davon ausgehend ihre wichtigsten Elemente.

4 Identifikationsangebot der „Volksgemeinschaft"

Warum konnte sich das NS-System so schnell etablieren? Und warum konnte sich Hitler bis zu dessen Zusammenbruch der Loyalität der meisten Deutschen sicher sein, obwohl die Nationalsozialisten von Anfang an mit offener Gewalt gegen wichtige politische und gesellschaftliche Gruppen vorgingen und Deutschland nach 1939 in Weltkrieg und Holocaust führten? Diese „Erfolge" des Nationalsozialismus erklären sich durch

- den **Mythos des unfehlbaren „Führers"**,
- die Übernahme aller staatlichen Institutionen durch die Nationalsozialisten,
- die zunehmende Durchdringung der Gesellschaft mit einer effektiven **Propaganda**,
- ein Terror-System, das sich seit 1934 zum effizienten **„SS-Staat"** (Eugen Kogon) entwickelte,
- die **große Bereitschaft der deutschen Bevölkerungsmehrheit**, das Regime zu unterstützen; so konnte eine nationalsozialistische „Volksgemeinschaft" geformt werden, die zahlreiche Identifikationsmöglichkeiten bot.

4.1 Führermythos

Der Begriff „Führermythos" zielt auf das Bild ab, das die NS-Propaganda von Hitler erzeugte: Hitler war darin der vom Schicksal gesandte Führer und Retter der Deutschen, der sie in die bessere Zukunft des heilbringenden „Dritten Reichs" führen würde. Die unbestrittene Wirkung dieses „Führer"-Mythos lässt sich mehrschichtig erklären.

Kollektive Erwartung eines Retters aus Not und Krise

Eine erste Deutung bietet die Sozialpsychologie: Die NS-Propaganda der frühen 1930er-Jahre traf mit dem Führermythos genau die Sehnsüchte und Erwartungen der Deutschen. Nach Jahren der politischen und sozialen Krise setzten viele ihre Hoffnung auf einen **mythischen Retter**.

Der wichtigste Faktor für den Erfolg des Führermythos war jedoch die wirtschaftliche Erholung Deutschlands in den ersten Jahren: Die Arbeitslosigkeit sank unerwartet schnell und war bis 1936 fast völlig beseitigt. Für die Mehrheit der Deutschen war das eine existenziell so bedeutsame **Stabilisierung der eigenen Lebenssituation**, dass sie über negative Aspekte des Regimes hinwegsah.

Arbeitslosigkeit im Deutschen Reich 1929–1940

Jahr	Arbeitslose in Tsd.	Jahr	Arbeitslose in Tsd.
1929	1 899	1935	2 151
1930	3 076	1936	1 593
1931	4 520	1937	912
1932	5 603	1938	429
1933	4 804	1939	119
1934	2 718	1940	52

Bis zur Niederlage der Wehrmacht in Stalingrad (1943) steigerten die erfolgreiche **Revision des Versailler Vertrags** und die großen **Anfangserfolge im Krieg** das Ansehen Hitlers weiter. Insbesondere das Gefühl, Hitler habe die „Schande" von Versailles getilgt, erhöhte dessen persönliches Ansehen auch bei vielen der Deutschen, die das NS-Regime eigentlich ablehnten.

Propagandistische Überhöhung im „Führerkult"

All die tatsächlichen oder scheinbaren Erfolge des Nationalsozialismus wurden durch die NS-Propaganda in einem „Führerkult" gebündelt, der mit der realen Person Hitlers nichts mehr zu tun hatte.

- Der Propagandaminister Joseph Goebbels nutzte das Talent Hitlers zur Selbstdarstellung, um ihn auf groß angelegten Parteitagen, aber auch in vielen Einzelsituationen als fast religiöse Führergestalt zu inszenieren. Hitler wurde zum **„Über-Vater"** aller Deutschen stilisiert.
- Besonders hilfreich war das konsequent durchgesetzte **Medien-Monopol** des Regimes: Bilder und Filme von Hitler durften nur durch besonders vertrauenswürdige Personen erstellt werden, die ein idealisiertes Führerbild zeigten.
- Umrahmt wurde der Führermythos von einem **nationalsozialistischen Alltagskult**, der sich religiöser Formen bediente und die Gefühle der Beteiligten ansprechen sollte, z. B. durch nächtliche Kundgebungen und Totenehrungen mit Fackeln.

4.2 Nationalsozialistische Durchdringung der Gesellschaft

Der auf totale Herrschaft abzielende NS-Staat begnügte sich nicht mit der Kontrolle der politischen Machtpositionen. Er versuchte vielmehr, den einzelnen Bürger für die Verwirklichung der „Volksgemeinschaft" zu aktivieren und ihn durch Mitarbeit in seinen Organisationen verfügbar zu machen. Letztlich ging es darum, einen **„neuen Menschen"** nach dem Bild der eigenen Ideologie zu formen: den **„heroischen arischen Kämpfer"** für das eigene Volk und die eigene Rasse. Es ist in der Forschung umstritten, wieweit die Nationalsozialisten die Bevölkerung tatsächlich inhaltlich überzeugten: Die Forschung spricht von einem **vagen Konsens** oder einem „dumpfen Konformismus" (Richard J. Evans), nicht aber von einer langfristigen geistigen Mobilisierung der Mehrheit. Eine **fanatische Minderheit** war allerdings beim ideologisch überzeugten Kern der NSDAP und in der SS zu finden.

Einbindung der Bevölkerung in zivile NS-Organisationen

Der NS-Staat griff direkt auf Beruf, Familie und Freizeit der Deutschen zu. Eine Vielzahl von Parteigliederungen der NSDAP verdrängte die Organisationen anderer gesellschaftlicher Gruppen wie der Kirchen. So sollten etwa alle Mütter der **NS-Frauenschaft** beitreten und das nationalsozialistische Idealbild der Frau als Gattin und Mutter vieler Kinder verwirklichen. Für jede Bevölkerungsgruppe gab es somit eine NS-Organisation, der anzugehören für eine Karriere im Nationalsozialismus unumgänglich war.

Eine im Sinne des Regimes integrierende Wirkung erzielte auch der **Reichsarbeitsdienst (RAD)**, der seit 1935 alle arbeitsfähigen Männer und seit Kriegsbeginn auch die Frauen zwischen dem 18. und 25. Lebensjahr für sechs Monate zu Hilfsdiensten unterschiedlichster Art verpflichtete.

Beeinflussung der Kinder und Jugendlichen

Am wichtigsten aber war für den NS-Staat der direkte Einfluss auf die Kinder und Jugendlichen, da diese am leichtesten zu formen waren. Vom 10. Lebensjahr an nahm man die Kinder ins „Deutsche Jungvolk" (DJ) bzw. bei den „Jungmädeln" (JM) auf und machte sie über die Schule hinaus mit dem nationalsozialistischen Gedankengut vertraut. Für die 14- bis 18-Jährigen gab es die „Hitlerjugend" (HJ) oder den „Bund Deutscher Mädel" (BDM); ab 1936 war die Hitlerjugend **Staatsjugend** und die Mitgliedschaft ab dem 10. Lebensjahr verpflichtend. In eigenen **NS-Erziehungsanstalten** (Nationalpolitische Bildungsanstalten der SS: „Napola"; Adolf-Hitler-Schulen) wollten die Machthaber eine neue nationalsozialistische Führungselite heranziehen.

Hitlers Erziehungsideal war das „Heranzüchten" kerngesunder zukünftiger Soldaten, die freudig für „Volk und Führer" in den Tod gehen würden; Mädchen sollten vor allem zu „gebärfreudigen" Müttern werden. Individualität, die Werte der humanistischen oder christlichen Ethik und auch die wissenschaftliche Bildung wurden dagegen gering geschätzt. Dies führte zu einem deutlichen **Niveauverlust der staatlichen Erziehung**, auch erklärbar durch die häufigen

Aktivitäten der Schülerinnen und Schüler in „Jungvolk“, HJ und BDM sowie durch die Herabsetzung der Leistungsstandards. In den letzten Kriegsjahren mussten die älteren Jugendlichen die Schulbank gegen gefährliche Aufgaben als Hilfssoldaten bei der Fliegerabwehr **(„Flakhelfer“)** eintauschen; in den Endkämpfen 1945 wurden sie von der militärischen Führung zu Zehntausenden sinnlos „verheizt“.

Tatsächlich gelang es dem Regime, die jungen Deutschen ideologisch zu beeinflussen. Vor allem die positiven Gemeinschaftserlebnisse bei den vielen Freizeitaktivitäten in den NS-Jugendverbänden trugen dazu bei. Auch war für viele Jungen die paramilitärische Ausrichtung der Hitlerjugend mit ihren Uniformen, Ehrendolchen, Schießübungen und Kriegsspielen interessant. Viele konnten zudem als **„Jungführer“** schnell Verantwortung übernehmen und so Selbstbewusstsein gewinnen.

4.3 Propaganda

Neben der organisatorischen Einbindung vieler Deutscher in Partei und NS-Verbände diente die systematische Propaganda dazu, alle Bürger im nationalsozialistischen Sinn zu beeinflussen. Sie sollte nicht den Verstand, sondern die Gefühle der Menschen ansprechen, sowie Idole und klare Feindbilder anbieten.

Diese Vorgaben setzte **Joseph Goebbels** während des Aufstiegs der NSDAP und seit März 1933 als Reichspropagandaminister effizient um; er nutzte dabei konsequent das Informationsmonopol des Regimes durch die **Gleichschaltung der Presse und die neuen Massenmedien** der Zeit: Rundfunk und Film.

Nutzung des Rundfunks als Massenmedium

Als besonders wirksames Mittel der Massenbeeinflussung erkannte Goebbels den Rundfunk. Dessen Wirkung weitete die NS-Führung erheblich aus, indem sie mit einem besonders billigen **„Volksempfänger“** den meisten Familien den Kauf eines Radiogerätes ermöglichte. Goebbels setzte bei den Programmen auf eine geschickte Mischung aus Unterhaltung und politischer Indoktrination: Musik und andere Unterhaltungsprogramme erreichten auch regimekritische Menschen, denn diese waren aufgrund des Rundfunkmonopols des NS-Staats auf die staatlichen Sender angewiesen. Die einzige Alternative zur manipulierten Information des Regimes stellten die sog. **ausländischen „Feindsender“** dar; ihre Nutzung wurde während des Kriegs mit schweren Strafen belegt, um das Informationsmonopol der NS-Propaganda zu sichern.

Wirkung des neuen Tonfilms

Das erfolgreichste Bildmedium der Zeit war der Kinofilm, der in den 1930er-Jahren zum farbigen Tonfilm wurde und eine große Sogwirkung auf junge Leute entfaltete. In Deutschland beherrschte die 1917 gegründete und 1937 verstaatlichte „Ufa“ (Universum-Film AG) die Kinos; sie besaß im Jahr 1938 120 eigene Kinosäle. Eine **„Filmprüfstelle“** kontrollierte alle neuen Filme: Filme, die „der nationalsozialistischen Gefühlswelt des deutschen Volkes“ widersprachen (**Lichtspielgesetz**, 16. 2. 1933), wurden ebenso verboten wie Filme, an denen Juden mitwirkten. Ältere Filme wurden entsprechend nachzensiert.

Die Scheinwelten des Tonfilms boten der NS-Propaganda große Möglichkeiten:

- So stellten reine **Propagandafilme** die NS-Ideologie unverblümt dar, etwa der sich als Dokumentarfilm ausgebende antisemitische Hetzfilm „Der ewige Jude“ (1940). In die Kategorie der Propagandafilme fallen auch die jedem Kinofilm vorgeschalteten **Wochenschauen**, die als bildgewaltige Nachrichtensendungen das Weltbild der Kinogänger stark beeinflussten.
- Auf das Unterbewusstsein der Zuschauer wirkten **Spielfilme**, oft zu historischen Themen, die Spannung und Unterhaltung mit einer unterschwelligen ideologischen Botschaft verknüpften: Das vielleicht wirksamste Beispiel ist der 1940 gedrehte antisemitische Streifen **„Jud Süß“** des NS-Erfolgsregisseurs Veit Harlan, der den tragischen Fall des einflussreichen jüdischen Bankiers Joseph Süß Oppenheimer behandelte.

Wie intensiv Goebbels’ Propaganda die deutsche Gesellschaft beeinflusst hat, ist nachträglich schwer zu entscheiden. Insgesamt waren die Auswirkungen der NS-Propaganda auf die Weltsicht und die Werte vieler Deutscher aber erheblich. Die Propaganda rief positive Stimmungen gegenüber Maßnahmen des Regimes hervor, verdeckte durch dessen Informationsmonopol sowie durch eine verschleiernde Begriffsbildung Kritik, schuf negative Ressentiments und trug so zur Stabilisierung des Regimes wesentlich bei.

4.4 Kulturelle „Verführung“ (NS-Kulturpolitik)

Die ideologisch bestimmte Kulturpolitik des NS-Regimes war in breiten Bevölkerungskreisen erfolgreich; die dort vermittelten ästhetischen und moralischen Maßstäbe hatten in den Köpfen der Menschen weit über 1945 hinaus Bestand.

Die NS-Kulturpolitik stützte sich in ihrem Vorgehen

- auf die NS-Propaganda, um ihre Inhalte zu verbreiten;

- auf das Verbot unerwünschter künstlerischer Ausdrucksformen, v. a. der modernen Kunst, Literatur und Architektur als **„entartet"**; Gemäldesammlungen wurden von den Größen moderner Malerei (z. B. deutsche Expressionisten, Picasso) „gereinigt", die Bilder weit unter Wert verkauft oder vernichtet;
- auf regimetreue Künstler, die **Kunst als Ausdruck der NS-Ideologie** schufen;
- auf gigantische Bauvorhaben, die den NS-Weltherrschaftsanspruch dokumentieren sollten; herausragendes Beispiel dafür ist die Planung einer neuen **Welthauptstadt „Germania"** auf dem Boden Berlins durch Hitlers Architekten Albert Speer. **Monumentale Bauten** für Partei und Staat sollten die Größe des „Tausendjährigen Reichs" dokumentieren.
- In der Literatur und der bildenden Kunst bevorzugte man **heroisierende Darstellungen**, in denen die Leistungen des Nationalsozialismus und des Führers verherrlicht wurden und die den **nordisch-arischen „Übermenschen"** abbildeten. Im Mittelpunkt des **„Blut und Boden"-Ideals** standen erdverbundene, freudig schaffende, oft bäuerliche Menschen, blonde, körperlich üppige Frauen und treusorgende Mütter mit einer großen Kinderschar.

Letztlich entsprach die NS-Kultur der simplen, antimodernen Ideologie Hitlers: Die **NS-Kunst** war **rückwärtsgewandt, provinziell** und im internationalen Vergleich unbedeutend. Gerade das verhalf dem Regime in der konservativen und kleinbürgerlichen Bevölkerungsmehrheit zur Akzeptanz seiner Weltsicht.

4.5 Wertekonsens zwischen Konservativen und Nationalsozialisten

Die Übereinstimmung der konservativen und bürgerlichen Eliten mit den Zielen der Nationalsozialisten war bereits Voraussetzung der Machtübernahme; die große Mehrheit dieser Funktionseliten unterstützte deswegen auch die Politik Hitlers einschließlich der Judenpolitik. Diese **Deckungsgleichheit der Vorstellungen** gilt vor allem für

- die Errichtung eines **autoritären Regimes** gegen das demokratische System der Weimarer Republik,
- den latent aggressiven **Nationalismus**, der eine deutsche Großmachtrolle in Europa und die Überwindung der „Fesseln" des Versailler Vertrags erstrebte,
- einen strikten **Anti-Kommunismus**,
- die Vorbehalte gegen die als „marxistisch" geschmähten Sozialdemokraten,
- die **konservativ-kleinbürgerliche Kulturpolitik** des Nationalsozialismus und ihren antimodernen und antiwestlichen Tenor.

Seit dem gesetzmäßigen, „geregelten“ Antisemitismus der **„Nürnberger Gesetze“** von 1935 (vgl. S. 174) konnten sich die bürgerlichen Funktionseliten auch mit der antisemitischen Politik der Nationalsozialisten abfinden. Die Judenfeindschaft war schon in der wilhelminischen Gesellschaft in die gehobenen Schichten eingesickert – sichtbar in der Judenfeindschaft der Studentenverbindungen und der mittelständischen Interessengruppen sowie in der Agitation der nationalen Vereine wie des besonders erfolgreichen Alldeutschen Verbands. Antisemitische Einstellungen waren so bereits Ende des 19. Jahrhunderts in großen Teilen des akademischen Bürgertums, dem Reservoir der staatsnahen Funktionseliten, Teil der sozialen Norm. Hitlers Judenpolitik konnte auf diese Basis setzen: Immer mehr wurden die meist bürgerlichen akademischen Eliten des NS-Staates zu Helfern und Vollstreckern seines radikalen Antisemitismus.

4.6 Korrumpierung großer Bevölkerungsgruppen

Der beschriebene ideelle Konsens zwischen den Führern des NS-Regimes und ihren konservativ geprägten Funktionseliten hätte alleine nicht ausgereicht, um die Eliten in die neue „Volksgemeinschaft“ einzubinden. Dazu kam eine durchgreifende Aufmischung der sozialen und materiellen Struktur der deutschen Gesellschaft, die sich im Kern seit der Industrialisierung wenig verändert hatte. Der Nationalsozialismus bot durch die Vertreibung der vielen deutschen Juden aus ihren akademischen Berufen und Beamtenstellen, durch deren Enteignung („Arisierung“), aber auch durch das große Angebot an gut bezahlten neuen Positionen in der expandierenden Wehrmacht und SS denen eine Vielzahl von Karrierechancen, die bereit waren, Hitlers Politik ohne Zögern umzusetzen.

Karrierechancen für Akademiker und Militärs

Die politisch-revolutionären Umbrüche der „Gleichschaltung“ ermöglichten dem NS-Regime die aktive **Einbindung der alten Eliten:** Bis zu 40 Prozent der Universitätsdozenten wurden, da sie demokratisch oder jüdisch waren, schon in den ersten Säuberungsphasen durch meist junge Akademiker ersetzt, die sonst nicht oder noch nicht Karriere gemacht hätten. Die SS ermöglichte in ihren Führungszirkeln vor allem jungen Juristen eine besonders schnelle Karriere, dazu immense Macht und Einfluss. Neue Posten und Aufstiegschancen boten sich nach 1935 aufgrund der Aufrüstung Deutschlands im **Offizierskorps der Wehrmacht:** Aus dem politisch zurückhaltenden, elitären Offizierskorps der Reichswehr wurde so das viel größere der Wehrmacht, das dem neuen Regime seine Positionen verdankte. Dies ist mit ein Grund für die Bereitschaft der hohen Militärs, Hitlers Kriegspolitik mit zu organisieren, obwohl sie über die wahren Ziele des Regimes informiert waren.

Materielle und ideologische Aufwertung der Arbeiterschaft

Aber auch Industriearbeiter, Angestellte, Pensionäre und Rentner profitierten von der unseriösen, defizitfinanzierten Wirtschafts- und Aufrüstungspolitik Hitlers: Die **Arbeitslosigkeit ging schnell zurück** (vgl. S. 163 f.), **die Nominallöhne stiegen, die Renten wurden erhöht**. Die Folgen waren den wenigsten Deutschen bewusst und die Steigerung des eigenen Lebensstandards überdeckte vieles. So etwa den Umstand, dass höhere Reallöhne durch längere Arbeitszeiten und geringere staatliche Sozialleistungen erkauft wurden oder dass die Versorgungslage mit Konsumgütern im Zuge der Aufrüstung schon in Friedenszeiten immer schlechter wurde. Doch wichtiger war für die Mehrheit der Arbeiter die neue wirtschaftliche Sicherheit.

Dazu kamen einige wirksame Projekte des Regimes. Am bekanntesten ist die NS-Freizeitorganisation **„Kraft durch Freude" (KdF)**, eine Unterorganisation der Deutschen Arbeitsfront (DAF), deren Angebot von Theateraufführungen bis zu Reisen nach Norwegen oder ans Mittelmeer reichte. Große Erwartungen richteten sich auch auf den bis 1938 entwickelten **Volkswagen („KdF-Wagen")**, mit dem man zukünftig auf den neuen Reichsautobahnen das eigene Land kennenlernen wollte. Gebaut wurde in den Fabriken in Wolfsburg dann allerdings Kriegsgerät für die Wehrmacht. Aber dennoch konnte das NS-Regime vor 1939 große Teile der Arbeiterschaft in sein Modell der „Volksgemeinschaft" einbinden, obwohl die Arbeiter in der Weimarer Republik noch vorwiegend die SPD und die KPD unterstützt hatten.

Neben der materiellen Besserstellung gelang dies auch durch die **propagandistische Aufwertung der Arbeiterschaft** als Gruppe. Diese befand sich seit ihrer Formierung in der Industrialisierung im 19. Jahrhundert hinsichtlich ihres Einkommens und Prestiges am unteren Rand der industriellen Klassengesellschaft (vgl. S. 84 ff.). Das Propagandabild der rassistischen „Volksgemeinschaft" bestand aber nun vor allem darin, die Arbeiter als hochwertige „Arier" mit allen anderen Gesellschaftsgruppen gleichzustellen und **zumindest in der Propaganda die Ungleichheit der Klassengesellschaft zu überwinden**. Man könnte auch von einer „gefühlten" Entproletarisierung der Arbeiterschaft sprechen. Im Hinblick auf die soziale Wirklichkeit gibt es dafür zwar wenige Anhaltspunkte, aus der Sicht des NS-Regimes war die Verheißung sozialer Gemeinschaft und der Überwindung der Klassengesellschaft aufgrund der erstaunlichen Akzeptanz des Regimes bei der Arbeiterschaft aber ein Erfolg.

„Arisierung"

Zur Korrumpierung kam seit dem Pogrom von 1938 die direkte Verstrickung vieler Deutscher in die **Ausplünderung der deutschen und später der europäischen Juden:** Unternehmer, Banken, aber auch viele Bürger profitierten von den „Arisierungen", der Enteignung und teilweisen Weitergabe des Vermögens der deutschen und österreichischen Juden. Die verstaatlichten Raubgelder deckten 1938 9 Prozent des Staatshaushalts und halfen, das hohe Defizit bis zum Kriegsbeginn zu verschleiern. **Auswanderung** und seit 1941 die **Deportationen** deutscher Juden brachten begehrten Wohnraum auf den Markt; das förderte die Loyalität der profitierenden „Volksgenossen" zum NS-Regime.

Ausbeutung der besetzten Länder

Eine nächste Stufe der Korrumpierung durch materielle Vorteile erfolgte nach der Eroberung und Besetzung vieler Länder Europas im Zweiten Weltkrieg. Neben der direkten Ausbeutung von Bodenschätzen, Arbeitskräften und Unternehmen zugunsten der deutschen Kriegswirtschaft wandte die deutsche Finanzverwaltung folgenden „Trick" an: Die Millionen deutscher Soldaten und Besatzungsbeamten wurden in den lokalen Währungen gut bezahlt und kauften damit in den besetzten Ländern alle Arten von Waren auf, die nach Hause geschickt wurden. Diese **legalisierten Beutezüge** stärkten die Kampfmoral der Soldaten und erhöhten das Ansehen des Regimes bei deren Familien.

Auch ein volkswirtschaftlicher Effekt war beabsichtigt: Die inländische Kaufkraft wurde währungsstabilisierend abgeschöpft, Inflation, Mangel und Hunger wurden in die besetzten Länder exportiert. Die Ausbeutung der besetzten Gebiete verhinderte bis zum Kriegsende trotz der alliierten Blockade der Seewege den Hunger in Deutschland, der noch im Ersten Weltkrieg die Kriegsbereitschaft der Heimatfront geschwächt hatte; auch die **Aufrechterhaltung der Versorgung im Krieg** war ein entscheidender Grund für die Loyalität der Deutschen gegenüber dem NS-Regime.

Schuldgemeinschaft

Ein weiterer Grund für diese Loyalität ist die **materielle Verstrickung** der profitierenden Deutschen in den Mord an den europäischen Juden und die brutale Besatzungspolitik: Ein Teil der Bevölkerung musste sich als Mittäter empfinden, die bei einer Niederlage von den „rachsüchtigen Feinden" zur Verantwortung gezogen würden; die NS-Propaganda verstärkte dieses Gefühl der Schuldgemeinschaft bewusst. Um der Rache zu entgehen, musste man, so die Logik der Verstrickung, bis zuletzt an der Seite des Regimes kämpfen.

Faktoren der „Volksgemeinschaft“

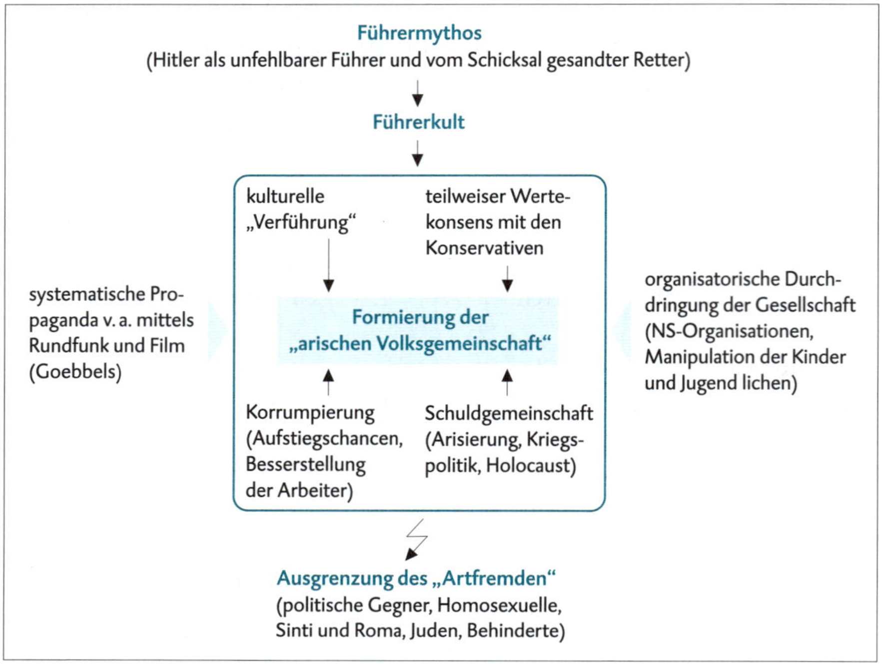

Aufgaben

47 Erklären Sie, warum sich das NS-System erfolgreich in Deutschland etablieren konnte.

48 Beschreiben Sie die einzelnen Aspekte des totalitären Zugriffs des Nationalsozialismus auf die deutsche Gesellschaft und Kultur.

5 Die Politik des NS-Staats gegen die deutschen Juden

Die Formung einer nationalsozialistischen Gesellschaft, der „Volksgemeinschaft", gelang insbesondere durch die Aufwertung der in sie eingebundenen Deutschen zu höherwertigen „deutschen Ariern". Die andere Seite aber war der Ausschluss der im Sinne des rassistischen Modells „minderwertigen" Bevölkerungsgruppen: Dazu zählte die NS-Ideologie Behinderte, die soziale Randgruppe und ethische Minderheit der Sinti und Roma („Zigeuner"), vor allem aber die bis 1933 völlig in die Gesellschaft integrierte, wirtschaftlich erfolgreiche deutsch-jüdische Bevölkerung. In gleicher Weise wie die allgegenwärtige NS-Propaganda das Ideal der „arischen Volksgemeinschaft" verbreitete, formte sie in allen damaligen Medien das Gegenbild der „rassefremden", die „Volksgemeinschaft" „schädigenden" Juden. Eine der nationalsozialistischen Hetzparolen lautete entsprechend: „Die Juden sind unser Unglück!"

Für die vor 1933 etwa 550 000 (bei einer Bevölkerung von 60 Millionen) deutschen Juden hatte dieses zentrale ideologische Konzept des NS-Staats verheerende Folgen. Die Juden waren bereits vor 1933 der Hetze der Nationalsozialisten ausgesetzt, aber durch die Gesetze und Behörden der Weimarer Republik noch geschützt. Mit der Machtübernahme Hitlers wurde der **Antisemitismus** jedoch zur **Staatsdoktrin**. Entsprechend begannen kurz nach der Machtübernahme die ersten gewalttätigen Aktionen gegen die deutschen Juden. Die NS-Judenpolitik radikalisierte sich dann in mehreren Phasen bis zur **„Endlösung der Judenfrage"**, dem systematischen Massenmord.

5.1 Diskriminierung und Boykott

Mit Rücksicht auf das Ausland und die noch mächtigen konservativen Verbündeten stellte die NS-Führung nach der Machtübernahme vereinzelte gewaltsame Ausschreitungen gegen deutsche Juden zumindest in den großen städtischen Zentren schnell ein. Sie ersetzte diese aber durch eine breit angelegte **Diffamierungskampagne**. Besonders wichtig dabei war das NS-Hetzblatt „Der Stürmer" unter seinem Herausgeber Julius Streicher. Mit Schlagworten wie „Juda verrecke" nahm er verbal die spätere Vernichtung der Juden vorweg. Bereits am 1. April 1933 wurde als einmalige Aktion ein reichsweit organisierter **Boykott aller jüdischen Kaufleute, Ärzte und Rechtsanwälte** ausgerufen. Es schloss sich – und dieses Mal ohne Widerstand aus den Eliten oder der Bevölkerung – die **administrative Ausschaltung der Juden** aus den öffentlichen Lebensbereichen an. Der sog. **„Arierparagraph"** legitimierte Berufsverbote gegen jüdische Rechtsanwälte, Notare, Ärzte und Künstler und die Entlassung der jüdischen Beamten (Professoren, Lehrer, Richter) aus dem Staatsdienst.

5.2 Entrechtung

Einen Markstein der Radikalisierung der Judenpolitik stellte der **Reichsparteitag in Nürnberg** 1935 dar, der mit zwei neuen Rassengesetzen („Nürnberger Gesetze“) die zweite Phase der Judenverfolgung einleitete. Im **„Reichsbürgergesetz“** wurde zwischen „Reichsbürgern“ und „Staatsangehörigen“ unterschieden; im Genuss der vollen politischen Rechte standen fortan allein die „Reichsbürger deutschen Blutes“ („Deutschblütige“).

Der ideologische, wissenschaftlich unsinnige Rassenbegriff wurde gesetzlich als „Wahrheit“ festgeschrieben und damit auch die „Minderwertigkeit“ der jüdischen Bevölkerungsgruppe. Die **Juden** wurden aus der Rechtsgemeinschaft des „deutschen Volks“ ausgeschlossen und galten als **Bürger minderen Rechts**.

Später wurde das Gesetz durch eine Definition des Jüdischen ergänzt: **„Volljuden“** waren Personen mit mindestens drei jüdischen Großeltern oder solche, die sich zur jüdischen Glaubensgemeinschaft bekannten. Als **„jüdische Mischlinge“** galten Menschen mit bis zu zwei jüdischen Großeltern.

Durch das gleichzeitig erlassene **„Gesetz zum Schutze des deutschen Blutes und der deutschen Ehre“** wurden sog. rassische Mischehen und der außereheliche Verkehr zwischen Juden und „Ariern“ als „Rassenschande“ verboten. Juden durften auch keine „arischen“ weiblichen Hausangestellten unter 45 beschäftigen, um die „Gefahr“ von „Mischlingsgeburten“ zu verhindern.

Innerhalb des staatlichen Systems hatten die Gesetze die Funktion, eine „legitime“ Grundlage für die Verfolgung der Juden in Deutschland zu schaffen. Dies erwies sich aus der Sicht der NS-Führung als sehr erfolgreich, denn die staatliche Bürokratie (Verwaltung, Justiz, Polizei) setzte alle durch die Gesetze „gerechtfertigten“ Verfolgungsmaßnahmen bis zur Deportation in die Vernichtungslager ohne zu zögern um.

5.3 Ausschluss aus der Gesellschaft und Enteignung („Arisierung“)

1938 trat die Judenpolitik mit einem organisierten **Pogrom** in ihre dritte Phase: In der verharmlosend so bezeichneten **„Reichskristallnacht“** nahmen die Nationalsozialisten das Attentat des jungen polnischen Juden Herschel Grynszpan auf einen deutschen Botschaftsangehörigen in Paris zum Anlass, in der Nacht vom 9. auf den 10. November 1938 in großem Ausmaß gewaltsam gegen jüdische Bürger und ihr Eigentum vorzugehen. Fast alle Synagogen gingen in Flammen auf, SA und SS in Zivil demolierten mindestens 7 500 jüdische Geschäfte und zahlreiche Wohnungen, 30 000 jüdische Männer wurden verhaftet und für einige Wochen in Konzentrationslager verschleppt, mindestens

91 Juden wurden ermordet, Hunderte begingen Selbstmord oder starben infolge von Misshandlungen in den Konzentrationslagern. Das Regime forderte anschließend von den Opfern als **„Sühneleistung"** für die Schäden 1 Milliarde Reichsmark Entschädigung, wobei die Opfer keinen Anspruch auf Versicherungsleistungen hatten.

In den wirtschaftlichen Ruin der jüdischen Besitzer führte die dem Pogrom folgende **„Zwangsarisierung"** der verbliebenen etwa 40 000 jüdischen Geschäfte, des Grundbesitzes, der Aktien, Juwelen und Kunstwerke; alles musste bis zum 1. Januar 1939 verkauft werden. Die Juden blieben fortan aus dem Geschäftsleben ausgeschlossen. Die Erlöse der Alteigentümer waren wegen der Zwangslage der Betroffenen so gering, dass die Verkäufe einer Enteignung gleichkamen. Nur etwas besser war es den Besitzern der 60 000 Unternehmen ergangen, die aufgrund der nationalsozialistischen Schikanen ihre Geschäfte bereits zuvor weit unter Wert verkauft hatten. Von den „Arisierungen" profitierten die Kommunen, die wie in Fürth Grundstücke und Immobilien zu 10 % des Einheitswerts übernahmen, kleine Nazis, wie Chauffeure der Gauleitung in Nürnberg, die Limousinen im Listenpreis von 5 785 Reichsmark für 150 Mark kauften, aber auch Großunternehmen wie Flick oder Krupp, die ihre Konzerne mit einem geringen finanziellen Aufwand vergrößerten. Am Hausrat der später Deportierten bereicherten sich in Versteigerungen Tausende „Volksgenossen".

Die „Arisierung" war de facto eine gigantische **Umverteilung zugunsten nichtjüdischer Konkurrenten**. Die wenigsten der jüdischen Besitztümer wurden nach dem Krieg zurückgegeben oder angemessen entschädigt, bis heute gibt es deswegen vereinzelte Rückgabeforderungen jüdischer Erben.

In den folgenden Jahren unterlagen die deutschen Juden zunehmend **Restriktionen**, die sie immer mehr **aus der Gesellschaft ausschlossen:** Etwa durch

- das Verbot der Teilnahme an allen kulturellen Veranstaltungen,
- den Ausschluss der jüdischen Kinder vom öffentlichen Schulbesuch,
- den erzwungenen Umzug in kleinere Wohnungen,
- die Einziehung der Führerscheine,
- Ausgangsbeschränkungen am Abend,
- die Beschlagnahmung der Rundfunkgeräte,
- den eingeschränkten Zugang zu Lebensmitteln,
- das verpflichtende Tragen eines **„Judensterns"** (19. September 1941).

5.4 Auswanderung und Exil deutscher Juden

Unter dem Druck des Regimes verließen bis 1941 ca. drei Fünftel der deutschen Juden Deutschland. Dass sich nicht mehr zu diesem Schritt entschlossen, lag zum einen an den harten Auswanderungsbestimmungen, zu denen der völlige **Verlust von Besitz und Vermögen** sowie die deshalb nötige Finanzierung der Auswanderung durch ausländische Freunde oder Verwandte zählten; denn die meisten Aufnahmeländer verlangten finanzielle Garantien. Zum anderen spielte auch die Hoffnung auf eine Wende zum Besseren in Deutschland eine Rolle.

Auswanderung aus Deutschland (1933–1941)

Jahr	Emigranten	Jahr	Emigranten
1933	37 000	1938	40 000
1934	23 000	1939	78 000
1935	21 000	1940	15 000
1936	25 000	1941	8 000
1937	23 000	**Insgesamt**	**278 500**

Hauptaufnahmeländer waren zuerst die westeuropäischen Nachbarländer, das britische Mandatsgebiet „Palästina“, in das vor allem die zionistisch eingestellten Juden flohen, und besonders die USA.

Maßnahmen des NS-Staats gegen die deutschen Juden 1933 –1941

ab 1933	Diffamierung, Boykottaufrufe ↓ Berufsverbote, Entlassung der jüdischen Beamten („Arierparagraph“)
1935	Entrechtung in den rassistischen Nürnberger „Rassengesetzen“
1938	Judenpogrom ↓ Schikanen ↓ „Zwangsarisierung“ ↓ Ausschluss aus Wirtschaft und Gesellschaft
1941	Beginn des Holocaust

Aufgabe

49 Skizzieren Sie die wesentlichen Etappen der nationalsozialistischen Maßnahmen gegen die deutschen Juden zwischen 1933 und 1938.

6 Holocaust

Die Eroberung Polens (1939) und weiter Teile der Sowjetunion (ab 1941) ermöglichte den Nationalsozialisten im letzten Schritt ihrer „eliminatorischen" Judenpolitik den Völkermord an ca. 6 Millionen europäischen Juden. Die deutschen Verantwortlichen begingen damit einen **„Zivilisationsbruch"**, der als größtes Verbrechen der Menschheitsgeschichte gilt.

6.1 Historische Bedeutung des Holocaust

Das englische Wort „Holocaust" ist an den griechischen Begriff für „Brandopfer" angelehnt und bezieht sich auf die religiöse Praxis der Verbrennung von Tieren als Opfer für die antiken Götter. Seit den 1980er-Jahren setzte sich die Bezeichnung **„Holocaust"** als Begriff für den Völkermord der Nationalsozialisten an den europäischen Juden durch. Die Juden selbst bevorzugen den hebräischen Begriff **„Shoa"** („großes Unheil", „Katastrophe"), denn dieser vermeide es im Gegensatz zu „Holocaust", die Juden allein in die Opferrolle zu stellen und ihren Widerstand gegen den Völkermord zu verdecken. Die Nationalsozialisten versuchten, das Morden mit dem euphemistischen (beschönigenden) Begriff **„Endlösung der Judenfrage"** zu verschleiern.

Ausmaß des Völkermords

Seit der Zeit des Römischen Reichs existierten jüdische Gemeinden in Süd- und Westeuropa; die **jüdischen Siedlungsräume** hatten sich seit der Flucht vieler Juden vor den Pogromen des Mittelalters und der Frühen Neuzeit in **Mittel- und Westeuropa bis nach Russland** ausgeweitet. Im Holocaust wurde diese alte europäische Kultur mit ihrer eigenen Sprache (Jiddisch), Literatur, Musik und Sozialstruktur, dem ländlichen „Stetl", fast völlig ausgerottet. Unter grausamsten Umständen wurden ca. 6 Millionen der 1939 weltweit lebenden 17 Millionen Juden getötet; mindestens 1,5 Millionen jüdische Kinder wurden erschossen, mit Gas erstickt oder verhungerten in den Gettos und Lagern; jüdische Kinder und Jugendliche waren damit prozentual gesehen die größte Opfergruppe der Nationalsozialisten.

Vor allem bei der Ermordung der Juden – und ähnlich bei der Verfolgung der Sinti und Roma – ist der Massenmord zum **Genozid**, zum Völkermord, geworden: Die Angehörigen dieser Opfergruppen wurden, ausnahmslos vom Kleinkind bis zum Greis, nur deshalb getötet, weil sie einer bestimmten religiösen oder – wie die Sinti und Roma – einer ethnischen Gruppe angehörten, die von den fanatischen Nationalsozialisten als „minderwertig" bezeichnet wurde.

Der Völkermord-Begriff ermöglicht Vergleiche mit der Verfolgung anderer Völker in der Geschichte, z. B. der **Ermordung von 1,5 Millionen Armeniern** durch die Türken im Ersten Weltkrieg. Dennoch spricht man beim Mord an den europäischen Juden von der **Singularität**, der Einzigartigkeit des Geschehens, das sich von allen anderen Formen des Genozids durch seine bürokratisch organisierte und industrielle Ausführung unterscheidet. Symbol für diese Singularität des Holocaust in der modernen Menschheitsgeschichte ist das Konzentrations- und Vernichtungslager **Auschwitz** mit seiner Funktion als „Mordfabrik".

Der Holocaust als „Zivilisationsbruch"

Der Holocaust wurde erst seit den 1980er-Jahren zum Schwerpunkt der Erforschung des Nationalsozialismus. Die „Endlösung" wird seitdem als Kernereignis des untersuchten Zeitraums betrachtet: Man erkennt im Holocaust einen **„Zivilisationsbruch"** (Dan Diner) von überzeitlicher und universaler Dimension, in dem das für natürlich und selbstverständlich gehaltene zivilisatorische Fundament der modernen abendländischen Kultur zerbrochen sei. Der rational geplante, mitleidlose Massenmord an den europäischen Juden habe das Vertrauen in die Vernunft des Menschen und die Geltung der grundlegendsten Regeln der Humanität widerlegt. Niemand könne – in letzter Konsequenz gedacht – nach dem Holocaust sicher sein, dass ihm selbst nicht Ähnliches widerfahre.

Teil deutscher Identität

Das Bekenntnis zur Verantwortung für den Holocaust wurde seit Mitte der 1980er-Jahre zu einem Bestandteil bundesdeutscher Identität, was sich zum Beispiel im 2005 eingeweihten **Holocaust-Mahnmal** inmitten des politischen Zentrums von Berlin zeigt. Darüber hinaus wurde das Geschehen zum Bezugspunkt einer übernationalen europäischen Identität, die sich als Absage an die radikal-nationalistischen Ideologien und an die Gewalt des Nationalsozialismus gebildet hat. Entsprechend beschäftigen sich internationale politische Foren mit den Folgerungen aus dem Holocaust; so hat der Europarat 2002 die Einführung eines **Holocaust-Gedenktages** („Tag des Gedenkens an den Holocaust und der Verhütung von Verbrechen gegen die Menschlichkeit") an allen Schulen beschlossen.

Israel

Auch der 1948 in Palästina gegründete **Staat Israel** bezieht seine entscheidende Legitimation aus der Erfahrung des Holocaust: Er will eine **wehrhafte Heimstatt für die lange verfolgten Juden** sein. Deutsche Juden haben einen großen Anteil an der Gründung und Entwicklung Israels. In Deutschland haben sich erst nach dem Zusammenbruch der Sowjetunion 1991 wieder größere jüdische Gemeinden durch die Einwanderung russischer Juden gebildet.

Für Europa und besonders auch für die deutsche Gesellschaft bedeutete die erzwungene Auswanderung bzw. die Ermordung der deutschen Juden einen großen Verlust, denn Deutsche jüdischen Glaubens hatten einen großen Anteil an der wissenschaftlichen und kulturellen Entwicklung Deutschlands. Erinnert sei z. B. an den Physiker **Albert Einstein**, den Entdecker der Relativitätstheorie.

6.2 Weitere Opfergruppen

Die neuere Holocaustforschung betont den organisatorischen und ideologischen Zusammenhang des Geschehens mit dem **Mord an anderen Gruppen**, die ebenfalls aus rassistischen Motiven ermordet wurden:

- ca. 500 000 Sinti und Roma („Zigeuner"),
- 2–3 Millionen polnische und ebenso viele russische Zivilisten,
- 3,3 Millionen sowjetische Kriegsgefangene und
- mindestens 100 000 geistig behinderte Deutsche („Euthanasieaktion").

Ermordung geistig Behinderter

Zur politischen Realität wurde die sozialdarwinistische Logik des Nationalsozialismus bereits im Juli 1933 mit dem **„Gesetz zur Verhütung erbkranken Nachwuchses"**, das eine **Zwangssterilisation** bei Verdacht auf unheilbare Erberkrankungen vorsah. In der Konsequenz solchen Denkens und Handelns lag die Tötung Erbkranker und letztlich die Beseitigung aller als „lebensunwert" bezeichneten Menschen.

Seit Sommer 1939 mussten im Rahmen der sog. **Kinderaktion** Ärzte und Hebammen auf Erlass Hitlers geistig behinderte und missgebildete Neugeborene melden. Diese Aktion, der bis Kriegsende über 5 000 Kinder zum Opfer fielen, leitete die zu Kriegsbeginn einsetzende Massentötung des **„Euthanasieprogramms"** ein. Hitler ordnete an, „die Befugnisse bestimmter Ärzte so zu erweitern, dass nach menschlichem Ermessen unheilbar Kranken bei kritischer Beurteilung ihres Krankheitszustandes der Gnadentod (Euthanasie) gewährt werden kann". Zu den Kriterien zählten auch Arbeitsleistung und Rasse. Die Gesamtzahl der Opfer einschließlich der bei Menschenversuchen in Konzentrationslagern getöteten Häftlinge, d. h. der als „unproduktiv" eingestuften Menschen, betrug annähernd 100 000: geistig Behinderte, Altersschwache, Pflegebedürftige.

Mit dem Befehl zur „Euthanasie“ machte sich Hitler endgültig zum Herrn über Leben und Tod. Die Aktion wurde nach Protesten aus der Gesellschaft und aus den Kirchen zumindest offiziell abgebrochen; sie ging aber verdeckt weiter. Bekannt ist vor allem die aufrüttelnde Predigt des katholischen Bischofs von Münster, Graf von Galen, im Sommer 1941 gegen die Ermordung unheilbar Kranker.

Die verschiedenen Tötungsarten, Ersticken durch Kohlenmonoxid aus Autoabgasen in „Gaswagen“, Verhungernlassen, Gift-Injektionen, und die Erfahrungen der Experten der „Aktion T-4“ (nach der Schaltstelle des Mordens in der Tiergartenstraße 4 in Berlin) fanden später beim Aufbau der Vernichtungslager Verwendung: In der Euthanasieaktion erprobte Ärzte, Verwaltungs- und Logistikspezialisten stiegen in der SS-Hierarchie auf und bildeten die KZ-Mannschaften aus.

6.3 Verlauf des Holocaust

Die nationalsozialistische Judenpolitik radikalisierte sich nach Kriegsbeginn in schnellen Schritten bis zum millionenfachen Massenmord, nämlich an jedem jüdischen Europäer, der im deutschen Herrschaftsgebiet zu fassen war.

„Volkstumspolitik“, erste Massenmorde und Gettoisierung nach 1939

Der Holocaust begann unmittelbar nach der militärischen Niederwerfung Polens im Herbst 1939: Davor hatten Wehrmacht und SS ein Abkommen geschlossen, das den Reichsführer SS, **Heinrich Himmler**, zum **Reichskommissar zur Festigung des deutschen Volkstums** bestimmte und der SS die militärische und polizeiliche Kontrolle des eroberten Gebiets überließ. Dazu übernahmen **irreguläre Sonderinstanzen** der Partei in Warschau die Verwaltung der eroberten Gebiete, um die noch an zivile Normen gebundene staatliche Bürokratie auszuschalten.

Gleich nach dem Einmarsch in Polen begannen in den eroberten Gebieten die Gewalttaten der **„Einsatzgruppen“ der SS:** Tausende der insgesamt 3,3 Millionen polnischen Juden, aber auch viele Angehörige der polnischen Elite und Intelligenz (Pfarrer, Lehrer, Anwälte, Ärzte oder Gutsbesitzer) wurden umgebracht. Die **Polen** sollten dem rassistischen Denken Himmlers gemäß auf den Status von abhängigen „Heloten“ gebracht werden, um den Deutschen als **„führerloses Arbeitsvolk“** zur Verfügung zu stehen.

Seit Dezember 1939 wurden ca. 90 000 Juden aus den von Deutschland annektierten polnischen Gebieten westlich von Warschau und Lublin nach Restpolen („Generalgouvernement“) deportiert. Dort wurden sie im Laufe des Jahres 1940 zusammen mit Hunderttausenden polnischen und tschechoslowakischen Juden aus den neu eroberten Gebieten in hermetisch abgeriegelten Stadtteilen **(Gettos)** der größeren Städte wie Łódź, Warschau und Krakau in elenden Wohn- und hygienischen Verhältnissen zusammengepfercht und völlig unzureichend mit Lebensmitteln und Medikamenten versorgt. **„Judenräte“** mussten die Gettos organisieren und mit den Deutschen zusammenarbeiten. Ein Überleben war nur durch die Arbeit in deutschen Rüstungsbetrieben möglich. Bis zur Auflösung dieser Gettos und der Ermordung der Überlebenden in den Vernichtungslagern starben insgesamt etwa 500 000 Menschen an Hunger, Krankheiten und durch deutsche Gewalt.

Pläne zur Einrichtung von „Judenreservaten“

Die organisatorischen Probleme der deutschen Besatzung mit den Bevölkerungsverschiebungen wollte man zuerst durch die Einrichtung von „Judenreservaten“ bewältigen: im **ostpolnischen Lublin**, auf der **französischen Insel Madagaskar („Madagaskar-Plan“)** oder nach dem erwarteten Sieg gegen die Sowjetunion in der **russischen Eismeerregion**. Die Dezimierung der Juden durch die unwirtlichen klimatischen Bedingungen war dabei einberechnet; sie sollten schon durch Zwangsarbeit im Straßenbau oder in anderer Form auf dem Weg in die Lager umkommen. Doch alle Pläne erwiesen sich als undurchführbar. Die selbst geschaffenen Probleme der deutschen Besatzung durch Abschiebung und Gettoisierung führten bei den NS-Führern in den besetzten Ländern zunehmend zur Bereitschaft, die „Judenfrage“ durch Verhungernlassen zu lösen. Diese Methode wurde kurze Zeit später bei 3,3 Millionen sowjetischen Kriegsgefangenen und einer etwa gleichen Anzahl russischer Zivilisten angewandt.

Massenerschießungen an der Ostfront

Zur völlig hemmungslosen Radikalisierung der deutschen Rassenpolitik führte der Angriffskrieg Deutschlands gegen die Sowjetunion. Im Dezember 1940 hatte sich Hitler für den Krieg entschieden und gleichzeitig Reinhard Heydrich, den Leiter des Reichssicherheitshauptamts (RSHA) mit Plänen zur **„Endlösung der Judenfrage“** beauftragt. Mit dem **Überfall auf die Sowjetunion** im Juni 1941 fielen nun alle Schranken: Für die Nationalsozialisten und ihre Helfer in der Wehrmacht war dieser Krieg von Anfang an ein **Rassen-, Weltanschauungs- und Vernichtungskrieg gegen Juden und Slawen**, der mit einer nie gesehenen Brutalität geführt wurde. Organisiert durch das Reichssicherheitshauptamt in Berlin operierten vier Einsatzgruppen der SS (A–D) mit Sondervollmachten, den Heeresgruppen der Wehrmacht zugeordnet und von dieser großenteils unterstützt. Schon in den ersten fünf Kriegsmonaten wurden von den Einsatzgruppen und ihren Helfern systematisch 500 000 Menschen umgebracht:

- Ermordet wurden in Massenerschießungen erwachsene jüdische Männer als **„jüdische Bolschewisten“** (z. B. 30 000 Juden in Babi Jar bei Kiew).
- Dem folgte die Tötung jüdischer Frauen und Kinder, um **„unproduktive Esser“** zu beseitigen und den „Siedlungsraum“ für Deutsche frei zu machen.
- In den folgenden Jahren wurden von Einsatzgruppen Hunderttausende jüdische, aber auch russische Zivilisten umgebracht, die man mit **„Partisanen“** gleichsetzte. Die Bewohner ganzer Landstriche im Hinterland der Front wurden dabei liquidiert.

Zu den mordenden Einsatzgruppen gehörten auch **drei Bataillone regulärer Ordnungspolizei** und **einzelne Wehrmachtseinheiten**. Die Generalfeldmarschälle von Reichenau und von Manstein riefen im Herbst 1941 offen zum harten Vorgehen gegen Juden und Bolschewisten auf. Nur wenige Kommandeure der Wehrmacht weigerten sich, mit der SS zu kooperieren; niemand wurde deswegen bestraft.

Unterstützt wurde die SS des Weiteren von **einheimischen, antikommunistischen Kollaborateuren**, die als **„Hilfspolizisten“** vor allem im Baltikum, im östlichen Galizien und in der Ukraine dienten. Auch russische Kriegsgefangene wurden als **„Hilfswillige“** zu speziellen Einsatzgruppen ausgebildet. Die Russen meldeten sich vor allem, um dem Hungertod in der Kriegsgefangenschaft zu entgehen.

Entscheidung zur „Endlösung der Judenfrage“

Die letzte Entscheidung für den Massenmord wird im aktuellen Forschungskonsens Hitler zugesprochen. Trotz der Mordaktionen im Osten seit Juni 1941 ist aber unklar, wann genau die Entscheidung zur endgültigen Ermordung aller europäischen Juden getroffen wurde. Einen schriftlichen Befehl Hitlers fand man nicht, Hitler drückte seinen Willen aber üblicherweise so aus, dass die nachgeordneten NS-Führer die radikalste Lösung für die halten mussten, die dem „Führerwillen“ am meisten entsprach.

Mehrere Geschehnisse markieren den Weg zu Hitlers Entscheidung:

- Bereits seit dem Sommer 1941 häuften sich in der deutschen Propaganda die massiven Drohungen gegen das internationale Judentum.
- Am 19. September wurde für die Juden das **Tragen des „Judensterns“** verpflichtend, am 17. Oktober begannen die **Deportationen** der verbliebenen, nicht emigrierten deutschen Juden in die bereits völlig überfüllten Gettos in Osteuropa, ab dem 23. Oktober galt ein **Auswanderungsverbot** für Juden, ihnen wurde die Staatsangehörigkeit entzogen und das restliche Vermögen genommen, um ein Entkommen zu verhindern.

- Die Deportationen verschärften die chaotische Situation in den Gettos im Generalgouvernement Polen und in den anderen Aufnahmegebieten; die dortigen Besatzungsbehörden drängten zu einer Lösung des Problems, was vermutlich die Bereitschaft der NS-Führung zum schnellen Genozid an den Juden förderte.
- Schon im Oktober 1941 nahm die SS das **erste „Vernichtungslager" in Belzec bei Lublin** in Betrieb, um die Morde mithilfe von LKW-Abgasen in mobilen Tötungskammern „effizienter" zu gestalten.
- Bereits für den 9. Dezember 1941 hatte Heydrich zu einer interministeriellen Konferenz an den Großen Wannsee in Berlin geladen. Wegen des ausbrechenden Kriegs im Pazifik wurde sie auf den 20. Januar 1942 verschoben. Thema der Konferenz war die **„Endlösung der Judenfrage"**. Besprochen wurden deren Organisation und die **„Auskämmaktion"** gegen alle Juden im gesamten Herrschaftsbereich der Wehrmacht, mit dem Ziel, dieses „judenfrei" zu machen. Das Protokoll der **„Wannsee-Konferenz"**, erstellt von dem bürokratischen Organisator des Genozids, Adolf Eichmann, ist eines der wichtigsten Dokumente des Holocaust.

Die Ermordung der europäischen Juden in den Vernichtungslagern

Nach der Wannsee-Konferenz begann der fabrikmäßige Massenmord an den europäischen Juden und anderen Opfern: Im Verlauf des Jahres 1942 ersetzten die **Gaskammern** der Vernichtungslager Auschwitz-Birkenau (Auschwitz II), Chelmno (Kulmhof), Belzec, Sobibór, Treblinka bei Warschau und Majdanek die anderen Tötungsmethoden. In den Vernichtungslagern wurden die Opfer in getarnten Duschräumen mit dem **Blausäuregas Zyklon B** qualvoll erstickt. Allein in Auschwitz starben bis November 1944 1,5 Millionen Menschen. Im Lager Auschwitz-Birkenau fand bis zum Winter 1944 auch die **„Vernichtung durch Arbeit"** in angegliederten deutschen Fabriken statt, v. a. im Konzentrations- und Arbeitslager der IG Farben-Industrie in Monowitz (Auschwitz III).

Die jüdischen Opfer wurden aus den von der Wehrmacht besetzten Ländern und den mit Deutschland verbündeten Staaten in die Vernichtungslager gebracht. Bei der Registrierung der Juden, dem Zusammentreiben und der Deportation halfen neben der Wehrmacht einheimische Polizeikräfte oder faschistische Milizen mit, in Deutschland übernahmen Gestapo und die reguläre Ordnungspolizei diese Aufgabe.

Soweit die Opfer die oft tagelangen Zugfahrten in den Viehwägen überlebten, wurden sie nach der Ankunft an den Rampen der Bahnhöfe von SS-Ärzten in Arbeitsfähige und Nicht-Arbeitsfähige **„selektiert"**. Kinder und ihre Mütter,

Alte und Kranke führte man sofort zu einem qualvollen 20-minütigen Erstickungstod in die Gaskammern. Den weiteren Vorgang hat der erste Kommandant von Auschwitz, Rudolf Höß, in polnischer Haft später so beschrieben: „Die Juden mussten sich bei dem Bunker ausziehen, es wurde ihnen gesagt, dass sie zur Entlausung in die so bezeichneten Räume gehen müssten. Alle Räume, es handelte sich um fünf, wurden gleichzeitig gefüllt, die gasdicht gemachten Türen zugeschraubt und der Inhalt der Gasbüchsen durch besondere Luken in die Räume geschüttet. Nach Verlauf einer halben Stunde wurden die Türen wieder geöffnet, in jedem Raum waren zwei Türen, [und] die Toten [wurden] herausgezogen."

Die Leichen wurden von besonderen Häftlingskommandos in Krematorien verbrannt, Haare, Goldzähne und die Kleider von der SS industriell verwertet. Allein in Auschwitz II konnten so pro Tag 10 000 Menschen gleichsam „industriell" ermordet und „verwertet" werden.

Die Konzentrationslager im Dritten Reich

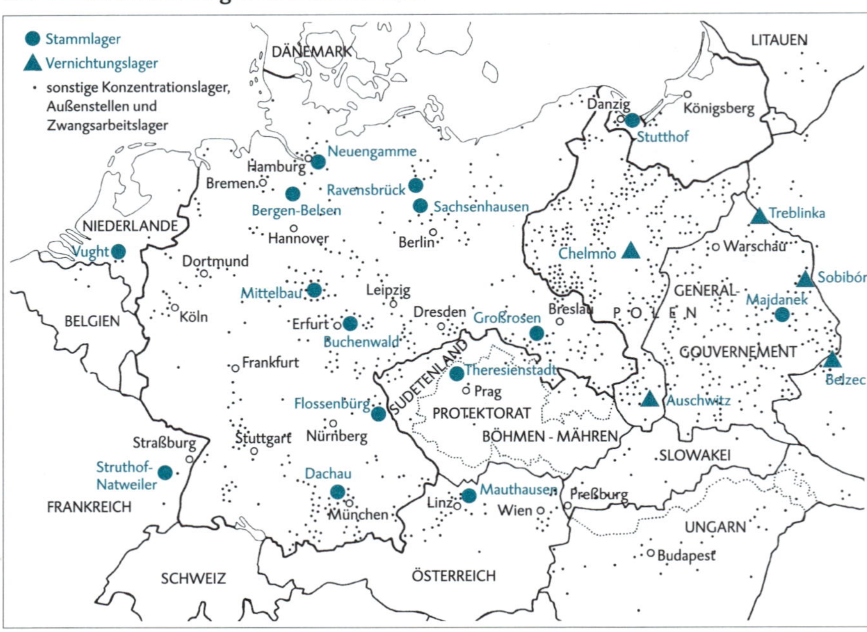

Hinzu kamen **Menschenversuche** zu militärischen, medizinischen und anderen Zwecken durch SS-Ärzte wie den berüchtigten **Josef Mengele**. In allen Lagern herrschte völlige Rechtlosigkeit der Häftlinge: Jeder SS-Mann oder Häftlings-„Kapo" konnte willkürlich Menschen quälen oder töten, ohne sich dafür rechtfertigen zu müssen.

Die letzten größeren Mordaktionen an Juden und anderen Opfern erfolgten, als die Vernichtungs- und Konzentrationslager aufgrund der herannahenden sowjetischen oder westalliierten Truppen 1944/45 geräumt werden mussten. In sogenannten **Todesmärschen** evakuierte die SS die verbliebenen entkräfteten Häftlinge, erschoss unterwegs die Zurückbleibenden und tötete die anderen oft systematisch noch kurz vor der Befreiung.

Kollaboration

Wie 1944 bei den faschistischen Milizen in Ungarn („Pfeilkreuzler") fanden die deutschen Holocaust-Organisatoren auch in anderen besetzten oder verbündeten Ländern willige Helfer. In der Slowakei, Kroatien und Rumänien organisierten die mit Deutschland verbündeten faschistischen Regierungen selbst Massenmorde und die späteren Deportationen. Besonders in Litauen, Lettland und der Ukraine beteiligten sich **einheimische Milizen** an Deportationen und Morden an den Juden, meist getrieben von antisemitischen Einstellungen. Sogar Polen, die selbst unter dem NS-Terror zu leiden hatten, beteiligten sich an Massakern an ihren jüdischen Mitbürgern.

Rettungsaktionen

Gerade in Polen fanden sich aber auch viele Retter und Helfer von Juden; sie versteckten etwa jüdische Kinder unter Lebensgefahr für sich und ihre Familien vor den Besatzern. Das Gleiche gilt für einzelne Deutsche, die Juden zur Ausreise und später zur Flucht verhalfen oder sie bis Kriegsende versteckten. Der deutsche Unternehmer **Oskar Schindler** rettete in Polen 1 200 jüdische Zwangsarbeiter, indem er sie bis Kriegsende als „kriegswichtig" ausgab und ihre Deportation durch Bestechung von SS-Offizieren verhinderte. Der Fall wurde durch Steven Spielbergs Verfilmung („Schindlers Liste", 1993) weltweit bekannt. Die israelische **Shoa-Gedenkstätte „Yad Vashem"** hat bis heute 16 000 Retter aus ganz Europa in ihrer **„Allee der Gerechten"** geehrt.

Die mit Deutschland verbündeten Staaten **Finnland, Italien** (bis 1943) und **Bulgarien** weigerten sich, ihre jüdischen Bürger auszuliefern, und konnten die meisten vor dem deutschen Zugriff bewahren. Im von Deutschland besetzten **Dänemark** gelang es 1943 der Untergrundbewegung und der Bevölkerung, 7 200 jüdische Mitbürger in einer koordinierten Aktion in das neutrale Schweden zu bringen, „nur" 161 dänische Juden starben in deutschen Konzentrationslagern. In die neutrale, aber von Deutschland bedrohte **Schweiz** konnten sich ca. 26 000 Juden retten, ungefähr die gleiche Zahl wurde aber von den schweizerischen Behörden an den Grenzen in den fast sicheren Tod zurückgeschickt.

Jüdischer Widerstand

Es gab auch Widerstand durch die verfolgten Juden. Neben einzelnen Aufständen in Vernichtungslagern ist der **Aufstand im Warschauer Getto** vom 19. April bis zum 6. Mai 1943 der bekannteste; der SS gelang es nur unter Verlusten und mit schweren Waffen, die Jüdische Kampforganisation („ZOB") niederzuwerfen. Tausende untergetauchter oder aus den Lagern geflohener Juden beteiligten sich in allen europäischen Ländern am Widerstand gegen die Deutschen und im Osten am Partisanenkampf gegen die deutschen Nachschubwege. In den regulären Truppen der Alliierten dienten Hunderttausende jüdischer Soldaten, darunter auch viele deutsch-jüdische Emigranten.

6.4 Erklärungen für den Holocaust

Aufgrund der einzigartigen Bedeutung des Geschehens für die Menschheitsgeschichte ist die Erklärung für den Holocaust eine der zentralen Fragen der Forschung. Antworten lassen sich nur in einer Zusammenschau vieler unterschiedlicher Faktoren finden.

Radikaler Antisemitismus als ideologisches Fundament

Die entscheidende Kraft hinter dem Holocaust war der fanatische **„Erlösungsantisemitismus"** Hitlers (Saul Friedländer), der im NS-Staat zur politischen Doktrin wurde. Hitler und die wichtigen Männer seiner Gefolgschaft, vor allem Goebbels und Himmler, glaubten an die Vorstellung von „dem Juden" als dem „Bösen", von dem die Welt befreit werden müsse; Hitler bekräftigte diese Sichtweise sogar noch kurz vor seinem Selbstmord am 30. April 1945.

Der Antisemitismus als fanatische Haltung der führenden Nationalsozialisten oder als unterschwelliges Vorurteil der konservativen und bürgerlichen Unterstützer war eine der Ursachen für die Beteiligung vieler Deutscher, aber auch der nichtdeutschen Kollaborateure am Holocaust. Der als sichere Wahrheit erachtete Glaube an eine gefährliche und schädliche Rolle der Juden motivierte die Fanatiker und senkte die moralischen Hemmschwellen vieler anderer Täter.

Deutsche Umvolkungspläne als organisatorischer Sachzwang

Der Genozid an den Juden erscheint nur auf den ersten Blick als logische Konsequenz der deutschen Judenpolitik vor 1939. Tatsächlich ist die Entscheidung für den Holocaust in ein komplexes Geflecht von Motiven und Strukturen eingebunden, über deren genaue Bewertung sich die aktuelle Forschung nicht ganz einig ist. Das Vorgehen gegen die Juden steht auf jeden Fall in engem Zusammenhang mit dem Plan Hitlers, aus Deutschland alle „Minderwertigen" zu entfernen und Osteuropa mithilfe gigantischer Bevölkerungsverschiebungen im Sinne seiner Lebensraumpolitik umzugestalten (**„Generalplan Ost“**). Binnen 30 Jahren sollten 31 Millionen „minderrassige“ Menschen (Juden, Slawen) aus Polen, Galizien, dem Baltikum, Weißrussland und Teilen der Ukraine nach Sibirien verschoben werden und nur 14 Millionen „gutrassige“ in ihrer Heimat verbleiben können. Die „Zwänge“, die sich aus der begonnenen Umsetzung dieser Absicht ergaben, und die Schwierigkeiten der deutschen Besatzungspolitik in den eroberten Ostgebieten haben die Entscheidung Hitlers und seiner engsten Mitarbeiter (v. a. Goebbels und Himmler) für die **„Endlösung der Judenfrage“** mitbedingt: Dabei spielten die Bereitschaft und das Drängen der deutschen Verantwortlichen in den besetzten Ländern zur brutalen Liquidierung der Juden und anderer Opfer, um Platz für die nachdrängenden Siedler zu schaffen, eine dynamisierende Rolle. Die moralisch verrohten, an Macht und Karriere interessierten NS-Funktionäre und -Amtsinhaber im besetzten Osten entwickelten immer brutalere Mordpläne, um sich vor der Zentrale zu „bewähren“. Die **„Peripherie“** wies so möglicherweise dem Zentrum um Hitler den Weg in die radikalste Lösung des „Judenproblems“.

Fehlender Widerstand der Deutschen als Motivation für die NS-Führung

Eine wesentliche Ermutigung für die NS-Führung dürfte der fehlende Widerstand gegen die nationalsozialistische Judenpolitik in der deutschen Bevölkerung und bei den militärischen Verantwortlichen in den besetzten Gebieten gewesen sein. Kaum jemand stellte sich der Entrechtung der Juden und später den Deportationen und dem Morden entgegen.

Ein **Mythos** ist der in der deutschen Öffentlichkeit nach 1945 oft angeführte Grund für die Untätigkeit der Deutschen, **„nichts gewusst“ zu haben**. Das Verschwinden der Juden in Deutschland war nicht zu übersehen, die öffentlich sichtbaren Mordaktionen der Einsatzgruppen wurden über die informierten Soldaten auf Heimaturlaub schnell bekannt, die Geschehnisse in den Konzentrationslagern unterlagen wohl der Geheimhaltung, aber auch dieses Wissen sickerte über Beteiligte und alliierte Radiosender zur deutschen Bevölkerung durch.

Bereicherung durch den Holocaust

Provokativ ist die These des Historikers **Götz Aly** vom deutschen **Raubkrieg gegen Europa und die europäischen Juden**. Aly verweist auf die materielle Seite der Besatzung und der „Endlösung“: Die Ausbeutung der besetzten Länder und die Enteignung der Juden hätten den Krieg mitfinanziert und die deutsche Bevölkerung, die durch eine gesicherte **materielle Versorgung** und von den jüdischen Vermögen direkt profitierte, zur Akzeptanz der nationalsozialistischen Kriegspolitik gebracht. Die „Endlösung“ erscheint so als „Raubmord“, der immer radikaler werden musste, um immer mehr aus den Opfern herauszupressen. Die Erklärung zeigt mit der materiellen Seite einen wesentlichen Aspekt des Geschehens, nicht aber den entscheidenden Ausgangspunkt.

6.5 Tätergruppen und ihre Motive

Die Holocaustforschung spricht von etwa 250 000 handelnden, also verantwortlichen deutschen und österreichischen Tätern; sie hat mehrere Tätergruppen mit unterschiedlichen Motiven erkannt. Bemerkenswert sind dabei die hohe Zahl der **Direkttäter** und die **Öffentlichkeit des Mordens in Osteuropa:** Die Hälfte allein der jüdischen Opfer, also ungefähr drei Millionen, starb nicht in den anonymen Abläufen der Todesfabriken, sondern wurde von Einzeltätern ermordet. Fast jeder der an den Mordaktionen beteiligten SS-Männer oder deutschen Polizisten brachte Dutzende bis mehrere hundert unschuldiger Männer, Frauen und Kinder um. Unterstützt wurden die Einsatzgruppen in den sowjetischen Gebieten häufig von Wehrmachtseinheiten, aber in Einzelfällen auch von freiwilligen Mitgliedern der deutschen Verwaltungen, etwa von Sparkassenangestellten oder Angehörigen des NS-Kraftfahrkorps. Schaulustige Soldaten sind auf vielen privaten Fotos von Mordaktionen zu erkennen, offenbar gab es einen regelrechten **„Exekutionstourismus“**. Wissen sollte man auch, dass innerhalb des gesamten Geschehens kein Fall bekannt ist, in dem ein deutscher Soldat oder Polizist bestraft wurde, wenn er sich weigerte, an Erschießungen teilzunehmen. Das Gleiche gilt für die wenigen Wehrmachtskommandeure, die gegen das Vorgehen der SS protestierten oder diese mit ihren Einheiten nicht unterstützten.

Das Reichssicherheitshauptamt

Die zentrale Organisationsrolle im Genozid spielten die jungen, um 1904 geborenen, akademisch gebildeten Führer der SS im Reichssicherheitshauptamt, in der Gestapo und bei den Einsatzgruppen. Bei dieser **SS-Funktionselite**, bestehend aus mehreren tausend Männern, spricht man von einem **„intellektuellen Antisemitismus“** (Ulrich Herbert): Sie rechtfertigte sich mit den existenziellen Interessen des deutschen Volkes oder der „arischen Rasse“ und bezog sich auf ein **ideologisches höheres Ziel**, angesichts dessen man sich bewähren müsse. Anerzogene moralische Hemmungen ließen sich so außer Kraft setzen; die außerordentlich **schnellen Karrieren** und der große **Machtgewinn** kamen motivierend dazu. Die gleichen Motive sind den nationalsozialistischen Aktivisten in den Zivilverwaltungen im besetzten Osteuropa zuzuschreiben, die zu immer brutalerem Vorgehen gegen die Juden in ihrem Machtbereich drängten.

„Schreibtischtäter“

Für den Täter-Typus des bürokratischen Organisators des Massenmords hat sich der Begriff „Schreibtischtäter“ eingebürgert; das bekannteste Beispiel dafür ist der Leiter des „Judenreferats“ im RSHA, **Adolf Eichmann**. Dieser hatte den Transport der jüdischen Opfer nach Auschwitz bis zur letzten Minute und gegen alle Widrigkeiten der Kriegssituation organisiert, sich aber nie direkt an Morden beteiligt, weil er dies nervlich nicht durchstehen konnte. Eichmann tauchte nach dem Krieg unter und konnte sich nach Argentinien absetzen; er wurde dort vom israelischen Geheimdienst aufgespürt, 1960 nach Israel entführt, vor Gericht gestellt, verurteilt und 1962 gehängt. Der Prozess brachte die verwaltungstechnischen Strukturen des Massenmords ans Licht und zeigte die Psyche eines Hauptverantwortlichen, der nur auf Befehl gehandelt haben wollte. Die deutsch-jüdische Schriftstellerin Hannah Arendt erkannte in Eichmanns gefühlskalter Bürokratenmentalität die **„Banalität des Bösen“**, übersah dabei aber den fanatischen Antisemitismus des „Schreibtischtäters“ Eichmann.

Psychogramm der Tätergruppen

Aufschluss über das Innenleben der „normalen“, nicht der SS angehörenden deutschen Beteiligten am Holocaust – und damit über das Funktionieren eines Genozids im Allgemeinen – gibt die wichtige Untersuchung von Christopher Browning („Ganz normale Männer“) zu den Mitgliedern des Hamburger Reserve-Polizeibataillons 101. Diese Einheit der regulären Ordnungspolizei war an den Mordaktionen 1941/42 beteiligt: Aufgabe bei den „Säuberungen“ war die Festnahme arbeitsfähiger Männer sowie die Erschießung von Frauen, Kindern, Kleinkindern, Alten, Schwachen und Kranken. Bei Vernehmungen in der Nachkriegszeit ergaben sich rückblickend die folgenden Verhaltensweisen:

- Es gab eine **Minderheit von barbarischen Antisemiten**, die mit Freude töteten, sich bei Aktionen freiwillig meldeten und ihre Taten feierten.
- Eine Mehrheit tötete, weil es die Vorgesetzten befahlen, weil man es im Sinne des **übergeordneten Ziels** für notwendig hielt, weil die Opfer durch die langjährige NS-Propaganda entmenschlicht worden waren. Die **Juden** waren für diese Männer ein **Feindbild**, das sich entgegen der sichtbaren Realität dadurch bestätigte, dass man sie tötete.
- 10–20 % der eingesetzten Polizisten wollten nicht töten, sie beteiligten sich aber an den Aktionen, ohne selbst zu morden.

„Willige Helfer“

Neben den Direkttätern gab es Hunderttausende von an den Deportationen „indirekt“ Beteiligten: Eisenbahner, Polizisten, Verwaltungsbeamte, Ingenieure in den Zwangsarbeiterlagern, denen die Abläufe und ihre Folgen nicht verborgen bleiben konnten. Auch die Männer dieser Gruppen taten ohne sichtbaren Widerstand „ihre Pflicht“.

Wichtig für das Funktionieren des Holocaust war auch die **Mitwirkung der deutschen Eliten**, zum Beispiel

- der **Militärs**, die den Weg für die Einsatzgruppen der SS freikämpften,
- der **Industriellen**, die an der „Vernichtung durch Arbeit“ profitierten,
- der **Bankiers**, die mit der SS kooperierten und z. B. das Zahngold der Ermordeten in Devisen für das Reich verwandelten oder die Kredite für den Bau von Vernichtungslagern gaben,
- der **Naturwissenschaftler und Techniker**, die Gaskammern entwickelten,
- der **Ärzte**, die Häftlinge in Experimenten zu Tode quälten,
- der **Juristen**, die Entrechtung und Verfolgung der Juden von Anfang an mit dem Schein der Rechtmäßigkeit belegten.

Die Organisation des Holocaust 1941–1945

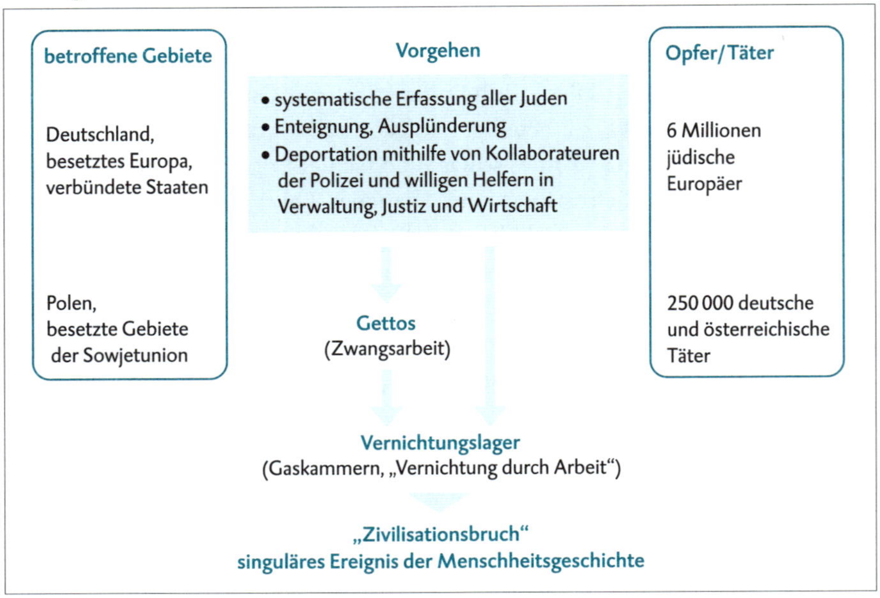

Aufgaben

50 Erklären Sie die Begriffe „Holocaust“, „Genozid“, „Endlösung“ und „Zivilisationsbruch“.

51 Stellen Sie den Ablauf des Holocaust dar.

52 Erörtern Sie Erklärungsansätze für den Holocaust.

53 a) Beschreiben Sie mithilfe der Überschriften und des Titelbilds der NS-Zeitschrift „Der Stürmer“ vom Mai 1934 (M 1), welche Traditionen und Formen des Antisemitismus darin sichtbar werden.

b) Bewerten Sie die Wirkungsabsicht der Zeitschrift.

c) Fassen Sie den inhaltlichen Kern des Textauszugs (M 2) zusammen: Worum ging es in der Wannsee-Konferenz?

d) Suchen Sie im Text (M 2) alle nationalsozialistischen Begriffe für den Massenmord und erklären Sie deren Funktion.

e) Erläutern Sie, welche wesentlichen Aspekte der Organisation des Holocaust in der Quelle (M 2) genannt oder sichtbar werden. Welche Aspekte werden nicht genannt?

f) Erläutern Sie mit Blick auf die Teilnehmer der Wannsee-Konferenz, welche Tätergruppen für den Holocaust verantwortlich waren. Die Konferenz leitete der Chef der Sicherheitspolizei und des SD (Sicherheitsdienst der SS), Reinhard Heydrich.

g) Beurteilen Sie, welche Einsichten der Teilnehmerkreis und der Inhalt der Wannsee-Konferenz (M 2) über das Funktionieren des NS-Staates und der Durchführung des Holocaust ermöglichen.

M 1: Titelbild einer Sondernummer des NS-Wochenblatts „Der Stürmer", Mai 1934

Preis 30 Pfennig

Ritualmord-Nummer

Der Stürmer

...tsches Wochenblatt zum Kampfe um die Wahrheit

HERAUSGEBER: JULIUS STREICHER

Sonder-Nummer 1 | Nürnberg, im Mai 1934 | 12. Jahr 1934

Jüdischer Mordplan

gegen die nichtjüdische Menschheit aufgedeckt

Das Mördervolk

Die Juden stehen in der ganzen Welt in einem furchtbaren Verdacht. Wer ihn nicht kennt, der kennt die Judenfrage nicht. Wer die Juden nur ansieht, wie Heinrich Heine (Chaim Bückeburg) sie beschreibt: „Ein Volk, das zu seinem Unterhalt mit Wechseln und alten Hosen handelt und dessen Uniform die langen Nasen sind," der ist auf falschem Wege. Wer aber weiß, welch eine ungeheuerliche Anklage schon seit Anbeginn gegen die Juden erhoben wird, dem erscheint dieses Volk in einem anderen Lichte. Er sieht in ihnen nicht nur ein eigenartiges, seltsam anmutendes Volk, er sieht in ihnen Verbrecher und Mörder und Teufel in Menschengestalt. Und es überkommt ihn gegen dieses Volk ein heiliger Zorn und Haß.

Der Verdacht, in dem die Juden stehen, ist der des Menschenmordes. Sie werden bezichtigt, nichtjüdische Kinder und nichtjüdische Erwachsene an sich zu locken, sie zu schlachten und ihnen das Blut abzuzapfen. Sie werden bezichtigt, dieses Blut in die Mazzen (ungesäuertes Brot) zu verbacken und auch sonstige abergläubische Zauberei damit zu treiben. Sie werden bezichtigt, ihre Opfer, besonders die Kinder, dabei furchtbar zu martern und zu foltern. Und während dieses Folterns Drohungen, Flüche und Verwünschungen gegen die Nichtjuden auszustoßen. Dieser planmäßig betriebene Menschenmord hat eine besondere Bezeichnung, er heißt

Ritualmord.

Das Wissen vom jüdischen Ritualmord ist schon Jahrtausende alt. Es ist so alt wie die Juden selbst. Die Nichtjuden haben es von Generation zu Generation übertragen. Es ist uns durch Schriften überliefert. Es ist aber auch in der breiten Volksmasse vorhanden. In den verstecktesten Bauerndörfern stößt man auf dieses Wissen. Der Ahne sprach von ihm zu seinem Enkel. Und dieser wieder trug es weiter auf Kinder und Kindeskinder. So vererbte es sich bis zum heutigen Tag.

Es ist auch in den anderen Völkern vorhanden. Wo irgendwo in der Welt eine Leiche gefunden wird, die die Anzeichen des Ritualmordes trägt, erhebt sich sofort laut und groß die Anklage. Sie richtet sich überall nur gegen die Juden. Hunderte und aberhunderte von Völkern, Stämmen und Rassen bewohnen den Erdball. Niemand denkt daran, sie des planmäßigen Kindermordes zu beschuldigen und sie als Mördervolk zu bezeichnen. Den Juden allein wird diese Anklage aus allen Völkern entgegengeschleudert. Und viele große Männer haben

Judenopfer

Durch die Jahrtausende vergoß der Jud, geheimem Ritus folgend, Menschenblut
Der Teufel sitzt uns heute noch im Nacken, es liegt an Euch die Teufelsbrut zu packen

Die Juden sind unser Unglück!

© bpk/Freistaat Bayern.

M 2: Auszug aus dem Besprechungsprotokoll der Wannsee-Konferenz, 1942

I.

An der am 20. 1. 1942 in Berlin, Am Großen Wannsee Nr. 56/58, stattgefundenen Besprechung über die Endlösung der Judenfrage nahmen teil:

Gauleiter Dr. Meyer und Reichsamtsleiter Dr. Leibbrandt (Reichsministerium für die besetzten Ostgebiete)

Staatssekretär Dr. Stuckart (Reichsministerium des Innern)

Staatssekretär Neumann (Beauftragter für den Vierjahresplan)

Staatssekretär Dr. Freisler (Reichsjustizministerium)

Staatssekretär Dr. Bühler (Amt des Generalgouverneurs)

Unterstaatssekretär Luther (Auswärtiges Amt)

SS-Oberführer Klopfer (Partei-Kanzlei)

Ministerialdirektor Kritzinger (Reichskanzlei)

SS-Gruppenführer Hofmann (Rasse- und Siedlungshauptamt)

SS-Gruppenführer Müller / SS-Obersturmbannführer Eichmann (Reichssicherheitshauptamt)

SS-Oberführer Dr. Schöngarth, Befehlshaber der Sicherheitspolizei und des SD im Generalgouvernement (Sicherheitspolizei und SD)

SS-Sturmbannführer Dr. Lange, Kommandeur der Sicherheitspolizei und des SD für den Generalbezirk Lettland, als Vertreter des Befehlshabers der Sicherheitspolizei und des SD für das Reichskommissariat Ostland (Sicheheitspolizei und SD)[…]

III.

Anstelle der Auswanderung ist nunmehr als weitere Lösungsmöglichkeit nach entsprechender vorheriger Genehmigung durch den Führer die Evakuierung der Juden nach dem Osten getreten. Diese Aktionen sind jedoch lediglich als Ausweichmöglichkeiten anzusprechen, doch werden hier bereits jene praktische Erfahrungen gesammelt, die im Hinblick auf die kommende Endlösung der Judenfrage von wichtiger Bedeutung sind.

Im Zuge dieser Endlösung der europäischen Judenfrage kommen rund 11 Millionen Juden in Betracht […].

Unter entsprechender Leitung sollen nun im Zuge der Endlösung die Juden in geeigneter Weise im Osten zum Arbeitseinsatz kommen. In großen Arbeitskolonnen, unter Trennung der Geschlechter, werden die arbeitsfähigen Juden straßenbauend in diese Gebiete geführt, wobei zweifellos ein Großteil durch natürliche Verminderung ausfallen wird.

Der allfällig endlich verbleibende Restbestand wird, da es sich bei diesem zweifellos um den widerstandsfähigsten Teil handelt, entsprechend behandelt werden müssen, da dieser, eine natürliche Auslese darstellend, bei Freilassung als Keimzelle eines neuen jüdischen Aufbaues anzusprechen ist. (Siehe die Erfahrung der Geschichte.)

Im Zuge der praktischen Durchführung der Endlösung wird Europa vom Westen nach Osten durchgekämmt. Das Reichsgebiet einschließlich Protektorat Böhmen und Mähren wird, allein schon aus Gründen der Wohnungsfrage und sonstigen sozial-politischen Notwendigkeiten, vorweggenommen werden müssen.

Die evakuierten Juden werden zunächst Zug um Zug in sogenannte Durchgangsghettos verbracht, um von dort aus weiter nach dem Osten transportiert zu werden.

Wichtige Voraussetzung, so führte SS-Obergruppenführer Heydrich weiter aus, für die Durchführung der Evakuierung überhaupt, ist die genaue Festlegung des in Betracht kommenden Personenkreises.
Es ist beabsichtigt, Juden im Alter von über 65 Jahren nicht zu evakuieren, sondern sie einem Altersghetto – vorgesehen ist Theresienstadt – zu überstellen. […]

Der Beginn der einzelnen größeren Evakuierungsaktionen wird weitgehend von der militärischen Entwicklung abhängig sein. Bezüglich der Behandlung der Endlösung in den von uns besetzten und beeinflußten europäischen Gebieten wurde vorgeschlagen, daß die in Betracht kommenden Sachbearbeiter des Auswärtigen Amtes sich mit dem zuständigen Referenten der Sicherheitspolizei und des SD besprechen.

Aus: Reinhard Rürup u. a.(Hg.): Topographie des Terrors Gestapo, SS und Reichssicherheitshauptamt auf dem „Prinz-Albrecht-Gelände". Eine Dokumentation. Berlin: Arenhövel 1987, S. 144–147.

Die frühe Bundesrepublik – Erfolg der Demokratie durch „Wohlstand für alle"?

Die 1949 gegründete **Bundesrepublik Deutschland** ist das politische und gesellschaftliche System, in dem wir auch heute noch leben. Trotz der schwierigen Ausgangslage wurde die Neugründung zu einer **Erfolgsgeschichte:** Der neue Staat ermöglichte den Westdeutschen einen ungeahnten Wohlstandsschub, verankerte Deutschland in Europa und im Westen und erreichte nach 1990 die Wiedervereinigung mit der DDR.

Deutschland nach dem Zweiten Weltkrieg (1. 9. 1945)

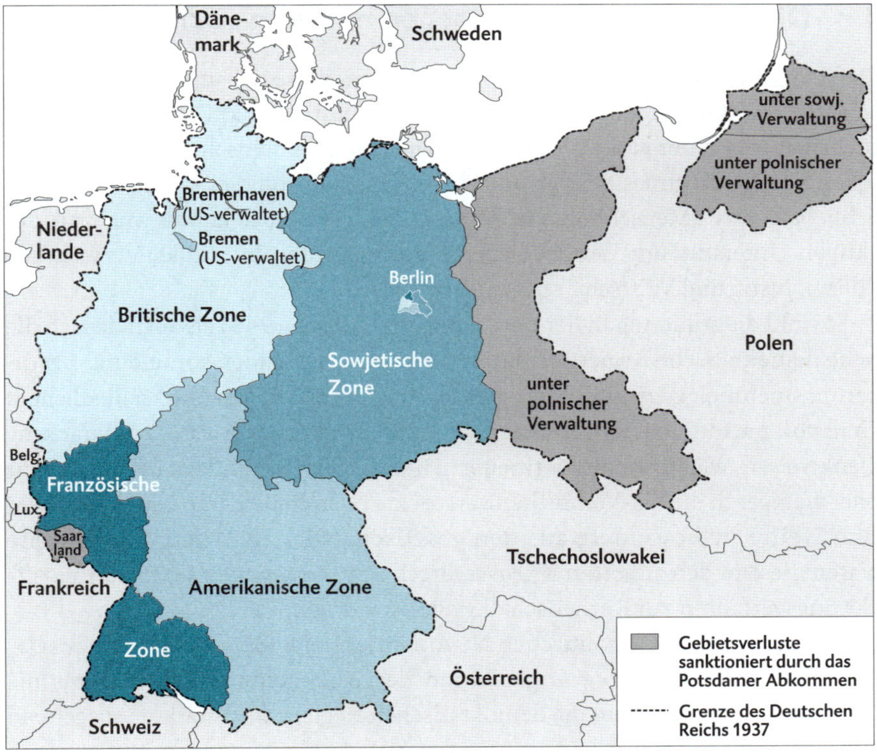

In der Gründungsphase war dieser Erfolg aber alles andere als vorhersehbar. Zahlreiche Probleme mussten auf dem Weg zu einer freiheitlich-parlamentarischen Demokratie bewältigt werden, denn Deutschland war nach dem verlorenen Zweiten Weltkrieg völlig zerstört, politisch in **vier Besatzungszonen** unter der Militärverwaltung der alliierten Siegermächte (Sowjetunion, USA, Großbritannien, Frankreich) aufgeteilt und hatte seine Souveränität als eigenständiger Staat verloren. Zudem war die deutsche Gesellschaft durch die nationalsozialistischen Verbrechen, vor allem durch den Holocaust, kollektiv schwer belastet.

Hinzu kamen der Verlust der deutschen Gebiete jenseits der Oder und Neiße (Polen, Sowjetunion) sowie die Vertreibung von ca. 12 Millionen Deutschen aus diesen Gebieten und aus der Tschechoslowakei, Ungarn, Jugoslawien und Rumänien, die im zerstörten Kern Deutschlands aufgenommen werden mussten. Beides wurde auf der **Postsdamer Konferenz** der Siegermächte (17. 7.–2. 8. 1945) vereinbart.

1 Die Erfahrung der Deutschen mit dem „Dritten Reich"

Der Umgang mit dem schweren Erbe des Nationalsozialismus war eine entscheidende Herausforderung für die neue Bundesrepublik. Die Bevölkerungsmehrheit war in der nationalsozialistischen „Volksgemeinschaft" den radikalen Ideen des NS-Regimes gefolgt und diesem bis zur völligen Katastrophe loyal geblieben. Das „Menschheitsverbrechen" des Holocaust konnte nur mit der aktiven Unterstützung der deutschen Funktionseliten in Militär, Verwaltung, Polizei, Justiz und Wirtschaft begangen werden.

Sowohl die Alliierten in der Besatzungszeit (1945–1949) als auch danach die neue demokratische Regierung der Bundesrepublik standen somit einer Bevölkerungsmehrheit gegenüber, die – wie Umfragen zeigten – in unterschiedlichem Grad von **nationalsozialistischem Gedankengut** geprägt war, demokratische Denkweisen waren wenig verbreitet. Hinzu kamen Hunderttausende mehr oder weniger in die NS-Verbrechen verstrickte oder direkt daran beteiligte **Täter und Helfer insbesondere aus den gesellschaftlichen Eliten**; nur teilweise waren diese in den alliierten Kriegsverbrecherprozessen oder in den Entnazifizierungsverfahren zur Rechenschaft gezogen worden.

Das Fundament der politischen Neuorientierung bildete das **Grundgesetz**, das durch seine effiziente Organisation des parlamentarischen Systems die Demokratie und vor allem die demokratischen Regierungen stärkte. Ausgehend von den Strukturschwächen der Weimarer Verfassung zog man in der neuen Verfassung die richtigen **Lehren aus dem Scheitern der Weimarer Republik**.

1.1 Entnazifizierung und Umerziehung durch die Siegermächte

Das wichtigste Ziel der Alliierten war die „Entnazifizierung", die politische Umerziehung der Deutschen zu Demokraten. Die dafür notwendigen politischen und kulturellen Anstrengungen waren auf die Wiederherstellung demokratischer politischer Strukturen und des Rechtsstaats ausgerichtet. Erreicht werden sollte die **geistige Überwindung des nationalsozialistischen Systems**, seiner Denkweisen und seiner Kultur.

Entnazifizierung

Auf der Potsdamer Konferenz (Juli/August 1945) beschlossen die Alliierten unter anderem eine umfassende **politische „Säuberung"** der deutschen Gesellschaft, Politik, Justiz, Kultur und Presse vom nationalsozialistischen Gedankengut. Dies machte die systematische **Überprüfung aller erwachsenen Deutschen auf ihre Beteiligung am NS-System** und an den nationalsozialistischen Verbrechen durch gerichtsähnliche **„Spruchkammern"** notwendig, die mit unbelasteten deutschen Laienrichtern besetzt waren.

Die Betroffenen wurden mithilfe eines Fragebogens in **fünf Kategorien** eingeteilt:

1. Hauptschuldige (Kriegsverbrecher)
2. Belastete
3. Minderbelastete
4. Mitläufer
5. Entlastete

Zwischen 1945 und 1949 wurden etwa 50 000 deutsche NS-Täter durch die Siegermächte in den **Nürnberger Prozessen** und durch die Regierungen der ehemals von Deutschland besetzten Länder verurteilt; es wurden **mehrere hundert Todesurteile** verhängt und bis 1951 vollstreckt. Seit 1945 gab es in den westlichen Besatzungszonen und dann in der Bundesrepublik Vorermittlungen und Ermittlungen gegen 106 000 Personen, in der Folge aber nur 6 497 Verurteilungen (nach 1950 nur ca. 800!), davon 166 zu lebenslangen Freiheitsstrafen. Lediglich 500 Strafen wurden wegen Verbrechen im Rahmen des Holocaust mit insgesamt 6 Millionen Ermordeten verhängt.

Tausende von deutschen Tätern der höheren und mittleren Ebene entkamen schon nach 1945 über systematisch organisierte Fluchtwege, die sog. **Rattenlinien**. Die Flucht führte vor allem über Italien nach Südamerika, aber auch in arabische Länder.

Maßnahmen der Besatzungsmächte

Die Maßnahmen der Alliierten zur demokratischen Umerziehung der Deutschen deckten mehrere Bereiche des gesellschaftlich-kulturellen Lebens ab. Sie begannen mit der Konfrontation der Bevölkerung mit dem Holocaust (z. B. durch Filmaufnahmen aus Konzentrationslagern), um über die Verbrechen des NS-Regimes aufzuklären.

Wichtiger wurden aber bald die positiven Angebote der „reorientation“: Die Deutschen konnten wieder am **internationalen Kulturleben teilnehmen**, von dem sie seit 1933 abgeschnitten waren. Kulturoffiziere der Militärregierungen in allen vier Besatzungszonen nahmen den Theaterbetrieb wieder auf und ließen Stücke inszenieren, die seit 1933 nicht mehr oder die noch nie in Deutschland aufgeführt worden waren. Die Bibliotheken und Filmvorführungen der **Amerika-Häuser** öffneten ihre Tore. Damit sollte die von den Nationalsozialisten erzwungene **Provinzialität des geistigen Lebens überwunden werden**. Zum Angebot der USA gehörten auch Austauschprogramme für Schüler, Studenten und Lehrer, die Förderung von Schülermitverwaltungen und Schülerzeitungen oder Bürgerforen, in denen kommunale Probleme öffentlich diskutiert wurden.

Nachhaltig waren in den Westzonen die Erfolge bei der **Lizenzierung neuer Zeitungen** (z. B. Süddeutsche Zeitung, Frankfurter Rundschau, Die Zeit, Mittelbayerische Zeitung u. a.). Sie diente nicht nur deren Überwachung, sondern vor allem der Einübung von demokratischem Journalismus, der sich an Meinungsvielfalt, an der Trennung von Nachricht und Meinung und an einer objektiven Berichterstattung ausrichtete. Zeitschriften der Besatzungsmächte wie die amerikanische Neue Zeitung (München) wurden für die jungen deutschen Redakteure zum Vorbild. Wirkungsvoll war auch die Rundfunkpolitik der Alliierten. Die staatsunabhängigen **öffentlich-rechtlichen Rundfunkanstalten** in der Bundesrepublik wurden nach dem Vorbild der britischen BBC eingeführt.

1.2 „Lehren aus Weimar“: das Grundgesetz

Nach dem Scheitern der Weimarer Republik und der Zerstörung der Demokratie durch die Nationalsozialisten wurde mit dem Grundgesetz für die Bundesrepublik Deutschland vom 23. Mai 1949 zum zweiten Mal eine **parlamentarische Demokratie** in Deutschland begründet. Die Verfasser des Grundgesetzes wählten dabei sowohl die enge Anlehnung an den parlamentarischen Geist der Weimarer Verfassung als auch die Abgrenzung von dieser, wodurch ihre Strukturschwächen vermieden werden sollten.

Neuregelungen im Grundgesetz

Im Unterschied zur Weimarer Verfassung legt das Bonner Grundgesetz besonderen Wert auf die folgenden Prinzipien:

- Als Reaktion auf die Verbrechen des Nationalsozialismus wurden im Grundgesetz die **Menschen- und Bürgerrechte** den eigentlichen Verfassungsbestimmungen als unmittelbar geltende (und damit einklagbare subjektive) Rechte vorangestellt.

- Der **Grundrechtsschutz** erhielt eine besondere Stärkung: Die Legislative darf die Grundrechtsartikel (Art. 1 bis 19) zwar abändern, in ihrem Wesensgehalt sind diese aber unantastbar. Zudem sind die Artikel 1 und 20 durch die **Ewigkeitsklausel** (Art. 79 Abs. 3) von jeder Verfassungsänderung ausgenommen.
- Als „Hüter der Verfassung“ wurde das mächtige **Bundesverfassungsgericht** etabliert, das verfassungswidrige Entscheidungen von Parlament und Regierung ändern oder zurücknehmen kann.
- Beim Wahlrecht entschied man sich für eine **Mischform aus Verhältnis- und Mehrheitswahlrecht** und in der politischen Praxis für eine **5-Prozent-Sperrklausel**, die den Einzug kleiner Parteien in die Parlamente verhindert. Dadurch wird eine Zersplitterung der Parteienlandschaft vermieden und stabile Mehrheiten werden ermöglicht. Zudem wurden die politischen **Parteien** im Grundgesetz verankert. Sie haben den Auftrag der politischen Willensbildung und genießen besonderen Schutz.
- Das **föderale System** wurde **gestärkt** und die politische Macht dezentralisiert und stärker auf die Bundesländer verlagert. Diese entsenden Vertreter in die zweite Kammer, den Bundesrat, und besitzen dort ein wichtiges Mitsprache- und Vetorecht gegenüber dem Bundestag.
- Die Stellung des Staatsoberhaupts, des **Bundespräsidenten**, wurde im Vergleich zur Weimarer Reichsverfassung stark geschwächt: Der Bundespräsident hat in der Bundesrepublik im Wesentlichen nur repräsentative Aufgaben und wird durch die von den Parteien dominierte Bundesversammlung und nicht mehr durch das Volk gewählt.
- Neue Schlüsselfigur des politischen Systems wurde ein starker, vom Bundestag gewählter Regierungschef, der **Bundeskanzler:** Er ernennt die Minister und besitzt die **Richtlinienkompetenz** innerhalb der Regierung. Er kann nur durch ein **konstruktives Misstrauensvotum** gestürzt werden: D. h., die parlamentarische Opposition kann den Bundeskanzler ausschließlich durch die gleichzeitige Wahl eines neuen Regierungschefs absetzen, eine im Vergleich mit Weimar entscheidende Stabilisierung des parlamentarischen Systems. Die starke Stellung des Regierungschefs wird mit dem Begriff **Kanzlerdemokratie** beschrieben. Konrad Adenauer, der erste Bundeskanzler (1949–1963), nutzte die Möglichkeiten des Amtes konsequent und stärkte damit den jungen Staat. Den vielen Bürgern, die sich traditionell nach starken Führungsfiguren sehnten, wurde so eine politische Orientierung gegeben.

Verfassungen im Vergleich

	Weimarer Verfassung von 1919	Grundgesetz von 1949
Grundrechte	Grundrechtekatalog: kein positives, also geltendes Recht; Einschränkung durch Notverordnungen möglich	Menschen- und Bürgerrechte als unantastbare, einklagbare und subjektive Rechte („Ewigkeitsklausel")
Staatsoberhaupt	**Reichspräsident** starke Stellung des Reichspräsidenten als „Ersatzkaiser" (direkte Wahl durch das Volk auf 7 Jahre; Berufung und Entlassung der Reichsregierung; Notverordnungsrecht der Art. 48)	**Bundespräsident** von Bundesversammlung (aus Bundestag und Ländervertretern) gewählter politisch „schwacher" Bundespräsident; v. a. repräsentative Aufgaben; ernennt Minister auf Vorschlag des Kanzlers
Kanzler	**Reichskanzler** schwache Stellung, da vom Reichspräsidenten und Reichstag abhängig (Ernennung durch Reichspräsidenten, Abberufung durch Reichstag mit einfachem Misstrauensvotum)	**Bundeskanzler** starke Stellung („Kanzlerdemokratie"); Wahl durch den Bundestag; Ernennung der Minister; Richtlinienkompetenz; Abwahl nur durch konstruktives Misstrauensvotum möglich
Ländervertretung	**Reichsrat** beratende Funktion; eingeschränkte Mitwirkung bei Gesetzgebung: „suspensives" (aufschiebendes) Vetorecht, aber: Überstimmung mit Zweidrittelmehrheit des Reichstags möglich	**Bundesrat** beteiligt an der Gesetzgebung: volles Veto bei Gesetzen, die die Belange der Länder betreffen, z. B. im Bildungswesen
Volksvertretung	**Reichstag** Ministerverantwortlichkeit; Gesetzgebung; Haushalt; Ministeranklage; aber insgesamt relativ schwache Stellung des Parlaments (keine Wahl der Reichsregierung; Notverordnungsrecht des Reichspräsidenten)	**Bundestag** Wahl des Kanzlers; an Präsidentenwahl beteiligt (50 %); Gesetzgebung; Haushalt; Kanzlerverantwortlichkeit; konstruktives Misstrauensvotum
Wahlrecht	striktes demokratisches Prinzip ohne strukturellen Schutz des demokratischen Systems (absolutes Verhältniswahlrecht; Fehlen einer Prozenthürde; kein verfassungsrechtlicher Schutz gegen Demokratiefeinde)	Mischform zwischen Verhältnis- und Mehrheitswahlrecht; 5-Prozent-Sperrklausel

„Bonn ist nicht Weimar“

Letztlich gelang es den Schöpfern des Grundgesetzes, ein stabiles politisches System zu formieren, das sich bis heute bewährt hat und das deshalb auch in der Wiedervereinigungsphase 1990/91 übernommen wurde. Im Vergleich mit der Weimarer Verfassung wurden die richtigen Lehren gezogen, der Erfolg der Bundesrepublik ist aus verfassungsgeschichtlicher Perspektive also auch den Erfahrungen mit der Weimarer Verfassung zu verdanken. „Weimarer Verhältnisse“ mit ihrer innenpolitischen Instabilität wurden in der westdeutschen „Bonner Republik“ (1949–1990) vermieden.

1.3 Vergangenheitspolitik

In der Bundesrepublik entschied sich die neue politische Führung nach 1949 für eine besondere Form der **Vergangenheitspolitik:** Die Mehrzahl der Angehörigen der NS-Funktionseliten wurde rehabilitiert und in die neue demokratische Gesellschaft eingegliedert. Man wollte sich so zum einen ihrer Loyalität für den Neuanfang versichern und ein mögliches politisches Unruhepotenzial entschärfen, zum anderen das Expertenwissen der Eliten für den Wiederaufbau nutzen. Das umfassende Verschweigen und Verdrängen der nationalsozialistischen Verbrechen in den 1950er-Jahren war die Folge dieses Vorgehens.

Wiedereinsetzen der NS-Funktionseliten

Im Rahmen der alliierten Entnazifizierungskampagne waren ungefähr 400 000 Beamte und Berufssoldaten aufgrund ihrer nachweisbaren aktiven Rolle im NS-System als „Belastete“ entlassen worden. Bundesregierung und Parlament entschieden sich aber nach 1949 dafür, auf einen personellen Neuanfang in der Staatsverwaltung und auf eine Reform des Berufsbeamtentums zu verzichten. Man griff dabei auf **Artikel 131** des neuen Grundgesetzes zurück, der die Versorgung der entlassenen und der (aus dem Osten) vertriebenen Beamten regelte. Das geschah 1951 mit einem **Ausführungsgesetz**, dem weitere folgten: Fast alle „Belasteten“ (nur 0,4 Prozent blieben ausgeschlossen) wurden nun wieder in den Staatsdienst mit allen Versorgungsansprüchen aufgenommen, bereits Pensionierte erhielten entsprechend ihre vollen Pensionen. Der Volksmund bezeichnete diese rehabilitierten ehemaligen Nationalsozialisten als „131er“.

Beispiele für die **personelle Kontinuität der NS-Funktionseliten:**

- Ungeachtet ihrer Rolle im NS-System fanden Zehntausende **ehemalige Mitglieder des nationalsozialistischen Terrorapparats** (Richter, Staatsanwälte, Angehörige der Gestapo, des Sicherheitsdienstes) Eingang in den **Staatsdienst** der Bundesrepublik, darunter sogar Angehörige des Reichssicherheitshauptamts, der Zentrale des Holocaust. Die NSDAP-Mitglieder aus der Reichsverwaltung und der preußischen Bürokratie wurden von der Regierung Adenauer durchweg in die neuen Ministerien in Bonn übernommen. 1953 stammten 60 Prozent der Abteilungsleiter in den Bundesministerien aus den ehemaligen NS-Ministerien, im Auswärtigen Amt waren es 78 Prozent.
- An den **Universitäten** – schon lange vor 1933 ein Hort des Nationalsozialismus – war die Rückkehr zur „Normalität" an der Tagesordnung. Nur wenige der vielen 1933 entlassenen jüdischen oder demokratischen Hochschullehrer wurden zur Rückkehr aufgefordert.
- Die **Ärzte**, großenteils ausgebildet im Denken der nationalsozialistischen Rassentheorie, setzten ihre Karrieren fort, obwohl viele von ihnen in die Euthanasiemorde und in den Holocaust verstrickt waren.
- Selbst die hohen **Militärs** der Wehrmacht wurden im Kontext der deutschen Wiederbewaffnung vollständig rehabilitiert und verbreiteten lange Zeit unwidersprochen die **Legende von der sauberen Wehrmacht**, die mit den Kriegsverbrechen des NS-Regimes angeblich nichts zu tun hatte.
- Besonders problematisch war die Kontinuität zum NS-System in der **Justiz:** Fast alle NS-Juristen konnten in der Bundesrepublik ihre Karrieren fortsetzen. Vor allem dadurch erklärt sich die systematisch verschleppte und späte juristische Verfolgung der NS-Verbrechen in der Bundesrepublik.

Bewertung der Integration der NS-Funktionseliten

Trotz der Verdrängung der damit verbundenen moralischen Probleme war es eine große politische **Leistung der Vergangenheitspolitik**, die Millionen der NS-Täter, Belasteten und Mitläufer in das neue demokratische System zu integrieren. Sie erhielten ihre „zweite Chance", was der jungen Bundesrepublik zu bürokratischer und wirtschaftlicher Effizienz verhalf und den **neuen Staat politisch stabilisierte**. Es waren die ehemaligen NS-Funktionseliten, welche die Bundesrepublik bis in die 1970er-Jahre hinein gestalteten, auch wenn sie durch eine politische Führungsschicht, die sich aus demokratischen Politikern der Weimarer Republik rekrutierte, kontrolliert wurden. Einen Generationswechsel in den bundesdeutschen Funktionseliten gab es erst in den 1970er-Jahren.

1.4 „Wiedergutmachungspolitik“ gegenüber Israel

Die Vergangenheitspolitik der Bundesrepublik wurde von einer umfassenden „**Wiedergutmachungspolitik**“ gegenüber den jüdischen NS-Opfern begleitet. Dazu gehörten vor allem umfangreiche Entschädigungsleistungen an den 1948 in Palästina **neu gegründeten Staat Israel**, die dessen wirtschaftliches Überleben zum Teil sichern konnten.

Israel beanspruchte für sich, als legitimer Erbe der getöteten Juden anerkannt zu werden und das geraubte Eigentum der Ermordeten ersetzt zu bekommen. Eingeschaltet wurde auch die 1951 in New York gegründete **Conference on Jewish Material Claims Against Germany**, die vor allem die in den USA und Großbritannien lebenden jüdischen NS-Opfer vertrat. Im **Luxemburger Abkommen** vom September 1952 verpflichtete sich Deutschland gegenüber Israel und der Jewish Claims Conference zur Zahlung von 3,45 Milliarden DM, aufgeteilt auf 14 Jahresraten, davon sollten drei Milliarden DM in Form von Warenlieferungen und Dienstleistungen an Israel gehen.

Im Bundestag benötigte Adenauer zur Verabschiedung des Gesetzes die Stimmen der SPD-Opposition, denn bei den Abgeordneten der CDU/CSU traf er auf großen Widerstand. Die Mehrheit der Bevölkerung lehnte – nur neun Jahre nach dem Ende des Holocaust – die Entschädigung für Israel ebenfalls ab: Bei einer entsprechenden Umfrage waren 44 Prozent der befragten Deutschen dagegen, 24 Prozent fanden die Summe zu hoch und nur elf Prozent waren uneingeschränkt für das Abkommen. Die Fakten zeigen die tiefgreifende Verdrängung der NS-Verbrechen in der bundesdeutschen Gesellschaft, aber auch das Weiterbestehen antisemitischer Grundhaltungen bei den ehemaligen „Volksgenossen“.

In Israel wurde das Abkommen aus moralischen Gründen von einer großen Bevölkerungsgruppe abgelehnt, die es für verwerflich hielt, den finanziellen Wert der Ermordeten festzulegen. Den verharmlosenden Begriff „Wiedergutmachung“ lehnt man in Israel grundsätzlich ab, dort spricht man von „Shilumim“, was „Zahlung“ oder „Vergeltung“ bedeutet. Österreich und die DDR verweigerten Entschädigungszahlungen grundsätzlich, da sie sich nicht als verantwortliche Nachfolger des Deutschen Reichs betrachteten.

Aufgaben

54 Skizzieren Sie die mentale Erblast, die der Nationalsozialismus der jungen Bundesrepublik hinterließ.

55 Nennen Sie die wichtigsten verfassungspolitischen „Lehren aus Weimar“, die sich im Grundgesetz widerspiegeln.

2 Ost-West-Konflikt und Westintegration

Die Gründung der beiden deutschen Staaten 1949 ist die direkte Folge des Ost-West-Konflikts, der die Weltpolitik zwischen 1946 und 1991 entscheidend bestimmte. Bereits im Sommer 1946 traten auf einer Konferenz der Außenminister in Paris die **Gegensätze zwischen den Westmächten und der UdSSR** so deutlich zutage, dass eine Lösung der Deutschen Frage immer unwahrscheinlicher wurde.

Der Ost-West-Konflikt

Der Ost-West-Konflikt, auch als Kalter Krieg bezeichnet, definiert sich als Gegensatz der beiden großen, konkurrierenden Kontinental- und Weltmächte Sowjetunion und USA sowie der durch sie vertretenen **Wirtschafts- und Gesellschaftssysteme:** der sozialistischen, staatlich gelenkten Wirtschaft und der freien, kapitalistischen Marktwirtschaft. Auf politischer Ebene standen sich dabei die westliche parlamentarische Demokratie und der diktatorisch regierte Einparteienstaat („Volksdemokratie") im Osten gegenüber.

Sichtbar wurde der Ost-West-Gegensatz vor allem durch die Bildung zweier politischer Lager und durch das **atomare Wettrüsten**, das zu einer Bedrohung des Weltfriedens und der menschlichen Existenz führte. Erst in den 1960er-Jahren und dann verbindlicher in den 1970er-Jahren wurde ein stabiles internationales Sicherheitsnetz aufgebaut **(Entspannungspolitik)**. Dennoch endete der Ost-West-Konflikt erst mit den Reformen unter Michail Gorbatschow, die maßgeblich zum **Zusammenbruch der Sowjetunion und des Warschauer Pakts** beitrugen (1991).

Der Ost-West-Konflikt hatte seine Wurzeln in der russischen Oktoberrevolution (1917). Erklärte Ziele der siegreichen Bolschewiki waren die Überwindung des „kapitalistischen" Systems und die Verbreitung der **Weltrevolution**, was auf den Widerstand der westlichen Mächte stieß. Der grundlegende Gegensatz wurde im Zweiten Weltkrieg im Kampf gegen die gemeinsamen Feinde Deutschland und Japan zurückgestellt, brach jedoch nach dessen siegreichem Ende schnell wieder auf und verschärfte sich seit 1947 zu einem Konflikt zwischen den verbliebenen Weltmächten Sowjetunion (UdSSR) und USA.

Die Höhepunkte des Ost-West-Konflikts waren die sowjetische Unterdrückung regimekritischer Aufstände in der **DDR** (17. Juni 1953) und in **Ungarn** (1956), dazu die Berlinkrise (**Bau der Mauer** am 13. 8. 1961) und die **Kubakrise** von 1962, als die Sowjetunion atomar bestückbare Raketen im karibischen „Vorhof" der USA stationieren wollten.

Eine tatsächlich kriegerische Form des Konflikts waren die sog. **Stellvertreterkriege** (Korea-Krieg 1950–1953, Vietnamkrieg der USA 1964–1975, weitere militärische Konflikte in der Dritten Welt). Dabei unterstützten die Sowjetunion und die USA mit Truppen oder durch Militärhilfe Verbündete des gleichen politischen Lagers bzw. deren Widersacher, ohne sich aber direkt anzugreifen.

2.1 Blockbildung infolge des Ost-West-Konflikts

Sichtbar wurde der Ost-West-Konflikt nach 1945 durch die Herausbildung zweier entgegengesetzter Blöcke bzw. Lager, die sich den Führungsmächten **(Hegemonialmächten)** USA und UdSSR zuordneten. In Europa vollzog sich die Herausbildung des **Ostblocks** und des **Westblocks** zunächst innerhalb der Grenzen, die sich durch das militärische Vorrücken der jeweiligen Siegermächte ergeben hatten.

Vorgehen der Sowjetunion

Die Sowjetunion etablierte zwischen 1945 und 1948 in den Staaten ihres Machtbereichs mithilfe der massiven Unterstützung der jeweiligen kommunistischen Parteien und der Unterdrückung konkurrierender politischer Kräfte stalinistische Regime (benannt nach dem brutalen Unterdrückungsregime des sowjetischen Diktators **Josef Stalin**, 1924–1953). Diese **sowjetischen Satellitenstaaten in Ostmittel- und Südosteuropa** waren politisch, wirtschaftlich und militärisch auf Moskau ausgerichtet und fungierten als Sicherheitszone gegenüber dem kapitalistischen Westen.

Im teilweise von ihr besetzten Iran, im freien Griechenland und in der Türkei versuchte die Sowjetunion ebenfalls, durch direkten Druck oder durch die Unterstützung kommunistischer Untergrundbewegungen entsprechende Regime an die Macht zu bringen. 1947 wurde den Staaten des Ostblocks zudem verboten, die Hilfen des amerikanischen Marshallplans zum wirtschaftlichen Wiederaufbau Europas anzunehmen.

Reaktion der Westalliierten

Da die USA an der Durchsetzung des Freihandels und demokratischer Strukturen in Mittel- und Osteuropa interessiert waren, reagierten sie auf das expansive sowjetische Vorgehen mit der sog. **Containment-Politik** (Eindämmungspolitik). Sie sollte die Ausbreitung des Kommunismus in der ganzen Welt aufhalten. Ausdruck dieser Politik war die **Truman-Doktrin** (1947), in der US-Präsident Harry S. Truman ankündigte, „alle freien Völker" gegen kommunistische Umsturzversuche militärisch und wirtschaftlich (z. B. durch den Marshallplan) zu unterstützen.

Marshallplan

Im Marshallplan (European Recovery Program, kurz: ERP), benannt nach dem US-Außenminister **George C. Marshall**, stellten die USA Westeuropa im Zeitraum von 1948–1952 ca. 14 Milliarden Dollar in Form von **Krediten und materiellen Hilfen zum Wiederaufbau** zur Verfügung. Deutschland erhielt davon etwa 1,5 Milliarden Dollar. Der Marshallplan gilt als einer der Gründe für die schnelle wirtschaftliche Erholung Westeuropas in den 1950er-Jahren.

Zur weiteren wirtschaftlichen Stabilisierung führten die westlichen Alliierten am 20. Juni 1948 ohne Absprache mit der Sowjetunion eine **Währungsreform** in den westlichen Besatzungszonen und in den Westsektoren Berlins durch. Dadurch wurde die wertlose Reichsmark durch die neue **Deutsche Mark** (D-Mark) ersetzt und so die Wirtschaft im Westen belebt. Die Sowjetunion betrachtete dies als Bruch der Potsdamer Konferenzbeschlüsse, wonach Deutschland als politische und wirtschaftliche Einheit zu wahren war, und antwortete am 24. Juni 1948 mit der **Berlin-Blockade**, einer Wirtschafts- und Handelsblockade der Berliner Westsektoren. Diese überwand der Westen mit der **Berliner Luftbrücke** (1948/49).

Noch während der Berlin-Blockade, eines vorläufigen Höhepunkts der Spannungen zwischen dem Westen und der UdSSR, wurden die drei Westzonen im April 1949 zur **Trizone** vereint, der Vorläuferin der am 23. Mai 1949 gegründeten **Bundesrepublik Deutschland**, und es wurde ein **westliches Militärbündnis**, die **NATO** (Nordatlantischer Verteidigungspakt), formiert.

Die UdSSR reagierte mit der Gründung der **Deutschen Demokratischen Republik** am 7. Oktober 1949, die schließlich in den 1955 gegründeten **Warschauer Pakt**, das **Militärbündnis des Ostblocks**, eingegliedert wurde. Damit standen sich in Europa zwei hochgerüstete politische Systeme gegenüber. Das geteilte Deutschland befand sich genau im Zentrum dieser spannungsgeladenen Situation. Ein Kriegsausbruch hätte Deutschland zu einem (wahrscheinlich atomaren) Schlachtfeld gemacht und seine völlige Zerstörung zur Folge gehabt.

Militärbündnisse im Kalten Krieg: Die NATO und der Warschauer Pakt

2.2 Westintegration der Bundesrepublik Deutschland

Nach dem Zweiten Weltkrieg hatte sich die Situation Deutschlands grundlegend verändert: Das Deutsche Reich hörte 1945 als Staat auf zu existieren und verlor seine Souveränität an die alliierten Siegermächte. Die **Rückgewinnung der Souveränität** musste deshalb für jede deutsche Regierung ein zentrales außenpolitisches Ziel sein. Dabei lastete als Hypothek auf den Deutschen, dass von Deutschland zwei Weltkriege ausgegangen waren – eine Tatsache, die zu einem besonderen Sicherheitsbedürfnis der Westalliierten führte. Nicht zuletzt deshalb wurde die Gründung der Bundesrepublik 1949 mit einem **Besatzungsstatut** verknüpft.

Besatzungsstatut 1949–1955

Durch das Besatzungsstatut von 1949 sicherten sich Frankreich, Großbritannien und die USA wesentliche **Eingriffsrechte in die staatliche Ordnung der neu gegründeten Bundesrepublik:** Abrüstung und Entmilitarisierung, Außenpolitik und wichtige wirtschaftliche Kontrollbefugnisse blieben in der Zuständigkeit der Besatzungsmächte. Das Besatzungsstatut wurde in den **Pariser Verträgen** am 5. Mai 1955 aufgehoben, die damit verbundenen alliierten Vorbehaltsrechte blieben aber bis zur deutschen Wiedervereinigung erhalten: Erst mit dem Inkrafttreten des **Zwei-plus-Vier-Vertrags** (1991) zwischen den beiden deutschen Staaten und den Siegermächten des Zweiten Weltkriegs erlangte Deutschland seine volle Souveränität zurück.

Aber auch der sich zuspitzende Ost-West-Konflikt hatte Auswirkungen auf die Außen- und Deutschlandpolitik der jungen Bundesrepublik. Besorgt um die Sicherheit des Landes, das sich durch den Kalten Krieg in einer geopolitischen **„Frontlage“** befand (vgl. Karte S. 207), setzte **Konrad Adenauer**, der **erste deutsche Bundeskanzler** (1949–1963), auf die rasche Integration der Bundesrepublik in die westliche Staatengemeinschaft **(Westintegration)**. Seine Ziele deckten sich mit den Interessen der Westmächte: Diese wollten Westdeutschland schnell stabilisieren, um eine Annäherung der Bevölkerung an kommunistische Ideen zu verhindern. Darüber hinaus sollte das wirtschaftliche und mögliche militärische Potenzial der Bundesrepublik als **Bollwerk gegen die Sowjetunion** genutzt werden.

Die Westintegration der Bundesrepublik verlief auf zwei Ebenen:

- Erstens kam es auf der militärpolitischen Ebene mit der deutschen **Wiederbewaffnung** und dem **Beitritt Deutschlands zur NATO** 1955 zu einer engen Zusammenarbeit mit den USA, der Führungsmacht des westlichen Bündnisses. Sie sicherte Westeuropa vor einem möglichen militärischen Vordringen der Sowjetunion.

- Die zweite Ebene der Westintegration war der wirtschaftliche Zusammenschluss der Bundesrepublik mit Frankreich, Italien und den Benelux-Staaten, der 1957 in die **Gründung der Europäischen Wirtschaftsgemeinschaft (EWG)** mündete. Dieses Bündnis führte zu einem Wiedererstarken Westeuropas.

Außenpolitik: Wiedervereinigung versus Westintegration

Bereits in der Präambel des Grundgesetzes von 1949 war als Ziel der deutschen Außenpolitik die Wiedervereinigung der Bundesrepublik mit der DDR vorgegeben. Dort hieß es: „Das gesamte Deutsche Volk bleibt aufgefordert, in freier Selbstbestimmung die **Einheit und Freiheit Deutschlands** zu vollenden." Offen war jedoch, auf welchem Weg dieses Ziel angesichts des Ost-West-Konflikts und des kommunistischen Systems in der DDR erreicht werden konnte.

Die gemeinsame Überzeugung aller westdeutschen Parteien (mit Ausnahme der Kommunisten) war, dass eine Wiedervereinigung nur in Zusammenarbeit mit den Westmächten und im Beharren auf dem demokratischen Rechtsstaat zustande kommen durfte. Jede Form der Westintegration widersprach jedoch dem Ziel der Wiedervereinigung, da man annahm, dass sie die Spaltung zwischen den beiden deutschen Staaten vertiefen würde.

Die Stalin-Noten 1952

Die Westorientierung der Bundesrepublik wurde 1952 durch ein **Angebot Stalins zur Wiedervereinigung Deutschlands** auf die Probe gestellt. Es enthielt folgende Punkte:

- Wiedervereinigung der beiden deutschen Staaten,
- „demokratische" Wahlen,
- die Souveränität Gesamtdeutschlands und
- eine eigenständige, in Größe und Ausrüstung beschränkte deutsche Nationalarmee.

Der neue gesamtdeutsche Staat sollte sich im Gegenzug zu dauerhafter Neutralität verpflichten und die Oder-Neiße-Linie als endgültige Grenze zwischen Deutschland und Polen anerkennen.

Die **Westmächte**, die in einer Neutralität Deutschlands eine große Gefahr für das eben errungene Gleichgewicht in Europa sahen, **lehnten dieses Angebot ohne Verhandlungen ab**. Der deutsche Bundeskanzler Adenauer folgte dieser Linie, da er die „Bolschewisierung" eines neutralen Deutschlands befürchtete. Seine Gegner warfen ihm daraufhin vor, 1952 eine reale Möglichkeit zur „Einheit in Freiheit" vertan und die Freiheit der Ostdeutschen zugunsten der sicheren Westbindung der Bundesrepublik geopfert zu haben.

Als am **17. Juni 1953** sowjetische Panzer einen **Arbeiteraufstand in der DDR** blutig niederschlugen, wurden jedoch alle Überlegungen in Richtung einer deutschen Wiedervereinigung mit Zustimmung der Sowjetunion hinfällig.

Adenauers Programm der Westintegration

Die historische Entscheidung für den Vorrang der Westintegration vor der Überwindung der deutschen Teilung ist eng mit der Person von Bundeskanzler Konrad Adenauer verbunden. Adenauer ging von einer langfristigen Zweiteilung des europäischen Kontinents aus. Die Sowjetunion lehnte er als totalitäre und bedrohliche Hegemonialmacht ab, zu der man mit der **Einigung Westeuropas** ein Gegengewicht bilden müsse. Als Kern dieser europäischen Einigung betrachtete er die **deutsch-französische Aussöhnung**. Unverzichtbar waren für ihn dabei die USA, die als Schutzmacht Westdeutschlands gegen eine befürchtete sowjetische Expansion fungieren sollten.

Adenauer hatte zudem wenig Vertrauen in die demokratische Zuverlässigkeit der Deutschen, die in ihrer Mehrheit die NS-Diktatur obrigkeitshörig unterstützt hatten. Einen außenpolitischen **Sonderweg** der Deutschen, eine erneute **„Schaukelpolitik"** zwischen den Westmächten und der Sowjetunion wie in der Weimarer Republik, lehnte er deswegen ab.

Adenauer erkannte zudem die große Chance, die der Ost-West-Konflikt der deutschen Außenpolitik bot: Die Bundesrepublik konnte mithilfe der Westintegration viel früher als erwartet ihre volle **politische Souveränität** zurückgewinnen und gleichzeitig das **Vertrauen der Nachbarstaaten** in die Deutschen wieder aufbauen.

2.3 Rückgewinnung der staatlichen Souveränität

Beschleunigt wurden die Westintegration und die damit verbundene Wiederbewaffnung der Bundesrepublik durch den **Ausbruch des Koreakriegs** am 26. Juni 1950. Er weckte in der westlichen Welt und insbesondere in Deutschland die Furcht vor einer ähnlichen Aggression gegen Westdeutschland. Es stellte sich die Frage, wie sich der Westen gegen ein mögliches sowjetisches Vordringen verteidigen könne.

Unter dem Eindruck des Korea-Kriegs stellten die USA deshalb ihre wichtigsten westeuropäischen Partner (Frankreich, Großbritannien) vor die folgende Entscheidung:

- **Verstärkung der amerikanischen Präsenz** in Europa bei gleichzeitiger Wiederbewaffnung der Bundesrepublik oder
- **Rückzug der USA aus Europa**, was den Kontinent dem sowjetischen Hegemoniestreben ausgesetzt hätte.

Der Korea-Krieg (1950–1953)

Unzufrieden mit der Containment-Politik, die die Ausbreitung des Kommunismus in Mittel- und Osteuropa sowie in Asien – 1949 gelangten in China die Kommunisten unter Mao Zedong an die Macht – nicht hatte aufhalten können, wechselten die USA nun zu einer Politik des **„Roll Back"**. Dieses offensive Zurückdrängen der sowjetischen Expansion führte v. a. zu **Stellvertreterkriegen** in der Dritten Welt. Eine direkte Konfrontation vermieden die beiden Siegermächte USA und Sowjetunion angesichts der Situation des **atomaren Patts**.

Realisiert wurde diese Strategie des „Roll Back" z. B. im **Korea-Krieg** (1950–1953). Korea (1910–1945 japanische Kolonie) war 1945 nach der Niederlage Japans im Zweiten Weltkrieg wie Deutschland in zwei Einflussbereiche geteilt worden: in das **kommunistische Nordkorea** und das **pro westliche Südkorea**. Die spannungsreiche Koexistenz wurde am 25. Juni 1950 durch den Überfall des Nordens auf den Süden beendet. Die nordkoreanischen Truppen überschritten die Demarkationslinie am 38. Breitengrad und drangen weit nach Süden vor.

Mit Legitimation durch den Sicherheitsrat der Vereinten Nationen, der wegen eines sowjetischen Boykotts nicht durch ein Veto gelähmt werden konnte, gelang es den UN-Truppen unter Führung der USA, die Frontlinie nach Norden fast bis zur chinesischen Grenze zu verschieben. Nur ein massiver Kriegseintritt des kommunistischen Chinas konnte in der Folge den Norden vor der Besetzung durch westliche Truppen bewahren. In einem **Waffenstillstandsabkommen** (27. Juli 1953) wurde daraufhin der 38. Breitengrad als bis heute gültige Grenze zwischen Nord- und Südkorea festgelegt.

Der amerikanische Vorschlag, die Bundesrepublik in die NATO einzugliedern, ließ sich jedoch nicht mit den **Sicherheitsinteressen Großbritanniens und Frankreichs** vereinbaren. Nachdem der Europarat die Aufstellung einer Europaarmee mit deutscher Beteiligung empfohlen hatte, trat der französische Ministerpräsident René Pleven im Oktober 1950 mit einem Plan zur Gründung einer **Europäischen Verteidigungsgemeinschaft (EVG)** an die Öffentlichkeit. Die Truppen der Bundesrepublik sollten in multinationale Streitkräfte eingebunden werden. Die französische Nationalversammlung lehnte aber 1954 den Plan wegen der damit verbundenen Abtretung französischer Souveränitätsrechte an internationale Organe ab.

Die Pariser Verträge 1955

Als Ersatz für die gescheiterte Europäische Verteidigungsgemeinschaft wurden auf der **Londoner Neun-Mächte-Konferenz** 1954 schließlich mehrere Vereinbarungen getroffen, die der Bundesrepublik im Gegenzug für einen militärischen Beitrag zur Sicherheit des Westens die **staatliche Souveränität** zurückgaben.

Als Ergebnisse der Konferenz wurden in den **Pariser Verträgen** (1955) im Einzelnen folgende Bestimmungen festgehalten:

- zweiseitige (bilaterale) **Verträge zwischen der Bundesrepublik und Frankreich** zur Beilegung von Streitfragen (u. a. auf kulturellem und wirtschaftlichem Gebiet) sowie zur Vereinbarung des Saarstatuts,
- Beitritt der Bundesrepublik zur NATO unter folgenden Bedingungen:
  - Verzicht auf atomare, biologische und chemische (ABC-)Waffen,
  - Verpflichtung zum defensiven Charakter des Bündnisses,
  - Unterstützung der Deutschlandpolitik der Bundesregierung durch die NATO-Partner,
- Beitritt der Bundesrepublik zur **Westeuropäischen Union (WEU)**, dem militärischen Beistandspakt der wichtigsten Länder in Westeuropa,
- Aufbau einer eigenen Armee, der **Bundeswehr**, die dem NATO-Kommando unterstellt war.
- Durch das Inkrafttreten des 1952 ausgehandelten **Deutschlandvertrags** und als Gegenleistung für den Wehrbeitrag wurde das Besatzungsstatut aufgehoben und die Bundesrepublik erhielt wieder weitgehend die Rechte eines **souveränen Staats**; ausgenommen davon waren lediglich Fragen, die Berlin und Deutschland als Ganzes betrafen.

Die **Bundesrepublik** war so schon zehn Jahre nach Kriegsende zum **gleichberechtigten Bündnispartner** der ehemaligen Kriegsgegner geworden, sie stieg in kurzer Zeit zum wichtigsten Verbündeten der USA in Europa auf.

Innenpolitisch und gesellschaftlich führte die **Wiederbewaffnung** zu einer großen **Protestwelle**, vor allem der evangelischen Kirche und großer Teile der SPD. Die Bewegung hatte einerseits pazifistische Fundamente, was angesichts der deutschen Verbrechen im Zweiten Weltkrieg nicht verwunderlich war; andererseits sah man durch die Einbindung der Bundesrepublik in die NATO die Wiedervereinigung als Hauptziel der deutschen Außenpolitik zu Recht gefährdet und fürchtete, die DDR endgültig in die Arme der UdSSR zu treiben.

2.4 Wirtschaftliche Vereinigung Europas

Die außenpolitische und militärische Integration der Bundesrepublik in den Westen ging einher mit dem wirtschaftlichen Zusammenschluss Westeuropas. Dieser begünstigte die wirtschaftliche Erholung der Bundesrepublik und mündete letztlich in den europäischen Einigungsprozess, der bis heute die Lebenswirklichkeit der Deutschen entscheidend mitbestimmt.

Europäische Gemeinschaft für Kohle und Stahl (Montanunion)

Bereits 1949 trat Deutschland der **Internationalen Ruhrbehörde** bei. Aufgabe dieser überstaatlichen Behörde war die Kontrolle des wirtschaftlichen Potenzials des Ruhrgebiets, das damals 40 Prozent der Wirtschaftsleistung der Bundesrepublik ausmachte.

Am 9. Mai 1950 gab im nächsten Schritt der französische Außenminister **Robert Schuman** einen Plan bekannt, der die Kohle- und Stahlproduktion Deutschlands, Frankreichs, der Benelux-Länder (Belgien, Niederlande, Luxemburg) und Italiens aus der alleinigen nationalen Zuständigkeit herausnehmen und in einer **Europäischen Gemeinschaft für Kohle und Stahl (EGKS)**, **Montanunion** genannt, zusammenfasste. Dies sollte dazu beitragen, den Gegensatz zwischen Deutschland und Frankreich und vor allem die Ängste vor einem wiedererstarkten Deutschland zu überwinden. Mit der Unterzeichnung des Abkommens am 18. April 1951 und dessen Inkrafttreten im Juli 1952 wurde das Ruhrstatut abgelöst, die Internationale Ruhrbehörde konnte bis Februar 1953 aufgelöst werden.

Die Tatsache, dass europäische Länder erstmals freiwillig einen Teil ihrer Souveränität an ein **supranationales Gebilde** übertrugen, erschien nicht nur dem damaligen Bundeskanzler Adenauer als „ein Vorgang von welthistorischer Bedeutung". Der Vertrag war zunächst auf 50 Jahre begrenzt und ging 2002 im EG-Vertrag (seit 2009: Europäische Union) auf.

Die Römischen Verträge 1957

Am 25. März 1957 unterzeichneten die sechs Montanunion-Staaten in Rom die Verträge über die Gründung der **Europäischen Wirtschaftsgemeinschaft (EWG)** und der **Europäischen Atomgemeinschaft (EURATOM)**. Damit war zum einen der Grundstein zur schrittweisen Zusammenführung der sechs Volkswirtschaften zu einem einheitlichen Wirtschaftsgebiet gelegt. Auf der Basis einer **Zollunion** sollte das weitergehende Ziel einer Wirtschafts- und Währungsunion angestrebt werden. Zum anderen sollte mit der EURATOM die **friedliche Nutzung der Kernenergie** gemeinschaftlich gefördert werden.

Mit den Römischen Verträgen war die wirtschaftliche Eingliederung der Bundesrepublik in den Westen abgeschlossen.

Die Westintegration der Bundesrepublik

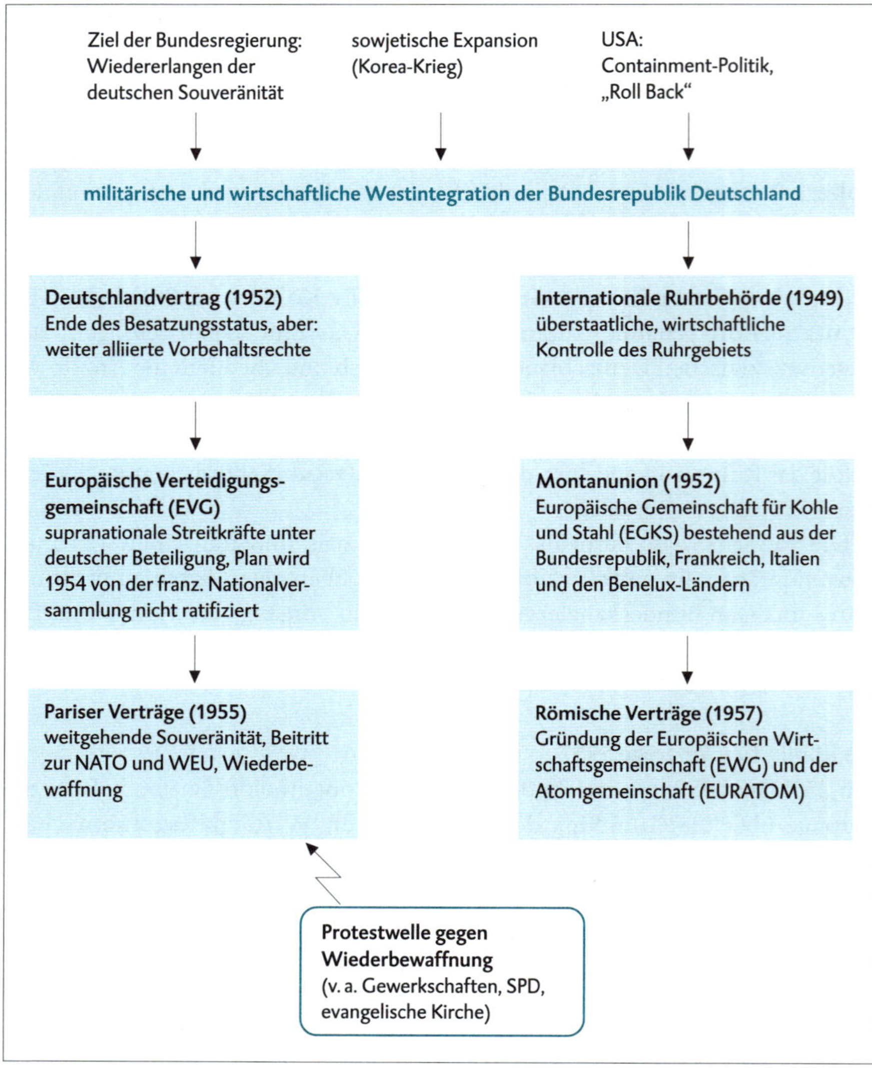

Aufgaben

56 Beschreiben Sie die wesentlichen Aspekte des Ost-West-Konflikts.

57 Erläutern Sie kurz die außenpolitische Konzeption Adenauers.

3 Soziale Marktwirtschaft und Wirtschaftswunder

Die schnelle **innere Stabilisierung der Bundesrepublik** ist zu einem großen Teil dem wirtschaftlichen Wachstum nach 1950 zu verdanken, das schon von den Zeitgenossen als „Wirtschaftswunder" bezeichnet wurde. Nie zuvor (und nie mehr danach) hat es in der deutschen Geschichte eine derartige **Hochkonjunktur** gegeben wie zwischen 1950 und der „Ölkrise" 1973.

Der Wirtschaftsaufschwung beruhigte durch den schnellen **Abbau der Arbeitslosigkeit** und die **wirtschaftliche Integration der Millionen von Vertriebenen** die brisante gesellschaftliche Situation. Der Staat gewann große finanzielle Spielräume, um die Kriegsfolgen zu beseitigen und den modernen deutschen **Sozialstaat** mit Wohlstand für die Bevölkerungsmehrheit zu schaffen. Gerade für die Arbeiterschaft bedeuteten die starke Erhöhung ihres Realeinkommens, die schnelle Verbesserung der Arbeitsbedingungen und die zunehmende soziale Absicherung eine enorme Veränderung ihrer traditionellen Rolle als Unterschicht; in einem Prozess der **Entproletarisierung** gelang den Arbeitern der Aufstieg in die Mittelschichten.

Das Wirtschaftswunder in Zahlen

Arbeitslosenquote: 1950 gab es in der Bundesrepublik über 10 Prozent **Arbeitslose**; bei den Vertriebenen betrug die Rate sogar 40 Prozent. 1961 erreichte man mit unter 1 Prozent die **Vollbeschäftigung**. In den 1960er-Jahren wurden deswegen Hunderttausende von Gastarbeitern angeworben, womit auch die aktuelle Migrationsproblematik in Deutschland ihren Ausgang nahm.

Wirtschaftsleistung: Das **Bruttosozialprodukt** wuchs zwischen 1950 und 1973 durchschnittlich um 6,5 Prozent, zwischen 1950 und 1955 sogar um 9,5 Prozent. Das Wachstum übertraf damit das der USA um das Doppelte. Diese günstigen Entwicklungen hatten auch Auswirkungen auf die **Realeinkommen** der Deutschen: Diese verdoppelten sich bis 1960 und verdreifachten sich bis 1973. Entsprechend stieg der **Privatkonsum** um 300 Prozent.

Entwicklung von Landwirtschaft und Industrie: Die **Agrarwirtschaft** verlor durch einen rapiden **Strukturwandel** in 20 Jahren zwei Drittel der Beschäftigten, ihr Anteil am Bruttosozialprodukt ging von 25 Prozent (1949) auf 7 Prozent (1973) zurück. Die expandierende Industrie konnte das frei werdende Arbeitskräftepotenzial aber problemlos aufnehmen. 1960 war die **Bundesrepublik das am höchsten industrialisierte Land der Welt**, gemessen an der Anzahl der in der Industrie Beschäftigten von je 1 000 Einwohnern.

Das Wirtschaftswunder ist deswegen – vielleicht etwas übertrieben – als der eigentliche **Gründungsmythos der Bundesrepublik** bezeichnet worden, da es die **Identität** des neuen Staates im Kern ausmachte. Nach den Erfahrungen des Nachkriegselends und der Identitätskrise aufgrund der nationalsozialistischen Verbrechen konnten die Deutschen nun stolz auf die wirtschaftliche Aufbauleistung sein, die der Bundesrepublik wieder **internationales Ansehen** verschaffte. Die aufblühende Wirtschaft trug entscheidend zum **Erfolg des demokratischen Neubeginns** bei und hat der parlamentarischen Demokratie im Laufe der 1950er-Jahre eine breite Akzeptanz bei der Bevölkerung beschert.

3.1 Der politische Rahmen: die soziale Marktwirtschaft

Der Neubeginn der Bundesrepublik ist eng mit dem Begriff der „sozialen Marktwirtschaft" verknüpft. Der Begriff und die dahinter stehende Konzeption stammen von dem Ökonomen und Staatssekretär im Wirtschaftsministerium **Alfred Müller-Armack**, die politische Umsetzung wurde von Wirtschaftsminister **Ludwig Erhard** vorgenommen.

Hinter dem Konzept der sozialen Marktwirtschaft stand die Überzeugung, dass erstens nur der freie Wettbewerb eine demokratische Ordnung ermöglichen könne, dass aber auch zweitens die schwächeren Teilnehmer an diesem Wettbewerb durch den Staat geschützt werden müssten. Die Marktwirtschaft sollte dem **Prinzip der sozialen Gerechtigkeit** verpflichtet werden.

Eine marktwirtschaftlich orientierte Gesetzgebung griff den Gedanken des freien Wettbewerbs auf: 1957 wurde mit der **Deutschen Bundesbank** in Frankfurt am Main ein von der Regierung unabhängiges, mächtiges Instrument zur Absicherung der Währungsstabilität etabliert. Zudem wurde mit dem **Gesetz gegen Wettbewerbsbeschränkungen** aus demselben Jahr das **Bundeskartellamt** mit Sitz in Berlin geschaffen, das Monopolbildungen und Preisabsprachen von Wirtschaftsunternehmen verhindern und damit den freien Markt schützen sollte.

Der soziale Aspekt sollte nach Erhards Idealvorstellung vor allem durch die Steigerung der Einkommen in einer florierenden freien Wirtschaft und durch privaten Vermögensaufbau zum Tragen kommen. Die programmatische Parole Erhards lautete: „**Wohlstand für alle**".

Aufbau des Sozialstaats

Die politische Wirklichkeit entwickelte sich jedoch in eine andere Richtung. Das Soziale in Erhards Konzept wurde in erster Linie durch eine **Sozialgesetzgebung** umgesetzt, die seit den 1950er-Jahren ein immer dichteres soziales Netz für alle Bürger knüpfte. Die dazu nötigen finanziellen Mittel stellte bis 1973 das rasante wirtschaftliche Wachstum bereit, danach spielte eher die bis heute praktizierte **Umverteilung** eine Rolle: Von gut verdienenden Arbeitnehmern werden neben höheren Steuern auch höhere Sozialversicherungsbeiträge erhoben **(Solidaritätsprinzip)**, um weniger Leistungsfähige (Geringverdiener, Arbeitslose) zu unterstützen.

Diese Politik musste dazu führen, dass der Staat immer mehr Anteile des Volkseinkommens an sich zog, um sie dann über politische Entscheidungen verteilen zu können: Die **Staatsquote**, die den Umfang der staatlichen Ausgaben in einem Wirtschaftssystem zeigt, stieg von ca. 30 Prozent (1950) über 38,5 Prozent (1970) bis auf 49 Prozent (1989). Die Staatsschulden stiegen nach dem Ende des Wirtschaftswunders in einem ähnlichen Umfang (bis 1979 auf 220 Mrd. DM).

Integrative Wirkung der sozialen Marktwirtschaft

Insgesamt bedeutete das Konzept der sozialen Marktwirtschaft einen großen **Zugewinn an Legitimation** für das neue demokratische System: Sowohl die Unternehmen als auch die Gewerkschaften konnten ihre Interessen darin wiederfinden; große Verteilungskämpfe fanden in den 1950er- und 1960er-Jahren nicht statt – natürlich auch wegen des enormen Wirtschaftswachstums. Darüber hinaus unterstützte das Konzept der sozialen Marktwirtschaft durch die Stärkung der allgemeinen Kaufkraft den Aufschwung und war der wesentliche politische Faktor für das Wirtschaftswunder.

3.2 Konkrete Ursachen des Wirtschaftswunders

Die rasche wirtschaftliche Entwicklung Deutschlands wurde von verschiedenen weiteren Faktoren begünstigt: Neben den besonderen deutschen Umständen nach dem Krieg spielten vor allem die positive Entwicklung der Weltwirtschaft und für Deutschland günstige weltpolitische Faktoren eine Rolle.

Innere Faktoren des westdeutschen Wirtschaftswunders

Trotz der Kriegszerstörungen existierte in Deutschland weiterhin ein **hoch entwickeltes Produktionspotenzial:** Es gab kompetente Unternehmer, Ingenieure und Facharbeiter, auf deren Wissen und Know-how die neu aufgebauten Industrien setzen konnten. Zudem waren die Industrieanlagen längst nicht so weit zerstört, wie lange Zeit angenommen wurde. Auch blieben nach 1945 Demontagen (Abbau von Industrieanlagen als Entschädigung für die ehemaligen Kriegsgegner) in den westlichen Besatzungszonen, anders als in der Sowjetischen Besatzungszone (SBZ), weitgehend aus.

Vorteilhaft waren auch die seit dem Kaiserreich bestehenden **wirtschaftlichen Organisationen** (Arbeitgeberverbände, Handwerkskammern und Gewerkschaften), die eine solide wirtschaftspolitische Grundlage bildeten, sichtbar in einem geringen Streikniveau. Hinzu kam mit der neuen **Tarifautonomie** ein weiterer stabilisierender Faktor. Gewerkschaften und Arbeitgeberverbände konnten Löhne und Gehälter eigenständig und ohne staatliche Einmischung aushandeln. So ermöglichte die sozialstaatlich orientierte Wirtschaftspolitik in Zusammenarbeit mit relativ zurückhaltenden Gewerkschaften zugleich sozialen Frieden und hohe Unternehmensgewinne.

Eine wichtige Rolle für das deutsche Wirtschaftswunder spielte die schlagartige Erhöhung des **Arbeitskräftepotenzials** in Deutschland: Nach 1945 suchten Millionen von Vertriebenen aus den deutschen Ostgebieten in der Bundesrepublik Arbeit. Die Vertriebenen waren motiviert, gut ausgebildet und als Deutsche problemlos in den Arbeitsmarkt zu integrieren. Zu den Heimatvertriebenen kamen bis zum Bau der Mauer 1961 noch Hunderttausende von aus der DDR geflüchteten Fachkräften. Die Bundesrepublik besaß damit die **größten mobilisierbaren Arbeitskräftereserven in Westeuropa** und konnte so die plötzliche große Nachfrage nach Facharbeitern am besten bedienen.

Äußere Faktoren des Wirtschaftswunders

Begleitet wurde die besondere bundesdeutsche Situation durch begünstigende Faktoren der internationalen Lage: Infolge einer Liberalisierung des Weltmarkts kam es zwischen 1950 und 1973 weltweit zu einer **lang anhaltenden Wachstumsperiode**, von der die exportorientierte deutsche Wirtschaft besonders profitierte.

Ein Auslöser dieser Entwicklung war das **Abkommen von Bretton Woods** (1944), das ein **System fester Wechselkurse** zwischen den unterschiedlichen Währungen und dem Dollar als Leitwährung festlegte. Gleichzeitig wurden zur Kontrolle und Durchsetzung des Abkommens internationale Institutionen wie der **Internationale Währungsfonds (IWF)** und die **Weltbank** geschaffen. Deutschland profitierte von dem Abkommen, weil die **Deutsche Mark** bis zum Zusammenbrechen des Systems der festen Wechselkurse 1973 deutlich **unterbewertet** war; deutsche Waren galten deswegen auf dem Weltmarkt als entsprechend billig, was den deutschen Export beflügelte. „Made in Germany“ wurde gleichzeitig zu einem Qualitätsmerkmal, einzelne Exportgüter wie der „Käfer“ von Volkswagen waren weltweit erfolgreich. 1973 hatte der Export einen Anteil von 25 Prozent an der deutschen Warenproduktion (zum Vergleich 1950: 9 Prozent).

Die Einbindung der Bundesrepublik in die liberalisierte Weltwirtschaftsordnung begann 1951 mit dem Eintritt in das seit 1947 existierende **Allgemeine Zoll- und Handelsabkommen** (engl. „General Agreement on Tariffs and Trade", GATT). Die deutsche Wirtschaft profitierte seitdem durch den Abbau von Zöllen und anderen Handelshemmnissen von einem weitgehend unbeschränkten Zugang zu den Märkten der Partnerländer.

Hinzu kamen die Hilfeleistungen des **Marshallplans** (Waren, Rohstoffe und Lebensmittel); dieser förderte auch die europäische Zusammenarbeit und erleichterte die Einbindung der Bundesrepublik in den Weltmarkt (vgl. S. 205 f.).

Der **Korea-Krieg** (1950–1953) wirkte nicht nur außenpolitisch, sondern auch wirtschaftlich als **Katalysator für die deutsche Entwicklung** (vgl. S. 211). Aufgrund des hohen Bedarfs an Rüstungsgütern verlagerte die starke amerikanische Export-Wirtschaft einen Teil ihrer Produktion auf die Versorgung der US-Armee und erzeugte auf dem globalen Markt eine verstärkte Nachfrage gerade nach *den* Waren, auf die die deutsche Industrie spezialisiert war: Werkzeugmaschinen, Fahrzeuge, Elektroartikel und Produkte der chemischen Industrie. Man spricht in diesem Zusammenhang von einem **„Korea-Krieg-Boom"**.

Ursachen des Wirtschaftswunders

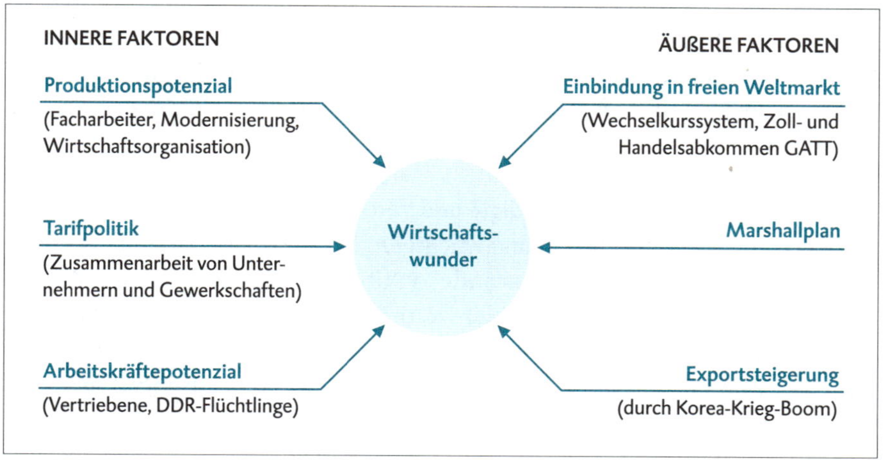

3.3 Sozialpolitische Integrationsklammern

Zur Stabilisierung der neuen deutschen Demokratie trugen neben der erfolgreichen Wirtschaftspolitik umfangreiche sozialpolitische Maßnahmen bei, mit denen es gelang, die große Zahl der entwurzelten und verelendeten Deutschen in das neue Gemeinwesen zu integrieren: So lebten im Nachkriegsdeutschland 4 Millionen **Kriegsinvaliden, Witwen und Waisen**, 3–4 Millionen **Kriegssachgeschädigte** hatten große Teile ihres Besitzes verloren, 2 Millionen oft psychisch und körperlich geschädigte **Spätheimkehrer** (ehemalige deutsche Soldaten in langer Kriegsgefangenschaft) versuchten, wieder in der zivilen Gesellschaft Fuß zu fassen. Die größte Herausforderung stellten aber die über 10 Millionen **Heimatvertriebenen** (20 Prozent der westdeutschen Bevölkerung) dar: Sie waren durch die brutalen Umstände von Flucht und Vertreibung nicht nur traumatisiert, sondern aufgrund der Enteignung durch die Vertreiberstaaten (Sowjetunion, Polen, Tschechoslowakei, Ungarn, Rumänien, Jugoslawien) materiell verelendet.

Insgesamt kann man die gesellschaftliche Situation der jungen Bundesrepublik als **Massennotstand** beschreiben. Eine erneute **Radikalisierung** der Bevölkerung nach rechts oder links sowie ein erneutes Scheitern des demokratischen Experiments waren nicht auszuschließen. Verschärft wurde diese Gefahr durch das Vorhandensein einer radikalen (kommunistischen) gesellschaftlichen Alternative in Form der DDR **(Systemkonkurrenz)**. Dass es der frühen Bundesrepublik gelang, diese Situation durch ihre **Sozialpolitik** zu entschärfen, ist neben dem Wirtschaftswunder der entscheidende Faktor für die Akzeptanz des neuen politischen Systems bei der Bevölkerungsmehrheit.

Lastenausgleich für Kriegsgeschädigte und Vertriebene

Die Hilfen für die Vertriebenen und Kriegsgeschädigten begannen mit dem „Gesetz zur Milderung sozialer Notstände" **(Soforthilfegesetz)** vom 8. August 1949, das noch unter der Führung der westlichen Besatzungsmächte entstanden war. Es legte fest, dass 1,5 Millionen vom Krieg materiell nicht geschädigte Deutsche 2–3 Prozent ihres Vermögens als Sondersteuer aufbringen mussten, um Eingliederungshilfen zu finanzieren.

Am 14. August 1952 verabschiedete der erste Bundestag ein wesentlich weitreichenderes **„Gesetz über den Lastenausgleich"** (vgl. S. 221) und legte damit den Grundstein für die größte Finanztransaktion in der Geschichte der Bundesrepublik vor der Wiedervereinigung 1989/90.

Die **realen Entschädigungsleistungen** für die Betroffenen dürfen dennoch nicht überschätzt werden. Sie betrugen im Normalfall nur einen Bruchteil der tatsächlichen Verluste und wurden frühestens seit 1957, zumeist erst in den

1960er-Jahren, ausgezahlt. Nach Schätzungen wurden lediglich 22 Prozent der ohnehin unterbewerteten Vermögensverluste der Vertriebenen ausgeglichen. Wichtiger war für die Mehrheit der hochmotivierten und zumeist gut ausgebildeten Vertriebenen der enorme wirtschaftliche Aufschwung der Bundesrepublik, der ihre Situation schnell verbesserte.

Lastenausgleich

Der Begriff bezeichnet die finanzielle **Entschädigung der privaten Vermögensverluste**, die durch den Zweiten Weltkrieg oder in dessen Folge (Flucht, Vertreibung, Evakuierung, Bombenkrieg, Verlust von Sparguthaben und Rentenansprüchen in den Vertreiberstaaten) entstanden waren.

Anspruchsberechtigt waren Vertriebene aus den ehemaligen deutschen Ostgebieten, Flüchtlinge aus der sowjetischen Besatzungszone, Kriegssachgeschädigte und durch die Währungsreform von 1948 Geschädigte. **Finanziert** wurde der Lastenausgleich **durch die nicht geschädigte Bevölkerung**.

Das Lastenausgleichsgesetz von 1952 verlangte zwar eine **Abgabe in Höhe von 50 Prozent des Vermögens zum Stichtag der Währungsreform**, die Zahlung wurde aber über 30 Jahre gestreckt, um spürbare Eingriffe in das Vermögen der Betroffenen zu vermeiden. Die Tilgungsraten konnten angesichts des Wirtschaftsaufschwungs aus den anfallenden Vermögenserträgen und dem Wertzuwachs der Immobilien aufgebracht werden. Zudem war der dem Ausgleich zugrunde liegende Bewertungsmaßstab für die Vermögensbesitzer sehr günstig, da nicht der tatsächliche Wert gemessen wurde, sondern ein deutlich niedrigerer „Einheitswert".

Insgesamt belief sich die Gesamtsumme der Entschädigungen bis Ende 2001 auf 145,3 Milliarden DM. Die Zahlungen übertrafen aber nie 5,5 Prozent (1952) des gesamten Steueraufkommens.

Trotz der relativ geringen individuellen Entschädigungsleistungen war der **politisch-psychologische Effekt des Lastenausgleichs** im Sinne einer Integration der Vertriebenen in die bundesdeutsche Gesellschaft wichtig. Diese konnten sich nun zumindest politisch in ihrem Schicksal wahrgenommen und akzeptiert fühlen.

Wohnungsbau

Für die konkrete Lebenssituation aller durch den Krieg materiell Geschädigten bedeutsam war angesichts der zerstörten Städte der **soziale Wohnungsbau**. Denn die **Wohnungsnot** war bis 1950 das drückendste gesellschaftliche Problem: Auf dem Gebiet der Bundesrepublik hatten 1939 für 40 Millionen Menschen 10,6 Millionen Wohneinheiten zur Verfügung gestanden, 1950 waren es für 48 Millionen Menschen nur noch 9,4 Millionen Wohnungen. Im Konsens aller Parteien wurde deshalb der **staatlich gelenkte Wohnungsbau** beschlossen und bis 1960 wurden 5 Millionen neue Wohnungen unter genauen Vorgaben der Wohnungsgrößen und (niedriger) Mieten gebaut. Seit 1956 dominierte die (indirekte) **Eigentumsförderung**, d. h., der Staat unterstützte durch Zuschüsse und Steuererleichterung den privaten Wohnungsbau.

Beide Programme waren erfolgreich und beseitigten bis in die 1960er-Jahre die Wohnungsnot vollständig. Die Nachteile der Entwicklung sind in der Topografie der Bundesrepublik sichtbar: die Trostlosigkeit der durch Hochhausreihen bestimmten Trabantenstädte mit ihren sozialen Spannungen und die Zersiedelung der Landschaft durch monotone Einfamilienhaus-Siedlungen.

Rentenreform

Eine weitere wesentliche sozialpolitische Entscheidung in den 1950er-Jahren war die vollständige **Neuregelung der Altersversorgung**, die Rentenreform (1957). Denn trotz des Wirtschaftsaufschwungs waren die Rentenempfänger prinzipiell unterversorgt geblieben; im Bewusstsein der Arbeitnehmer bestand bis dahin zwischen Alter und materieller Not ein unvermeidbarer Zusammenhang. Die Neuregelung der Renten änderte diese Situation durchgreifend und nachhaltig. Sie wurde nach großen Auseinandersetzungen zwischen marktwirtschaftlich und sozialstaatlich orientierten politischen Gruppen beschlossen: Rückwirkend zum 1. Januar 1957 wurden die laufenden Renten um 60 Prozent erhöht und für die Zukunft an die Steigerung der Löhne und Gehälter angepasst **(„dynamische Rente")**; seitdem profitierten die Rentner auch nach ihrem Berufsleben vom Wirtschaftswachstum. Der erreichte Lebensstandard konnte im Alter erhalten werden.

Entscheidend für die Finanzierung dieser relativ hohen Rentensumme ist das **Prinzip der Generationen-Solidarität:** Die arbeitende Bevölkerung finanziert aus ihren Beiträgen zur Rentenversicherung die Leistungen für die nicht mehr arbeitende Generation. Ein aktuelles strukturelles Problem ergibt sich bei diesem Prinzip jedoch bei hoher Arbeitslosigkeit oder durch die Überalterung der Gesellschaft, da immer weniger Arbeitnehmer immer mehr Rentner versorgen müssen. Den daraus folgenden hohen Rentenbeiträgen der Jüngeren wird heute durch einen **hohen staatlichen Zuschuss** begegnet, finanziert aus Steuereinnahmen bzw. durch die **Erhöhung der Staatsverschuldung**.

Sozialpolitik als Erfolgsgarant des demokratischen Systems

Begleitet wurden die genannten Reformen durch weitere staatliche Maßnahmen, z. B. durch die Einführung des **Kindergelds** (1954) und die Neuregelung der staatlichen **Sozialhilfe** (1961). Auch diese Reformen verbesserten die

Lebenssituation der von Armut gefährdeten Bevölkerungsgruppen. Insgesamt verhalfen die sozialpolitischen Maßnahmen der neuen Bundesrepublik und damit auch dem demokratischen System zu einer großen **Akzeptanz** in der eigenen Bevölkerung, bei der die Erinnerung an die wirtschaftlichen Krisen der Weimarer Republik noch präsent war. Die parlamentarische Demokratie wurde nun mit **Funktionstüchtigkeit und Stabilisierung** verbunden – für die älteren Deutschen eine neue Erfahrung. Und auch im Systemvergleich mit der DDR bestand aufgrund der sozialpolitischen Maßnahmen kein Zweifel mehr an der **Überlegenheit der marktwirtschaftlich ausgerichteten Demokratie**.

Sozialpolitische Integrationsklammern

Invaliden, Witwen, Waisen ↓ | **Kriegssachgeschädigte** ↓ | **Spätheimkehrer** ↓ | **Heimatvertriebene** ↓

Gefahr
- der Verleumdung,
- der politischen Radikalisierung,
- der Akzeptanz der kommunistischen Systemkonkurrenz und
- des Scheiterns der westlichen Demokratie

Soforthilfegesetz (1949)

Gesetz über den Lastenausgleich (1952) mit einer Vermögensabgabe der Nicht-Geschädigten

sozialer Wohnungsbau

Kindergeld (1954)

Rentenreform (1957)

Sozialhilfe (1961)

sozialpolitische Integration der Geschädigten sowie Akzeptanz des demokratischen Neuanfangs der Bundesrepublik

Aufgaben

58 Beurteilen Sie die Bedeutung des Wirtschaftswunders für die Bundesrepublik.

59 Beschreiben Sie differenziert die Ursachen des westdeutschen Wirtschaftswunders.

4 Gesellschaftliche Entwicklungen in der frühen Bundesrepublik

Die politische Westintegration und das Wirtschaftswunder veränderten auch die gesellschaftliche und kulturelle Situation der Bundesrepublik. Im ersten Schritt bildete sich nach 1949 eine im Kern konservative Gesellschaft, die versuchte, nach der Katastrophe des Zweiten Weltkriegs ihre bürgerlichen, christlich-abendländischen Traditionen zu restaurieren. Es herrschte ein großes Bedürfnis nach Sicherheit. Diese Grundhaltung wurde durch die Instabilität der Gründungsphase genauso verstärkt wie durch die ständige Angst vor einem Dritten (dieses Mal atomaren) Weltkrieg, die sich mit jeder internationalen Krise innerhalb des Ost-West-Konflikts wieder intensivierte.

Aus dieser Situation heraus entwickelte sich dennoch – vor allem unter dem Einfluss der amerikanischen Alltagskultur – allmählich eine **westliche, individualisierte Wohlstandsgesellschaft**, die das Bild Deutschlands bis heute prägt. Die gesellschaftliche Entwicklung der Bundesrepublik bezeichnet man deswegen als eine **Modernisierung unter konservativen Vorzeichen**.

4.1 Integration der Vertriebenen

Die gelungene Eingliederung der fast 10 Millionen deutschen Vertriebenen aus den ehemaligen östlichen Reichsgebieten und den Siedlungsräumen in Mittel-, Südost- und Osteuropa wird als größte **Integrationsleistung** der Bundesrepublik beschrieben. Im Hinblick auf die gesellschaftliche Situation der späten 1940er- und der 1950er-Jahre ist diese Bewertung aber eher eine **Legende**.

Flucht und Vertreibung

Von den mehr als 15 Millionen Deutschen, die 1939 in den **östlichen Reichsgebieten, im Baltikum, in Polen, der Tschechoslowakei, Ungarn, Rumänien, Jugoslawien und der Sowjetunion** lebten, wurden zwischen 1945 und 1947 (in Reaktion auf den deutschen Angriffskrieg und die nationalsozialistischen Verbrechen) **12 Millionen vertrieben**. Zudem wurden wahrscheinlich bis zu 2 Millionen Deutsche von russischen Soldaten oder „Milizen" der anderen Vertreiberstaaten ermordet oder starben auf der Flucht. Viele der vermutlich 2 Millionen Frauen, die 1945 und 1946 von Sowjetsoldaten vergewaltigt wurden, waren Vertriebene. Von den ungefähr 2 Millionen zuerst in der Sowjetunion, Ungarn und Rumänien verbliebenen Deutschen wurden viele mit geringen Überlebenschancen in sowjetische Arbeitslager verschleppt oder mussten harte Zwangsarbeit leisten.

Alle in ihrer **alten Heimat** zurückgebliebenen Deutschen erlitten **massive Ausgrenzung und Diskriminierung**. Die meisten bewog dies dazu, spätestens nach dem Zusammenbruch des Ostblocks (1990) in die Bundesrepublik überzusiedeln.

„Kalte“ neue Heimat

Die aus dem Osten vor den Gewalttaten der Roten Armee Geflohenen und die nach 1945 **Vertriebenen** waren angesichts der katastrophalen Situation Deutschlands (Wohnungsnot, Nahrungsmittelmangel, zerstörte Infrastruktur) alles andere als willkommen. Die Einheimischen mussten den wenigen verfügbaren Wohnraum und die beschränkten Lebensmittel mit den völlig mittellosen Vertriebenen teilen, was zu **sozialen Spannungen** führte. In Bayern waren 1950 immerhin 23,6 Prozent der Bevölkerung Vertriebene und 2,5 Prozent Flüchtlinge aus der DDR, in Schleswig-Holstein waren es sogar 38,2 Prozent. Die Einheimischen reagierten angesichts dieser Dimensionen mit **Abgrenzung und Ausgrenzung der Heimatlosen**.

Die Situation wurde dadurch verschärft, dass ca. 70 Prozent der Vertriebenen von den Besatzungsmächten **auf dem Land** oder in den unzerstörten **Kleinstädten** untergebracht wurden. Die Neuankömmlinge trafen dort auf weitgehend homogene kulturelle, soziale und religiöse Milieus. Unterschiedliche Konfessionen, Dialekte, zivilisatorische Standards, Werte und Bräuche standen sich jetzt unvermittelt gegenüber, was nicht ohne **Spannungen** blieb.

In der Immigrationsforschung wird dieser erste Kontakt einer Einwanderergruppe mit der Aufnahmegesellschaft als **Kulturschock** auf beiden Seiten beschrieben. Dieser Kulturschock wurde auf der Seite der Vertriebenen dadurch verstärkt, dass sie in ihrer Heimat häufig angesehene Stadtbewohner mit guter Bildung und Ausbildung gewesen waren, von den Einheimischen aber als Habenichtse zweifelhafter östlicher Herkunft angesehen wurden. Die in der NS-Zeit intensivierten **rassistischen Vorurteile gegen Menschen aus dem Osten** schlugen jetzt auch den deutschen Vertriebenen entgegen.

Sozialer Abstieg der Vertriebenen

Für die allermeisten Vertriebenen bedeutete das neue Leben in Westdeutschland trotz ihrer schnellen wirtschaftlichen Integration nach 1950 einen sozialen Abstieg: Ehemals reiche Gutsbesitzer und Großbauern mussten sich z. B. zuerst als Knechte und Landarbeiter bei Bauern verdingen. Viele Akademiker und Fachkräfte aus Handel, Handwerk und Industrie schlugen sich bis in die 1950er-Jahre hinein als **Hilfsarbeiter in der Landwirtschaft** durch. Diese **Deklassierung** erhielt sich über die wirtschaftliche Eingliederung der Vertriebenen und den Lastenausgleich hinweg. Die **materiellen und sozialen Statusverluste** durch die **Vertreibung** konnte auch das Wirtschaftswunder nur zum Teil ausgleichen.

Kulturelle Differenz

Aufgrund der kulturellen Differenz war die **gesellschaftliche Integration** der Vertriebenen meist **langwierig**. Lange Zeit blieben Einheimische und Vertriebene unter sich. Die Vertriebenensiedlungen an den alten Ortsrändern, die in fast jeder westdeutschen Gemeinde zu finden sind, symbolisierten die Spaltung der Gesellschaft. Mancherorts wurden diese Siedlungen von den Einheimischen als „Klein-Moskau" oder als „Partisanensiedlung" diffamiert. Zur **räumlichen Segregation** der Vertriebenen gehörten auch **Neugründungen von Gemeinden**, wie in Bayern Geretsried, Traunreut, Waldkraiburg, Neugablonz und Neutraubling.

In Abgrenzung von den Einheimischen versuchten viele Vertriebene, die verlorene Heimat durch die **Pflege ihres Brauchtums** und mithilfe landsmannschaftlicher Treffen aufleben zu lassen – immer im Blick das große Ziel: die Rückkehr in die alte Heimat.

So entwickelten sich in den 1950er-Jahren zwei deutsche Gesellschaften, die mental zuerst einmal nebeneinanderher existierten. Spätestens seit dem Ende der 1960er-Jahre mussten die Vertriebenen aber erkennen, dass eine Rückkehr aufgrund der De-Facto-Anerkennung der neuen Grenzen in Osteuropa durch den Westen unmöglich sein würde. Es blieb nur die Anpassung an die neue Situation.

Revanchismus-Vorwurf gegenüber den Vertriebenen

Trotz einer schlagkräftigen politischen Vertretung in den 1950er-Jahren durch den **Bund der Heimatvertriebenen und Entrechteten (BHE)** erledigten sich in den Augen der nicht betroffenen Bevölkerungsmehrheit die Anliegen der Vertriebenen mit ihrer wirtschaftlichen Integration. Nach der Durchsetzung der neuen Ostpolitik seit 1969 verschlechterte sich zudem das Verhältnis zu den Vertriebenenverbänden: Denn die Vertriebenenverbände wehrten sich gegen die Aufgabe ihres **Rechts auf Heimat** und möglicher Entschädigungen im Rahmen der Ostpolitik der Regierung Brandt. Seitdem dominiert der **Revanchismus-Vorwurf** den Umgang des linksliberalen politischen Lagers mit den Vertriebenen, denen vorgeworfen wird, sie wollten die Nachkriegsordnung infrage stellen.

Wenig im öffentlichen Bewusstsein ist jedoch, dass sich die Vertriebenen schon 1950 mit der **Charta der deutschen Heimatvertriebenen** von einer gewaltsamen Revision der deutschen Gebietsverluste distanzierten oder auch, dass die wichtigen Funktionäre des **Bunds der Vertriebenen**, des Interessenverbands der Vertriebenen, traditionell Mitglieder der großen demokratischen Parteien (zuerst vor allem der SPD, nach 1969 der CDU/CSU) waren und sind.

Politische Angriffe auf die Vertriebenenverbände bestimmen aktuell auch die Diskussion um die Errichtung eines **Zentrums gegen Vertreibungen** in Berlin, in dem die Vertriebenen ihre Geschichte dokumentieren wollen. Das Anliegen ist für diese so wichtig, weil mit dem Wegsterben der letzten „Erlebnisgeneration" die Erinnerung an die Vertreibung, aber auch an die ehemals deutschen Kulturen in Ost- und Südosteuropa verschwinden wird.

4.2 Umgang mit der nationalsozialistischen Vergangenheit

In den 1950er-Jahren wollte man in der Bundesrepublik die NS-Zeit, den Krieg und die eigene Beteiligung daran vergessen und sich vom Druck der Erinnerung und der Schulddiskussion der Nachkriegszeit entlasten. Die westdeutsche Gesellschaft entwickelte sich zu einer **„Verschweigensgemeinschaft"**. Den Holocaust blendete man im gesellschaftlichen Diskurs bis in die 1960er-Jahre hinein fast komplett aus (z. B. auch im Geschichtsunterricht). Die NS-Verbrechen wurden auf den wenigen Denkmälern in allgemeinen Floskeln wie „den Opfern des Krieges" verschleiert; statt die deutschen Täter zu bezeichnen, wurde das „Schicksal" vorgeschoben. Die Spuren der Verbrechen verwischte man häufig, das **Geschehen** wurde gleichfalls **entortet:** So wurden Konzentrationslager umgenutzt oder beseitigt. Das erste Konzentrationslager Dachau etwa diente zuerst den Amerikanern als Internierungslager für Nationalsozialisten, danach als Flüchtlingslager und zuletzt wurden große Teile des Lagers abgerissen. Erst 1965 erreichten Initiativen von NS-Verfolgten die Umwidmung zur Gedenkstätte.

Amnestiebewegung

Die **allgemeine Verdrängung der NS-Zeit** wurde auf der gesellschaftlichen Ebene durch eine breite **Amnestiebewegung** begleitet, der es darum ging, die von den Siegermächten verurteilten und inhaftierten Kriegsverbrecher frei zu bekommen. Dies gelang bis 1958 in fast allen Fällen, sogar bei den zum Tode verurteilten, aber zu lebenslangen Gefängnisstrafen begnadigten Einsatzleitern der SS-Einsatzgruppen. Viele Deutsche empfanden die Amnestie für die Kriegsverbrecher als erwünschten Schlussstrich unter die nationalsozialistische Vergangenheit, um die **Stabilität der neuen demokratischen Gesellschaft** nicht zu gefährden. Erst Ende der 1950er-Jahre kam es, ausgelöst durch die ersten NS-Prozesse und durch eine Häufung antisemitischer Vorfälle (Hakenkreuzschmierereien, Friedhofsschändungen), zu einer Rückkehr des verdrängten Nationalsozialismus in den öffentlichen Diskurs der Bundesrepublik.

Die Diskussion um die Attentäter des „20. Juli“

Die Bewertung des militärischen Widerstands des „20. Juli“ seit 1949 zeigt exemplarisch die anhaltende Wirkung nationalsozialistischen Denkens in der bundesdeutschen Gesellschaft der Nachkriegszeit und den erst allmählich einsetzenden Einstellungswandel gegenüber den Ereignissen im „Dritten Reich“.

Das Attentat auf Hitler am 20. Juli 1944

Das **gescheiterte Bombenattentat des militärischen Widerstandes** gegen Hitler vom 20. Juli 1944 war der bedeutendste Umsturzversuch gegen das NS-Regime. Zu dieser Widerstandsgruppe gehörten mehrere Hundert hohe Militärs, Diplomaten, hohe Verwaltungsbeamte und eine Gruppe von meist adeligen Zivilisten.

Hauptziel der meisten Mitglieder des „20. Juli“ war die Beendigung des als verloren eingeschätzten Krieges aus „nationalem Interesse“. Viele handelten aber auch aus moralischen Gründen: als Reaktion auf die miterlebten nationalsozialistischen Verbrechen innerhalb des Vernichtungskriegs gegen die Sowjetunion und des Holocaust. Die Errichtung eines demokratischen Systems gehörte jedoch nicht zu den Zielen des militärischen Widerstands.

Die Widerstandsgruppe war innerhalb der Wehrmacht weit verzweigt und hatte über Jahre hinweg einen umfassenden Plan zur Beseitigung des NS-Regimes ausgearbeitet **(„Operation Walküre“)**. Ihr Kopf war 1944 die Zentrale des sog. Ersatzheeres in Berlin, also der in Deutschland stehenden Wehrmachtseinheiten. Diese sollten unter Vorgabe eines Putsches von NSDAP-Funktionären gegen Hitler das NS-Regime stürzen. Die Voraussetzung für das Gelingen des Plans war die Tötung Adolf Hitlers, dem Armee und Bevölkerung immer noch treu ergeben waren.

Nachdem bereits mehrere Attentatsversuche gescheitert waren, legte **Oberst Graf von Stauffenberg** am 20. Juli 1944 im **Führerhauptquartier Wolfsschanze** (heute Polen) bei einer Lagebesprechung hoher Militärs mit Hitler eine Bombe. Diese verletzte Hitler aber nur leicht und noch am selben Tag brach der Umsturzversuch in sich zusammen. Stauffenberg und einige Mitverschwörer wurden sofort standrechtlich erschossen, viele andere Beteiligte der Widerstandsgruppe später in Schauprozessen vor dem Volksgerichtshof zum Tode verurteilt und auf brutale Art im Gefängnis Berlin-Plötzensee (heute Gedenkstätte „Plötzensee“) gehenkt.

Viele Deutsche übernahmen bis in die 1950er-Jahre hinein die Sichtweise des NS-Regimes auf die Widerstandsgruppe des 20. Juli, die von Hitler als „ganz kleine Clique ehrgeiziger, gewissenloser und zugleich verbrecherischer dummer Offiziere“ bezeichnet worden war. Die Nachwirkungen dieser von der NS-Propaganda wirkungsvoll verbreiteten Ansicht zeigten sich in mehreren Aspekten:

- Die **Angehörigen der Widerstandskämpfer**, die von den Nationalsozialisten in **„Sippenhaft“** genommen wurden, wurden nach dem Krieg **gesellschaftlich ausgegrenzt**. Dazu kam bei vielen Witwen, denen die Pensionen ihrer toten Männer verweigert wurden, auch die materielle Not. Dieses staatliche Handeln erscheint aus heutiger Sicht besonders auch deswegen skandalös, weil seit 1951 fast alle verbeamteten Helfer des NS-Regimes und auch viele nationalsozialistische Täter („131-er") großzügig finanziell versorgt wurden. Viele verarmte Familien der ums Leben gekommenen Widerstandskämpfer mussten dagegen von der privaten Initiative „Hilfswerk 20. Juli 1944" unterstützt werden. Seit Ende 1951 wurde diese Einrichtung allerdings von der Bundesregierung unterstützt.

- Das **nationalsozialistische Zerrbild von der „Verräterclique"** wurde gleichzeitig von „alten Kämpfern" aktiv verbreitet. Der bekannteste dieser „Altnazis" war Generalmajor a. D. Otto Ernst Remer, der an verantwortlicher Stelle geholfen hatte, den Umsturzversuch in Berlin niederzuschlagen. Er bezeichnete im Mai 1951 die **Widerstandskämpfer als „Landesverräter"** und „vom Ausland bezahlt"; er wollte die Überlebenden gar in der Bundesrepublik vor ein Gericht stellen.
  1952 wurde Remer in einem Aufsehen erregenden Prozess wegen übler Nachrede und Verunglimpfung des Andenkens Verstorbener zu drei Monaten Haft verurteilt. Die **Widerstandskämpfer** vom 20. Juli 1944 wurden **rehabilitiert**, und ihr Versuch, Hitler zu töten, als Aufstand gegen einen „Unrechtsstaat" legitimiert.
- Im Oktober 1951 erklärte der Vorsitzende des neu gegründeten Verbandes Deutscher Soldaten in Bayern im Kontext der anstehenden westdeutschen Wiederbewaffnung, in einer neuen deutschen Armee sei kein Platz für die Widerstandskämpfer, da ihr Andenken den „soldatischen Geist" gefährde. Dieser Aussage widersprach Bundeskanzler Adenauer jedoch heftig.
- Im Sommer 1956 lehnte es in Befragungen eine überwiegende Mehrheit der Bevölkerung ab, eine Schule nach Stauffenberg zu benennen, nur 18 Prozent sprachen sich dafür aus. Noch im Frühjahr 1970 und nicht viel anders 1985 beurteilten nur 39 Prozent der Befragten den „20. Juli" positiv.

Der genannte „Remer-Prozess" veränderte allerdings den Umgang mit dem „20. Juli" im politischen Raum. Die **Widerstandskämpfer** wurden seit 1953 auch **öffentlich gewürdigt**, so durch den Bundespräsidenten Theodor Heuss (FDP) und den Berliner Bürgermeister Ernst Reuter (SPD). Schon 1952 wurde im Hof des Berliner „Bendlerblocks" (innerhalb des heutigen Verteidigungsministeriums), der ehemaligen Zentrale des militärischen Widerstands, ein **Ehrenmal zur Erinnerung an die getöteten Widerstandskämpfer** des „20. Juli" eingeweiht. Ein bedeutendes politisches Thema wurde der Widerstand dennoch nicht, bei Gedenkveranstaltungen blieben die Überlebenden und die Angehörigen der Ermordeten weitgehend unter sich. Das änderte sich erst Mitte der 1980er-Jahre durchgreifend: Seitdem wird der „20. Juli“ als wichtige deutsche Tradition des Widerstands gegen die nationalsozialistischen Verbrechen bewertet; inzwischen sind in Deutschland eine Kaserne und 300 Straßen nach Stauffenberg benannt.

Strafrechtliche Verfolgung von NS-Tätern

Aus heutiger Sicht ist es ebenfalls unverständlich, dass die Verfolgung der NS-Täter durch die deutsche Justiz sehr spät einsetzte. Erst 1958 kam ein erster Prozess gegen die Massenmörder aus einer der „Einsatzgruppen“ (Ulmer Einsatzgruppen-Prozess) zustande. Dieser Prozess und faktengestützte DDR-Propaganda gegen ehemalige NS-Funktionäre in Politik und Justiz der Bundesrepublik führten 1958 zur Gründung der **Zentralstelle zur Aufklärung von NS-Verbrechen** in Ludwigsburg, die seitdem systematisch gegen NS-Täter ermittelte und seit 1965 auch selbstständig Gerichtsverfahren initiieren konnte.

NS-Prozesse

Trotz der weitgehenden Untätigkeit der deutschen Justiz gab es einige große Verfahren gegen Mörder des Holocaust, die in der deutschen Öffentlichkeit ein Bewusstsein für die nationalsozialistischen Verbrechen erzeugten: Der erste Prozess war der bereits erwähnte **Ulmer Einsatzgruppen-Prozess** von 1958 gegen Gestapo-Angehörige, die Tausende von litauischen Juden ermordet hatten. 1963–1965 folgten die **Frankfurter Auschwitz-Prozesse** gegen SS-Folterer und -Offiziere, die auf Initiative des hessischen Generalstaatsanwalts Fritz Bauer zustande kamen, und 1975 bis 1981 in Düsseldorf die **„Majdanek-Prozesse“**.

Trotz relativ geringer Strafen und der üblichen Verurteilung der Täter als „Gehilfen“ führten die Prozesse immerhin dazu, dass der Bundestag Gesetze zur Verjährung von NS-Verbrechen verhinderte: 1979 wurde die geplante Verjährung für Mord und Völkermord, die eine Strafverfolgung gegen die nationalsozialistischen Mörder zur Gänze beendet hätte, aufgehoben. Der vermutlich letzte NS-Prozess gegen einen Holocaust-Täter, John Demjanjuk, fand 2009–2011 in München statt.

Die rechtliche Verfolgung der NS-Verbrechen in der Bundesrepublik wurde durch mehrere Faktoren erheblich erschwert:

- **Nachträgliche Rechtfertigung der NS-Gesetzgebung:** Durch den Rechtsgrundsatz des Grundgesetzes, dass man nur wegen Taten verurteilt werden darf, die zum Tatzeitpunkt gegen bestehende Gesetze verstoßen, war es den meisten bundesdeutschen Gerichten möglich, das NS-System und seine Gesetze als grundsätzlich legitim anzusehen. Im Einzelfall musste man den

Tätern deshalb für eine Verurteilung besondere persönliche Tatmotive wie extreme Grausamkeit oder Mordlust nachweisen, was aufgrund des großen Zeitabstands zwischen Tat und Prozess in den wenigsten Fällen gelang.

- **Verjährter Totschlag statt Mord:** Den Mitgliedern der Einsatzgruppen in Osteuropa, die oft persönlich Hunderte Juden oder andere Zivilisten erschossen hatten, wurde als Delikt generell nur Totschlag vorgeworfen. Da dafür aber 1960 die Verjährungsfrist ablief, wurden die Massenmörder der Einsatzgruppen in der Bundesrepublik nicht juristisch verfolgt.
- **„Gehilfe" statt Mörder:** Anders als sonst üblich wurde den Mördern bei Staatsverbrechen von den westdeutschen Gerichten eingeschränkte Schuldfähigkeit zugesprochen. D. h., sie wurden nicht als Täter, sondern nur als Tatgehilfen betrachtet. Als „Beihilfe" galten unter anderem die Organisation von Massenmordaktionen der Einsatzgruppen, das Leiten eines Konzentrationslagers und die Beteiligung am Euthanasieprogramm. 1968 führte eine Erweiterung dieses Rechtsprinzips dazu, dass die geplanten Verfahren gegen die Schreibtischtäter des Reichssicherheitshauptamtes, der Organisationszentrale des Massenmords, wegen Verjährung eingestellt wurden. Auch sie wurden durch höchstrichterliche Rechtsprechung nur als „Tatgehilfen" angesehen.
- **Straffreiheitsgesetze:** Bereits 1949 und 1954 wurden großzügige Gesetze zur Straffreiheit bei Delikten mit einem Strafrahmen bis zu drei Jahren erlassen. Viele ranghohe Nationalsozialisten, die sich durch Untertauchen und gefälschte Identitäten der Entnazifizierung entzogen hatten, wurden so nicht mehr belangt und bereits angeklagte Täter blieben aufgrund der bereits erwähnten Umwertung ihrer Delikte straffrei.

Wiedergutmachungspolitik

Der Reintegration und Versorgung der früheren NS-Funktionseliten stand die **materielle Wiedergutmachung** für jüdische NS-Opfer und andere NS-Verfolgte, die in der Bundesrepublik oder in den westlichen Staaten lebten, gegenüber. Seit dem ersten **Entschädigungsgesetz** des Bundestags von 1953 bis 1999 wurden insgesamt 104 Milliarden DM ausgezahlt: für geraubte Vermögen, als Entschädigung für den Verlust von Freiheit, Gesundheit und berufliche Karrieren, für ehemalige Angehörige des öffentlichen Dienstes (die allerdings in deutlich geringerem Maß entschädigt wurden als die von den Alliierten entlassenen NS-belasteten ehemaligen Beamten) und für den Verlust von Sozialversicherungsleistungen. 2 Millionen Anträge von Geschädigten wurden anerkannt, 1,2 Millionen abgelehnt. 80 Prozent der Zahlungen gingen ins Ausland, die Hälfte davon nach Israel, wo ein großer Teil der überlebenden Juden wohnte.

Allerdings gingen auch ganze Opfergruppen leer aus: Kommunisten, Sinti und Roma, Homosexuelle und Zwangssterilisierte wurden von der deutschen Justiz – in Übernahme nationalsozialistischer Rechtskategorien – bis in die 1980er-Jahre zu „Nichtverfolgten" erklärt. Die vielen in den Ostblockstaaten lebenden NS-Opfer wurden ebenfalls nicht entschädigt. Für sie gab es erst im Jahr 2000 durch die **Stiftungsinitiative der deutschen Wirtschaft** eine Entschädigung in Höhe von 10 Milliarden DM für geleistete Zwangsarbeit, sofern sie noch lebten.

4.3 Verwestlichung und Amerikanisierung

Gegen die schnelle Restauration traditioneller gesellschaftlicher Strukturen und das Verschweigen der NS-Vergangenheit wandten sich einzelne Gruppen der **kulturellen Elite**, aber auch eine neue **Populär- und Jugendkultur**, die sich an amerikanischen Vorbildern orientierte. Beide Strömungen zusammen erzeugten Ende der 1950er-Jahre einen Modernisierungs- und Verwestlichungssog, der die bundesdeutsche Gesellschaft grundlegend veränderte.

Verwestlichung in Literatur, Malerei, Architektur

Die Modernisierung des kulturellen Lebens vollzog sich in verschiedenen Bereichen:

- Junge Schriftsteller und Journalisten fanden sich ab August 1947 zu halbjährlichen Treffen der **Gruppe 47** (u.a. Hans Werner Richter, Heinrich Böll, Ingeborg Bachmann, Günter Grass, Martin Walser, Walter Jens) zusammen und suchten zur Überwindung der kulturellen Verwüstung des Nationalsozialismus **neue literarische Formen und Maßstäbe**, die sich an der modernen westlichen Literatur orientierten. Eines ihrer wichtigsten Vorbilder war der amerikanische Nobelpreisträger von 1954, Ernest Hemingway.
- In der **Malerei** schlossen Remigranten (u.a. Paul Klee, Wassily Kandinsky, Kurt Schwitters, Max Beckmann, Oskar Kokoschka), die Deutschland nach 1933 verlassen hatten, an ihre (unter den Nationalsozialisten als „entartet" verfemte) **expressionistische Kunst** an. Symbol einer Neuorientierung wurde die 1955 das erste Mal einberufene **documenta** in Kassel, eine Art „Leistungsschau" der internationalen modernen Kunst.
- Ähnlich verhielt es sich in der **Architektur**. Dort erneuerten deutsche Exilanten (u.a. Walter Gropius, Mies van der Rohe) der **Bauhaus-Schule** der 1920er-Jahre die westdeutsche Architektur: Gegen die Provinzialität des nationalsozialistischen „Blut-und-Boden-Stils" setzte man in wichtigen

öffentlichen Bauten die **Funktionalität** und den **Modernismus** der Bauhaus-Idee, die sich in den USA zum beherrschenden Baustil entwickelt hatte; die Leichtigkeit des Bungalows wurde zum architektonischen Symbol des Wirtschaftswunders.

Amerikanisierung der Jugendkultur

Großen Einfluss in der Bundesrepublik hatte eine Revolution in der Jugendkultur. Sie fand ihren Anfang in der **Rock 'n' Roll-Subkultur**, die sich gegen das Lebensgefühl der mittleren und älteren Generation wandte. Es kam zu häufigen **Jugendkrawallen** und Massenschlägereien (96 zwischen 1956 und 1958) von sog. Halbstarken (erkennbar an „Schmalzlocken", Röhrenjeans und ihren Mopeds oder Motorrädern), meist im Anschluss an Musikveranstaltungen. Die neue Musikkultur wurde vom einflussreichen amerikanischen Soldatensender AFN („American Forces Network") angestoßen, der Stil der Bewegung kam entsprechend aus den USA. Man spricht deswegen auch von einer **Amerikanisierung von unten** in der deutschen Populärkultur. Die damit verbundenen Protestformen waren unpolitisch und ziellos, nahmen aber bereits die folgenden Entwicklungen voraus.

Schon zu Beginn der 1960er-Jahre kam es zu einem **westlichen Kulturwandel** in der Welt der Jugendlichen, getragen durch die Musikszene Großbritanniens (u. a. Beatles, Rolling Stones) und die **Hippiebewegung** in den USA. Nun ging es auch um eine Umwertung gesellschaftlicher Leitbilder, um Widerstand gegen die „imperialistische" Politik der USA in Vietnam, überhaupt um „love and peace". In der Bundesrepublik mündete dieser westliche Kultur- und Wertewandel in die **1968er-Bewegung**, die sich teilweise zur politischen Revolte radikalisierte. In ihr brach auch die verdrängte NS-Vergangenheit auf. Es kam zu einem heftigen **Generationenkonflikt** zwischen den nationalsozialistisch geprägten Eltern und ihren Nachkriegskindern auf allen Ebenen des politischen und gesellschaftlichen Lebens. Die westliche Jugendkultur wurde jetzt zum Katalysator einer durchgreifenden Modernisierung und einer weiteren Demokratisierung der Bundesrepublik.

4.4 Die SBZ als Feindbild und Herausforderung

Die DDR oder die **Sowjetische Besatzungszone (SBZ)**, wie in der Bundesrepublik die offizielle Bezeichnung auch nach 1949 lautete (um die Nicht-Anerkennung des zweiten deutschen Staates zu betonen), funktionierte als fast alle politischen Lager einigendes **Feindbild**. Die sozialistisch-kommunistische DDR war dabei das **Gegenbild zum neuen parlamentarischen System**, das schon allein durch die Abgrenzung von der „totalitären“ Herrschaft der Kommunisten auch für *die* Westdeutschen an Legitimität gewann, die in den Traditionen des konservativen Obrigkeitsstaats oder gar des Nationalsozialismus verhaftet waren. Interessanterweise nutzten auch ehemalige Nationalsozialisten die historisch unrichtige, aber übliche Gleichsetzung des wirklich totalitären NS-Staats mit der als totalitär abgelehnten kommunistischen Diktatur in der DDR.

Ideologische Integration der früheren NS-Funktionseliten

Gerade für die ehemaligen „Volksgenossen“, die den verbrecherischen Charakter des NS-Systems und ihre eigene Beteiligung daran verdrängten oder nicht wahrhaben wollten, bedeutete der **Antikommunismus** eine entscheidende **ideologische Brücke** in ihrer Biografie. Denn die Ausrottung des „jüdischen Bolschewismus“ war das Hauptziel des Nationalsozialismus gewesen, ein Feindbild, das man in den frühen 1950er-Jahren – wenn auch ohne den antisemitischen Gehalt – übernehmen konnte. Viele ehemalige Nationalsozialisten glaubten die Kriegspolitik Hitlers bestätigt und rechtfertigten nachträglich den deutschen Vernichtungskrieg gegen die Sowjetunion (mit dort bis zu 27 Millionen Opfern). Auch so konnte man sich von der eigenen Schuld entlasten. Die deutschen Juristen etwa, die zum großen Teil schon in den Diensten des NS-Staates gestanden hatten, schlossen in den 1950er-Jahren im eifrigen Vorgehen gegen Kommunisten an ihre früheren Haltungen an: Von deutschen Gerichten wurden so z. B. im Jahr 1953 1 655 Strafurteile gegen Kommunisten (meist wegen Hochverrats, Landesverrats oder Staatsgefährdung) ausgesprochen; im gleichen Jahr wurden aber nur 123 Urteile gegen NS-Täter gefällt.

Erfahrungen der Vertriebenen und Flüchtlinge

In den antikommunistischen Konsens konnten sich des Weiteren die 10 Millionen **Flüchtlinge und Vertriebenen** in der Bundesrepublik einordnen. Bei den meisten von ihnen stützte sich diese Haltung auf die eigenen Erlebnisse mit der Roten Armee während ihrer Flucht oder Vertreibung (Plünderungen, Tötungsexzesse, massenhafte Vergewaltigungen) oder während der Kriegsgefangenschaft und Zwangsarbeit nach 1945. Zu dieser Gruppe kamen die 2 Millionen DDR-Flüchtlinge, die bis zum Mauerbau (1961) die DDR gerade wegen der dortigen politischen Situation verließen.

Westlicher Antikommunismus im Ost-West-Konflikt

Entscheidend für das Funktionieren des neuen „negativ integrierenden“ Feindbilds der SBZ war die **ideologische Auseinandersetzung des Westens mit der Sowjetunion**. Antikommunismus wurde zu einer politischen Grundhaltung der westlichen Siegermächte des Zweiten Weltkriegs, der neuen Verbündeten der Bundesrepublik. Erinnert sei in diesem Zusammenhang an die „Kommunistenjagden“ in den USA während der sog. McCarthy-Ära (1947–1956).

Plötzlich hatten die Deutschen, die den Westen, seine Kultur und sein demokratisches Denken eigentlich ablehnten, im teilweise fanatischen Antikommunismus eine wichtige Gemeinsamkeit mit den westlich eingestellten Demokraten. Dieser **ideologische Zusammenschluss** verstärkte sich nach Ausbruch des Korea-Kriegs. Denn nun musste man in der Bundesrepublik befürchten, einer ähnlichen Aggression wie Südkorea ausgesetzt zu sein; die mächtigen, demokratischen **USA** waren der **einzige Schutz vor der gefürchteten Invasion der Sowjets**. Bei den antidemokratisch geprägten Deutschen gewann deswegen auch das eigene parlamentarisch-demokratische System an Zustimmung.

Gründe für den Erfolg des demokratischen Neubeginns

Ost-West-Konflikt als weltpolitischer Rahmen

funktionierende Demokratie
- Grundgesetz mit den richtigen „Lehren aus Weimar“
- konsequente Westintegration durch die Regierung Adenauer

Wirtschaftswunder
- soziale Marktwirtschaft
- wirtschaftliche Integration der Flüchtlinge und Vertriebenen
- Sozialpolitik (Rentenreform, „soziales Netz“)

↓

Verwestlichung:
Modernisierung und Demokratisierung der Gesellschaft

Reintegration der NS-Funktionseliten

↓

Verdrängung der NS-Verbrechen, Amnestiebewegung für Kriegsverbrecher

Aufgaben

60 Beschreiben Sie die Umstände der Integration der 10 Millionen Vertriebenen in die Bundesrepublik.

61 a) Der Text (M 1) beschreibt die erwarteten Folgen des Schuman-Plans für die Teilung Deutschlands. Was befürchtet der Autor im Einzelnen?
b) Beurteilen Sie: Sind die Befürchtungen eingetreten?
c) Suchen Sie alle direkten Bewertungen der Westintegration im Text (M 1). Fassen Sie zusammen, was der Autor von dieser hält.
d) Formulieren Sie eine Antwort aus der Sicht des Bundeskanzlers Adenauer, die dessen Konzeption der Westintegration rechtfertigt.

e) Erschließen Sie die Karikatur (M 2), indem Sie
- deren Bildbestandteile erläuternd auf den Zeithintergrund beziehen,
- das Motto Adenauers „keine Experimente" näher erklären und
- eine mögliche Aussageabsicht des Karikaturisten nachvollziehen.

M 1: Auszug aus dem Artikel „Ein Lebewohl den Brüdern im Osten", Der Spiegel, 1952

Den Schuman-Plan zum jetzigen Zeitpunkt ratifizieren, bedeutet die 18 Millionen Deutschen der Sowjetzone abschreiben. Durch den Schuman-Plan gehen Kohle und Stahl Westdeutschlands in einem Pool auf, der seiner natürlichen Bestimmung nach auch ein Rüstungspool sein muß. Sind wir wirtschaftlich erst an diesen Rüstungspool angeschlossen, entfällt für die Sowjets das Interesse an der deutschen Einheit. Sie hätten im Gegenteil dann alles Interesse zu verhindern, daß die Sowjetzone diesem Pool auch noch zugeschlagen wird. Den Schuman-Plan jetzt wollen, heißt die deutsche Einheit nicht wollen. [...]

In einer geteilten Welt kann es nicht Aufgabe der geteilten Deutschen sein, die Spannungen zu verschärfen und eventuell über der deutschen Frage zur Entladung zu bringen. [...] Wenn Westdeutschland erst Teil einer umfassenden westeuropäischen Wirtschafts- und Verteidigungsunion ist, werden die Sowjets keinesfalls interessiert sein, deren Grenze an die Oder-Neiße oder noch weiter nach Osten vorzuverlegen. Andererseits werden die europäischen Partner Westdeutschlands in der Wirtschafts- und Verteidigungsunion nicht daran interessiert sein, das ohnehin schon starke deutsche Gewicht durch Ostdeutschland verstärkt zu sehen. Im Hintergedanken beabsichtigen sie mit der „Integration" die Aufrechterhaltung der Spaltung Deutschlands, wenn sie schon deutsche Divisionen nicht verhindern können. [...]

Wenn wir den Schuman-Plan ratifizieren, müssen wir auch Soldaten stellen, denn an einem wirtschaftlich dem Westen angeschlossenen Deutschland, das keine Soldaten stellt, haben die Amerikaner kein Interesse; und an einem wiedervereinigten Deutschland, dessen Wirtschaft einseitig dem Westen angeschlossen ist, können die Sowjets kein Interesse haben. [...]

Nicht daß wir künftig Provinz und Truppenübungsplatz des Westens sein sollen, ist das entscheidende Manko. Provinz und provinzielle Politik ist unser Schicksal, solange Berlin nicht die Hauptstadt Deutschland ist. [...] Wenn uns die Wiedervereinigung Deutschlands nicht gelingen sollte, müßten wir uns damit abfinden, eine Weile als Provinzler in der Weltpolitik umherzutappen, und als Fußvolk unter den westalliierten Streitkräften. Dafür haben wir zwei Weltkriege verloren. Dafür können wir uns abends ruhig ins Bett legen. [...]

Aber die 18 Millionen Deutschen jenseits der Elbe rechnen auf uns, sie sind ohne uns verurteilt, ihre Kinder in den Klauen eines unmenschlichen, lebenserstickenden Systems aufwachsen zu sehen, ihnen fremd und uns allen fremd. [...]

Haben wir die Bundesrepublik akzeptiert, damit ihr Bundestag unsere Freunde gedankenlos verkauft? [...] Erst wenn wir den Schuman-Plan, diesen ersten Akt einer Politik gegen die nationale Existenz, unterzeichnen, haben wir den Krieg vollständig verloren.

Rechtschreibung und Zeichensetzung folgen der Vorlage.

Aus: Jens Daniel: Ein Lebewohl den Brüdern im Osten, in: Der Spiegel 1/52, 2. 1. 1952.

M 2: Hanns Erich Köhler, 1957

Zufrieden

„Nicht wahr, mein Michelchen – keine Experimente ...“

Anmerkung: Die Kleidung Adenauers ist als damals typische Tracht einer Kinderschwester zu deuten.

Die DDR – eine deutsche Alternative?

Am 7. Oktober 1949 entstand aus der sowjetischen Besatzungszone die **Deutsche Demokratische Republik**. Die Sowjetunion reagierte damit auf die Gründung der Bundesrepublik. Sie zwang dem von ihr abhängigen **Satellitenstaat** ihr **stalinistisches System** auf. Die DDR existierte bis zum 3. Oktober 1990, als die DDR nach Artikel 23 des Grundgesetzes der Bundesrepublik beitrat.

Die 40-jährige DDR-Geschichte war von der **Systemkonkurrenz zur westdeutschen Bundesrepublik** bestimmt. Die **ideologische und territoriale Abgrenzung** (mit dem Höhepunkt des Mauerbaus 1961), die zähe deutschlandpolitische Zusammenarbeit nach 1970 und zuletzt die **finanzielle Abhängigkeit** vom Westen bestimmten die Politik und am Ende das Schicksal des ostdeutschen Staates. Letztlich kollabierte er an seinen inneren Widersprüchen:

- der **repressiven Struktur** mit der Diktatur eines kleinen Führungszirkels innerhalb der SED,
- der **politischen Erstarrung** seiner vergreisenden Führung und
- seiner **sozialistischen Staatswirtschaft**, die international nicht konkurrieren und deswegen die **teuren Sozialleistungen** nicht bezahlen konnte, mit denen sich das Regime die Loyalität seiner Bürger erkaufte.

1989 scheiterte auch der Anspruch der DDR, der **bessere deutsche Staat** zu sein. Dieses Selbstbewusstsein der DDR-Führung gründete sich vor allem auf den Widerstand der deutschen Kommunisten gegen den Nationalsozialismus **(Antifaschismus)** und auf die marxistische Vorstellung, dass die **Herrschaft der Arbeiterklasse** – die man für die DDR beanspruchte – die Vorstufe zum Idealzustand einer klassenlosen kommunistischen Gesellschaft bilde. Beide Aspekte waren neben der angeblich „demokratischen Volksherrschaft“ Kern der Herrschaftslegitimation der DDR, mit der die Führung ihren diktatorischen Machtanspruch rechtfertigte.

1 Anspruch und Wirklichkeit im „Arbeiter- und Bauernstaat“

Jedes politische System stützt sich auf eine durch Leistungen, aber auch durch Rituale und Mythen abgesicherte **Legitimation seiner Herrschaftsstrukturen**. Diese erzeugt bei den Bürgern die unverzichtbare Akzeptanz der politischen Ordnung und seiner Eliten. Der Verlust dieser Herrschaftslegitimation und die damit einhergehenden inneren Widersprüche stehen meist am Beginn des Sturzes eines politischen Systems, so auch im Fall der DDR.

1.1 Neubeginn des politischen Lebens in der SBZ

Die Vorgeschichte der DDR begann bereits am 30. April 1945, dem Tag, an dem Hitler in Berlin Selbstmord beging: Unter der Führung von **Walter Ulbricht** begann eine Gruppe von zehn in Moskau ausgebildeten deutschen Kommunisten, von Berlin aus die unteren Verwaltungsebenen der **Sowjetischen Besatzungszone (SBZ)** zu organisieren, um damit die **Sowjetische Militäradministration (SMAD)** zu unterstützen. Zu Ulbrichts Aufgaben gehörten vor allem die Suche nach geeigneten kommunistischen Führungsfiguren und der Aufbau der neuen Kommunistischen Partei Deutschlands (KPD), die bereits am 11. Juni 1945 gegründet wurde. Die **KPD** führte in einem **„Antifaschistischen Block“** die anderen neuen Parteien an und unterstützte die durchgreifenden **sowjetischen Maßnahmen in der SBZ:**

- die entschädigungslose Enteignung der Banken und Sparkassen,
- eine Bodenreform, die Grundbesitz über 100 Hektar enteignete und zuerst an Kleinbauern vergab sowie
- die Verstaatlichung der großen Industrie-, Bergbau- und Handelsfirmen. Damit ging fast die Hälfte der Industriekapazität in Volkseigentum über, ein Viertel der Industrie wurde zur Ableistung von Entschädigungszahlungen an die UdSSR in eine „Sowjetische Aktiengesellschaft“ eingebracht.

Bereits seit November 1946 gab es **Pläne der SED für eine eigenständige ostdeutsche sozialistische Republik**. Der Weg zu diesem Staat wurde durch den eskalierenden Ost-West-Konflikt beschleunigt und mit der Gründung der Deutschen Demokratischen Republik am 7. Oktober 1949 vollendet.

Zwangsvereinigung von KPD und SPD zur SED

Die neu gegründete DDR verstand sich als der erste deutsche **„sozialistische Staat der Arbeiter und Bauern“**. Trotz dieses Anspruchs konnten die Kommunisten in den freien Wahlen vor 1949 keine Mehrheit erringen. In der Absicht, das Potenzial der erfolgreicheren Massenpartei SPD zu nutzen und die KPD aus ihrem Minderheitenstatus herauszuführen, erfolgte unter dem Druck der sowjetischen Besatzungsmacht im April 1946 die Zwangsvereinigung der beiden Arbeiterparteien zur **Sozialistischen Einheitspartei Deutschlands (SED)**.

Der sozialdemokratische Führungspolitiker Otto Grotewohl gab zuletzt dem Druck nach, denn er vertraute auf die Zugeständnisse der Kommunisten, die eine volle Gleichberechtigung der Sozialdemokraten in der neuen Partei versprachen. Tatsächlich teilten sich zunächst **Otto Grotewohl** und der Kommunist **Wilhelm Pieck** den **Vorsitz der SED**, und auch in den unteren Gremien kam es zu einer paritätischen Besetzung der Funktionen. Das Wunschbild der **„Einheit der Arbeiterklasse“** schien nach den bitteren Jahren des Nationalsozialismus jetzt auch für viele SPD-Mitglieder erreicht.

In den folgenden Jahren drängten die Kommunisten den sozialdemokratischen Einfluss in der SED jedoch immer mehr zurück. Die Einheitspartei wurde in eine **Kaderpartei nach sowjetischem Vorbild** umgebaut, mit der man die östliche Besatzungszone und später die DDR diktatorisch regieren konnte. Widerstand leistende Sozialdemokraten wurden unterdrückt und verfolgt, viele andere in mehreren **Säuberungswellen** aus der Partei entfernt: Stammten 1946 noch 52 Prozent der SED-Mitglieder aus der SPD, so waren es 1951 nur noch 6,5 Prozent.

1.2 War die DDR ein demokratischer Staat?

Das Konzept der „Volksdemokratie“

In ihrem politischen Selbstverständnis war die DDR ein **demokratischer, sozialistischer und antifaschistischer Staat**, fest eingebunden in den Kreis der sozialistischen Länder Osteuropas, die von der Sowjetunion angeführt wurden. Die DDR-Führung bezeichnete das eigene politische System nach sowjetischem Vorbild als marxistisch legitimierte **„Volksdemokratie“**, um es von der parlamentarischen Demokratie des Westens abzugrenzen.

Marxismus-Leninismus

Die verbindliche Weltanschauung in der DDR war der **Marxismus-Leninismus**, eine Ideologie, die für sich beanspruchte, die objektive Wahrheit über die Entwicklung der Menschheit und den weiteren Verlauf der Geschichte zu kennen. Unüberwindbare Gegensätze zwischen der Klasse der Besitzenden und der Klasse der Unterdrückten führen demnach immer wieder zum Aufbegehren der Unterdrückten, die in Revolutionen die Ausbeuter beseitigen und die Macht übernehmen. Die Arbeiterklasse der DDR hatte nach dieser Vorstellung unter Führung der SED die Kapitalisten entmachtet und war nun selbst an der Macht **(„Diktatur des Proletariats")**.

Nach der Theorie des Marxismus-Leninismus lag also die politische Macht in der DDR bei der SED, der **Partei der Arbeiterklasse**. Sie definierte sich als **treibende Kraft beim Aufbau des Sozialismus**. Seit 1949 wurde der Führungsanspruch der SED konsequent ausgebaut, sie entwickelte sich in den folgenden Jahren zur Staatspartei und damit zu einer **Partei neuen Typus**, die straff nach dem Prinzip des **„demokratischen Zentralismus"** organisiert war. Darunter versteht man die

- starre Hierarchie des Befehlsflusses von oben nach unten mit strenger Parteidisziplin,
- das Verbot der Fraktionsbildung und
- die notwendige Einstimmigkeit der Entscheidungen.

Führungsrolle der SED

Die SED sicherte sich innerhalb des Verfassungssystems der DDR durch ein komplexes System der Mandatsverteilung auf Dauer die **Mehrheit in der Volkskammer**. Zwar gab es neben der SED noch weitere Parteien, die Christlich-Demokratische Union Deutschlands (CDU), die Liberal-Demokratische Partei Deutschlands (LDPD), die National-Demokratische Partei Deutschlands (NDPD) und die Demokratische Bauernpartei Deutschlands (DBD). Diese waren aber als **Blockparteien in der Nationalen Front** an die SED gebunden. Jede dieser Parteien war im Staatsrat und im Ministerrat sowie in den örtlichen Staatsorganen vertreten. Die Aufgabe der Blockparteien war es, die unterschiedlichen Gesellschaftsgruppen, die nicht zur Arbeiterschaft gehörten, fester an den „Arbeiterstaat" zu binden; politisch hatten diese Parteien aber kaum Einfluss.

Neben den Parteien waren fünf ebenfalls der SED untergeordnete **Massenorganisationen in der Volkskammer und der Nationalen Front:** der Gewerkschaftsbund (FDGB), die Freie Deutsche Jugend (FDJ), der Demokratische Frauenbund Deutschlands (DFD), der Kulturbund der DDR und die Vereinigung der gegenseitigen Bauernhilfe (VdgB). Auch zu ihren Aufgaben gehörten in erster Linie die Beeinflussung und Kontrolle möglichst großer Teile der Bevölkerung sowie deren **Eingliederung in das gesellschaftliche System** der DDR. Viele Abgeordnete der Massenorganisationen waren gleichzeitig Mitglieder der SED.

Die **Verteilung der Mandate und Ämter** auf die unterschiedlichen Parteien und Organisationen innerhalb der Nationalen Front war trotz der scheinbaren Vielfalt der politischen Szene von vornherein **festgeschrieben**. Der eigentliche Wahlvorgang bestand lediglich in einer Bestätigung der von der SED geprüften, genehmigten und angeführten **Einheitsliste der Blockparteien**. Die Wähler erhielten Stimmzettel, die unverändert in die Wahlurnen geworfen werden sollten; Kreise zum Markieren von Ja- oder Nein-Stimmen gab es deshalb nicht. Das Anbringen von Veränderungen am Stimmzettel (z. B. das Durchstreichen von Kandidaten) war unerwünscht. So waren 100-prozentige Zustimmungsraten „normal". Von demokratischen Wahlen konnte somit keine Rede sein. Es handelte es sich vielmehr um **formalisierte Bekenntnisakte**.

Die Führungsrolle der SED

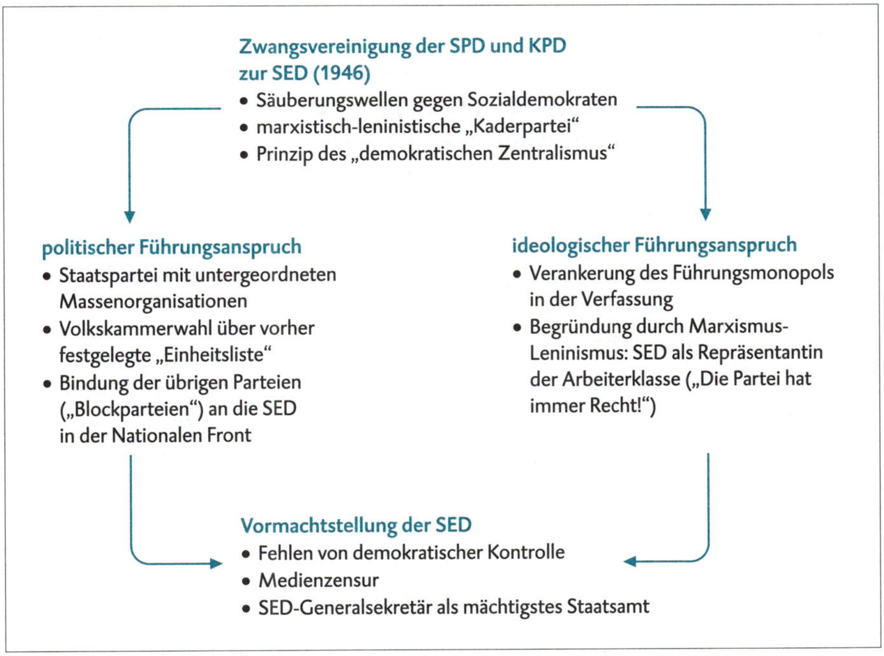

„Die Partei hat immer Recht!"

Die SED hatte aber, obwohl sie formal in der Volkskammer keine absolute Mehrheit der Mandate besaß, dennoch die politische Macht inne und musste sich **keiner echten demokratischen Kontrolle** stellen. Das Führungsmonopol der SED wurde sogar in Artikel 1 der DDR-Verfassung von 1968 verankert.

Die SED ging zur Rechtfertigung ihres Machtanspruchs davon aus, mit dem Marxismus-Leninismus im **Besitz der ewigen historischen Wahrheit** zu sein, nach dem Slogan: „Die Partei hat immer Recht!" Eine von der SED und ihrem relativ kleinen Führungszirkel unabhängige Meinungsbildung, eine kritische Öffentlichkeit oder andere zivilgesellschaftliche Kontrollelemente waren nicht erlaubt. Die **Medien** wurden wie in jeder anderen Diktatur **zensiert und kontrolliert**, politisch Andersdenkende verfolgt. Von einem demokratischen System kann deswegen bei der DDR nicht gesprochen werden.

1.3 Antifaschismus als Staatsdoktrin der DDR

Der Antifaschismus war für die DDR ein zentrales Element ihres **nationalen Selbstbildes** und ein fester Bestandteil ihrer politischen Rituale. Stolz wurde in offiziellen Darstellungen darauf verwiesen, dass die DDR – in Abgrenzung zur Bundesrepublik Deutschland – die **Bewahrerin der antifaschistischen Traditionen** Deutschlands sei. Zu diesen gehörten der verlustreiche **Widerstand der Kommunisten gegen die Nationalsozialisten** nach 1933, die Beteiligung deutscher Kommunisten am Spanischen Bürgerkrieg (1936–1939) gegen den faschistischen General Franco sowie der gemeinsame Überlebenskampf vieler Kommunisten und anderer Widerstandskämpfer in den nationalsozialistischen Konzentrationslagern.

Entnazifizierung in der SBZ

Als antifaschistisches Handeln verstand man in der DDR auch die Maßnahmen der sowjetischen Besatzungsmacht nach 1945. Die Sowjetunion verfolgte NS-Täter und ihre Unterstützer in den NS-Funktionseliten konsequenter als im Westen: Bis August 1947 verloren im Osten 520 000 Personen wegen ihrer NSDAP-Zugehörigkeit ihren Arbeitsplatz, 12 000 Angehörige der SS, der Gestapo und der NSDAP-Führungsgruppen wurden verurteilt, 118 mal wurde dabei die Todesstrafe verhängt. Zudem wurden die **ehemaligen Funktionseliten des NS-Regimes** (Verwaltung, Justiz, Schulwesen) in der DDR **weitgehend ausgetauscht**, während sie in der Bundesrepublik nach 1951 reintegriert wurden (vgl. S. 201 f.).

Schattenseiten der Entnazifizierung

Die Realität stellte aber den moralischen Anspruch, der mit diesem antifaschistischen Vorgehen verknüpft war, infrage: Zahlreiche Verdächtige – Beamte, Unternehmer, Offiziere, Juristen, aber auch Jugendliche, denen man unbewiesen vorwarf, nationalsozialistische Terroristen („Werwölfe") zu sein – wurden willkürlich und ohne eine tragfähige juristische Überprüfung in **sowjetische Internierungslager** gebracht. 70 000 dieser in vielen Fällen unschuldig Internierten starben in den Lagern oder wurden dort ermordet, andere kamen in sowjetischen Arbeitslagern um.

Zudem diente der **Antifaschismus als Machtinstrument**, um Regime-Gegner als „Faschisten" zu denunzieren. Dieser Generalvorwurf wurde gegen ganze Bevölkerungsgruppen erhoben und diente als Begründung für die Enteignung von 7 000 Großgrundbesitzern und Großbauern im Zuge der **Bodenreform** sowie für die Verstaatlichung von 4 500 Industriebetrieben.

Umgang der DDR mit der NS-Vergangenheit

Die SED pflegte insgesamt einen **fragwürdigen Umgang mit der nationalsozialistischen Erblast:** Bei „einfachen" NSDAP-Mitgliedern reichte oftmals der Eintritt in die KPD bzw. SED aus, um problemlos integriert zu werden. Darüber hinaus wurden ehemalige Nationalsozialisten vom **Ministerium für Staatssicherheit (MfS)** als „geeignete Personen" angeworben bzw. gezwungen, als inoffizielle Mitarbeiter tätig zu werden. Weiter sammelte dieses Ministerium Daten und Akten über NS-Belastete, die im Westteil Deutschlands lebten, um sie erpressen zu können.

Es gab in der DDR auch **keine Diskussion über die kollektive Verantwortung für die nationalsozialistischen Verbrechen**, wie sie seit den 1960er-Jahren in der Bundesrepublik geführt wurde. Man sah sich durch den verlustreichen kommunistischen Widerstand gegen den Nationalsozialismus und durch die konsequente Entnazifizierung von aller Verantwortung befreit.

Auch der **Hitler-Stalin-Pakt (1939)**, der dem NS-Regime den Beginn des Zweiten Weltkriegs ermöglicht hatte, wurde völlig verdrängt. Hinzu kam das **Verschweigen des Holocaust**; so wurden Entschädigungsleistungen, die mit der sog. Wiedergutmachung für die verfolgten europäischen Juden durch die Bundesrepublik vergleichbar gewesen wären, von der DDR nicht erbracht.

1.4 Opposition und politische Unterdrückung in der DDR

Der Anspruch der DDR, die „bessere" deutsche Demokratie zu sein, wurde auch durch die **harte Reaktion des Regimes** auf reformbereite Sozialisten oder andere Kritiker des politischen Systems **(Dissidenten)** sowie auf DDR-Bürgerinnen und -Bürger, die das Land verlassen wollten, infrage gestellt.

Der **Arbeiteraufstand** vom 17. Juni 1953 und die **friedliche Revolution** von 1989 sind die wichtigsten Daten in der Geschichte der Opposition gegen das SED-Regime, aber es gab zu jeder Zeit Formen des Widerstands. So lehnten sich viele **Sozialdemokraten** gegen die Zwangsvereinigung ihrer Partei mit der KPD zur SED auf. In den **bürgerlichen Parteien** protestierte man gegen die Gleichschaltung der Parteien und Massenorganisationen. **Schüler und Studenten** empörten sich über die Sowjetisierung ihrer Schulen und Universitäten.

Die **Kirchen** blieben bis zum Ende der DDR ein **Hort der Resistenz**, weil sie sich vielfach dem Zugriff der Staatsmacht verweigerten; in vielen Kirchengemeinden fanden oppositionelle Gruppen Raum und Unterstützung. 1968 bekundeten viele Oppositionelle ihre Sympathie mit dem „Prager Frühling", der Reformbewegung in der Tschechoslowakei.

Arbeiteraufstand am 17. Juni 1953

Am 17. Juni 1953 erhoben sich die Arbeiter mit einem Generalstreik gegen eine Erhöhung der Arbeitsanforderungen durch das SED-Regime. Der **Arbeiterprotest** wurde durch viele Unterstützer aus anderen Berufsgruppen mitgetragen und entwickelte sich zum **Volksaufstand:** Man zählte 500 000 Streikende und 418 000 Demonstranten.

Die Macht der SED konnte nur mithilfe sowjetischer Panzer erhalten werden: Sie schlugen den Aufstand blutig nieder, es gab 50 Tote; knapp 14 000 Aktivisten, zwei Drittel davon Arbeiter, wurden festgenommen und zum großen Teil zu hohen Haftstrafen verurteilt. Eine weitere Säuberungswelle erfasste die Führungsgremien von SED und FDGB (Freier Deutscher Gewerkschaftsbund).

Für die DDR-Elite war der „17. Juni" ein **Legitimationsschock**; es war offensichtlich, dass die SED-Diktatur nur mithilfe der Unterdrückung der Bevölkerung bestehen konnte.

In den 1970er- und 1980er-Jahren entstanden **Friedenskreise, Umweltgruppen und Bürgerinitiativen**, die sich später vernetzten. Die **Bürgerrechtler** in der DDR traten für politische Reformen in ihrem Land ein. Während der Umbruchzeit im Spätsommer und Herbst 1989 gründeten viele von ihnen politische Parteien und Bürgerbewegungen, wie z. B. das **Neue Forum** oder den **Demokratischen Aufbruch**. Ihre Proteste am Rande der offiziellen Luxemburg-Liebknecht-Demonstration im Januar 1988, die Aktionen gegen Wahlfälschungen im Mai 1989 und die Empörung über die ausbleibende Reaktion der DDR-Führung auf das Massaker gegen die Demokratiebewegung chinesischer Studenten in Peking im Juni 1989 mündeten am 9. November 1989 in den Fall der Mauer und im weiteren Verlauf in den Zusammenbruch der DDR.

Eine besondere Form des Widerstands übten die 3 Millionen Menschen aus, die die DDR bis zum Mauerbau 1961 verließen, davon viele illegal und unter großer Gefahr. 600 bis 800 Personen wurden nach 1961 bei **Fluchtversuchen an der innerdeutschen Grenze** von DDR-Grenzsoldaten erschossen.

Grenzanlagen an der innerdeutschen Grenze

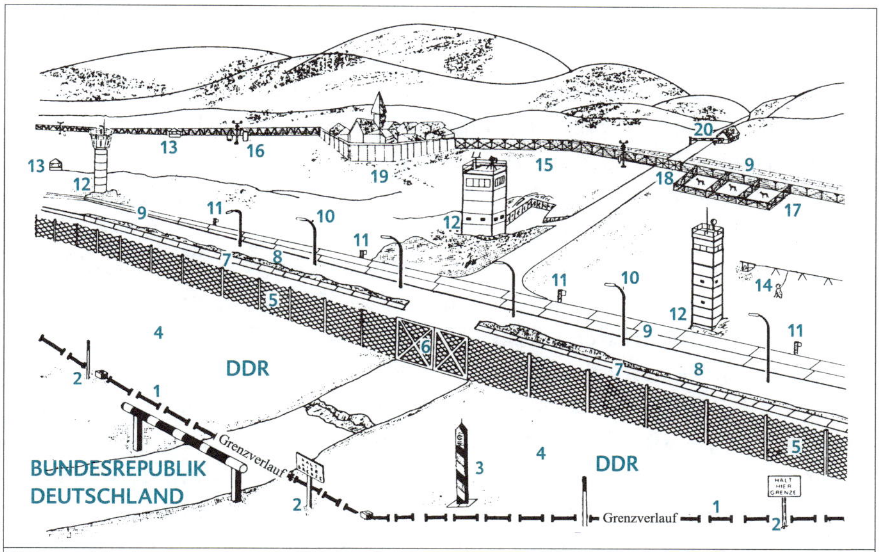

1 Grenzverlauf mit Grenzsteinen
2 Grenzhinweisschild bzw. Grenzpfahl
3 DDR-Grenzsäule
4 Abgeholzter und geräumter Geländestreifen
5 Einreihiger Metallgitterzaun
6 Durchlass im Metallgitterzaun
7 Kfz-Sperrgraben
8 Kontrollstreifen
9 Kolonnenweg mit Fahrspurplatten
10 Lichtsperre
11 Anschlusssäule für das erdverkabelte Grenzmeldenetz
12 Beton-Beobachtungsturm
13 Beobachtungsbunker
14 Hundelaufanlage
15 Modifizierter Schutzstreifenzaun mit elektronischen und akustischen Signalanlagen
16 Stromverteilungs-/ und Schalteinrichtungen am modifizierten Schutzstreifenzaun
17 Hundefreilaufanlage
18 Durchlasstor im Schutzstreifenzaun mit Signaldrähten
19 Betonsperrmauer/ Sichtblende
20 Kontrollpassierpunkt zur Sperrzone

Der **Bau der Berliner Mauer** (13. August 1961) und der unüberwindlichen Grenzanlagen an der innerdeutschen Grenze war das unübersehbare **Symbol für den repressiven Charakter der DDR**. Er sollte die massenweise Abwanderung („Republikflucht") von DDR-Bürgern verhindern, da der Verlust junger Fachkräfte die DDR-Wirtschaft schwächte. Harte Strafen trafen diejenigen, die bei Fluchtvorbereitungen oder bei Fluchtversuchen erwischt wurden.

„Stasi": Ministerium für Staatssicherheit (MfS)

Politische Opposition gegen das SED-Regime war in der DDR verboten. Sogar die Bildung von kritischen Diskussionsforen innerhalb der SED wurde durch die Sicherheitsapparate verfolgt. Die **DDR-Justiz** sorgte für eine Verurteilung der Oppositionellen im Sinne der Machthaber, rechtsstaatliche Prinzipien wie die Unabhängigkeit der Gerichte oder die Vertretung der Angeklagten durch Anwälte wurden dabei in der DDR ebenso wenig beachtet wie die Grundrechte – obwohl sie formell in der Verfassung standen.

Mit dem militärisch organisierten Ministerium für Staatssicherheit (MfS), im Volksmund **„Stasi"** genannt, schuf die SED ein Machtinstrument, das als **„Schild und Schwert der Partei"** bezeichnet wurde. Es diente der brutalen Verfolgung und Unterdrückung von Oppositionellen und Dissidenten. Von 1957 bis 1989 unterstand das MfS Erich Mielke, der es zu einem **effizienten Überwachungs- und Repressionsinstrument** ausbaute. Dies geschah mittels eines **Spitzelsystems**, zu dem auch sog. **inoffizielle Mitarbeiter (IM)** gehörten, die von der Stasi angeworben oder zur Mitarbeit gezwungen wurden. Solche Anwerbungs- oder Erpressungsversuche konnten in der DDR jeden treffen, der in Bereichen zu tun hatte, die von Stasi-Offizieren als wichtig angesehen wurden.

Entsprechend umfangreich waren die Akten, die von der Staatssicherheit über Millionen von DDR-Bürgerinnen und -Bürger angelegt wurden. Zur Aufbewahrung dieser Aktenberge wurde nach 1990 eine eigene **unabhängige Bundesbehörde** mit inzwischen ca. 1 700 Angestellten gegründet: die Behörde des Bundesbeauftragten für die Unterlagen des Staatssicherheitsdienstes der ehemaligen Deutschen Demokratischen Republik **(BStU)**. Sie verwaltet und erforscht die Akten der Stasi, stellt sie Betroffenen, Forschern und Journalisten zur Verfügung und soll noch mindestens bis 2019 tätig sein.

Aufgabe

62 Bewerten Sie, ob der Anspruch der DDR, der „bessere" deutsche Staat zu sein, erfüllt wurde. Begründen Sie Ihre Wertung mit wesentlichen Fakten aus der Realität der DDR.

2 Die DDR und der Westen

Die deutsche Teilung zeigte sich seit 1949 unübersehbar in der **Existenz zweier konkurrierender deutscher Staaten** (Bundesrepublik Deutschland, DDR) mit gegensätzlichen politischen Systemen (parlamentarische Demokratie, Diktatur einer Einheitspartei). Die Teilung verlangte von beiden deutschen Staaten innen- und außenpolitische Entscheidungen und Konzepte, um diese ungewöhnliche Situation zu bewältigen. Die deutschen Akteure unterstanden dabei der Kontrolle ihrer ehemaligen Besatzungsmächte. Deutschlandpolitik war so stets in die internationalen Ost-West-Beziehungen und in die Interessen der beiden Militärblöcke (NATO, Warschauer Pakt) eingebettet.

2.1 Deutschlandpolitische Standpunkte in der DDR und der Bundesrepublik bis 1969

Unter dem Begriff „deutschlandpolitische Standpunkte“ versteht man die politischen Konzeptionen, mit denen die beiden deutschen Staaten

- die Situation der Teilung Deutschlands definierten,
- eine Zielvorstellung für Deutschland als Ganzes ableiteten und daraus
- ein konkretes politisches Handeln entwickelten.

In beiden deutschen Staaten bedeutete Deutschlandpolitik in den 1950er- und 1960er-Jahren in der politischen Praxis vor allem, sich jeweils als deutscher Kernstaat zu verstehen, den Legitimitätsanspruch des Kontrahenten infrage zu stellen und dessen Stabilität zu untergraben.

Östliche Annäherungsversuche an die Bundesrepublik und die Stalin-Noten (1952)
Die Führung der DDR bemühte sich nach 1949, als gleichwertiger Partner der Bundesrepublik anerkannt zu werden, stieß dabei aber auf die entschiedene Ablehnung der westlichen Seite. Die DDR bot 1950 sogar Verhandlungen zur Lösung des Teilungsproblems an, denn die sowjetische Führung wollte die nationalen Wiedervereinigungsbestrebungen in der Bundesrepublik nutzen, um deren Westintegration zu unterbinden. Der Höhepunkt dieser Strategie waren die sog. **Stalin-Noten** (1952), in denen die Sowjetunion die **Wiedervereinigung Deutschlands und freie Wahlen** unter der Voraussetzung **außenpolitischer Neutralität** anbot (vgl. S. 209). Stalin hätte damit die DDR aufgegeben, um die militärische und wirtschaftliche Eingliederung der Bundesrepublik in den Westen zu verhindern. Vermutlich stand hinter diesem Angebot die Hoffnung, das wiedervereinte Deutschland würde sich zu einem sozialistischen Staat entwickeln und an die Sowjetunion anlehnen.

Der westdeutsche Bundeskanzler **Konrad Adenauer** strebte allerdings konsequent die **Westintegration der Bundesrepublik** an, denn er befürchtete im Falle einer Neutralisierung Deutschlands den Rückzug der USA aus Europa und eine Sowjetisierung Deutschlands (vgl. S. 210). Er lehnte deshalb wie die Westmächte Stalins Angebot ab und setzte auf eine **„Politik der Stärke“**. Zudem erwartete man im Westen die baldige Wiedervereinigung durch einen wirtschaftlichen Kollaps der DDR und hoffte auf die Anziehungskraft einer wirtschaftlich erfolgreichen Bundesrepublik nach der **Magnettheorie** des SPD-Vorsitzenden **Kurt Schumacher**. Diese Erwartungen waren nicht unbegründet, wie der Arbeiteraufstand in der DDR vom 17. Juni 1953, die Fluchtwelle von fast 3 Millionen Menschen aus der DDR und eine darauf folgende ökonomische Krise der DDR Ende der 1950er-Jahre zeigten.

Zwei-Staaten-Theorie der Sowjetunion (1955)

Auf die strikte Ablehnung der Stalin-Noten durch den Westen reagierte die Sowjetunion mit dem verstärkten **Aufbau des Sozialismus** in der DDR nach sowjetischem Vorbild. International abgesichert wurde diese Politik durch die 1955 öffentlich vertretene **Zwei-Staaten-Theorie:** Danach waren auf dem Gebiet des ehemaligen Deutschen Reichs **zwei souveräne deutsche Staaten** entstanden; eine Wiedervereinigung setze die gleichberechtigte Annäherung zwischen der Bundesrepublik und der DDR voraus. Außerdem müssten in diesem Fall die „sozialistischen Errungenschaften“ der DDR gewahrt werden.

Die Aussicht auf eine baldige Wiedervereinigung in Freiheit rückte damit in weite Ferne. Die DDR wurde nun als eigenständiger Staat in den Ostblock integriert und die DDR-Führung bemühte sich um internationale Anerkennung.

Alleinvertretungsanspruch der Bundesrepublik und Hallstein-Doktrin (1955)

Die Bundesregierung sprach der DDR – im Westen als „Ostzone“ oder SBZ bezeichnet – die demokratische Legitimität ab und beanspruchte, für alle Deutschen zu sprechen. Man bezeichnet diese politische Konzeption als **Alleinvertretungsanspruch**. Die Bundesrepublik setzte ihn auf internationaler Ebene mit der sog. **Hallstein-Doktrin** durch – benannt nach ihrem Schöpfer, dem Staatssekretär im Auswärtigen Amt, Walter Hallstein. Er wollte mit dieser außenpolitischen Doktrin einer Anerkennung der DDR durch Drittstaaten entgegenwirken: Die Aufnahme diplomatischer Beziehungen zur DDR wurde danach von der Bundesrepublik als „unfreundlicher Akt“ betrachtet und mit Sanktionen geahndet. Mit diesem Standpunkt gelang es bis Ende der 1960er-Jahre, die diplomatische Anerkennung der DDR durch nichtkommunistische Staaten weitgehend zu verhindern. Die DDR versuchte, ihre Isolierung durch

Handelskontakte und diplomatische Beziehungen zu jungen Staaten der Dritten Welt zu durchbrechen.

Erste Entspannungsbemühungen (1961–1969)

Durch den **Bau der Berliner Mauer** (1961) gelang es der DDR, sich wirtschaftlich zu stabilisieren. Gleichzeitig leiteten die beiden Weltmächte nach der **Kuba-Krise** (1962), die die Welt an den Rand eines Atomkriegs gebracht hatte, eine Phase der **Entspannungspolitik** ein.

Kubakrise 1962

In der Kubakrise kam es im Oktober 1962 innerhalb des Ost-West-Konflikts zu einer ernsten **Konfrontation zwischen den USA und der Sowjetunion**. Die Krise begann mit der Stationierung sowjetischer, atomar bestückbarer Mittelstreckenraketen auf Kuba, das seit 1959 von **Fidel Castro** kommunistisch regiert wurde. Die Raketen hätten in wenigen Minuten die Ostküste der USA erreichen können. US-Präsident **Kennedy** verfügte deshalb eine **Seeblockade gegen Kuba** und drohte mit einem Angriff. Die Krise konnte nach 13 Tagen einvernehmlich gelöst werden: Die Raketen auf Kuba wurden abgezogen und im Gegenzug dafür auch US-Raketen aus der Türkei und Italien.

Die Krise hatte beiden Seiten die Möglichkeit eines die ganze Welt zerstörenden Atomkriegs vor Augen geführt. Sie leitete deswegen eine internationale Entspannungspolitik und den Beginn von **Verhandlungen über Rüstungskontrollen und -beschränkungen** ein. 1963 wurde in Moskau der Vertrag über das Verbot von Kernwaffenversuchen in der Atmosphäre, im Weltraum und unter Wasser unterzeichnet. Zwischen 1969 und 1979 wurden die **SALT I-Abkommen** („Strategic Arms Limitation Talks") ausgehandelt, die eine Begrenzung der Interkontinentalraketen und anderer atomarer Fernwaffen festlegten.

Um in Zukunft eine schnelle Eskalation von Konflikten zu verhindern, **verbesserten** die Weltmächte nach der Kubakrise den **Informationsaustausch**, z. B. durch den **„Heißen Draht"**, eine direkte Fernschreibverbindung zwischen dem Weißen Haus und dem Kreml, die den direkten Kontakt zwischen den Regierungen ermöglichte und in den folgenden weltpolitischen Krisen genutzt wurde.

Im Zusammenhang mit der Kuba-Krise propagierte der SPD-Politiker **Egon Bahr** im Juli 1963 einen **„Wandel durch Annäherung"**. Der SPD-Vorsitzende **Willy Brandt** begann zunächst als Regierender Bürgermeister von Berlin und dann zwischen 1966 und 1969 als Außenminister (Große Koalition aus CDU/CSU und SPD) eine **„Politik der kleinen Schritte"** in der Deutschlandpolitik. Diese setzte auf humanitäre Verbesserungen durch Verhandlungen auf unteren Ebenen: Ein **Passierscheinabkommen** ermöglichte als Folge seit Dezember 1963 den West-Berlinern wieder Besuche in Ost-Berlin, ab November 1964 durften ostdeutsche Rentner in den Westen reisen.

Deutschlandpolitische Standpunkte der DDR und der Bundesrepublik bis 1969

DDR		Bundesrepublik
Stalin-Noten (1952) Angebot der Wiedervereinigung und freier Wahlen für außenpolitische Neutralität	→	**„Politik der Stärke"** Bundeskanzler Adenauer: Ablehnung wegen Furcht vor sowjetischer Expansion → Westintegration
Zwei-Staaten-Theorie (1955) Gleichberechtigung als souveräne Staaten	←→	**Hallstein-Doktrin (1955)** Alleinvertretungsanspruch Sanktionen bei Anerkennung der DDR durch Drittstaaten

Entspannungspolitik zwischen USA und UdSSR nach der Kuba-Krise (1962)

↓

zunehmende Akzeptanz der deutschen Teilung

↓

Neue Ostpolitik (ab 1969)
Bundeskanzler Brandt:
„Wandel durch Annäherung"
„Politik der kleinen Schritte"

2.2 Neue Ostpolitik der sozialliberalen Koalition (1969–1982)

Die Übernahme der Bundesregierung durch eine **sozialliberale Koalition** im Oktober 1969 unter Bundeskanzler Willy Brandt (SPD) und Außenminister Walter Scheel (FDP) leitete die Wende in der westdeutschen Ost- und Deutschlandpolitik ein. Sie stützte sich auf die zunehmende **Akzeptanz der deutschen Teilung** in beiden deutschen Gesellschaften und ebnete durch den vertrauensvollen Ausgleich mit den ehemaligen Kriegsgegnern im Osten den Weg zur späteren Wiedervereinigung.

Wandel der politischen Kultur in der Bundesrepublik

Die Neue Ostpolitik konnte sich auf einen umfassenden kulturellen Wandel in der Bundesrepublik in den 1960er-Jahren stützen. Das konservative Wertemodell der bürgerlichen Gesellschaft wurde von einer globalen **Jugendbewegung** (Rock- und Popmusik, Hippiebewegung) infrage gestellt, die westlichen Gesellschaften wurden in der Folge demokratisiert und individualisiert (vgl. S. 232 f.). Höhepunkt der Bewegung war in der Bundesrepublik die politische Revolte der **radikalen studentischen Minderheit der „68er"**, die einen

„besseren" sozialistischen Staat anstrebte. Die Revolte der Studenten scheiterte, aber in der Folge kam es in der westdeutschen politischen Kultur zu einer Umwertung des politischen und historischen Selbstverständnisses. Willy Brandts berühmter Wahlslogan **„Mehr Demokratie wagen!"** traf den Kern des Wandels und stand für die Modernisierung der Gesellschaft.

Einen **Perspektivenwechsel** erfuhr dabei die Wahrnehmung der deutschen Geschichte und vor allem des Nationalsozialismus. Die deutsche Katastrophe mit dem Verlust der Ostgebiete und der deutschen Teilung wurde nach Jahren der Verdrängung jetzt endlich ursächlich auf den Nationalsozialismus und den von Hitler gewollten Vernichtungskrieg gegen Polen und die Sowjetunion bezogen. Im Zuge dieses Bewusstseinswandels stieg auch das **Verständnis für die Sicherheitsbedürfnisse der östlichen Nachbarn** gegenüber Deutschland. Berühmtes Symbol dieser Neuorientierung ist der **Kniefall des Bundeskanzlers** bei einer Kranzniederlegung am Denkmal für die Opfer des Warschauer Gettoaufstands von 1943: Willy Brandt kniete 1970 stellvertretend für alle Deutschen nieder, um der jüdischen und polnischen Opfer des Aufstands zu gedenken. Die Fotografie dieser Geste ging um die Welt, Brandt wurde dafür und für seine Neue Ostpolitik 1971 der Friedensnobelpreis verliehen.

Gleichzeitig änderte sich, begleitet von intensiven Diskussionen, auch das deutsche Geschichtsbild. Die bis dahin idealisierte Reichsgründung Bismarcks von 1871 erkannte man jetzt auch als eine Ursache der Weltkriege und des Nationalsozialismus; das Leitbild eines „Deutschlands in den Grenzen von 1937" wurde hinterfragt. Dazu kam bei den jüngeren Deutschen ein Wandel des nationalen Bewusstseins hin zu einem besonderen **bundesrepublikanischen Staatsgefühl**, zu dem auch die Bereitschaft gehörte, die deutsche Teilung zu akzeptieren. Dieser **Mentalitätswandel** führte 1969 sowohl zum Wahlerfolg der sozialliberalen Koalition als auch zur Unterstützung der Neuen Ostpolitik durch eine – wenn auch knappe – Mehrheit der Deutschen.

Ostverträge mit der Sowjetunion, Polen und der Tschechoslowakei (1970–1973)

Die Neue Ostpolitik manifestierte sich in drei **Verträgen mit der Sowjetunion, Polen und der Tschechoslowakei**. In den beiden letztgenannten Staaten waren nach 1945 die deutschen Bewohner (Polen: ca. 7 Millionen, Tschechoslowakei: ca. 3 Millionen) enteignet und vertrieben worden, weshalb sich besonders diese beiden Staaten von deutschen Revisions- und Entschädigungsforderungen bedroht sahen.

Der am 12. August 1970 unterzeichnete **Moskauer Vertrag** enthielt bereits die später auch mit Polen (1970) und der Tschechoslowakei (1973) getroffenen Vereinbarungen: Die Bundesrepublik Deutschland **garantierte den territoria-**

len Status quo in Europa, einschließlich der **Oder-Neiße-Linie** als der „westlichen Staatsgrenze der Volksrepublik Polen“ und der Grenze zwischen der Bundesrepublik und der DDR. Eine völkerrechtliche Anerkennung der neuen Grenzen und der deutschen Gebietsverluste war damit nicht verbunden. Zur Klarstellung der deutschen Position wurde der UdSSR ein **„Brief zur deutschen Einheit“** überreicht, der das politische Ziel der Bundesrepublik, die Wiedererlangung der deutschen Einheit in Frieden und Freiheit, betonte. Den völkerrechtlichen Gepflogenheiten entsprechend war dieser Brief Teil des Vertrags. Die UdSSR akzeptierte also die bundesdeutsche Auffassung und setzte auch gegenüber der DDR durch, die völkerrechtliche Anerkennung der Grenzen einem späteren Friedensvertrag mit Gesamtdeutschland zu überlassen.

Problematische Aspekte, wie die Frage der Entschädigung deutscher Vertriebener, wurden ausgeklammert. Aber die Verträge gaben eine Richtung vor, die 1990 im **Zwei-plus-Vier-Vertrag** zwischen den beiden deutschen Staaten und den ehemaligen alliierten Siegermächten (Sowjetunion, USA, Großbritannien, Frankreich) als völkerrechtlich verbindliche Friedensregelung festgelegt wurde. Im Zuge der Wiedervereinigung legten Volkskammer und Bundestag am 21. Juni 1990 die **Endgültigkeit der deutsch-polnischen Grenze** in ihrem bestehenden Verlauf entlang der Oder-Neiße-Linie fest und legitimierten damit auch die Vertreibung der Deutschen aus diesen Gebieten (vgl. S. 224 ff.).

Die Neugestaltung der deutsch-deutschen Beziehungen

Als Gegenleistung für die Garantie der Nachkriegsgrenzen akzeptierte die Sowjetunion im **Viermächte-Abkommen über Berlin** (1971) die Unabhängigkeit West-Berlins, wodurch der Krisenherd Berlin entschärft werden konnte. Der Vertrag garantierte die Aufrechterhaltung und Entwicklung der Bindungen zwischen den Westsektoren und der Bundesrepublik, sichere Transitwege und Besuchsmöglichkeiten in Ost-Berlin und der DDR. Dieses Abkommen bildete den Rahmen für die weiteren deutsch-deutschen Verhandlungen. Im **Transitabkommen** (1971) und im **Verkehrsvertrag** (1972), den ersten bilateralen Verträgen, vereinbarten die beiden deutschen Staaten international übliche Regelungen für den Personen- und Güterdurchreiseverkehr zwischen der Bundesrepublik und West-Berlin sowie zwischen der Bundesrepublik und der DDR.

Im **Grundlagenvertrag** vom 21. Dezember 1972 kamen die beiden deutschen Staaten überein, auf der Grundlage der Gleichberechtigung **„gutnachbarliche Beziehungen“** zueinander zu entwickeln. Die Bundesrepublik akzeptierte zwar die Hoheitsgewalt, die Unabhängigkeit und die Selbstständigkeit der DDR, dies sollte jedoch **nicht als völkerrechtliche Anerkennung der DDR** gewertet werden. Vielmehr wurde an einem Sonderstatus der innerdeutschen Beziehungen festgehalten. Deshalb vereinbarten beide Seiten auch nur die Einrichtung von **„Ständigen Vertretungen“** in den jeweiligen Hauptstädten (Bonn, Ost-Berlin) anstelle von regulären Botschaften.

Die beiden deutschen Staaten hielten in der Präambel des Grundlagenvertrags fest, dass sie in der Frage der Nation und der deutschen Staatsbürgerschaft verschiedener Auffassung sind: Die Bundesrepublik beharrte auf einer in Zukunft möglichen Wiedervereinigung und ihrem Anspruch, alle Deutschen zu vertreten. Die DDR hielt an ihrer staatlichen Eigenständigkeit fest und lehnte das Ziel der nationalen Einheit ab.

Nicht alle mit dem Abschluss des Grundlagenvertrags verbundenen Hoffnungen erfüllten sich. Die Enttarnung eines DDR-Spions (Günther Guillaume) im Kanzleramt führte 1974 zum Rücktritt Brandts und zu einem Klimasturz in den innerdeutschen Beziehungen. Aber während die Bundesrepublik dennoch weitere Verbesserungen des innerdeutschen Kontakts anstrebte, verfolgte die DDR mit dem Ausbau ihrer Grenzanlagen eine rigorose Abgrenzungspolitik.

Neue Ostpolitik: Verträge und Abkommen

Moskauer Vertrag (12. 8. 1970)	Warschauer Vertrag (7. 12. 1970)	Viermächte-Abkommen über Berlin (3. 9. 1971)	Grundlagenvertrag (21. 12. 1972)
• territoriale Integrität aller Staaten in Europa • Unverletzlichkeit der Grenzen, einschließlich der Oder-Neiße-Linie und der Grenze zur DDR	• territoriale Integrität • Oder-Neiße-Grenze ist Westgrenze Polens, keine Gebietsansprüche Deutschlands	• Gewaltverzicht • freier Transitverkehr nach Berlin • Bestätigung der besonderen Bindungen von West-Berlin an die Bundesrepublik	• Anerkennung der Hoheitsgebiete • Austausch „Ständiger Vertreter“ • Ziel: „normale gutnachbarliche“ Beziehungen

→ **„Brief zur deutschen Einheit“:** Ziel der Bundesrepublik bleibt die Wiedervereinigung

2.3 Folgen der Neuen Ostpolitik für die DDR-Gesellschaft (1972–1989)

Der Abgrenzungspolitik der SED-Führung war kein durchschlagender Erfolg beschieden, denn nach dem innerdeutschen Vertragswerk verstärkten sich zwischenmenschliche Kontakte mit Wirkung auf die DDR-Gesellschaft: Es entstanden verschiedene oppositionelle Gruppen, aus denen am Ende in der schweren wirtschaftlichen Krise der DDR und motiviert durch Gorbatschows Reform der Sowjetunion eine mächtige Volksbewegung wurde. Ihr gelang 1989 die friedliche Beseitigung der SED-Diktatur.

Inhalt und Folgen der KSZE-Schlussakte (1975)

Im Rahmen der Ost-West-Entspannungspolitik fand ab 1973 in Helsinki die Konferenz für Sicherheit und Zusammenarbeit in Europa (KSZE) statt, an der neben der UdSSR, den USA und Kanada annähernd alle europäischen Staaten teilnahmen, darunter auch die DDR. Die Unterzeichnung der Schlussakte der KSZE am 1. August 1975 bedeutete für die DDR-Führung einerseits einen wichtigen internationalen Prestigegewinn und ein **Ende der außenpolitischen Isolation**. Andererseits band die KSZE-Akte die Anerkennung der „territorialen Integrität" der DDR durch den Westen an die „**Achtung der Menschenrechte und Grundfreiheiten**, einschließlich der Gedanken-, Gewissens-, Religions- oder Überzeugungsfreiheit".

Hinzu kamen großzügige Regelungen für Reisen und den Austausch von Informationen. Zwar konnten die unterschiedlichen Auffassungen von Ost und West durch die Schlussakte von Helsinki nicht überwunden werden, jedoch bot sie dem Westen und den DDR-Bürgern eine Möglichkeit, die Respektierung der Rechte einzufordern. Das stärkte langfristig die in der DDR entstehenden Bürgerrechtsbewegungen.

Ausreisewillige

„Helsinki" war tatsächlich ein Wendepunkt für die innere Entwicklung der DDR: Noch 1975 stellten 13 000, 1976 weitere 20 000 DDR-Bürger in Berufung auf das in der KSZE-Schlussakte zugestandene **Recht auf Freizügigkeit** einen Ausreiseantrag. Sie wurden aber von den DDR-Behörden als „rechtswidrige Übersiedlungsersucher" diffamiert und im Alltag diskriminiert. Die Zahl der Ausreisewilligen versechsfachte sich dennoch zwischen 1980 (21 500) und 1989 (125 000). Die Motive der Ausreisewilligen waren neben der politischen Unterdrückung der **niedrige Lebensstandard** und die **zunehmende Umweltverschmutzung** in der DDR. Die Gruppe der Antragsteller wuchs im Verlauf der 1980er-Jahre allmählich zu einer Massenbewegung an; 1984 gestatteten die DDR-Behörden erstmals ca. 30 000 Antragstellern die **Übersiedlung**; 1988 folgten weitere 25 300 Genehmigungen.

Die Zugeständnisse hatten vor allem den Zweck, ein Unruhepotenzial zu beseitigen, ermutigten aber viele weitere Menschen, einen Antrag zu stellen. Die enorme **Zunahme der Ausreiseanträge** im Jahr 1989, die **Massenflucht** von DDR-Bürgern über Ungarn bzw. die Botschaften der Bundesrepublik in Prag und Warschau sowie die wirkungsvolle weltweite Verbreitung der Bilder dieser Ereignisse leiteten letztlich den Zusammenbruch des SED-Regimes ein.

Systemkritische Intellektuelle

Die vorsichtige Öffnung der DDR im Rahmen der Entspannungspolitik ermutigte auch die systemkritischen Intellektuellen, die eine Reform des bestehenden DDR-Systems anstrebten. Aber auch gegen diese ging die DDR-Führung hart vor: 1976 sorgte die **Ausbürgerung** des überzeugten Sozialisten, Regimekritikers und Liedermachers **Wolf Biermann** in beiden deutschen Staaten für Aufsehen. Es folgte der permanente **Hausarrest** für den bekannten reformkommunistischen Systemkritiker **Robert Havemann**. Die Solidarisierung namhafter Autoren und Künstler mit Biermann führte zu weiteren Gegenmaßnahmen der Partei. Viele bekannte Künstler wurden aus der Partei ausgeschlossen, andere in die Bundesrepublik abgeschoben. 1977 wurde der Reform-Marxist **Rudolf Bahro** für eine in der Bundesrepublik veröffentlichte Analyse des DDR-Systems zu acht Jahren Zuchthaus verurteilt.

Die Kirchen als Hort der Opposition

Ende der 1970er-Jahre bildeten sich in der DDR **kleine oppositionelle Gruppen** unter dem Schutz der Kirchen. Der Einmarsch der Sowjetunion in Afghanistan (1979), die sowjetische Stationierung von atomar bestückten Mittelstreckenraketen in Osteuropa und der DDR sowie das Aufbrechen der Systemkrise in Polen 1981 (Unterdrückung der oppositionellen Solidarność-Gewerkschaft) motivierten eine **ostdeutsche Friedens- und Frauenbewegung** zu Forderungen nach einem Systemwandel, nach Gewährung der Menschen- und Bürgerrechte und nach einer friedlichen Außenpolitik. Ihr Motto war das Bibelwort „Schwerter zu Pflugscharen".

Das wachsende **Engagement einzelner Gruppen für eine saubere Umwelt** ergab sich aus den schweren Umweltschäden durch die rücksichtslose DDR-Industriepolitik. Die Explosion eines sowjetischen Atomreaktors im ukrainischen **Tschernobyl** im April 1986 und die Verharmlosung von dessen Folgen durch die DDR-Behörden verschafften der Bewegung weiteren Zulauf.

Der Staatsmacht gelang es zwar wiederholt, die im Umkreis der Kirchen angesiedelten Bürgerrechtsgruppen zu zerschlagen oder zu schwächen; mundtot machen konnte sie die Opposition jedoch nicht. Hinzu kam, dass diese Gruppen seit 1987 durch die Berichterstattung westdeutscher Medien in West und Ost immer bekannter wurden, gleichzeitig konnten sich die Gruppen untereinander stärker vernetzen.

Auswirkungen der Reformen Gorbatschows (1985–1989)

Nach 1985 veränderte ein Machtwechsel in der Sowjetunion die Situation in allen Ostblockstaaten dramatisch: Der neue Führer der kommunistischen Partei der Sowjetunion, **Michail Gorbatschow**, verkündete unter dem Druck einer schweren Wirtschaftskrise sein Reformprogramm **Glasnost und Perestroika** (Offenheit und demokratische Umgestaltung). Die Ablehnung dieser Reformpolitik durch die DDR-Führung stieß in der DDR-Bevölkerung auf Unverständnis und führte zu einer weiteren Distanzierung von der SED. Die oppositionellen Gruppen erhielten stärkeren Zulauf und die Zahl der Ausreisewilligen schwoll zu einer Massenbewegung an. Gleichzeitig ging mit dem fundamentalen Politikwechsel Gorbatschows die Bestandsgarantie der DDR verloren: Das Nichteingreifen sowjetischer Streitkräfte bei der Volkserhebung von 1989/90 besiegelte schließlich das Ende der DDR.

Gesellschaftlicher Wandel in der DDR nach 1975

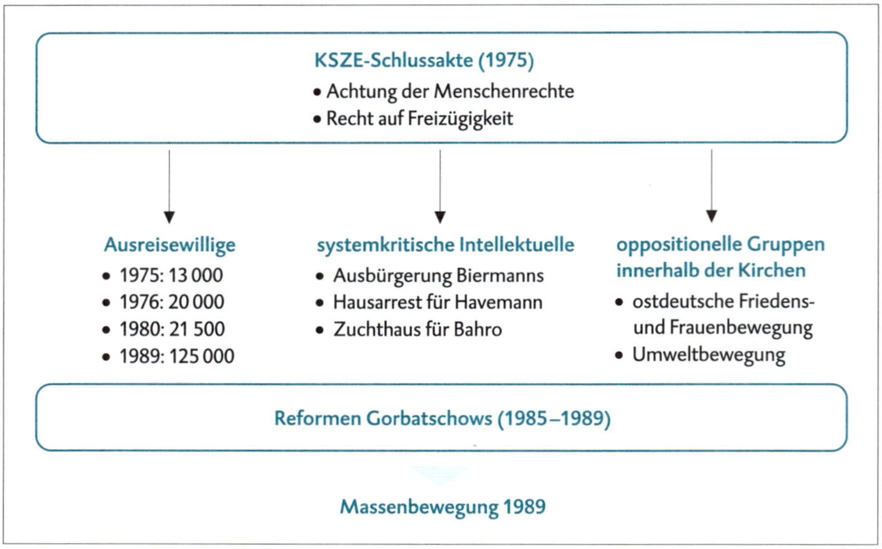

Aufgaben

63 Bewerten Sie: Was war das Neue an der Neuen Ostpolitik der sozialliberalen Koalition (1969–1982)?

64 Erläutern Sie das Verhältnis zwischen der Bundesrepublik und der DDR nach dem Grundlagenvertrag (1972).

65 Erklären Sie, welche internationalen Faktoren die innere Entwicklung der DDR am meisten beeinflussten.

3 Wirtschafts- und Sozialpolitik der DDR

Mit der Wahl Erich Honeckers zum Ersten Sekretär des Zentralkomitees der SED (1971) setzte die DDR-Führung auf die **Verbesserung der Versorgungslage und des Lebensstandards der Bevölkerung**, um sich deren Loyalität zu sichern und letztlich auch die Arbeitsproduktivität zu steigern. Wesentlich stärker als zuvor wurde jetzt das **Konsumbedürfnis breiter Bevölkerungsschichten** ernst genommen, um in der Systemkonkurrenz mit der wohlhabenden Bundesrepublik bestehen zu können. Diese durch den Staat hochsubventionierte Sozialpolitik und die neue konsumorientierte Wirtschaftspolitik werden programmatisch unter dem Schlagwort **„Einheit von Wirtschafts- und Sozialpolitik"** zusammengefasst.

3.1 Sozialpolitische Maßnahmen

Im Rahmen dieses Programms beschloss die DDR-Führung ein Bündel sozialpolitischer Maßnahmen, um die **Akzeptanz des „real existierenden Sozialismus"** in der Bevölkerung zu erhöhen:

- als Kernstück die Verbesserung der Wohnungssituation durch ein umfassendes Bau-, Renovierungs- und Sanierungsprogramm;
- die Erhöhung der Mindestlöhne und Renten;
- die Reduzierung der Wochenarbeitszeit für Frauen auf 40 Stunden bei vollem Lohnausgleich, einen verlängerten Mutterschaftsurlaub und eine Geburtenbeihilfe, um Berufstätigkeit und Mutterschaft besser zu vereinbaren;
- die Kinderbetreuung in Krippen, Kindergärten und Vorschulklassen;
- eine bevorzugte Wohnungszuteilung bei Eheschließungen;
- die Verbesserung der medizinischen Versorgung und Betreuung;
- den Ausbau des Erholungswesens.

Die sozialpolitischen Maßnahmen dienten auch der **Bevölkerungspolitik**. Seit 1965 war die Geburtenentwicklung in der DDR aufgrund der massenhaften Abwanderung junger Menschen in die Bundesrepublik vor 1961 rückläufig und drohte das ohnehin **knappe Arbeitskräftepotenzial** weiter auszudünnen. Die Sozialpolitik sollte deshalb auch die Geburtenzahl erhöhen.

Honeckers wirtschafts- und sozialpolitischer Kurskorrektur folgten in den 1970er-Jahren die **„goldenen Jahre" der DDR**. Der Lebensstandard der Bevölkerung erhöhte sich spürbar und mit ihm die Akzeptanz des sozialistischen Systems. Die DDR-Bürger richteten sich in ihren privaten Nischen ein und suchten unabhängig von der politischen Situation das „kleine Glück" im Freundeskreis, in Familie und Konsum. Daraus und aus der sozialpolitischen Rundumversorgung erklärt sich die bis heute nostalgisch-beschönigende Erinnerung an die „soziale Sicherheit“ in der DDR, aber auch die nach der Wiedervereinigung im Westen beklagte Unselbstständigkeit vieler ehemaliger DDR-Bürger.

3.2 Probleme der Wirtschaftspolitik

Zentralverwaltungswirtschaft: Scheitern der Planwirtschaft

Die Wirtschafts- und Sozialpolitik der DDR stieß allerdings bald an ihre Grenzen. Das **Konzept einer sozialistischen Rationalisierung**, nämlich der Versuch, durch die Intensivierung des Produktionsprozesses die Staatseinnahmen zu steigern, **scheiterte** an den veralteten Industrieanlagen, aber auch an den weltweit sprunghaft gestiegenen Rohöl- und Rohstoffpreisen. Die existenziell notwendige Förderung der Mikroelektronik (ab Juni 1977) entzog anderen Industriezweigen Investitionen.

Planwirtschaft

Der Begriff „**Zentralverwaltungswirtschaft**“ oder kurz „Planwirtschaft“ bezeichnet eine Wirtschaftsordnung, in der alle wesentlichen **Entscheidungen für den Produktionsprozess von Gütern von einer zentralen Instanz** getroffen werden. Diese verteilt die für die Produktion notwendigen Ressourcen eines Wirtschaftssystems wie Arbeit, Kapital, Boden und Rohstoffe.

Erste Konzepte einer solchen Zentralverwaltungswirtschaft – wie sie historisch vor allem im 20. Jahrhundert in den sozialistischen Staaten des Ostblocks zu finden sind – wurden bereits im 18. Jahrhundert entwickelt; sie stehen im **Gegensatz zur freien Marktwirtschaft**. Dort nämlich sollen im Idealfall alle ökonomisch relevanten Entscheidungen den Marktteilnehmern selbst überlassen bleiben, also dem freien Spiel der Kräfte. Die Wirklichkeit in den heutigen Industriestaaten ist geprägt von der Verknüpfung der Marktwirtschaft mit regulierenden staatlichen Rahmenbedingungen und einer mehr oder weniger intensiven Sozialstaatspolitik.

Der Abstand zur westlichen Hochtechnologie erhöhte sich trotz dieser Förderung schnell und verringerte die Konkurrenzfähigkeit der DDR-Industrie auf den Weltmärkten. Die zudem **ausbleibende**, weil zu teure **Modernisierung** der eigenen Industrie ließ die **Arbeitsproduktivität** bei weniger als der Hälfte (47 Prozent) der westdeutschen Produktivität **stagnieren**, was einer der Hauptgründe für den Kollaps der DDR-Industrie nach der Wiedervereinigung war.

Aufgrund dieser strukturellen Probleme brach bereits im Herbst 1971 der Devisen bringende Warenexport in den Westen ein, die Importe in die DDR hingegen stiegen an. Das anwachsende Defizit deckte man durch Kredite aus westlichen Staaten mit der Folge einer ansteigenden **Verschuldung im Westen**, über deren Ausmaß die Bevölkerung nicht informiert wurde.

Als fatal erwies sich zudem die **Verstaatlichung von 11 400 mittelständischen Betrieben** (1972) aus ideologischen Gründen. Zwar besaßen diese Betriebe nur etwa 10 Prozent Anteil an der Gesamtproduktion, aber in der Textil- und Bekleidungsindustrie sowie im Dienstleistungssektor waren sie mit 30 Prozent vertreten. In den verstaatlichten, in große **Volkseigene Betriebe (VEB)** integrierten Firmen kam es in der Folge zu Produktionsrückgängen, einem erheblichen Zuwachs an Bürokratie und zu neuen Versorgungsengpässen.

Devisenknappheit

In dieser Situation des rückläufigen Warenexports ging die DDR-Führung zu einer **Devisenbeschaffung um jeden Preis** über: Die **Kommerzielle Koordinierung (KoKo)** unter der Leitung des Staatssekretärs im Außenhandelsministerium Alexander Schalck-Golodkowski verkaufte oft willkürlich enteignete Antiquitäten und Kunstgegenstände, aber auch Waffen und Blutkonserven ins westliche Ausland. So konnten insgesamt 25 Milliarden DM eingenommen werden. Seit 1956 betrieb die KoKo den Genex-Versandhandel, aus dessen im Westen vertriebenem Katalog Westdeutsche DDR-Waren kaufen konnten, die dann direkt Freunden oder Verwandten in der DDR zugesandt wurden. Hinzu kamen Devisenerlöse aus dem offiziellen innerdeutschen **Transithandel** und dem **Zwangsumtausch** von DM in Ost-Mark für Besucher aus der Bundesrepublik bzw. West-Berlin.

Seit 1963 gab es außerdem den Freikauf von politischen Häftlingen der DDR durch die Bundesregierung. Für die Freilassung eines Häftlings wurden 40 000 DM bezahlt, ab 1977 dann 95 847 DM. Insgesamt brachte der **Häftlingsfreikauf** der DDR 3,5 Milliarden DM ein.

1974 öffnete die DDR ihre **Intershop-Läden** für DDR-Bürger. In diesen Supermärkten konnten seit 1962 Westtouristen gegen Devisen Westwaren billiger einkaufen. Die Öffnung der Geschäfte für DDR-Bürger diente dem Zweck, hochwertige Konsumgüter ins Land zu schaffen und Devisenbestände bei der eigenen Bevölkerung abzuschöpfen. In den 1980er-Jahren gab es 380 Filialen in der DDR, ihr Umsatz ging in die Milliarden. Von den Intershop-Läden profitierten aber nur die Menschen, die über ihre „West-Verwandtschaft“ an DM kommen konnten. Dies verstärkte die Ungleichheit und die Unzufriedenheit in der DDR-Gesellschaft.

3.3 Folgen der Wirtschafts- und Sozialpolitik

Die krisenhafte ökonomische Situation der DDR eskalierte in den 1980er-Jahren: Honecker lehnte es ab, die erheblichen **Subventionen** für Grundnahrungsmittel, Mieten und Sozialleistungen sowie das **kostspielige Wohnungsbauprogramm** zu reduzieren; diese machten zusammen mehr als ein Viertel des Staatshaushaltes aus. Die DDR-Spitze befürchtete, dies könne zu Unruhen führen, denn für die DDR-Bevölkerung war der **Vergleich mit der Bundesrepublik**, deren Wohlstand täglich im „Westfernsehen" zu betrachten war, leicht zu ziehen.

Die Verbindlichkeiten der DDR im Westen stiegen so 1981 auf 24,2 Milliarden DM. Auch der verstärkte Export von hochwertigen Gebrauchsgütern konnte die Verschuldung der DDR im Westen nicht mindern, er führte aber zu einer spürbaren **Verschlechterung der Versorgungslage** bei wichtigen Industriegütern in der DDR. Der **Lebensstandard stagnierte** und ging in den 1980er-Jahren sogar deutlich zurück, die Qualität der für den Inlandsbedarf produzierten Waren sank. Die alte **Mangelwirtschaft** mit langen Schlangen vor den Läden dominierte wieder das Leben der DDR-Bürger.

Die finanzielle Situation der DDR verschärfte sich noch einmal, als die **Sowjetunion** aufgrund der eigenen Wirtschaftskrise 1981 ihre **Erdöllieferungen an die DDR reduzierte**, um mehr Erdöl auf dem Weltmarkt verkaufen zu können. Dies schränkte den Devisen bringenden Export veredelter Erdölprodukte (chemische Erzeugnisse, Kunststoffe) durch die DDR erheblich ein; ein Jahr später stoppten die westlichen Gläubigerbanken ihre Kreditvergabe.

Nur zwei 1983 und 1984 vom bayerischen Ministerpräsidenten und CSU-Vorsitzenden Franz Josef Strauß vermittelte Kredite der Bundesrepublik in Höhe von 1,95 Milliarden DM stellten die Kreditwürdigkeit der DDR wieder her. Insgesamt aber war die aufgelaufene Verschuldung von 25 Milliarden DM nicht mehr zu bewältigen. So konnte die DDR 1989 mit ihren Exporterlösen nur noch 35 Prozent der Westimporte, der Kreditzinsen und der Tilgung finanzieren.

Die DDR-Bevölkerung spürte wohl die Verschlechterung der wirtschaftlichen Lage, den bevorstehenden Staatsbankrott konnte das Regime aber verschleiern. Die Offenlegung des ökonomischen Desasters Anfang 1990 erlebten die DDR-Bürger deswegen als **Schock**, der dem sozialistischen System die letzte Glaubwürdigkeit nahm und den **Wunsch nach einer schnellen Wiedervereinigung** machtvoll entstehen ließ.

Letztlich scheiterte damit der Versuch Honeckers, mit einer Erweiterung der Sozialpolitik und der Konsummöglichkeiten Akzeptanz und Legitimität bei der DDR-Bevölkerung zu erreichen. Die Kosten dafür erwiesen sich als zu hoch für das zentralistische Wirtschaftsmodell der DDR, das in der Systemkonkurrenz mit dem Westen spätestens seit den frühen 1970-Jahren nicht bestehen konnte.

„Einheit von Wirtschafts- und Sozialpolitik“ (ab 1971)

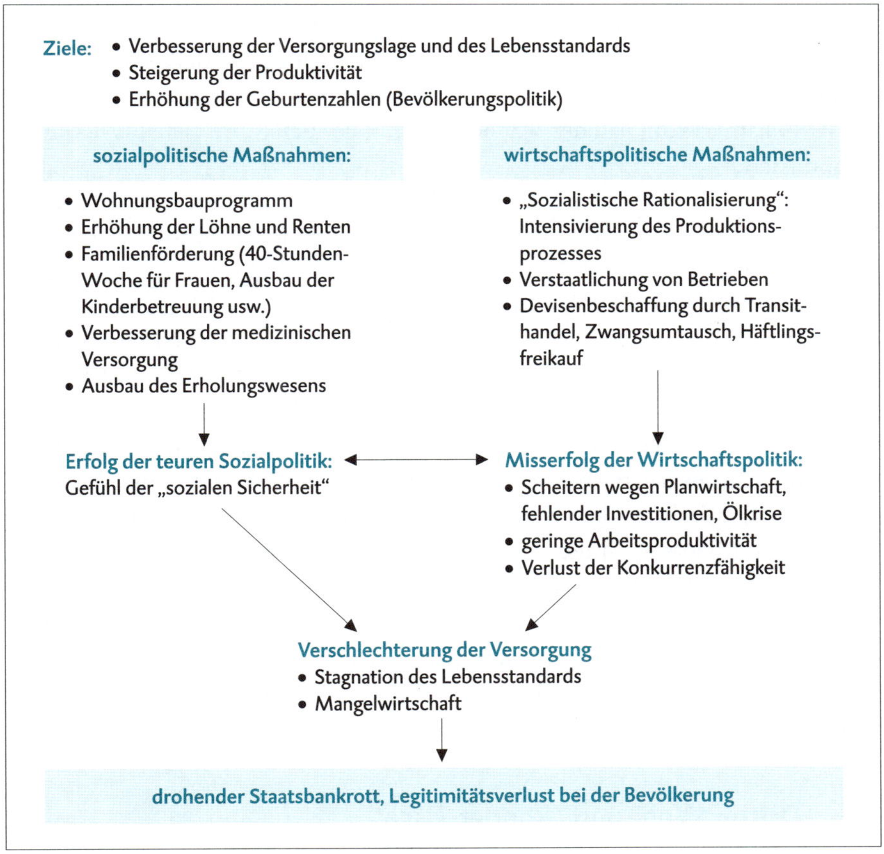

Aufgaben

66 Erklären Sie Honeckers Konzept der „Einheit von Wirtschafts- und Sozialpolitik“.

67 Skizzieren Sie Probleme und Folgen der DDR-Wirtschafts- und Sozialpolitik.

4 Grundgesetz oder „Dritter Weg"? Konzepte für die Umwandlung der DDR in eine Demokratie

Der Zusammenbruch der DDR erklärt sich aus mehreren Faktoren: aus ihrer desolaten wirtschaftlichen Lage, dem schleichenden Legitimitätsverlust durch die ausgebliebenen inneren Reformen in den 1980er-Jahren und aus der immer mächtiger werdenden oppositionellen Volksbewegung in der DDR. Ab September 1989 forderten Bürgerrechtsgruppen im Rahmen der **Montagsdemonstrationen** in Leipzig und anderen Städten den grundlegenden Systemwandel und bald ertönte der Ruf nach der Wiedervereinigung. Am 9. November 1989 kam es zum Fall der Mauer in Berlin, der den Sturz des SED-Regimes symbolisiert.

Durch diese Ereignisse wurden westliche **Pläne einer bundesstaatlichen Konföderation** zwischen Ost- und Westdeutschland (**10-Punkte-Plan** des Bundeskanzlers Helmut Kohl) und ähnliche Vorstellungen der letzten SED-geführten DDR-Regierung unter Hans Modrow (seit 17. November 1989) schnell überholt. Die jetzt **SED-PDS** (Partei des demokratischen Sozialismus) genannte ehemalige Einheitspartei erlitt bei den ersten freien Volkskammerwahlen am 18. März 1990 eine schwere Niederlage. Das Gleiche widerfuhr aber auch der DDR-Bürgerrechtsbewegung, von der die revolutionäre Bewegung gegen die SED ausgegangen war; das **Neue Forum** konnte mit seinem Konzept einer demokratischen, aber weiterhin unabhängigen DDR keine Mehrheit in der DDR-Bevölkerung finden. Die Wahlen gewann mit 48,1 Prozent der Stimmen die **Allianz für Deutschland**, bestehend aus CDU, Demokratischem Aufbruch und Deutscher Sozialer Union (DSU), die zusammen mit der SPD (21,9 Prozent) eine Große Koalition bildete. Der Weg zur Wiedervereinigung war damit durch die Bevölkerung der DDR legitimiert und wurde mit der Übernahme des Grundgesetzes als gesamtdeutsche Verfassung schnell beschritten.

4.1 „Dritter Weg" und „Runder Tisch"

Die Vorstellungen der ungefähr 2 000 DDR-Intellektuellen in der Bürgerrechtsbewegung zur Umgestaltung einer weiterhin souveränen DDR stehen in Zusammenhang mit der **Konzeption des „Dritten Wegs"**, die unter Dissidenten in den Ostblock-Staaten immer wieder diskutiert wurde. Unter „Drittem Weg" verstand man die Verbindung von **sozialistischer Wirtschaftsordnung mit Elementen demokratischer Mitbestimmung und Rechtsstaatlichkeit**. In der DDR erarbeitete bereits 1956 die Gruppe um den Philosophie-Professor Wolfgang Harich eine „Politische Plattform", worin der Ausschluss der Stalinisten aus der SED, die Abschaffung der Staatssicherheit sowie die Beendigung der Kollektivierung und die Garantie von Rechtssicherheit gefordert wurden. In den 1960er- und 1970er-Jahren wurde die Idee des „Dritten Wegs" dann vor allem von den bereits genannten sozialistischen Reformern Robert Havemann und Rudolf Bahro weiterentwickelt. Zu betonen ist, dass sich die Verfechter eines „Dritten Wegs" zwar als Gegner der stalinistischen Diktatur verstanden, sie blieben aber überzeugte Sozialisten und Antikapitalisten.

Die Diskussionen innerhalb der DDR in der Wendezeit wurden nach polnischem Vorbild an einem **„Runden Tisch"** institutionalisiert. Hierbei handelte es sich um **informelle Zusammenkünfte** zwischen der DDR-Bürgerrechtsbewegung und der letzten, reformorientierten SED-Regierung unter Hans Modrow. Der „Runde Tisch" existierte vom 7. Dezember 1989 bis zum 12. März 1990, er wurde von Vertretern der Kirchen einberufen und moderiert. Zuletzt entwickelte diese Gruppe den **Entwurf einer Neuen Verfassung der DDR**; diese sollte den Fortbestand einer souveränen DDR gewährleisten und sich vor allem durch die hervorgehobene Stellung sozialer Grundrechte vom bundesdeutschen Grundgesetz abheben. Der Entwurf wurde im April 1990 jedoch **von der neu gewählten Volkskammer abgelehnt**, da die Mehrheit der westlich orientierten Parteien die Wiedervereinigung anstrebte.

4.2 Verfassungsrechtliche Vorstellungen zur Wiedervereinigung

Nach dem Votum der DDR-Bevölkerung für die Wiedervereinigung in den **Volkskammerwahlen** vom 18. März 1990 stellte sich die Frage nach dem „besten" Weg zur Einheit.

Neue Verfassung

Eine Möglichkeit wäre eine gesamtdeutsche Verfassungsgebung nach **Art. 146 des Grundgesetzes** gewesen. Dabei hätte das Grundgesetz seine Geltung verloren und wäre durch eine **neue gesamtdeutsche Verfassung** ersetzt worden. Dieser Weg hätte es erlaubt, die Ostdeutschen gleichberechtigt einzubeziehen und sowohl den West- als auch den Ostdeutschen die Chance auf einen gemeinsamen Neubeginn zu geben.

Artikel 146 Grundgesetz

„Dieses Grundgesetz, das nach Vollendung der Einheit und Freiheit Deutschlands für das gesamte deutsche Volk gilt, verliert seine Gültigkeit an dem Tage, an dem eine Verfassung in Kraft tritt, die von dem deutschen Volke in freier Entscheidung beschlossen worden ist."

Das zentrale verfassungsrechtliche Argument der Befürworter war, dass nur dieser Weg die Möglichkeit einer Mitwirkung des gesamten deutschen Volkes eröffne. Die verfassunggebende Gewalt des Volkes werde nur dann realisiert, wenn das ganze deutsche Volk in einem Referendum der Verfassung zugestimmt habe. Nach Einschätzung der Bürgerbewegung in der DDR verlangte die Vereinigung zudem die **Bildung einer neuen deutschen Identität** unter gesamtdeutschen Vorzeichen.

Ausdehnung des Grundgesetzes

Die schließlich realisierte Variante des Beitritts stützte sich aber auf **Art. 23 des Grundgesetzes**. Dieser ermöglichte die **Ausdehnung des Grundgesetzes auf das Gebiet der bisherigen DDR**, was angesichts der innen- und außenpolitischen Dynamik der Situation der einfachere und risikoärmere Weg war.

Artikel 23 Grundgesetz (alte Fassung, bis 1990)

„Dieses Grundgesetz gilt zunächst im Gebiete der Länder Baden, Bayern, Bremen, Groß-Berlin, Hamburg, Hessen, Niedersachsen, Nordrhein-Westfalen, Rheinland-Pfalz, Schleswig-Holstein, Württemberg-Baden und Württemberg-Hohenzollern. In den anderen Teilen Deutschlands ist es nach deren Beitritt in Kraft zu setzen."

Zentrales Argument für diese Variante war die bewährte **Qualität des Grundgesetzes**, die man nicht aufgeben wollte. Außerdem konnte man sich auf die **Präambel des Grundgesetzes** stützen, die den Hinweis enthielt, dass das Grundgesetz auch für diejenigen gedacht gewesen sei, denen 1949 „mitzuwirken versagt" war. Des Weiteren wurde das **Ergebnis der ersten demokratischen Volkskammerwahl** als Votum für das bestehende Grundgesetz interpretiert. Bei dieser Beitrittsvariante konnten sich die beiden deutschen Staaten zudem in der vorgeschalteten **Verhandlungsphase** gleichberechtigt begegnen.

Aus Sicht der Befürworter eines Beitritts gewährleistete darüber hinaus allein Artikel 23, dass man ausreichend schnell zur deutschen Einheit kommen konnte. In beiden deutschen Staaten hatte man Bedenken, dass die **historische Chance zur Wiedervereinigung** nur für kurze Zeit bestehen könnte. Am entscheidendsten war aber die anhaltende **Abwanderung** leistungsfähiger DDR-Bürger in den Westen; sie erforderte eine schnelle Lösung, um die wirtschaftlichen Nachteile für den Osten zu mindern.

Entsprechend schnell trat der Einigungsvertrag am 3. Oktober 1990 in Kraft. Durch den Beitritt der Deutschen Demokratischen Republik zur Bundesrepublik Deutschland wurde das **Grundgesetz zur gesamtdeutschen Verfassung**.

Der Artikel 146 blieb im Kern erhalten. Er würde es ermöglichen, durch eine Verfassungsreform das Grundgesetz aufzuheben, er verlangt es aber nicht. Reformbestrebungen fanden nach der Wiedervereinigung mit geringen Änderungen im Jahre 1994 einen Abschluss.

Aufgaben

68 Skizzieren Sie kurz die unterschiedlichen Verfassungskonzepte, die zur Durchführung der Wiedervereinigung diskutiert wurden. Welcher Weg wurde letztlich gewählt?

69 Stellen Sie knapp die wichtigsten Argumente für die beiden Varianten gegenüber.

5 Problematik der Geschichtserinnerung an die DDR

Die zeitgeschichtliche Wissenschaft besitzt präzises Wissen über Machtstrukturen und -mechanismen, über Repression und Überwachung im politischen System der DDR. Dennoch gibt es **kein einheitliches kollektives Geschichtsbild** zur DDR.

Eine **Spaltung** der bundesdeutschen Gesellschaft **in ehemalige Ost- und Westdeutsche** gibt es bezüglich der unterschiedlichen Lebenserfahrungen. Viele ehemalige DDR-Bürger sehen ihre Biografien durch die nachträgliche Abwertung der DDR infrage gestellt. Deswegen tendieren heute Teile der ostdeutschen Bevölkerung zur **„Ostalgie“**, zum **verklärenden Rückblick auf den DDR-Alltag**, um die eigenen Lebenswege zu rechtfertigen. Vor allem ostdeutsche Jugendliche wissen wenig über die Realität im SED-Staat und neigen zur **nachträglichen Idealisierung der DDR**. Damit einher gehen die Gefahren einer **Verharmlosung der SED-Diktatur** und einer anhaltenden Unzufriedenheit mit der komplexen bundesdeutschen Demokratie.

5.1 Unterschiedliche individuelle Sichtweisen in Ost und West

Bis heute bestimmen die unterschiedlichen Erfahrungen mit der DDR-Geschichte die persönliche Bewertung der DDR in Ost und West. Besonders sichtbar werden dabei die folgenden Gegensätze.

Bruch in den ostdeutschen Biografien

Eine der wichtigsten Folgen der Wende ist der tiefe Bruch in den Biografien der ehemaligen DDR-Bürger. Ob systemnah oder systemkritisch eingestellt, jeder verlor in der Wiedervereinigung seine gewohnten sozialen Netzwerke und musste sich an ein neues gesellschaftliches Modell anpassen. Das führte bei vielen Ostdeutschen zu einer tiefen **Verunsicherung**. Die Ostdeutschen sind deshalb stärker als die Westdeutschen zur **Auseinandersetzung mit der eigenen Geschichte** und zur **Rechtfertigung ihrer Lebensentwürfe** gezwungen, sie tendieren dabei oft zur psychischen Abwehr beunruhigender Erinnerungen an das Unterdrückungsregime in der DDR.

Im Westen gab es das Schlüsselerlebnis des revolutionären Zusammenbruchs von 1989/90 nicht: Dort dominiert die **Kontinuität der eigenen Biografien**. Westdeutsche kennen die Alltagserfahrung der ehemaligen DDR-Bürger wenig und sehen als DDR-Geschichte vorwiegend das sozialistische System mit seinem Machtapparat. Sie bewerten deswegen meist die DDR als Ganzes negativ.

Politische Freiheit gegen soziale Sicherheit

Der nostalgische ostdeutsche Blick auf die DDR lehnt diese Reduktion auf die Diktatur-Geschichte ab. Er betont die **in der DDR erfahrene soziale Sicherheit und Fürsorge** und meint dabei in erster Linie die **Sicherheit der Arbeitsplätze**. Die politische Unterdrückung wird im Gegenzug häufig verdrängt, die marxistisch-kommunistische Theorie wird von Teilen der politischen Linken in Ostdeutschland sogar weiterhin akzeptiert und nicht als Ausgangspunkt des diktatorischen Regimes erkannt.

Kritischere, oft westliche Einschätzungen stellen dagegen den **Mangel an politischer Freiheit** in der DDR in den Vordergrund. Soziale Errungenschaften wie die umfassende Kinderbetreuung werden vom Westen positiv bewertet, die Schattenseiten werden aber nicht übersehen: wirtschaftliche Ineffizienz, staatlich reglementierte Kindererziehung, politische Gängelung, Privilegierung der Mächtigen und Angepassten.

Unterschiedliche Bewertung des Nationalsozialismus

Die Auseinandersetzung mit dem Nationalsozialismus und dem Holocaust gehört zum sog. **Wertehorizont der modernen Bundesrepublik**. Auch in diesem Bereich sind unterschiedliche Sichtweisen in Ost und West zu registrieren, die aus der sehr verschiedenen Aufarbeitung des Nationalsozialismus in den beiden deutschen Staaten stammen.

In der alten **Bundesrepublik** entfaltete sich, begleitet von vielen öffentlichen Debatten, ein **differenziertes Bild der NS-Vergangenheit**. Die Bekämpfung aller nationalsozialistischen Denkweisen und Traditionen gehört spätestens seit den 1980er-Jahren zum Kernbestand westdeutscher Politik und legitimiert die wehrhafte parlamentarische Demokratie.

In der **DDR** war das Gedenken an die ermordeten Widerstandskämpfer gegen das NS-Regime ein wichtiger **Aspekt der staatlichen Legitimation**, an der nichts verändert werden durfte und die deswegen schnell zum leeren Ritual erstarrte. Die DDR-Bürger sahen sich aufgrund des **Antifaschismus-Konzepts** nicht in der Nachfolge des „Dritten Reichs" und mussten sich nicht der Verantwortung für die nationalsozialistischen Verbrechen stellen, so wie es die Westdeutschen taten. Entsprechend **weniger ausgeprägt** ist vor allem bei vielen jüngeren Ostdeutschen die **Abgrenzung von der NS-Vergangenheit** und auch von heutigen rechtsradikalen Parteien. In den Diskussionen über die seit 1990 in den ostdeutschen Bundesländern zu beobachtenden fremdenfeindlichen und neonazistischen Ausschreitungen wird diese unterschiedliche Wahrnehmung der deutschen Vergangenheit als erklärendes Argument eingebracht.

Ein Problem für viele Ostdeutsche ist auch der häufige Vergleich **von NS- und SED-Diktatur**. Im Westen erscheinen Stasi und Gestapo oft austauschbar, beide Systeme wurden und werden von Historikern und Politikern als gleichermaßen „totalitär" bezeichnet. Im Osten erscheint diese Vereinfachung aber als illegitim, da man sich – in der Nachfolge des kommunistischen Widerstands – in einer ganz anderen Rolle sah. Seit der Wiedervereinigung stoßen beide Geschichtsbilder aufeinander und erzeugen eine starke **Abwehrhaltung bei vielen Ostdeutschen**, die sich gegen die vereinfachende Gleichsetzung der beiden deutschen Diktaturen wehren.

Überlagerung von Nationalsozialismus und kommunistischer Diktatur

Ein besonders problematischer Aspekt der gesamtdeutschen Erinnerungspolitik ist die **Überlagerung von NS-Diktatur und stalinistischer Unterdrückung an zentralen Erinnerungsorten der ehemaligen DDR**. Dabei geht es um die Orte, an denen nicht nur zur NS-Zeit Menschen inhaftiert, gequält und ermordet wurden, sondern die auch nach 1945 in der sowjetischen Besatzungszone und in der DDR ebenfalls zu diesem Zweck genutzt wurden: Zum Beispiel dienten die Konzentrationslager Buchenwald und Sachsenhausen als sowjetische Speziallager. Berüchtigt war in der DDR außerdem das Zuchthaus Bautzen wegen der brutalen Inhaftierung von Regimegegnern.

Noch in den 1990er-Jahren wurden aber Bemühungen, in den KZ-Gedenkstätten auch an die sowjetischen Speziallager und ihre vielen Opfer zu erinnern, von westlicher Seite als Verharmlosung des Nationalsozialismus angegriffen. Die von der Sowjetunion und der DDR Verfolgten fühlten sich deswegen als Opfer zweiter Klasse. Die **Opfer des Stalinismus**, wie sie sich selbst in ihrem Dachverband nennen, beklagen auch, dass das Bild der SBZ/DDR, wie es in der Öffentlichkeit gezeichnet wird, viel zu freundlich und harmlos erscheine und ihre Verfolgungsgeschichte häufig ausgespart bleibe.

5.2 Offizielle Geschichtserinnerung an die DDR

Neben der Repressionsgeschichte der Täter und Opfer steht für die Mehrheit der ehemaligen DDR-Bürger im Rückblick aber vor allem die Erfahrung eines intakten Alltags im Vordergrund. Es gibt jedoch in der vereinigten Bundesrepublik wenige Museen, die sich mit der Alltagskultur der DDR beschäftigen, so z. B. das Zeitgeschichtliche Forum in Leipzig zur Geschichte der Opposition in der DDR. Der Geschichtsdiskurs in der Öffentlichkeit wird stärker bestimmt von den **Themen „Machtstrukturen", „Repression" und „Verfolgung"**. Dies verdeutlichen auch die bisher entstandenen Gedenkstätten, Gedenktafeln und Denkmäler: das ehemalige Untersuchungsgefängnis der Staatssicherheit in Berlin-Hohenschönhausen, das Internierungslager und Zuchthaus Bautzen, das Mauermuseum oder das Denkmal für die Opfer des 17. Juni 1953. Viele Ostdeutsche beklagen deswegen, das historische Bild der DDR bestehe nur aus der SED-Diktatur.

Als Reaktion beschloss der Deutsche Bundestag 2007, zur Erinnerung an die friedliche Revolution im Herbst 1989 und an die Wiedergewinnung der staatlichen Einheit Deutschlands ein zentrales **Freiheits- und Einheitsdenkmal** zu errichten. Das noch in der Planung befindliche Denkmal soll als nationales Symbol in der Mitte Berlins entstehen und den Anteil der DDR-Bevölkerung an der friedlichen Revolution von 1989/90 herausstellen, um die Akzeptanz der Wiedervereinigung und der westlichen Demokratie bei den Ostdeutschen zu stärken.

Aufgaben

70 Skizzieren Sie knapp die wichtigsten Unterschiede in der Wahrnehmung der DDR-Geschichte zwischen Ost- und Westdeutschen.

71 a) Ordnen Sie kurz das Neue Forum einer Übersicht der oppositionellen Gruppen in der DDR des Jahres 1989 zu.
b) Nennen Sie aus dem Text (M 1) genau die Aspekte, in denen die politische Zielvorstellung des Neuen Forums zu erkennen ist.
c) Beurteilen Sie zusammenfassend, welche Perspektive sich das Neue Forum für die Zukunft der DDR wünscht.
d) Schäuble führt Argumente für die schnelle Durchführung der Wiedervereinigung nach Artikel 23 des Grundgesetzes an: Suchen Sie diese Argumente aus dem Text (M 2) heraus und stellen Sie sie dar.
e) Vergleichen Sie die beiden Texte (M 1 und M 2): Worauf legen diese ihre Schwerpunkte? Welches grundlegende Menschen- und Weltbild wird darin sichtbar?

M 1: Aufruf der Initiative Neues Forum, 9. 9. 1989

In unserem Lande ist die Kommunikation zwischen Staat und Gesellschaft offensichtlich gestört. Belege dafür sind die weit verbreitete Verdrossenheit bis hin zum Rückzug in die private Nische oder zur massenhaften Auswanderung. Fluchtbewegungen diesen Ausmaßes sind anderswo durch Not, Hunger und Gewalt verursacht. Davon kann bei uns keine Rede sein. [...]

Auf der einen Seite wünschen wir uns eine Erweiterung des Warenangebots und bessere Versorgung, andererseits sehen wir deren soziale und ökologische Kosten und plädieren für die Abkehr von ungehemmtem Wachstum. Wir wollen Spielraum für wirtschaftliche Initiative, aber keine Entartung in eine Ellenbogengesellschaft. Wir wollen das Bewährte erhalten und doch Platz für Erneuerung schaffen, um sparsamer und weniger naturfeindlich zu leben. Wir wollen geordnete Verhältnisse, aber keine Bevormundung. Wir wollen freie, selbstbewusste Menschen, die doch gemeinschaftsbewusst handeln. Wir wollen vor Gewalt geschützt sein und dabei nicht einen Staat von Bütteln und Spitzeln ertragen müssen. Faulpelze und Maulhelden sollen aus ihren Druckposten vertrieben werden, aber wir wollen dabei keine Nachteile für sozial Schwache und Wehrlose. Wir wollen ein wirksames Gesundheitswesen für jeden; aber niemand soll auf Kosten anderer krank feiern. Wir wollen an Export und Welthandel teilhaben, aber weder zum Schuldner und Diener der führenden Industriestaaten noch zum Ausbeuter und Gläubiger der wirtschaftlich schwachen Länder werden.

Um all diese Widersprüche zu erkennen, Meinungen und Argumente dazu anzuhören und zu bewerten, allgemeine von Sonderinteressen zu unterscheiden, bedarf es eines demokratischen Dialogs über die Aufgabe des Rechtsstaates, der Wirtschaft und der Kultur. Über diese Fragen müssen wir in aller Öffentlichkeit, gemeinsam und im ganzen Land nachdenken und miteinander sprechen. Von der Bereitschaft und dem Wollen dazu wird es abhängen, ob wir in absehbarer Zeit Wege aus der gegenwärtigen krisenhaften Situation finden. Es kommt in der jetzigen gesellschaftlichen Entwicklung darauf an, dass eine größere Anzahl von Menschen am gesellschaftlichen Reformprozess mitwirkt, dass die vielfältigen Einzel- und Gruppenaktivitäten zu einem Gesamthandeln finden.

Wir bilden deshalb gemeinsam eine Politische Plattform für die ganze DDR, die es Menschen aus allen Berufen, Lebenskreisen, Parteien und Gruppen möglich macht, sich an der Diskussion und Bearbeitung lebenswichtiger Gesellschaftsprobleme in diesem Land zu beteiligen. Für eine solche übergreifende Initiative wählen wir den Namen NEUES FORUM.

Die Tätigkeit des NEUEN FORUM werden wir auf gesetzliche Grundlagen stellen. Wir berufen uns hierbei auf das in Art. 29 der Verfassung der DDR geregelte Grundrecht, durch gemeinsames Handeln in einer Vereinigung unser politisches Interesse zu verwirklichen. [...]

Aus: Volker Gransow u. a.: Die deutsche Vereinigung. Dokumente zur Bürgerbewegung, Annäherung und Beitritt. Köln: Verlag Wissenschaft und Politik 1991, S. 60 f.

M 2: Wolfgang Schäuble zur staatlichen Einheit

Wolfgang Schäuble handelte als Beauftragter der Bundesregierung den Einigungsvertrag mit der DDR aus.

Fünf Jahre danach ist man immer schlauer. Diese und jene Weiche, so ist oft zu hören, hätte man vielleicht damals bei der Organisation der deutschen Wiedervereinigung anders stellen sollen.

Zwei Probleme standen seit dem Herbst 1989 für uns im Vordergrund. Zum einen: Wie konnte sichergestellt werden, dass die sich beschleunigenden Ereignisse in der damaligen DDR nicht eine blutige Zuspitzung erfuhren und einen Rückschlag wie schon 1953 in Ost-Berlin, 1956 in Ungarn oder 1968 in Prag nach sich zogen? Zum anderen drängte die Frage, wie überhaupt die unverhoffte und möglicherweise sehr kurze Chance zur Wiedervereinigung genutzt werden könnte.

Denn ob uns die Herstellung der Einheit Deutschlands in Frieden und Freiheit ohne Blutvergießen und Chaos und in Übereinstimmung mit unseren Nachbarn überhaupt gelingen würde, war Anfang 1990 noch keineswegs ausgemacht. [...]

Der Zeit- und Problemdruck, unter den sich alle Beteiligten durch die Demonstrationen und die Übersiedlerwelle in immer stärkerem Maße gesetzt sahen, wurde zugleich zu einem Element der Lösung des Problems, die Einheit Deutschlands damals zu schaffen und die Chance nicht zu verpassen. Bei einem Besuch des Kanzlers in Dresden am 19./20. 12. 1989 wurde deutlich: Zehntausende Menschen verlangten nach der Einheit. [...]

Die schnelle Währungsunion war unsere Antwort auf den Übersiedlerstrom, der beide deutsche Staaten im Frühjahr 1990 vor große Probleme stellte. [...] In der Logik der Währungsunion lag der Beitritt der DDR zur Bundesrepublik. [...] Wir standen vor einem handfesten materiellen Problem: Wie konnten die Menschen in der DDR möglichst schnell an das im Westen erreichte Niveau von Wohlstand und sozialer Sicherheit herangeführt werden, ohne dass dabei die Leistungsfähigkeit der Wirtschaft und der sozialen Sicherungssysteme im Westen überfordert und destabilisiert würden?

Heute können wir sagen, dass uns das weitestgehend gelungen ist. Die Währungsunion ist von Anfang an mit einer Sozialunion gekoppelt worden. [...] Mit der Währungsumstellung 1:1 und der Transferzahlung von 150 Milliarden Mark pro Jahr in den letzten Jahren, was pro Kopf der Bevölkerung im Osten ungefähr 10 000 Mark entspricht, sind wir bis an den Rand des ökonomisch und politisch Leistbaren gegangen. Und wir werden diesen Kraftakt auch noch eine Zeit lang durchhalten müssen.

Wolfgang Schäuble: Danach ist man immer schlauer. In: Zeit-Punkte 5/1995.

Lösungen

Leben in der Ständegesellschaft des 15. bis 18. Jahrhunderts

1 Insgesamt eher stagnierende Entwicklung der Bevölkerungszahl in der Frühen Neuzeit; lediglich Verdoppelung der Bevölkerung zwischen 1500 und 1800: deutlicher Bevölkerungsrückgang durch die Große Pest (1347–1352) und den Dreißigjährigen Krieg (1618–1648); ab der zweiten Hälfte des 18. Jahrhunderts beschleunigtes Bevölkerungswachstum.

2 Faktoren der Bevölkerungsentwicklung (vgl. auch Schaubild S. 5):
- Bevölkerungskrisen durch Pandemien und Infektionskrankheiten, häufige Kriege wie den Dreißigjährigen (1618–1648) oder den Siebenjährigen Krieg (1756–1763) mit einem situativ starken Sinken der Bevölkerungszahl
- Reglementierung der Eheschließungen („European Marriage Pattern") als effektive „Geburtenkontrolle"
- häufiger Tod der Frauen im Wochenbett und sehr hohe Kindersterblichkeit als natürliches Gegengewicht zu einer hohen Geburtenzahl
- Klimaschwankungen mit einer „Kleinen Eiszeit" (Rückgang der mittleren Jahrestemperatur um zwei Grad) von 1300 bis zur Mitte des 19. Jahrhunderts (steigende Agrarpreise, Hungerkrisen, regionaler Bevölkerungsrückgang);
- rückständige Infrastruktur im Alten Reich

3 Merkmale der frühneuzeitlichen Ständegesellschaft:
- Gliederung nach Geburtsständen (Adel, Bürger, Bauern) – Ausnahme: Klerus (Funktionsstand)
- Ausgrenzung der unterständischen Schichten
- hierarchische Gliederung in einem System der Ungleichheit zugunsten von Klerus, Adel und städtischem Patriziat (auf der politischen Ebene Herrschaftstrialismus aus Fürsten, Adel und Patriziat)

Rolle des Individuums innerhalb der Ständegesellschaft:
- Unterordnung des Individuums unter das Kollektiv des Standes (Standesbewusstsein)
- soziale Ehre (Standesehre) als entscheidendes Wertemuster der Menschen, garantiert durch Standesregeln (Kleiderordnungen, Verhaltensregeln)

4 Merkmale der herausgehobenen Stellung des Adels:

- Besitz fast allen landwirtschaftlich nutzbaren Bodens als Grund- oder Gutsherr
- niedere Gerichtsbarkeit in den Grundherrschaften
- Standeszusammenhalt und adlige Exklusivität (Geblütsrecht, Prinzip der Ebenbürtigkeit bei Heiraten)
- Privilegien (Steuerfreiheit, eigene Rechtsprechung, exklusiver Zugang zu hohen Staatsämtern)
- Repräsentation und Akzeptanz durch die anderen Stände; kulturelle Dominanz

5 Unterschiedliche Bedeutungen des Begriffs „Bürger“:

- Stadtbürgertum mit Bürgerrecht innerhalb der Ständegesellschaft
- akademisch gebildetes Bildungsbürgertum als besondere Schicht innerhalb der Stadt
- heute alle Bewohner einer Stadt oder eines demokratischen Staates; „Staatsbürger“ mit der Erwartung der aktiven politischen Teilhabe.

6 Bäuerliche Schichten:

- persönlich freie Bauern mit eigenem Besitz oder Pachtland eines Grundherrn (Freibauern) mit der vollen Verfügung über den Eigenbesitz bzw. mit dem Erbrecht für das Pachtland
- vom Grundherrn abhängige Lass-Bauern mit reduzierten Nutzungsrecht am grundherrlichen Lehen, Dienstpflicht und eingeschränktem Erbrecht
- persönlich an den Besitz des Grundherrn gebundene (Erbuntertänigkeit) Lassiten ohne Erbrecht
- unterbäuerliche Schichten ohne eigene Hofstelle

7 Unterschied zwischen Grund- und Gutsherrschaft:

- Grundherrschaft mit Geldzahlungen (Renten) der Bauern an den adligen Grundherrn, der diesen das Nutzungsrecht für das bewirtschaftete Land übertrug
- Gutsherrschaft mit direkter Bewirtschaftung durch den Grundherrn und einer größeren persönlichen Abhängigkeit der Bauern vom Gutsherrn (Gutsleibeigenschaft, Patrimonialgerichtsbarkeit des Gutsherrn) sowie vielen Diensten (Frondienst, Gesindedienst) und Abgaben (Naturalabgaben, Renten, Steuern an den Landesherrn) für die Bauern

8 Soziale Struktur der dörflichen Gesellschaft:
- Bauern mit existenzsichernden Hofstellen, dem Erbrecht und der Mitsprache in der Gemeindeversammlung an der Spitze der dörflichen Gesellschaft
- landlose Kleinstellenbesitzer, Dorfhandwerker und Heimarbeiter ohne Mitspracherechte
- Vaganten und Kriminelle am unteren sozialen Rand

9 Struktur der frühneuzeitlichen Stadt:
- rechtliche Autonomie
- Markt als wirtschaftliches Zentrum, gespeist von der handwerklichen Warenproduktion
- Selbstverwaltung (Rat)
- Bürgerrecht mit politischer Mitbestimmung für die freien Bürger
- Kampffähigkeit der Bürger zur Verteidigung der Stadt

10 Gesellschaftliche Struktur einer Stadt:
- Patrizier und Honoratioren mit Bürgerrecht und politischen Privilegien als exklusive Oberschicht
- handwerkliche Mittelschicht im Besitz des Bürgerrechts und mit stark durch die Handwerkszünfte reglementierter ehrbarer Lebensform (Sonderfall des sozial diskriminierten unehrlichen Handwerks)
- große Gruppe der politisch rechtlosen, am Rande oder unter dem Existenzminimum lebenden städtischen Unterschichten

11 Subsistenzwirtschaft: Die bäuerliche Produktion diente in erster Linie der Selbstversorgung der Bauernfamilien; ein Teil der landwirtschaftlichen Produkte ging als Abgaben und Pflichten an den Grund- oder Landesherrn.

12 Funktionen der Handwerkszünfte:
- Ständevertretung eines Berufszweigs mit Zwangsmitgliedschaft
- umfassende Reglementierung und Regulierung der jeweiligen Handwerksberufe und ihrer Mitglieder
- Verhindern von Konkurrenz und offenem, marktorientiertem Wettbewerb

13 Verlag:
- Organisationsform zur Massenproduktion von Gebrauchsgütern mit einem Unternehmer oder einer Gesellschaft an der Spitze, die überregional Produktion und Absatz plant
- Heimarbeiter auf dem Land als Arbeitnehmer

- Vorteile: einfache Techniken, niedrige betriebswirtschaftlichen Anforderungen, geringe Produktionskosten, geringer Kapitalaufwand, hohe Gewinnspannen

Manufaktur:
- gewerblicher Großbetrieb zur handwerklichen Massenproduktion, aber mit Ansätzen der Arbeitsteilung und der Rationalisierung der Arbeitsabläufe
- Entstehen einer vorindustriellen Facharbeiterschicht mit Leistungslöhnen und einer modernen Arbeitsdisziplin
- Vorteile: Bewältigung komplexer und aufwendiger Produktion (z.B. Schiffe, Kutschen, Porzellan), bessere Qualität bei geringeren Kosten, Orientierung am großen Bedarf der absolutistischen Höfe (Militär- und Luxuskonsum)

14 Rolle des absolutistischen Staates in der Gesellschaft: umfassende Reglementierung und Kontrolle im Sinne der Policey (Zustand der guten Ordnung); Mittel: Policeyordnungen und ein hartes Rechts- und Bestrafungssystem

15 Maßnahmen sozialer Absicherung:
- vor der Reformation Armenspeisung („Almosen"), Akzeptanz des Bettelns, Unterhalt von Siechenhäusern und Spitälern (wirtschaftlich eigenständige Zentren der Sozialfürsorge)
- nach der Reformation Verbot des Bettelns, Internierung der Arbeitslosen in Armen-, Arbeits- und Waisenhäusern; Disziplinierung und Umerziehung als Ziel der Maßnahmen

16 Wesentliche Bedrohungen der Juden:
- kollektive Diffamierung, erfundene Vorwürfe wie Ritualmord an Christen und Hostienschändung
- Pogromen mit oft massenhafter Ermordung von Juden
- zeitweise oder dauerhafte Vertreibung aus den heimatlichen Stadtgemeinden
- Zwangsbekehrung
- Enteignung und Tätigkeitsverbote

17a Regelungen der Judenordnung:
- Verzicht auf Angriffe und Zweifel am christlichen Glauben
- Verbot des Neubaus von Synagogen
- Verbot des Handels in Orten mit (Handwerks-)Zünften (also in allen Städten), außer mit der Zustimmung der Zünfte
- Verbot, höhere Preise als die christlichen Konkurrenten zu verlangen

- Aufforderung zu ehrlichen Geldgeschäften, Verbot der Bestechung
- Todesstrafe für Vergewaltigung und Beischlaf mit christlichen Frauen
- Tätigkeitsverbot für ausländische Juden
- Zahlung von Schutzgeld

17b Vor- und Nachteile für die Juden:

- Vorteile: Schutz durch den Landesherrn; Durchsetzung der ihnen gewährten Rechte durch die Verwaltung des Landesherrn; also Verrechtlichung der jüdischen Position mit größerer Rechts- und persönlicher Sicherheit
- Nachteile: Einschränkung der freien Religionsausübung (Verbot des Synagogenbaus); weitgehende Beschränkung ihrer Gewerbetätigkeit (Ortsbeschränkung, Preisfestsetzung); Zahlung einer jährlichen Steuer an den Landesherrn (Schutzgeld)

17c Hessische Judenordnung als Maßnahme des absolutistischen Staats:

- „Judenordnung" als Form einer Policeyordnung zur staatlichen, zentralisierten Regelung gesellschaftlicher Verhältnisse
- Verrechtlichung als Macht- und Herrschaftsmittel der Obrigkeit
- Stabilisierung der Ständeordnung als grundsätzliche Absicht

18 Vergleich der jüdischen Situation mit der Lage der Unterschichten:

- gleiche rechtliche Unterprivilegierung: besonderes Judenrecht mit gesetzlicher Diskriminierung, Ausschluss aus dem Bürgerrecht bei den städtischen Unterschichten, fehlende Mitsprache der ländlichen Unterschichten bei Dorfversammlung und Dorfgericht
- Besonderheit der rechtlichen Stellung der Juden als Kammerknechte der Landesherrn bzw. des Kaisers mit besonderen Pflichten (Schutzgelder, Steuern)
- ähnliche gesellschaftliche Diskriminierung: jüdische Gettos (besondere, eingegrenzte Wohngebiete), vergleichbare Ausgrenzung unehrlicher städtischer Handwerker und „Segregation" der armen städtischen Schichten in bestimmten Wohnvierteln
- zentraler Unterschied: jüdische Religion als entscheidender Grund der rechtlichen und sozialen Diskriminierung der Juden, unabhängig vom Status des Einzelnen innerhalb der jüdischen Gemeinschaft und unabhängig von Besitz oder Reichtum
- Antijudaismus gegen die jüdische Minderheit als weitgehend akzeptierte gesellschaftliche Grundhaltung (mit bedeutenden Folgen für die spätere deutsche Geschichte)

Leben in der entstehenden Industriegesellschaft des 19. Jahrhunderts

19 Faktoren der starken Bevölkerungszunahme:
- Rückgang der Sterblichkeit
- Ausweitung der landwirtschaftlichen Produktion (Flächennutzung, Technisierung, freier Markt)
- Aufhebung der ständischen Heiratsbeschränkungen seit 1807
- Ausbau der Verkehrswege (Transport von Gütern in Hungergebiete)
- Modernisierung der Medizin (Arzneimittel, Impfungen) und öffentliche Hygiene zur Eindämmung bzw. Verhinderung von Epidemien und Seuchen
- Zunahme der Arbeitsplätze in den neuen Industrien

20 Begriff „demografischer Übergang“:
- Veränderung der Bevölkerungsentwicklung von einem Gleichstand aus vielen Geburten und einer hohen Sterblichkeitsrate
- zu einer Situation mit vielen Geburten und einer sich verringernden Sterblichkeit (höheres durchschnittliches Lebensalter)
- bis zu einem Gleichstand von wenigen Geburten und einer sehr geringen Sterblichkeitsrate sowie hoher Lebenserwartung heute

21 Politischer Hintergrund der großen Gesellschaftsreformen:
- Zerbrechen des Alten Reichs in den napoleonischen Kriegen (1806)
- territoriale Veränderungen in Süd- und Westdeutschland durch Säkularisierung und Mediatisierung (1803), vor allem auch in Bayern
- militärische Niederlage Preußens (und Österreichs) gegen Napoleon
- Frankreich als erfolgreiches Modell einer politischen, gesellschaftlichen und wirtschaftlichen Erneuerung

22 Regelungen der Agrarreformen:
- Aufhebung der persönlichen Abhängigkeit (Leibeigenschaft, Bauernbefreiung) aller Bauern von Grund- oder Gutsherren
- Umwandlung des Obereigentums der Grund- oder Gutsherren an Bauernland in Privateigentum der Bauern; dafür Ablösungsverpflichtungen (Landabtretung, Geldzahlung, jährliche Rentenzahlung) der Bauern
- Auflösung und Privatisierung des Gemeinbesitzes

23 Wesentliche Inhalte der Gewerbereformen:
- Gewerbefreiheit (Einführung des Gewerbescheins, z. T. mit Qualifikationsnachweisen; in Bayern die staatliche „Konzession")
- freie Berufswahl
- Niederlassungsfreiheit
- Auflösung der Zunftverfassung und des Zunftzwangs

24 Ursachen des Pauperismus:
- starkes Bevölkerungswachstum seit 1750 (verbesserte Existenzbedingungen für die Unterschichten bis 1830, Aufhebung der Heiratsbeschränkungen in den Gesellschaftsreformen)
- wirtschaftliche Sättigungskrise nach 1830 mit einem Stagnieren der landwirtschaftlichen Produktion, einer Krise des Heimgewerbes und einem Überangebot an Arbeitskräften
- Auflösung der sozialen Netze in Stadt und Land durch die Agrar- und Gewerbereform; sozialpolitisches Versagen der liberalen Reformregierungen

Auswirkungen:
- Verlassen des ländlichen Raumes (Landflucht) durch Auswanderung (vor allem in die USA) und Binnenwanderung in die neu entstehenden Industriezentren
- teilweise „nomadisierende Arbeitsmigration" innerhalb der deutschen Staaten, vor allem in Preußen

25 Veränderung der Topografie Deutschlands in der Industrialisierung:
- Bevölkerungsabnahme im ländlichen Raum
- Entstehung großer Industriezentren und der Großstädte (Verstädterung)
- Flächen- und Bevölkerungsexplosion in den Großstädten
- Verdichtung der Altstädte
- Entstehung von großen Arbeitervierteln mit „Mietskasernen"
- Gestaltung einer großstädtischen Infrastruktur (Straßennetz, öffentlicher Transport, Kanalisation, kommunale Versorgungsunternehmen, Sozialfürsorge, kulturelle Infrastruktur)

26 Soziale Frage: ärmliche Lebenssituation des neuen Industriearbeiter-Proletariats mit miserablen Arbeits-, Wohn- und Ernährungsbedingungen ohne Schutz und Absicherung

27 Lösungsansätze zur Sozialen Frage:

- fürsorgliche Unternehmer (Krupp, Abbe): Einrichtung von Betriebskrankenkassen (Erstattung von Arzt- und Arzneikosten, Krankengeld, Sterbegeld), auch mit Teilung der Beiträge zwischen Unternehmern und Arbeitern, Invaliditäts- und Altersschutz; Errichtung von genossenschaftlichen Konsumvereinen und Arbeitersparkassen, Bau von Werkswohnungen, in wenigen Fällen Einführung der Arbeitnehmer-Mitbestimmung und der Gewinnbeteiligung der Arbeiter (Ernst Abbe)
- Kirchen (Kolping, Wichern, Papst Leo XIII.): christliche Gesellenvereine; Streben nach einer religiösen Erneuerung der Gesellschaft, Entwicklung einer katholischen Soziallehre mit Verantwortung von Unternehmern und Staat für die Arbeiter, Forderung nach Arbeiterrechten und Sozialgesetzen; Organisation der Inneren Mission (Wichern) als Einrichtung der evangelischen Kirche
- auf dem Land Genossenschaftssystem der Raiffeisenbewegung zur Besserung der Situation der (klein-)bäuerlichen Bevölkerung: wirtschaftlicher Zusammenschluss der Kleinproduzenten in Selbsthilfevereinen, Einrichtung von Darlehenskassen und Handelsgesellschaften
- Zusammenschluss von Arbeitern in Arbeiterparteien (Sozialdemokratie) und Gewerkschaften zur Verbesserung ihrer Lebens- und Arbeitsbedingungen in Politik, Wirtschaft und Gesellschaft

28 Tragweite der Hilfsansätze:

- Milderung von Auswüchsen der Industrialisierung durch die Unternehmer und kirchlichen Hilfsmaßnahmen
- religiöse Erneuerung der sittlichen Grundlagen der in der Industrialisierung zerfallenen kirchlichen Gemeinschaften
- Streben nach einer evolutionären Entwicklung hin zu einer durch wirtschaftliche und soziale Reformen ausgeglichenen Gesellschaft durch einige Unternehmer (Abbe) und kirchliche Vertreter (Papst Leo XIII.); in diesem Sinn Aufforderung zu staatlicher Sozialpolitik
- anfangs revolutionär-systemüberwindender Ansatz in der Sozialdemokratie; Wirksamkeit durch Wahlerfolge und politische Repräsentation innerhalb des teilweise parlamentarischen Systems des Kaiserreichs

29 In der Industrialisierung neu entstehende soziale Klassen:

- proletarische Industriearbeiterschaft mit schlechten Arbeits- und Lebensbedingungen als größte, sich politisch organisierende Schicht (1 Drittel der Arbeitnehmer)

- (Verwaltungs-)Angestellte (über 1 Million Arbeitskräfte) als Privatbeamte vorwiegend in Industrie und Handel mit hohem Abgrenzungsbedürfnis von der Arbeiterschaft; kleinbürgerlicher Habitus; konservative Einstellung und politische Orientierung
- großbürgerliche Unternehmer als sehr kleine, die neue Industriewirtschaft dominierende Schicht mit politischer, gesellschaftlicher und kultureller Annäherung an den Adel (Feudalisierung durch Lebensstil und Habitus, Einheiraten in Adelsfamilien, Nobilitierung)

30 Wandel der Familienstrukturen in der Industrialisierung: vor allem bei den Arbeitern und Angestellten Auflösung der Großfamilien; Trennung von Lebens- und Arbeitsstätte; Verbreitung eines patriarchalischen bürgerlichen Familienmodells in allen Schichten; Ideal der Häuslichkeit der Frau, aber existenziell notwendige Lohnarbeit vieler Frauen in der Arbeiterschicht, fehlende politische Gleichberechtigung aller Frauen, Einschränkung der bürgerlichen Frauen bei Bildungsmöglichkeiten und bei der Berufswahl; rechtliche Ungleichbehandlung der Ehefrau gegenüber dem Mann

31 a Forderungen des ADF:

- Bildung: erweiterte Schulpflicht für alle Mädchen nach der Volksschule, also Recht auf eine höhere Bildung; mit den Jungen gleichwertige gymnasiale Bildung; Öffnung der Gymnasien für die Mädchen; unbeschränkte Hochschulzulassung
- Beruf: Gleichstellung mit den Männern bei der Entlohnung
- Ehe, Familie: gleiches Verfügungsrecht der Frau in der Ehe und über die Kinder; rechtlich gesicherte Verpflichtungen für die Väter unehelicher Kinder
- Politik: Zulassung zu allen öffentlichen Ämtern und für die Laienämter an den Gerichten; Wahlrecht

31 b Frauenbild des ADF: Betonung der Gleichwertigkeit der Rollen der Frau als Ehegattin und Mutter mit denen der berufstätigen Frau

31 c Familienrecht der Zeit: höheres Verfügungsrecht des Mannes innerhalb der Ehe und Familie (Ehegüterrecht, Verantwortung für die Kinder); unversorgte uneheliche Mütter als offensichtlich drängendes soziales Problem

31 d Programm des ADF aus heutiger Sicht: völlige Übereinstimmung mit dem modernen demokratischen Wertemodell; aktueller gesellschaftlicher Standard in modernen westlichen Gesellschaften

32a *Tabelle M 1* (Vergleich der Einkommensstufen in Preußen, 1896–1912):
- deutliche Verringerung (um knapp 23 %) der untersten Einkommensgruppe mit einer deutlichen Verbesserung des Realeinkommens
- überproportionale Steigerung bei der zweiten Einkommensgruppe (Verdoppelung bei 900–3 000 Mark)
- Einkommenszuwachs in allen Gruppen
- insgesamt aber auch noch 95 %-Anteil der Bevölkerung an den beiden unteren Einkommensgruppen (Rückgang lediglich um 2,11 %)
- im Vergleich mit dem Index der Industrieproduktion (Verdoppelung) erkennbar bleibende Schere zwischen Arm und Reich in der Gesellschaft

Tabelle M 2 (Vergleich der Vermögensverteilung in Preußen, 1896–1911):
- sehr starke Zunahme der Gesamtvermögen bei sehr geringer Zunahme der Zahl der Vermögensbesitzer
- Verschiebung innerhalb der Gruppe der Vermögensbesitzer zugunsten der Reichsten (1 %): Steigerung des Vermögensanteils bei den Reichsten um 3 %, Rückgang des Vermögensanteils bei den anderen
- Polarisierung der Vermögen zugunsten der „Superreichen"

32b Struktur der industrialisierten Gesellschaft:
- überproportionaler Gewinn der wenigen sehr Reichen
- große Kluft bei materiellem Besitz in der Gesellschaft
- Polarisierung der Gesellschaft in Arm und Reich: Klassengesellschaft

32c der Karikatur (M 3):
- zwei Beobachter im Hintergrund
- drei männliche Arbeiter im Vordergrund: ein Invalide, ein alter Mann mit einem Dokument mit der Aufschrift „Rente pro Tag 33 pf." und ein Verletzter
- Untertitel, der die Situation als „Bismarck's Sozialreform" bezeichnet

Historischer Bezug: die drei Männer als Symbol für die wichtigsten Sozialgesetze Bismarcks: Kranken-, Unfall- und Rentenversicherung

Aussageabsicht:
- die abgebildeten Figuren stehen symbolisch für die Inhalte, aber auch für die (aus der Sicht des Karikaturisten) Qualität der Versicherungen: die Unfallversicherung humpelt, die Alters- und die Krankenversicherung sind in einem schlechten Zustand
- die Darstellung enthält eine Bewertung der Sozialgesetzgebung als nicht ausreichend und von schlechter Qualität

Position der Karikatur:
- sozialdemokratische Einschätzung von Bismarcks Sozialgesetzgebung als nicht ausreichend
- immanent sichtbare Gegenvorstellung einer durchgreifenden sozialistischen Änderung des Wirtschafts- und Gesellschaftssystems

32 d Argumente für die negative Bewertung in der Karikatur:
- relativ geringer Umfang der jeweiligen Hilfen für den einzelnen
- hoher Arbeiteranteil (zwei Drittel) bei den Krankenversicherungsbeiträgen
- obrigkeitsstaatliche Attitüde und klar taktische Zielsetzung des Programms

Argumente gegen die negative Bewertung in der Karikatur:
- die Idee der Sozialgesetzgebung als weltweit neue und anfangs einzigartige sozialpolitische Errungenschaft
- auch wegen der Sozialgesetzgebung deutliche Verbesserung der Situation der Arbeiter in der Folgezeit im Kaiserreich bis 1914
- ausgehend von Bismarcks Ansatz sozialpolitischer Ausbau der Arbeiter-Absicherung in der Weimarer Republik unter dem starken politischen Einfluss der Sozialdemokratie (z. B. 8-Stunden-Tag; Arbeitslosenversicherung 1927)
- erneutes Aufgreifen der staatlich gelenkten Sozialpolitik in der Bundesrepublik nach 1949 im Konzept der sozialen Marktwirtschaft
- Ausbau der Absicherungen zum Sozialstaat mit weitgehender materieller Versorgung sozial schwacher Gruppen seit den späten 1950er-Jahren

Die Weimarer Republik – Demokratie ohne Demokraten?

33

Merkmale der Verfassung von 1919	negative Folgen
• zentralistischer, bundesstaatlicher Charakter, Reichsrat (Vertretung der Länder) kann vom Reichstag überstimmt werden	• Bedeutungsverlust der ehemals selbstständigen deutschen Staaten
• demokratisch gewählter Reichstag als Legislative; Schwächung durch absolutes Verhältniswahlrecht, Fehlen einer Prozenthürde, Fehlen von verfassungsrechtlichem Schutz gegen Demokratiefeinde, Plebiszite	• Zersplitterung des Parteiensystems und der Machtverteilung im Reichstag • schwierige Koalitionsbildung • fehlender Schutz gegen Radikale • Zusammenbruch der parlamentarischen Willensbildung in der Krise nach 1930
• relativ schwache Stellung des Parlaments (keine Wahl der Reichsregierung; Notverordnungsrecht des Reichspräsidenten)	• fehlende Motivation zur Zusammenarbeit und Koalitionsbildung • strukturelle Machtlosigkeit des Parlaments in der Phase der Präsidialkabinette
• starke Stellung des Reichspräsidenten als „Ersatzkaiser" (direkte Wahl durch das Volk auf 7 Jahre; Berufung und Entlassung der Reichsregierung; Notverordnungsrecht der Art. 48 und 25)	• Ermöglichung der Präsidialkabinette nach 1930 • Hauptgrund für die Zerstörung der Republik unter Hindenburg nach 1930
• doppelt abhängige, schwache Reichsregierung (destruktives Misstrauensvotum, Vertrauen des Reichspräsidenten)	• sehr häufige Regierungswechsel und ständige Neuwahlen • Verstärkung von antidemokratischen Einstellungen

34 Folgen des Versailler Vertrags für Deutschland:

- Gebiets- und Bevölkerungsverluste: Elsass-Lothringen an Frankreich; Posen, Westpreußen, Teile Ostpreußens an Polen; Verlust sämtlicher Kolonien; Deutschland verlor ein Siebtel seines Gebietes, ein Zehntel seiner Bevölkerung und bis zu einem Drittel seiner Rohstoffvorkommen (Erz, Kohle)
- schwere wirtschaftliche Belastungen durch die Reparationen (Entschädigungsleistungen) an die ehemaligen Kriegsgegner
- Entmilitarisierung und Begrenzung des militärischen Potenzials: Verzicht auf eine Flotte, Luftwaffe, schwere Waffen; Reduzierung der Reichswehr auf 100 000 Mann
- kollektive mentale Belastung durch die zugesprochene, aber zurückgewiesene Kriegsschuld (Art. 231); deshalb „Diktat von Versailles" als bedeutendster Angriffspunkt der Rechten gegen die demokratischen Regierungen („Erfüllungspolitiker"); fatale Wirkung der „Kriegsunschuldlegende" und der „Dolchstoßlegende" der Rechten auf große Teile der Bevölkerung

35 Strukturen der Weimarer Republik:

- Klassengesellschaft mit deutlich voneinander abgegrenzten gesellschaftlichen Gruppen
- Zersplitterung der Parteienlandschaft
- Demokratiefeindlichkeit der alten Eliten des Kaiserreichs
- Vorbehalte des einflussreichen industriellen Großbürgertums gegen die sozialdemokratisch geprägte Republik
- mentale Überforderung vieler Menschen durch die rasante Modernisierung der Zeit (Verstädterung, Technisierung, Globalisierung)
- prägender kultureller (Welt- und Menschenbilder betreffender) Gegensatz zwischen rückwärtsgewandtem Bürgertum und Adel sowie einer intellektuellen und künstlerischen Avantgarde
- weite Verbreitung antidemokratischen Denkens in allen Bevölkerungskreisen

36 Bedrohungen der Weimarer Republik bis 1923:

- Putsch und Umsturzversuche der Rechtsradikalen (Freikorps, rechtsterroristische „Organisation Consul", NSDAP unter Adolf Hitler): Kapp-Lüttwitz-Putsch 1920, Hitler-Putsch 1923
- Republikfeindlichkeit der Justiz: faktische Straflosigkeit rechter Gewalttäter und antidemokratischer Hetzer (Beispiel: mildes Urteil und schnelle Freilassung Hitlers nach dessen Putschversuch)

37 Gruppen der alten Eliten (Funktionseliten des Kaiserreichs): Beamte in den staatlichen Verwaltungen, in der Justiz, Offiziere der Reichswehr (Reichswehr als „Staat im Staate"), teilweise das akademisch geprägte Bildungsbürgertum

38 Gründe für die Weltwirtschaftskrise 1929:

- in den USA massive Aktienkäufe auf Kredit, die eine Spekulationsblase an den Aktienmärkten auslösen
- Zusammenbruch der Kurse an der New Yorker Börse („Schwarzer Freitag", 25. Oktober 1929)
- Rückforderung der hohen kurzfristigen US-Kredite in Europa und vor allem in Deutschland
- Zusammenbruch von deutschen Banken und Unternehmen, Rückgang der Exporte, der Industrieproduktion und des Bruttosozialprodukts
- Bankrott verschuldeter Kleinunternehmen und Bauern, schnell steigende Arbeitslosigkeit bei Arbeitern, massenhafte soziale Verelendung (ein Drittel der Bevölkerung)

39 Innenpolitische Folgen der Weltwirtschaftskrise:
- zunehmende Wahlerfolge der radikalen Parteien NSDAP und KPD; Blockierung des Reichstags durch die radikalen Parteien
- Zerbrechen des demokratischen Bündnisses aus Sozialdemokraten und gemäßigten Bürgerlichen (Zentrum, BVP, Liberale)
- Straßenkämpfe zwischen NSDAP und KPD
- Bildung von Präsidialkabinetten ohne Mitwirkung des Reichstags seit 1930 (Brüning, Papen, Schleicher)
- Verschärfung der sozialen Situation durch die Deflationspolitik Brünings
- alternativlose Tolerierung Brünings durch die SPD, um weitere Wahlerfolge der Radikalen bei Neuwahlen zu verhindern
- Absetzung Brünings durch Hindenburg ohne Notwendigkeit (auf Drängen der „Kamarilla" und der Rechten); Übergang von der parlamentarisch tolerierten zur „Präsidialdiktatur"
- Scheitern der autoritären Regierungen unter Papen und Schleicher
- Machtübergabe durch Hindenburg an die Koalition von Konservativen und Nationalsozialisten unter Hitler („Zähmungskonzept")

40 Funktionieren eines Präsidialkabinetts:
- Art. 53: Recht des Reichspräsidenten, den Kanzler ohne Mitwirkung des Reichstags zu ernennen
- Art. 48: Handeln der Regierung mit Notverordnungen des Präsidenten ohne Zustimmung des Reichstags
- Art. 25: Recht zur Auflösung des Reichstags bei einer Zurückweisung von Notverordnungen durch den Reichstag; ungehinderte Machtausübung für die Zeit bis zu Neuwahlen (maximal 60 Tage)

41 Gründe für das Scheitern der Weimarer Republik:
- autoritäre Staatsvorstellungen der alten Eliten und Hindenburgs, seines Umfelds (Kamarilla, von Papen), der Konservativen und der Großindustrie
- Destabilisierung des politischen Systems durch die Kommunisten
- antidemokratische Haltung eines großen Teils der Bevölkerung und Fehlen eines demokratischen Grundkonsenses
- Verfassungsschwächen (striktes demokratisches Prinzip, Fehlen eines verfassungsmäßigen Schutzes gegen Radikale, starke Rolle des Reichspräsidenten)
- Folgen der Weltwirtschaftskrise mit sozialer Verelendung in Deutschland und den darauf beruhenden Wahlerfolgen Hitlers

- taktisches Geschick der Nationalsozialisten: Legalitätstaktik, Zusammenarbeit mit den Konservativen, bewusste Verschärfung der innenpolitischen und gesellschaftlichen Spannungen zum eigenen Nutzen

42a Statistik zur soziologischen Struktur der NSDAP um 1930:
- Aufbau der Statistik: Vergleich der Anteile einzelner gesellschaftlicher Gruppen (Erwerbstätige) an der Gesamtbevölkerung und der NSDAP zu einem bestimmten Zeitpunkt
- Unterrepräsentation der Arbeiter
- Überrepräsentation der Selbstständigen, am stärksten der Landwirte
- relativ hoher Anteil an Beamten und Angestellten
- insgesamt noch geringer Anteil der Parteimitglieder im Vergleich zur Gesamtzahl der Erwerbstätigen: 1930 ist die NSDAP noch eine Splitterpartei
- Anspruch auf Repräsentation aller Bevölkerungsschichten im Ansatz erfüllt, jedoch mit einem deutlichen Übergewicht beim sogenannten Mittelstand: Annäherung an die Struktur einer modernen Volkspartei

42b Bewertung der Regierung Brüning durch die SPD:
- Zurückweisung des Präsidialkabinetts Brünings als Diktatur des Kapitals und eines Bündnisses aus Großindustriellen und Großgrundbesitzern
- Bewertung der Weltwirtschaftskrise als Ergebnis der „kapitalistischen Anarchie“ (Z. 11 f.); dabei Einordnung der abgelehnten Deflationspolitik Brünings als Teilaspekt der Krise: Verschonen der Reichen und Leistungsfähigen bei den notwendigen Einschränkungen und Kürzungen
- sehr negative Bewertung der Lohnkürzungen und der Rücknahme wesentlicher Sozialleistungen durch Brüning als „soziale Reaktion“ (Z. 30)
- Vorwürfe gegen Nationalsozialisten als Gewalttäter und gegen Kommunisten als verantwortlich für die „Zersplitterung der Arbeiterschaft“ (Z. 35 f.)
- Einsatz für die Demokratie: „Herrschaft des arbeitenden Volkes“ (Z. 38 f.) als einziges Mittel zur Überwindung der Krise

42c Urteil zu den SPD-Thesen:
- zu negatives Bild der Absichten Brünings: Deflationspolitik mit den Zielen der Währungsstabilisierung, der Rücknahme der Reparationsforderungen und insgesamt der wirtschaftlichen Stabilisierung des Reiches; sichtbare Erfolge Brünings bis zu seinem Sturz
- treffende Situationsbeschreibung: Folgen der Deflationspolitik für die unteren Bevölkerungsschichten; faktische autoritäre Herrschaft des Präsidenten und seiner Präsidialkabinette; krisenverschärfende Rolle der NSDAP und der Kommunisten

- entsprechendes Verhalten der SPD gegenüber Brüning 1930 und 1932: grundlegende Akzeptanz seiner Stabilisierungspolitik; Tolerierung der präsidialen Notverordnungen, um Neuwahlen in der Krise und einen weiteren Wähler-Zugewinn für die Radikalen zu verhindern

42 d Gehalt der Karikatur:

- Inhalte: Hitler („Hitler-Party") mit preußisch-deutscher Pickelhaube kriecht aus dem überdimensional gezeichneten Versailler Vertrag („Versailles Treaty")
- historischer Zusammenhang: Belastung der politischen und wirtschaftlichen Situation in Deutschland durch die im Vertrag erlittenen Gebietsverluste und die Reparationen; große Wahlerfolge Hitlers bei den Reichstagswahlen von 1930, Zusammenarbeit Hitlers mit den nationalistischen, militaristischen Konservativen (DNVP) unter Hugenberg (symbolisiert durch die Pickelhaube)
- Aussageabsicht: Versailler Vertrag als Ursache für den Aufstieg Hitlers

42 e Urteil über die historische Stimmigkeit der Karikatur:

- zugespitzes Herausheben der wichtigen massenpsychologischen Wirkung des Versailler Vertrags: negative Verknüpfung des Vertrags mit der Republik durch große Teile der Bevölkerung Delegitimierung des demokratischen Systems
- Fehlen wichtigerer Hintergründe: Weltwirtschaftskrise; autoritäre Staatsvorstellungen Hindenburgs und seines Umfeldes; grundlegende antidemokratische Einstellungen in der Bevölkerung und vor allem in den Eliten; Rückzug der Bürgerlichen aus dem demokratischen Lager; mangelnde Reaktion der konservativen Staatsführung auf die Agitation der Nationalsozialisten; Schwächen der Weimarer Verfassung; Bereitschaft eines Teils der Bürgerlichen und der Konservativen zum Bündnis mit Hitler

Hitlers willige Volksgenossen? Die Deutschen und der Holocaust

43 Gesellschaftsgruppe der deutschen Juden vor 1933:

- völlig integrierte und teilweise auch religiös assimilierte, kleine deutsche Bevölkerungsgruppe (1 Prozent der Bevölkerung)
- erfolgreicher wirtschaftlicher Aufstieg in der Industrialisierung aufgrund der Hochschätzung von Bildung und traditionell großer Erfahrungen im Bereich des Handels und der frühen Industrie
- moderne Sozialstruktur mit einem Übergewicht an akademischen Berufen, Unternehmern, Künstlern und Wissenschaftlern

44 Begriffsdefinitionen:
- Antisemitismus: moderner Sammelbegriff für alle historischen und gegenwärtigen Formen der Judenfeindschaft
- Sozialdarwinismus: vereinfachende Übertragung von Grundgedanken der Darwin'schen Evolutionstheorie auf Geschichte, Politik und Gesellschaft
- totalitäre politische Erlösungsreligion: Charakterisierung von Hitlers Antisemitismus als für ihn alternativlose, gleichfalls religiöse Überzeugung, durch die Vernichtung der Juden die Welt zu „erlösen"

45 Überblick über die historische Entwicklung des Antisemitismus:
- religiöse Judenfeindschaft (Antijudaismus) seit dem späten 11. Jahrhundert (Stereotype des Hostienfrevels, Ritualmord-Legende, Vorwurf der Brunnenvergiftung)
- ökonomisch begründete Judenfeindschaft (Geldverleiher als „Wucherer" und „Betrüger", Weltverschwörung der jüdischen Kapitalisten)
- Rassismus und politischer Antisemitismus im 19. Jahrhundert
- „eliminatorischer Rassenantisemitismus" als radikale (End-)Form Hitlers

46 Charakter der NS-Ideologie:
- konsequent vereinfachtes Gemisch ideologischer Versatzstücke des 19. Jahrhunderts: aggressiver Nationalismus, Sozialdarwinismus, Rassismus, Antisemitismus
- Radikalisierung zum „eliminatorischen Rassenantisemitismus" mit dem internationalen Judentum als Hauptfeind
- „totalitäre politische Erlösungsreligion" zur Befreiung der Welt von den Juden

Elemente:
- Glaube an die Existenz biologisch unterscheidbarer menschlicher Rassen mit unterschiedlichem Wert (Rassismus): Höherwertigkeit der „Arier" als „Herrenrasse"
- „Recht des Stärkeren" als natürliches Prinzip im Kampf der Rassen (Sozialdarwinismus)
- Antisemitismus: Glaube an eine jüdische Weltverschwörung zur „Zersetzung" der höherwertigen arischen Rasse; Juden als „Sündenbock" für alle negativen historischen Entwicklungen in Deutschland
- Hauptziel: Eroberung von Lebensraum in Osteuropa für die Deutschen
- „Nationaler Sozialismus": Einigung der Deutschen in einer klassenübergreifenden „Volksgemeinschaft" mit dem Ausschluss alles „Artfremden"

- Bruch mit der europäischen Aufklärung: Ablehnung der Menschen- und Grundrechte, der Gewaltenteilung und des demokratischen Prinzips
- Vorstellung eines mythischen „Dritten Reichs" als Endpunkt der deutschen Geschichte
- Führerprinzip

47 Gründe für die schnelle Etablierung des NS-Systems:
- Wirkung des propagandistisch aufgebauten Mythos des unfehlbaren „Führers", verstärkt durch wirtschaftliche und außenpolitische Erfolge des NS-Regimes
- Bereitschaft einer großen Mehrheit der Deutschen zur Kooperation oder Akzeptanz des NS-Systems trotz offener Gewalt gegen politische Gegner und Minderheiten
- Korrumpierung großer Bevölkerungsteile durch Teilhabe an der Macht oder materielle Vorteile: staatlich finanzierte Konjunkturpolitik (Aufrüstung) zur Verbesserung des Lebensstandards, Karrierechancen für Akademiker und Militärs, Arisierung und Weitergabe jüdischer Vermögen und Sachwerte, Vorteile durch die Ausbeutung der besetzten Länder im Krieg
- konsequente Okkupation des Staats und seiner Legitimität durch die Nationalsozialisten; Willfährigkeit der konservativen und bürgerlichen Eliten in Verwaltung, Justiz und Armee
- Wirkung der NS-Propaganda mit ihrem Informationsmonopol
- Durchdringung der Gesellschaft durch NS-Einrichtungen und NS-Ideologie
- Einschüchterung und brutale Gewalt durch das NS-Terrorsystem: Justiz, Sondergerichte, Konzentrationslager-System, SS-Staat

48 Aspekte des totalitären Zugriffs auf die Gesellschaft:
- soziale Kontrolle durch die NSDAP
- Einbindung der Bevölkerung in zivile NS-Organisationen
- staatliche Organisation und ideologische Beeinflussung der Kinder und Jugendlichen
- Kontrolle des Kultursystems und Durchsetzung des eigenen Welt- und Menschenbilds in Kunst, Film und Alltagskultur
- alles überlagernde und kontrollierende, monopolisierte NS-Propaganda

49
- 1. April 1933: Boykott jüdischer Geschäfte, Ärzte und Rechtsanwälte; „Arierparagraph" als Grundlage für Berufsverbote und die Entlassung der jüdischen Beamten aus dem Staatsdienst

- 1935: „Nürnberger Rassengesetze“ mit der Entrechtung der deutschen Juden als „Bürger minderen Rechts“; diskriminierendes Eheverbot mit christlichen Partnern
- 9. November 1938: erste staatlich organisierte Gewalttaten gegen die deutschen Juden in der Pogromnacht (Zerstörung der Synagogen, ungefähr 100 Morde, KZ-Haft für 30 000 Juden); „Zwangsarisierung“, d. h. staatlich angeordnete Enteignung der deutschen Juden zugunsten des NS-Staats und vieler „arischer“ Profiteure

50 Begriffserklärung:

- Holocaust: griechisch Brandopfer, seit den 1980er-Jahren der übliche Begriff für den Völkermord der Nationalsozialisten an den europäischen Juden; synonyme Verwendung des hebräischen Begriffs „Shoa“
- Genozid: Völkermord, Opfergruppen werden aus nationalen, ethnischen, rassischen oder religiösen Gründen vernichtet
- „Endlösung“: verschleiernder und beschönigender NS-Begriff (Euphemismus) für den Massenmord an den europäischen Juden
- Zivilisationsbruch: Begriff für die Singularität, die Einzigartigkeit des Holocaust als einmaliges, jede humane Norm negierendes Ereignis

51 Ablauf des Holocaust:

- erste Massenmorde nach dem Einmarsch in Polen durch die SS
- systematische Gettoisierung der Juden aus Deutschland und den besetzten Ländern seit 1939 in polnischen Städten; Zwangsarbeit für die deutsche Besatzungsmacht
- Massenerschießungen von jüdischen Männern, Frauen und Kindern durch „Einsatzgruppen“ der SS nach Beginn des Russlandfeldzugs 1941
- Entscheidung zur „Endlösung“ in der deutschen Führung zwischen Herbst und Winter 1941
- systematische Erfassung, Deportation und fabrikmäßige Ermordung aller für die Deutschen erreichbaren europäischen Juden in den Vernichtungslagern (z. B. Auschwitz)

52 Erklärungsansätze für den Holocaust:

- Antisemitismus: tief verwurzelte europäische und deutsche Tradition einer Minderheit (Glaube an den Juden als Verkörperung des „Bösen"); Staatsdoktrin in Deutschland seit der Machtübernahme; fanatischer „Erlösungsantisemitismus" als Triebkraft der NS-Führung und vieler Täter
- Sachzwänge im Rahmen der undurchführbaren deutschen Umvolkungspläne („Generalplan Ost") nach 1939 mit sich steigernder Eigendynamik bis zur „Endlösung der Judenfrage"
- fehlender Widerstand und Gleichgültigkeit der deutschen Eliten und Bevölkerung als Motivation der NS-Führung zur Durchsetzung des Mordplans
- Bereicherung des Staats und Einzelner an der Enteignung deportierter Juden

53a Traditionen und Formen des Antisemitismus in der Zeitschrift „Der Stürmer":

- explizit genannte mittelalterliche „Ritualmord-Legende" („Ritualmord-Nummer"), nach der Juden christliche Kinder töten und ihr Blut für rituelle Zwecke nutzen (Antijudaismus-Tradition); sichtbar auch in der karikierenden Verbildlichung des Motivs
- abwertende, stereotypisierte Darstellung („Hakennasen") der als Mörder gezeichneten Juden
- seit dem 19. Jahrhundert traditioneller Vorwurf der „jüdischen Weltverschwörung", sichtbar im Aufmacher der Zeitschrift („Jüdischer Mordplan gegen die nichtjüdische Menschheit aufgedeckt")
- „eliminatorischer Antisemitismus" wird gerechtfertigt durch die Bewertung der Juden als „Das Mördervolk" und den mehrmals wiederholten Slogan der Zeitschrift „Die Juden sind unser Unglück!"

53b Wirkungsabsicht des „Stürmers":

- völlig haltlose, extreme Verleumdung der Juden als Gruppe; massiver Angriff auf die jüdische Bevölkerungsgruppe als „Feind" der Deutschen und der Menschheit
- darin enthaltener (noch) indirekter Aufruf zur Beseitigung dieses Feindes (vorweggenommenes Denken des Massenmords)

53c Inhaltlicher Kern des Textauszugs zur Wannsee-Konferenz:

- Festlegen der „Endlösung" (also des Massenmords an 11 Millionen europäischen Juden) als Ziel des NS-Regimes („nach vorheriger Genehmigung durch den Führer")
- Organisation des Holocaust

53d Nationalsozialistische Begriffe für den Massenmord und deren Funktion:

- „Endlösung der europäischen Judenfrage", Ausfall durch „natürliche Verminderung" bei der Zwangsarbeit, „entsprechende Behandlung" des „Restbestands" der überlebenden Juden, „Evakuierung" in den Osten
- Funktion: Stilmittel des Euphemismus (Beschönigung) zur bürokratischen Verschleierung der Tatsachen

53e Aspekte der Organisation des Holocaust in der Textquelle:

- systematische Erfassung („Durchkämmen") aller Juden in den von Deutschland besetzten Gebieten und in den Gebieten der mit Deutschland verbündeten Staaten
- Zwangsarbeit der Betroffenen vor der Ermordung
- Zusammenfassen der Betroffenen in „Durchgangsghettos" (in Polen und in den besetzten Gebieten der Sowjetunion)
- generell Deportation aller Juden nach Osteuropa in die dortigen Gettos und Vernichtungslager
- (noch) nicht genannt: Massenerschießungen durch die „SS-Einsatzgruppen", Vernichtungslager mit den dort verwendeten Massentötungsmitteln („Gaswagen", Gaskammern)

53f Teilnehmer der Wannsee-Konferenz und die dabei sichtbaren Tätergruppen:

- im Text genannter Hitler als zentrale befehlende Instanz
- Heydrich als organisatorisch bestimmender hoher SS-Führer
- ausführende SS-Führer im Reichssicherheitshauptamt („Schreibtischtäter") und in den besetzten Gebieten (Organisatoren der Massenerschießungen durch die „Einsatzgruppen")
- hohe Parteiführer der NSDAP in den besetzten Gebieten
- hohe Beamte aus zivilen Ministerien (Innenministerium, Außenministerium, Justizministerium) als Vertreter der das NS-Regime mittragenden „Funktionseliten"

53g Funktionieren des NS-Staates und des Holocaust:

- der „charismatische Führer" Hitler als rechtfertigender Bezugspunkt allen politischen Handelns
- zentrale Rolle (für den Holocaust und das NS-Terrorsystem) fanatischer Nationalsozialisten und Antisemiten in den Führungen der NSDAP und der SS; das „Reichssicherheitshauptamt" (Adolf Eichmann) als organisatorisches Zentrum des Holocaust
- unterstützende Rolle der Funktionseliten (hier in den Reichsministerien) für die reibungslose Durchführung aller Maßnahmen, auch des Massenmords

Die frühe Bundesrepublik – Erfolg der Demokratie durch „Wohlstand für alle“?

54 Ausgangssituation nach dem Nationalsozialismus:

- Prägung der Deutschen durch die NS-Ideologie
- wenig Akzeptanz für demokratische Denkweisen
- Hunderttausende in die NS-Verbrechen verstrickte oder direkt daran beteiligte Täter und Helfer in den gesellschaftlichen Eliten (Bürokratie, Justiz, Polizei, Schule, Wirtschaft)
- deutsches Schuldtrauma (Verbrechen im Zweiten Weltkrieg, Holocaust)

55 Lehren aus Weimar im Grundgesetz:

- Menschen- und Bürgerrechte als einklagbare subjektive Rechte
- Grundrechteschutz
- Bundesverfassungsgericht als „Hüter der Verfassung“
- Mischform zwischen Verhältnis- und Mehrheitswahlrecht mit einer 5-Prozent-Sperrklausel (Verhindern der Zersplitterung der Parteienlandschaft)
- verbesserte Stellung der Parteien
- Stärkung des föderalen Systems (Dezentralisierung)
- Schwächung des Staatsoberhaupts (Bundespräsident), dagegen starker Regierungschef (Bundeskanzler) mit den Rechten der Ministerernennung und der „Richtlinienkompetenz“
- konstruktives Misstrauensvotum zur Abwahl des Bundeskanzlers (gleichzeitige Wahl eines neuen Regierungschefs)

56 Aspekte des Ost-West-Konflikts:

- politischer Gegensatz zwischen den Weltmächten Sowjetunion und USA und ihren Bündnissen (NATO, Warschauer Pakt)
- Gegensatz zwischen sozialistischer, staatlich gelenkter Wirtschaft und kapitalistischer Marktwirtschaft
- Konkurrenz zwischen der westlichen parlamentarischen Demokratie und dem diktatorisch regierten östlichen Einparteienstaat („Volksdemokratie“)
- Bildung politischer Lager und atomares Wettrüsten
- ab den 1960er-Jahren Entspannungspolitik
- Endpunkt im Zusammenbruch der Sowjetunion und des Warschauer Pakts (1991)
- als Höhepunkte Aufstände in DDR (1953) und Ungarn (1956), Mauerbau (1961), Kubakrise (1962)
- Stellvertreterkriege (z. B. Korea 1950–1953, Vietnam 1964–1975)

57 Außenpolitische Konzeption Adenauers:

- Rückgewinnen der deutschen Souveränität
- Ablehnung der Sowjetunion als totalitäre und bedrohliche Hegemonialmacht, als Gegengewicht Einigung Westeuropas mit deutsch-französischer Aussöhnung
- Verhindern eines außenpolitischen Sonderwegs der Deutschen (keine „Schaukelpolitik" zwischen den Westmächten und der Sowjetunion wie in der Weimarer Republik)

58 Bedeutung des Wirtschaftswunders:

- Gründungsmythos der Bundesrepublik
- neue deutsche Identität nach dem Nachkriegselend und dem Verlust einer nationalen Identifikationsmöglichkeit aufgrund der Verbrechen des Nationalsozialismus
- Rückgewinnung des internationalen Ansehens
- Hauptgrund für den Erfolg des demokratischen Neubeginns

59 Ursachen des Wirtschaftswunders:

- *innere Faktoren:* Vorhandensein eines hoch entwickelten deutschen Produktionspotenzials; bewährte Organisation der Wirtschaft in Unternehmerverbänden, Handwerkskammern und Gewerkschaften; schlagartige Erweiterung des Arbeitskräftepotenzials in Deutschland durch die Millionen an gut ausgebildeten Vertriebenen aus den deutschen Ostgebieten
- *äußere Faktoren:* zwischen 1950 und 1973 weltweite Wachstumsperiode, von der die exportorientierte deutsche Wirtschaft besonders profitierte; System fester Wechselkurse zwischen den unterschiedlichen Währungen (mit dem Dollar als Leitwährung) und einer unterbewerteten deutschen Mark; Einbindung der Bundesrepublik in die Weltwirtschaftsordnung durch Beitritt zu GATT; Finanzspritzen des Marshallplans (ERP, 1948–1952); „Korea-Krieg-Boom" seit 1950 mit dem Freiwerden von Exportmärkten für die deutsche Wirtschaft

60 Umstände der Integration der Vertriebenen:

- „kalter" Empfang in der neuen Heimat als unerwünschte Bittsteller
- Ängste der Einheimischen mit Abgrenzung und Ausgrenzung der verelendeten Heimatlosen
- „Kulturschock" für beide Seiten aufgrund der unterschiedlichen kulturellen, sozialen und religiösen Milieus
- rassistische Vorurteile der Einheimischen gegen Menschen aus dem Osten

- sozialer Abstieg der Vertriebenen
- Segregation der Vertriebenen in eigene Siedlungen und Wohngebieten und dadurch Spaltung der deutschen Gesellschaft in den 1950er-Jahren
- Unwissenheit, Ignoranz, Revanchismus-Vorwurf gegenüber den Vertriebenen bis heute
- insgesamt aber sozialer Modernisierungsschub durch die Eingliederung der Vertriebenen

61 a Befürchtungen des Autors:

- politischer Abschied vom Ziel der deutschen Einheit wegen der Einbindung des deutschen Rüstungspotenzials in den Westen und dem folgenden Desinteresse der Sowjetunion an einem (dann nicht mehr neutralen) Gesamtdeutschland
- Festschreiben der Oder-Neiße-Grenze (und der Vertreibung der deutschen Bewohner aus diesen Gebieten)
- Aufrechterhaltung der Teilung Deutschlands im Interesse der westlichen Verbündeten
- folgende Wiederbewaffnung der Bundesrepublik (im Interesse der USA)
- Provinzialisierung der Bundesrepublik als „Fußvolk" der Westalliierten

61 b Zutreffen der Erwartungen aus dem Text:

- tatsächliches Festschreiben der deutschen Teilung bis 1990 durch die Westintegration
- Wiederbewaffnung der Bundesrepublik und Unterordnung unter den Führungsanspruch der USA in der NATO seit 1955
- Fixierung der Oder-Neiße-Linie für die Zukunft (Ostverträge seit 1970, Zwei-plus-Vier-Vertrag 1991)
- Provinzialisierung der Bundesrepublik zur „Bonner Republik"

61 c Bewertung der Westintegration durch den Autor:

- die Bundesrepublik als „Provinz und Truppenübungsplatz des Westens"
- Verurteilung der 18 Millionen Deutschen in der DDR zum Leben in „den Klauen eines unmenschlichen, lebenserstickenden Systems"
- „Verkaufen" der Freunde
- Schuman-Plan als „erster Akt einer Politik gegen die nationale Existenz"
- insgesamt eindeutige Ablehnung der Westintegration aus einer nationalen, gesamtdeutschen Perspektive

61 d Mögliche Antwort Adenauers:

- Rückgewinnung der deutschen Souveränität nur auf Kosten der Teilung möglich
- Verhindern eines außenpolitischen Sonderwegs der unzuverlässigen Deutschen
- zu erwartende Sowjetisierung eines neutralisierten und wiedervereinten Deutschlands
- Westintegration und wirtschaftlicher Erfolg der Bundesrepublik als Ausgangspunkt einer späteren Wiedervereinigung im Sinne der Magnettheorie

61 e Bezug der Inhalte zur Zeitsituation:

Kinderschwester „Adenauer“ am Steuerrad des Autos	Bundeskanzler (1949-1963) Konrad Adenauer als dominant bestimmender Politiker der Bundesrepublik („Kanzlerdemokratie“)
Kind mit Schnuller und Michel-Mütze (traditionelles Symbol für Deutschland: der „deutsche Michel“)	neuer Staat Bundesrepublik (seit 1949)
Auto (VW-Käfer), Fernseher, Kühlschrank, Geldsack mit der Aufschrift „DM“ (Deutsche Mark)	deutsches Wirtschaftswunder mit einem enormen Wohlstandszugewinn für fast alle Bevölkerungsgruppen in der Bundesrepublik seit 1950
Kanone vorne am Auto	Wiederbewaffnung der Bundesrepublik und Einbindung in die NATO seit 1955

„Keine Experimente“: ungestörter Wiederaufbau und Westintegration der Bundesrepublik, Reintegration der NS-Funktionseliten, Restauration der konservativen bürgerlichen Gesellschaft; Zurückweisen einer unwägbaren Neutralisierung eines wiedervereinten Deutschlands (sowjetisches Angebot in den Stalin-Noten 1952) oder sozialistischer innenpolitischer „Experimente“

Aussageabsicht des Karikaturisten:

- analytische oder kritische Fokussierung des Bildes auf die dominierende politische Rolle Adenauers für die Bundesrepublik
- Kritik an der Wiederbewaffnung und dem geringen Widerstand der Bevölkerung
- Kritik an der (unpolitischen) Fixierung der Deutschen auf ihren materiellen Wohlstandszugewinn

Die DDR – eine deutsche Alternative?

62 Argumente gegen die Selbstsicht der DDR, das „bessere" Deutschland zu sein:
- Zwangsvereinigung von KPD und SPD
- Säuberungswellen gegen die SPD-Mitglieder in der SED
- gewaltsame Unterdrückung des Arbeiteraufstands vom 17. Juni 1953
- wohl tatsächlicher verlustreicher Widerstand der Kommunisten gegen den Nationalsozialismus und konsequentere Verfolgung von NS-Tätern und -Unterstützern bis 1951, aber auch willkürliche Verbrechen gegen Unschuldige und umfangreiche Enteignungen im Namen des Antifaschismus
- Einstellung der juristischen Aufarbeitung nach 1951, problemlose Integration von einfachen NSDAP-Mitgliedern
- Verschweigen des Holocaust
- keine Entschädigung für die jüdischen Opfer durch die DDR
- insgesamt undemokratische, repressive Diktatur der SED-Führungsriege: keine freien Wahlen, Wirken des MfS, Unterdrückung der Opposition und der Ausreisewilligen, Tötung von flüchtenden DDR-Bürgern an der Berliner Mauer und an den Grenzanlagen

63 Neue Ostpolitik der sozialliberalen Koalition (1969–1982): vorläufige
- Akzeptanz der deutschen Teilung
- Entstehen eines bundesrepublikanischen Staatsverständnisses
- Suche nach einem vertrauensvollen Ausgleich mit den ehemaligen Kriegsgegnern im Osten
- Garantie des territorialen Status quo in Europa einschließlich der Oder-Neiße-Linie (mit der De-facto-Aufgabe der ehemaligen deutschen Ostgebiete)
- Ostverträge mit der Sowjetunion (1970), Polen (1970) und der Tschechoslowakei (1973)

64 Verhältnis der BRD zur DDR nach dem Grundlagenvertrag (1972): Anerkennung der „Hoheitsgewalt" (Unabhängigkeit und Selbstständigkeit) der DDR, jedoch keine völkerrechtliche Anerkennung; vielmehr Sonderstatus in der Beziehung zur Bundesrepublik (sichtbar in der Einrichtung von „Ständigen Vertretungen" statt Botschaften); Festhalten der Bundesrepublik am Ziel der Wiedervereinigung

65 Zentrale internationale Faktoren für den gesellschaftlichen Wandel in der DDR:
- 1975 Konferenz für Sicherheit und Zusammenarbeit in Europa (KSZE) mit der offiziellen Anerkennung der „Achtung der Menschenrechte und Grundfreiheiten, einschließlich der Gedanken-, Gewissens-, Religions- oder Überzeugungsfreiheit“ durch die DDR
- Wirkung des Reformprogramms Glasnost und Perestroika (Offenheit und Umgestaltung) des sowjetischen KP-Vorsitzenden Michail Gorbatschow
- zunehmende wirtschaftliche und ökologische Krise in der DDR

66 Konzept der „Einheit von Wirtschafts- und Sozialpolitik“:
- Verbesserung der Versorgungslage und des Lebensstandards der Bevölkerung, um sich weiterhin die Loyalität einer Bevölkerungsmehrheit zu sichern
- Berücksichtigen des Konsumbedürfnisses breiter Bevölkerungsschichten
- kostspielige Wohnungsbaupolitik
- folgenreiche Verstaatlichung der privaten mittelständischen Betriebe

67 Probleme und Folgen von Honeckers Wirtschafts- und Sozialpolitik
- Scheitern der „sozialistischen Rationalisierung“
- geringe Arbeitsproduktivität
- Verlust der Konkurrenzfähigkeit auf den Weltmärkten
- expandierende Verschuldung bei westlichen Banken
- drohender Staatsbankrott
- Verschlechterung der Versorgungslage, Legitimitätsverlust bei der eigenen Bevölkerung

68 Verfassungskonzepte zur Wiedervereinigung: gemeinsame gesamtdeutsche Verfassungsgebung nach Art. 146 des Grundgesetzes gegenüber der Ausdehnung des Grundgesetzes auf das Gebiet der bisherigen DDR nach Artikel 23, wie sie im Einigungsvertrag (3. Oktober 1990) beschlossen wurde

69 Entscheidende Gründe für beide Konzepte: gleichberechtigte Einbindung der DDR-Bevölkerung und Betonung einer gesamtdeutschen Identität gegen die schnelle und effiziente Wiedervereinigung unter Übernahme des bewährten westlichen Grundgesetzes

70 Unterschiede in der Wahrnehmung der DDR zwischen Ost- und Westdeutschen:
- Bruch in den ostdeutschen Biografien mit Verunsicherung, stärkerer Auseinandersetzung mit der eigenen Geschichte, Rechtfertigung der Lebensentwürfe, Herausstellen des intakten persönlichen DDR-Alltags; dagegen Kontinuität der Biografien im Westen mit Abwertung der DDR als Ganzes
- nostalgischer („Ostalgie") Blick auf soziale Sicherheit und die Sicherheit der Arbeitsplätze in der DDR durch die Ostdeutschen, Verdrängung der politischen Unterdrückung und der Wirtschaftskrise; Mangel an politischer Freiheit in der DDR als einseitige westliche Perspektive
- fehlende Aufarbeitung des Nationalsozialismus und des Holocaust im Osten im Rahmen des Antifaschismus-Konzepts, teilweise erfolgreiche Agitation rechtsradikaler Gruppen in den östlichen Bundesländern als Folge; offensive Auseinandersetzung mit der NS-Vergangenheit im Westen als Teil des bundesrepublikanischen Wertehorizonts, aber auch vereinfachende Gleichsetzung von NS- und SED-Diktatur
- Überlagerung von NS-Diktatur und stalinistischer Unterdrückung an zentralen Erinnerungsorten der ehemaligen DDR mit geringer Wahrnehmung der Opfer sowjetischer Willkür in der Nachkriegszeit

71 a Einordnung des Neuen Forums:
- „Plattform", d. h. Sammlungsbewegung der Bürgerrechtsgruppen (Friedensbewegung, Umweltbewegung, Frauenbewegung) der DDR
- weitere Oppositionsgruppen: kritische Intellektuelle, sozialistisch gesinnte Dissidenten in der SED, weitgehend unpolitische Ausreisewillige

71 b Politische Zielvorstellung des Neuen Forums:
- ökologische und sozial verträgliche Erweiterung des Warenangebots
- Abkehr vom ungehemmten wirtschaftlichen Wachstum
- Ablehnung der (vermutlich kapitalistischen) Ellbogengesellschaft
- Rechtsstaatlichkeit
- Abbau der Strukturen der SED-Diktatur
- funktionierendes Gesundheitswesen
- Vermeiden der Verschuldung bei internationalen Banken und der Ausbeutung der Länder der Dritten Welt
- demokratischer öffentlicher Reformprozess in der DDR

71 c Zukunftsvorstellung des Neuen Forums: selbstständiger demokratischer, sozial und ökologisch gebundener ostdeutscher Staat

71 d Argumente Schäubles für die schnelle Durchführung der Wiedervereinigung nach Artikel 23 des Grundgesetzes:

- schnelles Nutzen der einmaligen historischen Chance zur Wiedervereinigung
- Verhindern eines gewaltsamen Eingreifens der Sowjetunion (im Verweis auf die früheren historischen Fälle)
- Zeitdruck durch die Demonstrations- und Übersiedlerwelle in der DDR
- Einheit als Wille der ostdeutschen Bevölkerung
- insgesamt Primat der wirtschaftlichen Lösung der politischen Krise (Währungsunion, Transferzahlungen)

71 e Vergleich der beiden Texte:

- *Neues Forum:* Schwerpunkte auf einer sozial funktionierenden Gesellschaft und auf ökologischen Gesichtspunkten, Positionen der internationalen Friedensbewegung (Umwelt, Dritte Welt, Demokratie), Perspektive einer eigenständigen DDR; optimistisches Welt- und Menschenbild mit einem klaren, moralisch fundierten Zukunftsideal nach den genannten Schwerpunkten
- *Wolfgang Schäuble:* Schwerpunkte in der Lösung der internationalen Krisensituation, der Ausreisewelle und der wirtschaftlichen Krise in der DDR; eher negatives Menschen- und Weltbild (Gefahr der gewaltsamen Eskalation, Unberechenbarkeit der Volksbewegung) mit einem Primat der Wirtschaftspolitik bei der Wiedervereinigung, realpolitischer Befürworter und „Macher" der schnellen Wiedervereinigung nach Artikel 23 des Grundgesetzes

Stichwortverzeichnis

Bildnachweis

S. 3: Bevölkerungswachstum in Europa und Deutschland, 1000–1800. Eigene Zusammenstellung nach: Hans-Ulrich Wehler: Deutsche Gesellschaftsgeschichte. Bd. 1: Vom Feudalismus des Alten Reiches bis zur Defensiven Modernisierung der Reformära 1700–1815. S. 69 f. © Verlag C. H. Beck oHG, München 1987.

S. 6: Die feudale Ständegesellschaft. Eigene Zusammenstellung nach: Heinrich Pleticha: Deutsche Geschichte in 12 Bänden. Bd. 11: Republik und Diktatur 1918–1945. © Bertelsmann-Lexikon-Verlag, Gütersloh.

S. 61: Bevölkerungsentwicklung 1815–1915. Heinrich Pleticha: Deutsche Geschichte in 12 Bänden. Bd. 11: Republik und Diktatur 1918–1945. © Bertelsmann-Lexikon-Verlag, Gütersloh.

S. 76: Städtische Unterschichten 1815–1850. Aus: Hans-Ulrich Wehler: Deutsche Gesellschaftsgeschichte. Bd. 2: Von der Reformära bis zur industriellen und politischen „Deutschen Doppelrevolution" 1815–1845/49. S. 279. © Verlag C. H. Beck oHG, München 1987.

S. 80: Industrielle Zentren in Deutschland, 1850–1910. Aus: Heinrich Pleticha: Deutsche Geschichte in 12 Bänden. Bd. 11: Republik und Diktatur 1918–1945. © Bertelsmann-Lexikon-Verlag, Gütersloh.

S. 99: Kapitalistische Klassengesellschaft. Aus: Heinrich Pleticha: Deutsche Geschichte in 12 Bänden. Bd. 11: Republik und Diktatur 1918–1945. © Bertelsmann-Lexikon-Verlag, Gütersloh.

S. 106: Daten zur Einkommensentwicklung in Preußen, 1896 und 1912. Nach: Die preußische Bevölkerung nach Einkommensstufen 1896 und 1912, in: Gerhard Hohorst, Jürgen Kocka und Gerhard A. Ritter: Sozialgeschichtliches Arbeitsbuch, Band II, Materialien zur Statistik des Kaiserreichs 1870 –1914. C.H. Beck Verlag, München 1978, S. 106.

S. 107 oben: Daten zu Vermögen über 6 000 Mark und zur Verteilung dieser Vermögen in Preußen 1896 und 1911. Nach: Personelle Vermögensverteilung in Preußen, 1895 –1911 (Vermögen über 6 000 Mark), in: Hartmut Kaelble: Industrialisierung und soziale Ungleichheit. Europa im 19. Jahrhundert. Eine Bilanz. Vandenhoeck & Ruprecht, Göttingen 1983, S. 52.

S. 107 unten: Karikatur aus der Zeitschrift „Der wahre Jakob", 1891.

S. 117: Territoriale Bestimmungen und Bevölkerungsverluste. Aus: Der Brockhaus, Atlas zur Geschichte. Epochen, Territorien, Ereignisse. Mannheim: Brockhaus 2005, S. 285. © Bibliographisches Institut , Mannheim.

S. 176: Auswanderung aus Deutschland (1933–1941). Aus: Herbert Strauss: Jewish Emigration from Germany, Nazi Policies and Jewish responses. In: Leo Baeck Institute Yearbook XXV 1980, S. 326.

S. 195: Deutschland nach dem Zweiten Weltkrieg. http://www.iegmaps.de/mapsp/mapp945d.htm. Grundkarte © Kartenserver IEG-Maps 2007.

S. 207: Militärbündnisse im Kalten Krieg. © San Jose, http://de.wikipedia.org/wiki/Datei:Cold_war_europe_military_alliances_map_de.png, lizenziert unter cc-by-sa-3.0 unported.

S. 237: Karikatur von Hanns Erich Köhler, 1957 © Wilhelm Busch – Deutsches Museum für Karikatur und Zeichenkunst (Hannover).

Ihre Meinung ist uns wichtig!

Ihre Anregungen sind uns immer willkommen. Bitte informieren Sie uns mit diesem Schein über Ihre Verbesserungsvorschläge!

Titel-Nr.	Seite	Vorschlag

Lernen • Wissen • Zukunft
STARK

Bitte hier abtrennen

Zutreffendes bitte ankreuzen!

Die Absenderin/der Absender ist:

- ☐ Lehrer/in in den Klassenstufen: ______
- ☐ Fachbetreuer/in
  Fächer: ______
- ☐ Seminarlehrer/in
  Fächer: ______
- ☐ Regierungsfachberater/in
  Fächer: ______
- ☐ Oberstufenbetreuer/in
- ☐ Schulleiter/in
- ☐ Referendar/in, Termin 2. Staats-
  examen: ______
- ☐ Leiter/in Lehrerbibliothek
- ☐ Leiter/in Schülerbibliothek
- ☐ Sekretariat
- ☐ Eltern
- ☐ Schüler/in, Klasse: ______
- ☐ Sonstiges: ______

Unterrichtsfächer: (Bei Lehrkräften!)

______

STARK Verlag
Postfach 1852
85318 Freising

21-V1T_GW
Bitte ausfüllen und im frankierten Umschlag an uns einsenden. Für Fensterkuverts geeignet.

Kennen Sie Ihre Kundennummer?
Bitte hier eintragen.

Absender (Bitte in Druckbuchstaben!)

Name/Vorname

Straße/Nr.

PLZ/Ort/Ortsteil

Telefon privat

Geburtsjahr

E-Mail

Schule/Schulstempel (Bitte immer angeben!)

Bitte hier abtrennen

(Bitte blättern Sie um)